全国高等院校物流专业“十三五”精品规划系列教材

第三方物流企业经营管理

主　编　黄远新　田红英
副主编　曾　雪
参　编　盛　锦　邹　海

中国财富出版社

图书在版编目（CIP）数据

第三方物流企业经营管理/黄远新，田红英主编．—北京：中国财富出版社，2017.6（2019.3 重印）

（全国高等院校物流专业“十三五”精品规划系列教材）

ISBN 978-7-5047-6527-7

Ⅰ.①第… Ⅱ.①黄…②田… Ⅲ.①物资企业—企业管理—高等学校—教材 Ⅳ.①F253

中国版本图书馆 CIP 数据核字（2017）第 149608 号

策划编辑 颜学静 **责任编辑** 颜学静
责任印制 梁 凡 **责任校对** 孙丽丽 **责任发行** 敬 东

出版发行 中国财富出版社
社　址 北京市丰台区南四环西路 188 号 5 区 20 楼 **邮政编码** 100070
电　话 010-52227588 转 2048/2028（发行部） 010-52227588 转 321（总编室）
010-52227588 转 100（读者服务部） 010-52227588 转 305（质检部）
网　址 http://www.cfpress.com.cn
经　销 新华书店
印　刷 北京京都六环印刷厂
书　号 ISBN 978-7-5047-6527-7/F·2785
开　本 787mm×1092mm 1/16 **版　次** 2017 年 8 月第 1 版
印　张 23.5 **印　次** 2019 年 3 月第 2 次印刷
字　数 572 千字 **定　价** 54.00 元

序 言

随着经济全球化和信息化进程的加快，基于“互联网+”背景下的电子商务和高效物流得以迅猛发展，现代物流业作为复合型服务业，已成为衡量一个国家现代化水平与综合国力的重要标志，专业化、集约化、社会化是现代物流发展的主要趋势。虽然我国迅速发展的物流业对社会经济的贡献越来越大，但是与欧美发达国家相比，我国的企业物流、第三方物流的服务质量和水平还存在相当大的差距。因此，加快推进我国物流现代化、优化供应链管理，大力发展第三方物流，为企业提供更多的物流增值服务，增强其核心竞争力显得日益迫切。现代物流业作为国民经济基础性、战略性产业，对人才的需求是复合型多层次的，《国家中长期人才发展规划纲要（2010—2020年）》指出，“人才是指具有一定的专业知识或专门技能，进行创造性领导并对社会做出贡献的人，是人力资源中能力和素质较高的劳动者”。教育部也要求“引导一批本科高等学校向应用技术型高等学校转型”，因此，培养既懂得企业经营又具有现代物流理念和管理能力的实用型人才，成为制订高校物流人才培养计划所关注的重点内容。该书的编写出版正是将现代物流理论与实践有机结合，为适应物流管理和技术人才需求所做的有益尝试。

作者采用供应链管理、优化集成、项目导向、工作过程导向等现代理念，以培养物流经理所需要的理论知识、能力和素质为目标，以3PL（第三方物流）企业运营管理流程为脉络，以仿真模拟训练为抓手，将相关模块知识有机串联起来，让学生从3PL企业运营岗位所需要的物流理论知识及经营管理方法的角度来进行技术技能和素质的训练与培养，以提升学生职业综合能力。

《第三方物流企业经营管理》一书是作者多年来从事物流业“校企合作”实践经验的提炼，也是开展物流管理与工程理论研究与教学成果的结晶。全书遵循系统性、启发性、创新性等编写原则，将物流管理理论与实践有机融合，辅以案例研讨，既有理论的深度又具有极强的实践指导性，相信本书能对高校、科研院所物流教学和科研以及成人教育、企业在职人员培训有所裨益。

中国物流与采购联合会会长、中国物流学会会长

何黎明

2017年5月26日

前 言

现代物流业是国民经济的重要组成部分，作为国民经济基础性、战略性产业，对人才的需求是复合型多层次的，如何培养既懂得企业经营又具有现代物流理念和管理能力的实用型人才，成为制订高校物流人才培养计划所关注的重点内容。《第三方物流企业经营管理》一书的编写出版正是将现代物流理论与实践有机结合，为适应物流管理和技术人才需求所做的有益尝试。

1. 教材体系结构

根据第三方物流（3PL）企业运营流程及物流经理应具备的物流管理理念，对应设计出如下图所示的“工作过程导向”的情境式教材框架，分为基本理论、运营管理和提升效益三个部分。以实践为导向，满足就业需要，加强对3PL企业的商务管理、运作管理、客户服务、质量监控和绩效管理等环节的职业能力训练。

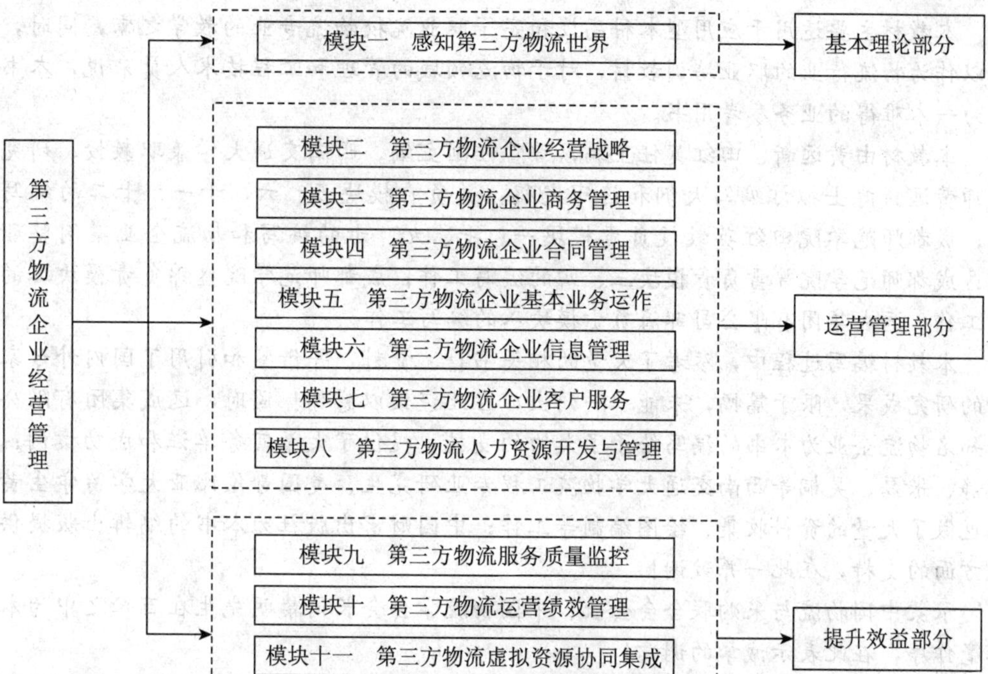

2. 教材主要特色

本教材以培养物流经理所需的知识、能力和素质为目标，以3PL企业运营流程为脉络，采用企业仿真模拟训练形式，运用“项目导向”“工作过程导向”等现代教育理念，将三大部分知识有机串联起来，让学生从3PL企业运营岗位所需要的物流理论及经营管理方法的角度来进行技术技能和素质的训练，以提升学生综合职业能力。因此，该教材体现了以下应用型特色和亮点。

（1）核心岗位决定编写内容：从3PL企业核心岗位需求角度设置知识模块，不但包括了3PL企业运营管理知识模块（3PL企业商务管理—3PL企业合同管理—3PL企业基本业务运作—3PL企业信息管理—3PL企业客户服务—3PL企业人力资源开发与管理），而且还增加了提升企业运营效益知识模块（3PL服务质量监控—3PL运营绩效管理—3PL虚拟资源协同集成—3PL增值服务新空间）。因此，比较全面地涵盖了3PL企业经营管理所需要的理念、知识和相关技术。

（2）理论性与实用性有机结合：物流学科具有极强的理论与实践相结合的特性，本教材改变以往过度偏重理论研究的习惯写法，注重实用性原则的体现，坚持以工作过程为导向，面向经济社会第一线进行应用型研究，采用校企专家共同合作编写的方式，形成理论要求不降低、实践要求适当提高的理论与实践一体化的训练成果。

（3）典型案例支撑仿真训练：本教材以知名3PL企业提供的典型案例作为学生学习第三方物流相关知识的仿真实践训练材料。在第一模块"物流聚焦"处采用问题导向提出企业实际问题需求，围绕解决这一需求问题如何实战引入相关模块的理论知识内容，并在每一模块结束后针对典型案例设置"知识应用"板块，以取得深化课程内容、提升学生职业综合能力的效果。

本教材主要适用于应用型本科高校和高等职业院校物流专业的教学之需，同时，也可以作为物流行业的职业培训教材，对于物流领域的管理和工程技术人员来说，本书不失为一本难得的业务参考用书。

本教材由黄远新、田红英任主编，曾雪任副主编。西南交通大学兼职教授、研究生导师黄远新博士拟订编写大纲和终审定稿，并负责模块五、六、十一、十二的编写工作；成都师范学院田红英教授负责模块一、七、九、十的编写和物流企业案例整理工作；成都师范学院曾雪负责模块三、四的编写工作；成都师范学院盛锦负责模块二的编写工作；远成集团有限公司邹海负责模块八的编写工作。

本教材编写过程中，参考了大量的相关书籍、资料，并借鉴和引用了国内外专家学者的研究成果，限于篇幅，未能一一列出，在此谨致以感谢！同时，远成集团有限公司等知名物流企业为本书的编写给予了大力的支持，提供了大量实务单证和成功案例；陈怡静、张磊、吴桐等西南交通大学物流工程专业研究生、美国哥伦比亚大学留学生黄海菲也做了大量的资料收集、绘图编制等工作；中国财富出版社为本书的编辑出版提供了多方面的支持，在此一并致谢！

承蒙中国物流与采购联合会会长、中国物流学会会长何黎明先生在百忙之中为本书挥毫作序，在此表示诚挚的谢意！

现代物流业发展迅速，整个行业的创新活动又不断涌现，而第三方物流管理的实践性又很强，限于时间仓促和编者的水平，书中疏漏之处在所难免，恳请同行专家和各位读者批评和不吝赐教。

编　者

2017年3月于成都自贸实验区

目 录

模块一　感知第三方物流世界

学习目标

知识目标

1. 了解第三方物流（3PL）的来源及特征。
2. 掌握第三方物流的概念和作用。
3. 深刻理解第三方物流利润及价值创造。
4. 认识发达国家及我国第三方物流发展状况。

技术目标

1. 会根据所学知识调查当地企业的物流外包情况并形成调查表。
2. 会为企业进行多方物流选择决策。

能力目标

1. 培养良好的职业素养，初步具备判断物流外包与自营选择能力。
2. 培养学生团队合作能力、有效沟通能力。

物流聚焦

解决企业现实问题

为支持西部地区文化建设，共青团中央决定于2016年10月支援一批音响功放设备到甘阿凉地区，委托成都一灯光音响客商负责采买，并于要求的时间分发到三地。该批设备价值共300万元人民币，有100套（电视、音响、DVD、功放、发电机组成一套），其中，42英寸电视机100台从四川省绵阳市订货，发电机100台从贵阳采买，音响（室内音响外箱尺寸：508mm×293mm×305mm、室外音响尺寸：525mm×330mm×330mm）、DVD机（外箱尺寸：420mm×339mm×60mm）、功放机（外箱尺寸：645mm×580mm×155mm）各100台从广东省中山市采买；甘孜州需要30套，凉山州需要30套，阿坝州需要40套。要求于12月20日前分别送达三地参加12月25日举行的赠送仪式。成都灯光音响客商急需一个最佳的物流解决方案，作为物流专业人士如何帮助客商圆满完成此任务？

要解决此问题，必须弄清以下问题：

（1）成都音响客商如何完成此任务？

（2）作为物流专业人士应该给客商怎样的业务运作建议？

（3）怎样确定你给出的物流方案是客商最满意的业务建议？

要完美回答以上问题，需要我们对第三方物流知识进行深入了解。

随着经济水平的提高，人们物质生活需求多样化，生产方式趋向多品种、小批量形态，生产规模大型化、分工专业化，物流的发展趋向专业化和社会化，其中，社会化是主要的趋势。当社会化的物流服务变成一个专门的行业，能为物流需求提供完整服务的物流服务——第三方物流便由此蓬勃发展。第三方物流是物流专业化的重要形式，第三方物流的占有率与物流业的水平有着紧密的相关性。西方国家的物流业分析证明，当独立的第三方物流至少占到社会的50%时，物流产业才能形成，因此，第三方物流的发展程度反映和体现着一个国家物流业发展的整体水平。

第一节　第三方物流基本概念

一、第三方物流产生背景

随着现代企业生产经营方式的变革和市场外部条件的变化，企业要想在日趋激烈的市场竞争环境下求得生存发展，必须提高资源配置的效率，以赢得竞争的优势；而要提高资源配置的效率，必须让企业的竞争优势集中在比竞争对手更低的成本、更快的速度上。由于企业所拥有的资源都是有限的，它不可能在所有的业务领域都具有竞争优势，因而必须将有限的资源集中在核心业务上。3PL企业以其完善的物流服务功能参与市场竞争，为企业取得物流方面的市场竞争优势，实现社会的合理分工及社会资源的科学配置，使生产企业和物流企业的核心竞争力都得到提升，效益得以显著提高，充分显示了第三方物流的巨大作用。

第三方物流兴起的原因，可归结为以下几方面因素。

（一）政治经济环境变化

第二次世界大战以后，国际性大企业内部生产水平进一步提高，存货管理实现生产与分配间的“零库存”优化，意味着原材料、部件与组件的备货时间大大缩短；同时，全球经济一体化进程的迅速发展和新兴市场的形成，迫使企业采用全球战略，以寻找它们的生产资源，越来越多的产品作为全球产品在世界范围销售，这些需求构成了物流发展的原动力；同时，为参与世界性竞争，企业必须降低产品的成本（包括生产成本和销售成本），降低库存（包括仓储和运送过程中的库存），增加效益。因此，越来越多的企业纷纷选择了物流业务外包来增强自己的竞争力。

（二）用户需求变化

20世纪70年代，随着现代化科学技术的迅猛发展，经济从高增长转为低增长，产品需求由大批量少品种向小批量多品种方向发展，产品生命周期越来越短，市场竞争加剧，企业利润越来越薄，生产和流通都面临着前所未有的挑战，多品种小批量的需求给企业带来的是时间、空间及费用管理方面的难度。据统计，美国产品制造时间仅占产品从生产时间到达消费者手中时间的5%，而在流通领域停留的时间却高达95%，在商品流通中物流成本占商品流通费用的50%左右。企业纷纷认识到要降低成本提高利润必须在50%的物流领域要空间，然而企业都有其专长，有其特别的竞争优势，不可能精通所有业务，对于那些非核心业务部分，可以通过外购资源使企业承担的风险分散，从中降低成本。规模化、专业化的第三方物流在整体经济效益中发挥着重要的作用，以叠加企业与第三方物流各方面的优势，这样能为企业提供完整物流服务需求的物流服务商——第三方物流便如雨后春笋般兴起。

（三） 信息技术的发展

信息技术特别是计算机技术的高速发展与社会分工的进一步细化，推动着管理技术和思想的迅速更新，由此产生了供应链、虚拟企业等一系列强调外部协调和合作的新型管理理念，既增加了物流活动的复杂性，又对物流活动提出了零库存、准时制、快速反应、有效的客户反应等更高的要求，使一般企业很难承担此类业务，由此产生了专业化物流服务的需求。第三方物流的思想正是为了满足这种需求而产生的。信息技术实现了数据的快速、准确传递。一方面，提高了物流企业在仓库管理、装卸运输、采购、订货、配送发运、订单处理的自动化水平，促进订货、包装、保管、运输、流通加工一体化，使大规模、高质量、高服务水平处理物流作业成为可能；另一方面，方便实用的信息技术，使物流企业与其他企业间的信息沟通交流、协调合作方便快捷，并能有效跟踪和管理物流渠道中的货物，精确计算物流活动的成本。这就使客户企业可以随时跟踪自己的货物，放心地把自己的物流业务交由3PL企业处理。这些市场需求都促使了3PL企业的不断发展壮大。

综上所述，第三方物流的产生背景是政治经济环境变化、用户需求变化及信息技术发展等多因素共同作用的结果，是现代社会更细分工的产物。第三方物流给各竞争企业的参与者带来了很多好处和方便，因而受到了极大的欢迎，它必将成为21世纪物流业的主流。

二、第三方物流的定义

随着对物流的认识在理论上不断地加深，企业物流管理的实践也开始从较低级阶段向较高级的阶段发展，可以归纳成表1-1。其中比较明显的变化是采用第三方物流、物流功能的整合、建立物流信息系统、管理水平的提高及物流组织的提升。采用第三方物流服务，或把物流外包给第三方物流是企业物流实践中的一个重要方面。这个现象在20世纪80年代在发达国家大量出现，90年代直到现在一直在持续地发展。随着越来越多的企业开始重视在物流领域挖掘潜力，寻求第三方专业物流公司的外包物流战略也越来越普遍，这给传统的类物流企业发展第三方物流服务提供了机会，原先提供运输、仓储、货运代理等单一服务的服务提供商（企业）也相应地扩大了它们的服务范围，开始出现了所谓第三方物流，提供整合的物流服务。第三方物流是发货人和收货人之外的第三者从事物流服务的企业，运输业等类物流企业发展第三方物流服务，也是由于运输等相关行业放松管制（自由化）导致运输等企业的激烈竞争所迫使的。第三方物流服务企业的发展可以归纳为表1-2。

表 1-1　采用第三方物流服务的特征

特征	早期阶段	成熟阶段
采用第三方物流	许多承运人，短期合同，进出物流分离，注重价格	少数承运人，长期合约，进出物流整合，重服务质量
物流功能的整合	分离的生产与物流设施，许多供应方，短期合作	生产与物流系统合理化，减少供应方，长期合作
建立物流信息系统	有限或无系统整合，有限或无 EDI（电子数据交换）连接，无条码及跟踪系统	整合物流信息系统，与顾客、供应商、物流服务公司建立 EDI 联系，应用条码，货物实时跟踪
管理水平的提高	无 ISO 9000 证书，有限或无最新管理概念	ISO 9000 证书，全面质量管理，时间基础管理，重组业务过程
物流组织的提升	分裂的物流组织，物流经理不在高层，物流不包含在战略计划中	整合的物流组织，物流经理在高级管理层，物流作为战略性竞争工具

表 1-2　从传统提供单一物流环节的服务到第三方物流服务的转变

特征	早期阶段	成熟阶段
物流服务的整合	无物流中心，不能控制整个物流链，限于地区物流服务，短期合约	采用物流中心，供给链的全面控制，参与国际物流，全球性的长期合作
物流服务侧重	甲乙两地的运输，价格竞争，提供标准服务	广泛物流服务项目，增值物流服务，为顾客提供特殊服务
物流信息系统	无外部整合系统，有限或无 EDI 联系，无卫星跟踪系统	实时信息系统，与顾客、海关的 EDI 联系，卫星跟踪系统，存货管理系统
管理水平	无 ISO 9000 证书，有限或无现代管理	ISO 9000 证书，全面质量管理，时间基础管理，业务过程重组

国外许多有关第三方物流的文章并未给出第三方物流的确切定义，多数情况下，作者只是假设读者对第三方物流有一定的理解。关于第三方物流的描述和定义有很多，莱希（Leahy）等总结了相关的定义。一般常见的定义有："第三方物流类似于外包或合同物流，或一公司使用另一公司进行所有或部分物料管理或产品配送服务。"较明确与特定的定义有："外包所有或部分本公司的物流功能，相对于基本服务，合同物流服务提供复杂、多功能和长期互益的服务。该定义强调现代的合同物流与早期物流外包的区别，即全方位、长期与互利关系。"

所谓全方位、长期与互利关系，也就是战略合作关系，在美国与欧洲的企业中用得较多。传统的外包只限于特定服务，即运输公司提供运输服务、仓储公司提供仓储服务。第三方物流是长期合同以及多项物流环节（功能）的服务管理和供应链管理。

第三方物流（Third Party Logistics，3PL）一词于 20 世纪 80 年代中后期在欧美国家开始盛行，最早提出是在1988年美国物流管理委员会的一项客户服务调查中将这种新思维纳入顾客服务职能中，当时被描述为“物流服务提供者”，至今第三方物流提供的主要物流职能已占到物流业的20%以上，第二次世界大战后，国际企业内部生产水平的进一步提高，伴随着存货管理实现了“零库存”的优化，第三方物流的内涵不断丰富。

欧美研究者通常这样定义第三方物流：第三方物流是指传统的组织内部履行的物流职能现委托给外部公司，3PL企业履行的职能包含了整个物流过程或其中的部分活动。美国供应链管理专业协会对第三方物流的解释是：将企业的全部或部分物流运作业务外包给专业公司管理经营，这些能为顾客提供多元化物流服务的专业公司称为第三方物流提供商。日本物流学者对第三方物流有一种解释是：为第一方生产企业和第二方消费企业提供物流服务的中间服务商组织的物流运作。

总的来说，有关第三方物流服务提供者在国际上定义尚不统一，“第三方”是指物流服务提供者作为发货人（甲方）和收货人（乙方）之间的第三方这样一个事实。物流服务公司在货物的实际物流链中并不是一个独立的参与者，而是代表甲方或乙方。

我国国家标准《物流术语》（GB/T 18354—2006）将第三方物流定义为“独立于供需双方，为客户提供专项或全面的物流系统设计或系统运营的物流服务模式。”它是物流渠道中的专业化物流中间人，以签订合同的方式，在一定期间内为其他企业提供的专项或全面的物流系统设计和系统运营的物流业务服务。

虽然国内外对第三方物流的定义不尽相同，但总的来说可以将第三方物流的定义分为广义的第三方物流和狭义的第三方物流。

广义的第三方物流包括一切物流活动，以及发货人可以从专业第三方物流商处得到的其他一些增值服务。提供这一服务是以发货人和第三方物流商之间的正式合同为条件的，这一合同明确规定了服务费用、期限及相互责任等事项。广义的定义是为了把提供运输、仓储、销售物流、财政等服务的提供者包括在内。提供广义的第三方物流服务的公司数量很大，并有继续增加的趋势。常见的第三方物流服务包括物流系统设计、报表管理、货物集运、选择承运人、海关代理、信息管理、仓储管理、业务咨询、价格谈判等。

狭义的第三方物流专指本身没有固定资产但仍承接物流业务，借助外部力量，提供现代化的系统物流服务的第三方物流活动，代替发货人完成整个物流过程的一种物流管理方式。3PL企业承接了仓储、运输代理后，为减少费用的支出，同时又要使生产企业觉得有利可图，就必须在整体上尽可能地加以统筹规划，使物流合理化。

事实上，第三方物流的运作在国外的有关文献中有多种称谓。最常用的是第三方物流（thirdparty logistics），还有第三方提供商（third-party providers）、第三方物流公司（third-party logistics company）、第三方合同物流（third-party contract logistics），一体化物流公司（integrated logistics companies）、合同物流专家（contract logistics specialists）等。因为第三方物流运作的高级形态常常与企业间的战略伙伴关系即战略联盟分不开，所以有时也把专业物流公司称为企业的物流伙伴（logistics partner）。

由于第三方物流运作实际上常常是一种“一对一”的特殊的个性化的协作关系，所以为了区别于一般的仅提供标准化服务的物流协作，美国 LTD（有限公司）管理顾问公司总裁托马斯·克雷格（Thomas Craig）先生认为："仅仅把资产或业务外包出去是不够的。真正的第三方物流是为满足客户的需求，也为满足物流企业自己的业务发展需要而为客户量身定制的专用物流解决方案"。换句话说，第三方物流就是协作双方共同制订专用物流解决方案，并实现"双赢"的过程。这显然不同于一般的"要约"和"承诺"的简单合同过程。

（一） 全面理解第三方物流

物流产业的发展一方面取决于市场经济的成熟度，另一方面也得益于物流服务理念的不断丰富和创新，对于准备参与或已经参与第三方物流运作的企业来说，必须正确把握第三方物流运作的精髓。我们可以从以下 6 个方面来理解第三方物流：

（1）第三方物流是企业外包物流作业或物流管理的产物；

（2）第三方物流是企业间的互动协作过程；

（3）第三方物流是客户定制化的服务；

（4）第三方物流是企业间的战略联盟；

（5）第三方物流是竞争对手难以模仿的市场竞争优势；

（6）第三方物流是企业外购物流服务的高级形态。

（二） 第三方物流与传统物流委托的差异

第三方物流与一般的物流运作方式相比，整合了多个物流功能，能使货主企业集中精力专注于生产与经营，减少雇用人员并节省在物流方面的开支。并且物流企业由于集中为多家专门的客户提供全方位的物流服务，也可凭借自身的优势，最大限度地优化物流和配送路径，选择最合适的运输工具，并围绕客户的需要提供诸如存货管理、生产准备等特殊服务。

第三方物流在发展的过程中逐渐形成自己鲜明的特征，与传统物流委托相比有以下几个方面的差异，如表 1－3 所示。

表 1－3　　第三方物流与传统物流委托异同

		第三方物流	传统物流委托
相异之处	协议及服务功能	合同导向的系列服务，根据合同条款规定提供多功能服务或全方位服务（一对多）	外协：一项分散的物流功能，具临时性，服务功能单一（一对一）
	专业性人才层次	专业人才、客户关系网络——专业化的物流机构	专业人才层次低，客户关系零散
	个性化	针对需户需求服务，个性化强	根据自己业务内容为客户提供个性化差
	运营成本	低	高

续 表

		第三方物流	传统物流委托
相异之处	信息基础	现代电子信息基础，使订、包、保、运、加、流一体化	无或少有
	增值服务	多	少
	配送的灵活性	拥有配送的灵活性，淡而不淡（因有合同业务，一年四季均有）	业务大时配送 业务小时无 有业务的“淡旺”季之分
	供应链因素	企业间是一种动态联盟	无动态联盟特征
相同之处		均具有物流的六大功能要素、均对企业进行业务外包	

三、第三方物流的特征及作用

（一） 第三方物流在发展的过程中逐渐形成了自己独有的特征

1. 关系契约化

首先，它是通过契约来规范物流企业和货主企业之间关系的。物流企业根据契约规定的要求，提供多功能甚至全方位一体化的物流服务，并以契约来管理所有提供的物流服务活动及其过程。第三方物流有别于传统的外包，后者只限于一项或数项独立的物流功能，例如运输公司提供运输服务、仓储公司提供仓储服务等；前者则根据合同条款规定的要求，而不是临时需要，提供多功能，甚至全方位的物流服务。一般来说，3PL 企业能提供仓库管理、运输管理、订单处理、货物回收、搬运装卸、物流信息系统、货物包装、配送发运、运输谈判等近 30 种物流服务。依照国际惯例，物流服务提供者在合同期内按提供的物流成本加上需求方毛利额的 20%收费。其次，发展物流联盟也是通过契约的形式来明确各物流联盟参加者之间责、权、利相互关系的。依靠现代化电子信息技术的支撑，3PL 企业之间充分共享信息，这就要求双方只有相互信任，才能使达到的效果比单独从事物流活动所能取得的效果更好，而且从物流服务提供者的收费原则来看，它们之间是共担风险、共享收益的。企业之间发生的关联既非仅一两次的市场交易，但又在交易维持了一定时期之后可以相互更换交易对象。在行为上，各自不完全采取导致自身利益最大化的行为，也不完全采取导致共同利益最大化的行为，只是在物流业务方面通过契约结成优势互补、风险共担、要素双向或多向流动的中间组织。

2. 服务个性化

首先，不同的货主企业存在不同的物流服务需求，第三方物流需要根据不同货主企业在其企业形象、业务流程、产品特征、顾客需求等方面的不同要求，提供针对性强的个性化物流服务和增值服务。第三方物流应按照客户的业务流程来确定，其服务会因为需求方的业务流程各不相同而形成物流、信息流等随价值流流动而不同，这表明物流服务从产品推销发展到了市场营销阶段，第三方物流正从过去的面向社会提供服务的传统服务、传统外包进化到面向企业的个性化服务阶段。其次，从事第三方物流的物流企业也因为市场竞争、物流资源、物流能力的影响需要形成核心业务，不断强化所提供物流服务的个性化和特色化，以增强物流业务市场竞争能力。

3. 功能专业化

第三方物流所提供的是专业的物流服务。从物流设计、物流操作过程、物流技术工具、物流设施到物流管理，必须体现专门化和专业水平。这既是货主企业的需要，也是第三方物流自身发展的基本要求。

4. 管理系统化

第三方物流应具有系统的物流功能，是其产生和发展的基本要求，它需要建立现代化的管理系统才能满足运行和发展的基本要求。

5. 信息网络化

信息技术是第三方物流发展的基础。信息技术实现了数据的快速、准确传递，提高了仓库管理、装卸运输、采购、订货、配送发运、订单处理自动化水平，使订货、仓储、运输、流通加工实现一体化；企业可以更方便地使用信息技术与物流企业进行交流和协作，企业之间的协调和使用有可能在短时间内迅速完成；同时，物流管理软件的飞速发展使混杂在其他业务中的物流活动的成本能被精确计算出来，还能有效管理物流渠道中的商流，这就使企业有可能把原来在内部完成的作业交由物流公司执行。用于支撑第三方物流的信息技术包括实现信息快速交换的 EDI 技术、实现资金快速支付的 EFT（电子支付系统，又称电子资金转账系统）技术、实现信息快速输入的条码技术和实现网上交易的电子商务技术等。物流服务过程中，信息技术发展实现了信息实时共享，促进了物流管理的科学化，极大地提高了物流效率和物流效益。

（二） 第三方物流的作用

1. 第三方物流对企业经营的积极作用

随着全球经济一体化发展和市场竞争的加剧，企业竞争内容呈现出动态的特点。20 世纪 70 年代企业以价格竞争为主，80 年代以质量竞争为主，90 年代以服务质量竞争为主，21 世纪以快速反应竞争为主。企业把物流业务运作外包给第三方物流主要有两大驱动力：第一，要把资源集中在企业的核心竞争力上，以获得最大的投资回报。那些不属于核心能力的功能应被弱化或者外包。而物流通常不被大多数的制造企业和分销企业视为它们的核心能力。第二，企业单靠自己的力量降低物流费用存在很大的困难。尽管从 20 世纪 70 年代至 90 年代，企业在提高物流效率方面已经取得了巨大的进展，但要取得更大的进展将付出更多努力，要想实现新的改善，企业将不得不寻求其他途径，包括物流外包。企业将自己的物流业务外包给运行良好的 3PL 企业，可以获得如下优势。

（1）拥有市场知识和网络。通过专业化的发展，3PL 企业已经开发了信息网络并且积累了针对不同物流市场的专业知识（包括运输、仓储和其他增值服务）和许多关键信息（比如，可用卡车运量、国际清关文件、空运报价和其他信息）。对于 3PL 企业来说，获得这些信息更为经济，因为它们的投资可以分摊到很多的客户头上。对于非物流专业公司来讲，获得这些专长的费用就会非常昂贵和不合算。

（2）可以形成规模经济效益。由于拥有强大的购买力和货物配载能力，一家 3PL 企业可以从运输公司或其他物流服务商那里得到比它的客户更为低廉的运输报价，可以从运输商那里大批量购买运输能力，然后集中配载很多客户的货物，大幅度地降低单位运输成本。

（3）拥有第三方灵活性。把物流业务外包给 3PL 企业可以使公司的固定成本转化为可变成本。公司通常向第三方支付服务费用，而不需要自己内部维持物流基础设施来满足这些需求。尤其对于那些业务量呈现季节性变化的公司来讲，外包物流对公司盈利的影响就更为明显。例如，对于一家季节性很强的大型零售商来说，若要年复一年地在旺季聘用更多的物流和运输管理，到淡季时却要解除与他们的合作是很困难和低效的。若和 3PL 企业结成伙伴关系，这家零售商就不必担心业务的季节性变化。

（4）可以具备外部信息技术。许多 3PL 企业与独立的软件供应商结盟或者开发了企业自身内部的信息系统，这使得它们能够最大限度地利用运输和分销网络，有效地进行跨运输方式的货物追踪，进行电子交易，生成提高供应链管理效率所必需的报表和进行其他相关的增值服务。因为许多第三方物流已在信息技术方面进行了大量的投入，可以做到帮助其客户搞清楚哪种技术最有用处，如何实施，如何跟得上日新月异的物流管理技术发展。与合适的 3PL 企业合作可以使得企业以最低的投入充分享用更好的信息技术。

（5）可以降低成本，提高资本运作效率。通过物流外包，制造企业可以减少因拥有运输设备、仓库和其他物流过程中所必需的投资，从而改善公司的盈利状况，把更多的资金投入在公司的核心业务上，有助于进入新的市场。许多 3PL 企业在国内外都有良好的运输和分销网络，希望拓展国际市场或其他地区市场以寻求发展的公司，可以借助这些网络进入新的市场。

因此，可以说企业需要通过物流外包给 3PL 企业，以进一步形成自己的资源聚集优势。物流业务外包已得到越来越多企业的认同，物流业务外包市场增长速度快，前景广阔。

知识链接

物流外包即生产或销售等企业为（需求方）集中精力增强核心竞争力，将其物流业务以合同的方式委托给专业的 3PL 企业，外包是一种长期的、战略的、相互渗透的、互利互惠的业务委托和合约执行方式。

物流外包已经成为新经济时代企业转型的一个不可缺少的部分。然而，市场对物流系统的要求超越了目前许多公司物流机构的分配资源的功能和能力。因此，外包——由外部公司提供所需要的功能和服务，作为物流系统的一个有效选择已经得到广泛应用。美国马里兰大学供应链管理中心 1997 年进行的物流外包调查表明，物流业务外包在美国已相当普遍，并有继续扩大趋势。调查还表明，最有效的物流外包功能如表 1－4 所示。

表 1-4　　最有效的物流外包功能

构建竞争优势	改进客户服务	降低物流总成本
承运人选择和费率谈判；车队管理；装运计划；重点是满足内部和外部需求的灵活性	装运计划与合并；订单处理和执行；车队管理；重点是降低对外部客户的交货时间和提高交货准确性	车队管理；承运人选择和费率谈判；存储和操作；重点是固定资产合理化，并通过降低费率来降低易变成本

2. 第三方物流对促进社会物流配送的作用

(1) 有利于社会物流设施的充分利用，优化资源配置，减少不必要的投资。中国的社会物流设施已经具备一定的规模，但与满足物流配送的实际需要相比，仍有较大的距离。实行第三方物流配送，有利于物流配送社会化，充分利用已有的物流设施。发达国家企业间产品竞争非常激烈，于是在物流方面争取更大范围的合作，通过社会化物流配送，充分利用社会物流设施，以降低各自的物流成本，这与中国企业家家建仓库、户户办运输，“大而全”“小而全”的状况形成鲜明的对比。实行社会化物流中心配送后，流通与生产企业就没有必要都投巨资建设仓库、购置物流设备，以及配备大批人员从事物流工作。这样不仅可以有效地提高土地资源和设备利用率，而且能降低企业生产和流通成本，极大地节约了社会资源。

(2) 专业化物流配送，利用快速反应系统，及时为用户服务，使产销紧密结合。第三方物流配送是专业化物流机构，设施比较先进，专业人才比较多，凭借其优势，有能力建立快速的反应系统，承诺在 24 小时或 48 小时内就能将货物送到用户手中。同时，有条件建立自动化物流配送系统，方便用户订货、查询、结算、退货等，大大提高服务质量。在市场经济条件下，由于市场需求呈现多品种、小批量、更新快的特点，因此，原有的大生产模式必须具有一定的弹性，形成弹性生产系统或准时生产系统，做到按市场需求安排生产，使产品迅速销往市场。这种弹性生产系统的实施，必须建立在社会化物流的供应商、制造商、销售商，通过搜集整理大量的市场信息，及时传递，能使生产厂家生产的产品与市场消费需求紧密结合。

(3) 有利于企业实现规模化经营，提高规模效益。第三方物流的配送对象多、流通渠道广，可以把千家万户的流通量集零为整，按大生产流水作业线的生产方式形成规模流通，获得规模效益。具体来讲有以下几个方面的效益获得。

第一，规模采购效益。一是可享受优惠价格，增加企业在市场上的竞争力，使消费者满意。二是降低管理费用。三是压缩库存占用资金。物流配送中心实行统一采购、集中库存、集中供货后，就没有必要户户都设仓库，可以大大减少库存，进而在条件具备的情况下实现“零库存”。四是有利于保证商品质量，杜绝假冒伪劣商品进入。

第二，实行规模化加工，可以提高材料利用率。有些生产企业自行加工时，材料利用率低，造成浪费。物流配送中心引进先进加工设备统一加工、实行套裁，边角余料都能利用起来，可以降低材料成本，同时可提高加工设备利用率。

第三，实行社会化混载运输，提高效益，降低费用。社会化混载运输，就是一个运输容器内集多家商品，实行轻重配装，在同一个流向为社会众多客户配送商品，从而提高车船标重和容积利用率。第三方物流配送经统一采购、集中供货进行混载运输，可以在同样的营运里程中，运次大量减少，运量成倍增加，运杂费相应减少；同时也可避免交叉运输、重复运输，减少道路拥堵、城市噪声和污染等。

第四，专业化社会分工，有利于降低流通成本。第三方物流配送通过合同形式收购工业产品，向流通、生产企业供货，可以解除流通与生产企业的后顾之忧，它们可专心搞好优质产品的生产与销售。随着专业化社会分工的出现，第三方物流配送有利于降低产品生产成本和流通成本，甚至可以创造价值。社会化物流配送中心所创造的价值和节约的费用，主要体现在用户上，称为“新的利润源”。有人将这种节约比作“冰山一角”，意为它的节约潜力是十分巨大的，远非表面所看到的这些。

第五，有利于以计算机技术为基础的物流现代化，发展电子商务。单个企业自营物流时，物流量小，难以实行规模化。社会化物流配送中心物流量大，具有规模效益，为实现物流现代化，包括建立电子配送中心通过网上交易的商品，能及时送到用户手中。若没有配送中心的及时配送，网上销售就无法进行。因此，电子商务也必借助于社会化物流配送中心，才能实现规模化发展。

四、多方物流并存

企业把资源集中在其核心竞争力上，以获得最大的投资回报，他们把不属于核心能力的功能弱化或者外包，而物流通常不被大多数的制造企业和分销企业视为它们的核心能力，常常外包，那么外包给什么样的物流组织呢？

由于实际物流业务承担者的不同以及相关社会组织在物流过程中扮演的不同角色，除了第三方物流之外，还有第一方物流、第二方物流、第四方物流和第五方物流等，由此可见，物流市场是多方物流组织并存的市场。

（一） 第一方物流（The First Party Logistics， 1PL）

第一方物流是指由物资的提供者（供给方）自己承担向物资需求者送货，以实现物资的空间位移的过程。传统上，多数制造企业自己都配备规模较大的运输工具（如车辆、船舶等）和储存自己产品所需的仓库等物流设施，来实现物品的空间位移。特别是在物品运送量较大的情况下，企业都比较愿意由自己来承担物流的任务。

随着市场竞争日趋强烈，企业认识到由制造商自己从事物流确实存在一系列问题，因此企业越来越注重从物流过程中追求“第三利润”。下列一些问题和矛盾随着第三方物流的兴起就显得越来越突出。

(1) 由于市场需求在时间上是不平衡的，企业配置物流设施的能力必须根据需求的淡旺季来确定，这往往成为企业头疼的事，因为无论怎样配置都可能造成物流资源的闲置浪费或紧张短缺。

(2) 制造企业的核心竞争能力在于研发制造产品，而开展物流服务并非其核心业务，从事物流业务的成本一般比专业的物流企业高。

(3) 企业自己从事物流业务很难构造一个有效的物流网络，因此，几乎难以达到JIT（准时制生产）的要求，特别是供需双方的地理位置相距较远的情况下，企业无法实现有效的物流。

(4) 随着第三方物流的兴起，并提供日趋完善的物流服务，使得第一方物流原有的一些优势黯然失色。

（二） 第二方物流（The Second Party Logistics， 2PL）

第二方物流是指由物资的需求者（需求方）自己解决所需物资的物流问题，以实现物资的空间位移的过程。传统上的一些较大规模的商业部门都备有自己的运输工具和储存商品的仓库，以解决从供应到商场的物流问题。但是，传统的由第二方承担的物流同样存在着以下一些问题。

(1) 自备运输工具和仓库已经使物资需求者（主要是商业部门）的经营成本增加，在微利的商品经营时代，这种高成本的支出是商业企业难以承受的。

(2) 由于商品的市场需求在时间上的不平衡，商业企业难以合理配置物流资源，无论怎样配置都可能造成物流资源的闲置浪费或紧张短缺。

(3) 商业企业的核心竞争力在于商品的销售能力，而从事物流业并不是其核心竞争能力的业务，从事物流业务的成本一般比专业的物流企业高。

(4) 商业企业自己从事物流很难搭建一个有效的物流网络，因此，几乎难以满足及时供货的要求。

(5) 随着第三方物流的兴起，并能提供日趋完善的物流服务，使得第二方物流原有的一些优势也逐渐失去。

（三） 第四方物流（The Fourth Party Logistics， 4PL）

第四方物流是1998年美国埃森哲咨询公司率先提出的，又称为供应链集成商。第四方物流专门为第一方、第二方和第三方提供物流规划、咨询、物流信息系统、供应链管理等活动。第四方物流并不实际承担具体的物流运作活动。一般情况下，政府为促进地区物流产业发展牵头搭建第四方物流平台，提供共享及发布信息服务，是供需双方及第三方物流的领导力量。它不仅是物流的利益方，而且是通过拥有的信息技术、整合能力以及其他资源提供一套完整的供应链解决方案，以此获取一定的利润。第四方物流帮助企业实现降低成本和有效整合资源，并依靠优秀的3PL供应商、技术供应商、管理咨询以及其他增值服务商，为客户提供一整套完善的供应链解决方案，是集成管理咨询和3PL服务的集成商。

第四方物流和第三方物流不同，不是简单地为客户的物流活动提供管理服务，而是通过对客户所处供应链的整个系统或行业物流的整个系统进行详细分析后，提出具有中观指导意义的解决方案。第四方物流服务供应商本身并不能单独地完成这个方案，而是要通过物流公司、技术公司等各类公司的协助才能将方案得以实施。第三方物流服务供应商能够提供相对于客户的全局最优，却不能提供相对于行业或供应链的全局最优，因此第四方物流服务供应商就需要先对现有资源和物流运作流程进行整合和再造，从而达到预期目标。

第四方物流是通过对供应链产生影响的能力来实现自身价值，在向客户提供持续更新和优化的技术方案的同时，满足客户特殊需求。第四方物流服务供应商整个管理过程大概分为再造、变革、实施和执行四个层次，可以通过物流运作的流程再造，使整个物流系统的流程更合理、效率更高。如果第四方物流服务供应商只是提出一个解决方案，但是没有能力来控制这些物流运作环节，那么第四方物流服务供应商所能创造价值的潜力也就无法被挖掘出来，因此，第四方物流服务供应商对整个供应链所具有的影响能力直接决定了其经营的好坏，也就是说，第四方物流除了具有强有力的人才、资金和技术以外，还应该具有与一系列服务供应商建立合作关系的能力。

（四） 第五方物流（The Fifth Party Logistics， 5PL）

关于第五方物流的概念，最早是2002年摩根斯坦利在香港网丰物流集团进行投资考察时提出来的。香港网丰物流集团董事兼运营总裁冯祖期将第五方物流定义为：在实际运作中提供电子商贸技术去支持整个供应链，并且能够组合各接口的执行成员，为企业的供应链协同服务。从目前来讲，第五方物流还是一个比较新颖的概念，在第四方物流正被国内外物流界广泛热议、理解和接受的时候，第五方物流的概念又悄然出现在人们面前。第五方物流概念的提出，对于促进现代物流业的发展，特别是对提高我国现代物流业的水平，具有积极的推动作用。第五方物流是物流界对业内未来发展趋势的评价，是专门为第一方、第二方、第三方和第四方提供物流信息平台、供应链物流系统优化、供应链集成、供应链资本运作等增值性服务的活动。第五方物流企业是专门对物流信息资源进行管理的物流企业，并不实际承担具体的物流运作活动，它是一个系统的提供者、优化者、组合者。

第五方物流的概念自提出以来，其研究和应用虽然得到了一定发展，但理论研究还很不足，其实践也处于初步探索阶段。国内外有关的专门研究还相当少，需要梳理现有成果，为进一步研究指引方向。第五方物流的内涵、概念，首先来源于物流业界的实践，提出时间尚短，还没有形成完整而系统的认识，在学术界、实业界及公众认知中尚未形成统一意见。基于物流外包的分析，国内不少研究者认为第五方物流只是第三方物流的延伸，与第三方物流没有明显区别，本质上仍是第三方物流。黄权初认为以物流营运的活动与功能来判断，所有的物流服务供应商都是“第三方”。丁俊发、赵启兰认为第五方物流是第三方物流的演绎，是全球合约式物流服务联盟。侯汉平指出，第四方物流、第五方物流同第三方物流一样，都是供方和需方以外的一方，只是从事的物流业务有所不同。

上述提到的多方物流形式将会长期并存，这正是社会多样化的表现。但是，其中第三方物流在物流活动中的作用将越来越重要，而第四方物流、第五方物流随着知识经济社会的到来，必将成为物流业发展的新领域。即使如此，第一方物流和第二方物流仍然会与新兴的物流方长期共存下来，以满足社会某些方面的特殊需求。另外值得注意的是，从事第三方物流的企业可以同时从事第四方物流和第五方物流的业务，从事第四方物流的企业也可以从事第五方物流的业务。

第二节　第三方物流利益及价值创造

一、第三方物流的利益

第三方物流发展的推动力就是要客户和自己共同创造利益和价值。3PL 企业必须以有吸引力的服务来满足客户的需求，其服务水平必须符合客户对第三方物流的期望，使客户在物流方面得到利润，自己也由此获益。因此，3PL 企业必须通过自己物流作业的高效化、管理的信息化、设施的现代化、运作的专业化、流量的规模化来创造利润。第三方物流利益包括以下几方面。

（一）　作业利益

第三方物流服务首先能为客户提供“物流作业改进利益”。一方面，3PL 企业可以通过第三方物流服务，向客户提供不能自我提供的物流服务或所需要的生产要素，这是产生物流外包并获得发展的重要原因。另一方面，当企业自行组织物流活动时，会局限于组织物流活动所需要的专业知识和技术条件等，企业的内部物流系统难以满足自身物流活动的需要，而企业自行改进或解决这一问题又往往是不经济的、不科学的。因此，物流作业改进的另一个途径是改善企业内部管理的运作表现和物流服务所需要的生产要素，增加作业的灵活性，提高质量、服务和速度的一致性，使物流作业更具效率。

（二）　经济利益

为客户提供与财务相关的利益和经济相关的条件是第三方物流服务存在的基础。一般低成本是由于低成本要素和规模经济的经济性而创造的，其中包括劳动力要素成本。通过物流外包，可以将固定成本变成可变成本，又可避免盲目投资，从而降低了物流成本；稳定和可见的成本也是影响物流外包的积极因素，稳定成本使得规划和预算手续更为简便。一个环节的成本一般来讲难以清晰地与其他环节区分开来，但通过物流外包，使用第三方物流服务，供应商则要明确成本和费用，成本的明晰性就增加了。

（三）　管理利益

第三方物流服务给客户带来的不仅仅是作业的改进及成本的降低，还应该给客户带来与管理相关的利益。物流外包不仅可以将企业内部管理资源用于别的更有利可图的方面，而且还可以使用企业不具备的管理专业技能，并与企业核心战略相一致。物流外包可以使企业的人力资源更集中于企业的核心活动，同时也可获得别的 3PL 企业的核心经营能力。此外，单一资源和减少供应商的数目所带来的利益也是物流外包的潜在原因，单一资源不仅减少了公关等费用，还可以减轻企业在几个运输、搬运、仓储等服务商间协调的压力。第三方物流服务可以给客户带来的管理利益还有很多，例如订单的信息化管理、避免作业中断、运作协调一致等。

（四）　战略利益

物流外包还能产生战略性意义，即灵活性，包括地理范围跨度的灵活性（设点或撤销）及根据环境变化进行调整的灵活性。集中主业在战略层次与管理层次一样具有重要性，共担风险的利益也可以通过第三方物流服务来获得。

二、第三方物流是如何创造价值的

第三方物流供应方面临的挑战是如何提供比客户自身运作更高的价值。它们不仅要考虑同类服务提供的竞争，还要考虑潜在客户的内部运作。假设所有的3PL企业都可以提供同等水平的物流服务，那么不同企业之间的差别就主要体现在物流运作资源的经济性上。如果财务能力是无限大的话，那么任何一家企业都可以获得并很好地运作资源。因此，物流服务提供者与需求者之间的差别在于物流服务的可得性及其表现水平；在于在物流企业内部核心业务就是物流运作，而在物流服务需求者那里，物流仅仅是众多业务领域中的一小部分，这样，如果给定同样的资源，物流服务供应方比客户更能提供多种和高水平的服务。在这样一个经济环境下，促使物流服务供应方重视在物流上投资，从而在多个方面为客户创造价值。

（一）提高运作效率

物流服务供应商为客户创造价值的基本途径是达到比客户自营物流更高的运作效率，并能提供较高的成本服务比。运作效率提高意味着对每一个最终形成物流的运输、仓储等单独活动进行开发，例如，仓储的运作效率取决于足够的设施与设备及熟练的运作技能。一般情况下，其成本驱动是要素成本（单位产出的低成本）及确定对特定活动的重视，如对管理的重视。通常认为，对管理的重视对服务与成本有正面的影响，因为它激励其他要素保持较高水平。在作业效率范畴中的另一个更先进的作用是取得物流的作业效率，即协调连续的物流活动。除了作业技能外，它还需要协调和沟通技能，这在很大程度上与信息技术相关，因为协调和沟通一般是通过信息技术这一工具来实现的。如果存在有利的成本因素，并且企业的注意力集中在物流方面，那么以低成本提供更好的服务是非常有可能的。

（二）客户运作整合

带来增值的另一个方法是引入多客户运作，或者说是在客户中分享资源。例如，多客户整合的仓储或运输网络，客户运作可以利用相似的整合起来的资源。整合运作的规模效益可以取得比单独利用各项资源更高的价值，当然，整合运作的复杂性也大大地提高了，需要更高水平的信息技术与技能。但是，拥有大量货流的大客户也会投资协调和沟通技能及其资产。目前，无论运输还是仓储网络，整合的增值方式比较适用于3PL模式，而对于由单个客户进行内部运作而言是很不经济的。因此，此时表现出的规模经济的效益是递增效益，如果运作得好，将形成竞争优势和更广泛的客户基础。

（三）横向或者纵向整合

前面讨论的创造价值的两种基本方法——运作效率和客户运作的整合关注的完全是内部运作，也就是尽量把内部的运作外部化。然而就像第三方物流业务是由客户运作的外部化驱动引起的，也是第三方物流的内部创造价值的一步。纵向整合，或者说发展与低层次服务的供应商关系，是创造价值的另外一种方法。在纵向整合中，第三方物流供应方注重的是核心能力的服务，或是购买具有成本与服务利益的服务。根据第三方物流供应方的特性，单项物流功能能外购或内置。横向上看，第三方物流供应方能够结合相类似的但不是竞争的物流企业，比如，扩大为客户提供服务的地域覆盖面。以管理外部资源为主的 3PL 服务提供商是这种业务的受益方。这类物流公司发展的驱动力是内部资产的减少以及从规模和成本因素改进获得的利益，其为客户创造价值的技能是强有力的信息技术（通信与协调能力）和作业技能。作业技能不是功能性的而是概念性的，因为对它来说，主要的问题是管理、协调和开发其他运作技能和资源。

（四）发展客户运作

为客户创造价值的最后一条途径是使物流服务供应方具有独特的本领，即物流服务供应方在物流方面拥有高水平的运作技能，也就是具有将客户业务与整个物流系统综合起来进行分析、设计等的能力。物流服务供应方应该使其员工在物流系统、方案与相关信息系统工程的开发、重组等方面具备较高水平的概念性知识。这种创造价值方法的目的不是通过内部发展，而是通过发展客户企业的运作来获取价值。这就是物流服务供应方所做的基本上接近传统意义上物流咨询公司要做的工作，所不同的只是这时候所提出的方案要由同一家企业来开发、完成并运作。上述增值活动的驱动力在于客户自身的业务过程。所增加的价值源于供应链工程与整合，这类活动可以以不同的规模和复杂程度来开展。最简单的办法就是在客户所属的供应链中创建单一节点（如生产和组装地）或单一链接（如“最后一公里”配送）。单一节点和链接是指 3PL 供应方运作及在很大程度上在客户供应链管理和控制一个或一些节点和链接，这也意味着供应方运作、控制、管理着节点和链接内外两个方向上的物流。如果将整个供应链接综合考虑，则更容易产生更多的增值。除了作业和信息技术方面，这些活动需要的技能还包括分析、设计和开发供应链，以及对物流和客户业务的高水平创新性概念的洞察能力。

物流运作的专门化使 3PL 企业可能在专门技术和系统领域内超越最具有潜力的客户的能力，因为客户还要分配资源并同时关注其他几个领域。对于物流行业来讲，主要资源就是吸引有志于物流业的优秀人才。这类人才被由致力于或投资于物流业的企业所吸引。将更大规模的物流运作供应商与个体运作相比较，增值物流系统的发展对于 3PL 企业来讲是可取的，在大多数情况下，通过在同一系统上多个客户的运作，供应商可以以更低的成本提供物流服务，一体化整合使其可能减少运输费用并抵冲资金流量的季节性随机性变动。这说明，供应商的战略实质上是提高物流服务水平的竞争而不在于价格上的竞争。

第三节　第三方物流发展动态

一、发达国家第三方物流发展现状

第三方物流是 20 世纪八九十年代在西方发达国家发展起来的新兴产业形态，虽然它仍处在成长时期，但在国民经济中已显示出重要的作用。美国、德国、英国、日本等发达国家的第三方物流已形成了各自的特点，借鉴其经验，可对我国发展第三方物流有所启示。

（一） 第三方物流在美国的发展

1. 美国3PL企业发展动态

根据美国供应链管理协会（CLM）发布的《第26次美国物流年报》显示，2014年美国第三方物流收入达到1987亿美元，占全球收入比例的28%，收入增长7.3%。2005—2014年，美国第三方物流的收入年均增速为16.7%，远高于全球10.6%的平均水平。多年来，美国《输入物流》杂志一直通过专项调查来评选3PL百强企业。他们的调查涉及企业的市场范围、资产结构、服务领域及第三方物流服务的具体业务。通过对比2009年与2010年美国《输入物流》杂志评选出3PL百强企业的有关数据变化，分析出百强企业在市场范围、资产结构、服务领域及客户数量与利润方面的具体变化，如表1-5、表1-6、表1-7、表1-8所示。

表1-5 2009—2010年美国100强3PL企业市场范围变化比较 单位：个

	2009年企业数（1）	2010年企业数（2）	对比（2）和（1）
美国境内	12	6	−6
北美地区	41	34	−7
全球其他地区	47	60	13
合计	100	100	0

表1-6 2009—2010年美国100强3PL企业服务领域变化比较 单位：个

	2009年企业数（1）	2010年企业数（2）	对比（2）和（1）
制造业	98	99	1
批发与分销	93	96	3
电子商务零售	90	91	1
政府与服务业	72	78	6

表1-7 2009—2010年美国100强3PL企业资产结构变化比较 单位：个

	2009年企业数（1）	2010年企业数（2）	对比（2）和（1）
重资产	13	6	−7
轻资产	41	49	8
重轻资产兼具	46	45	−1
合计	100	100	0

表 1-8　2009—2010 年美国 100 强 3PL 企业客户数量与利润变化比较　单位：个

	2009 年企业数（1）	2010 年企业数（2）	对比（2）和（1）
客户数增加平均数（%）	6.7	7	0.3
利润平均增长（%）	5.3	5.9	0.6

从以上表中可以看出美国 100 强 3PL 企业的发展呈现以下特征。

（1）服务市场扩张趋势明显。资料显示，与 2009 年相比，2010 年百强企业在区域市场上的扩张趋势非常明显。除北美地区之外，开拓其他国际市场的企业数由 2009 年的 47%猛增到 2010 年的 60%。这说明，2010 年美国 3PL 百强企业在积极地开拓国际市场。企业客户范围的扩大是服务市场拓展的另一表现，2010 年制造业依然是 3PL 企业最主要的目标市场，100 家企业中有 99 家企业为制造业提供服务，与 2009 年相比上升了 1%；批发和分销的服务增加了 3%；电子商务与零售同样上升了 1%；服务业和政府市场增长了 6%。

（2）资产结构轻型化。对比 2009 年与 2010 年的调查资料，可以发现，美国 3PL 百强企业的轻资产化趋势明显。2010 年重资产型企业对比 2009 年下降幅度超过了 50%。而轻资产性的企业上涨幅度接近 20%。轻重兼具资产类型的企业下降了 1%。这表明，在重资产型企业大幅度减少的同时，轻资产性企业数量显著增加。

（3）顾客数量增加和利润小幅增长。数据显示，2010 年美国 3PL 百强企业的客户数量增加的平均数和利润平均增长都有了小幅的增长，涨幅分别为 0.3%和 0.6%。

2. 美国 3PL 企业未来发展趋势

（1）国际化与信息化。美国波士顿东北大学供应链管理学系与埃森哲咨询公司的相关调查发现，“财富 500 强”中的企业有 65%都使用了第三方物流服务。其中，关税经纪、货物付款和货运代理等服务最常用，许多第三方物流的买家依靠供应商获取信息技术方面的支持。调查指出，客户对 3PL 供应商的信息科技能力要求主要有三项：实施新软件系统的能力、操作客户软件系统的能力和整合客户的供应链伙伴的软件系统能力，分别有 40%、43%和 47%的被访者认为“一定要有”。调查发现，客户对 3PL 供应商的服务质量要求越来越严格，而需要范围也进一步拓宽，要求加大国际覆盖率及信息技术支持。

（2）国际化与供应链管理。随着贸易的增长和跨国公司加强其国际化物流运作，各公司将加快开拓国际市场的步伐，以管理遍布世界各地的货物流动。预计将有 1000 家公司从事分拨和集拼业务，并与生产供应商和软件公司联手。只有少数大型、资金雄厚的企业拥有技术能力和创造力来操作非常复杂且高度集成化的供应链过程。

3. 美国第三方物流快速发展的原因

（1）充分的市场调控。美国是全球经济最为发达的国家之一。美国的经济发展特别信奉市场的作用，而不太强调政府的宏观调控和管制作用，美国第三方物流正是在此背景下得到蓬勃发展。第三方物流业的兴起就是市场化运作的核心体现。

（2）丰富的增值服务。增值性服务是指除了传统的物流服务以外，第三方物流提供商所能提供的服务。物流行业最初的功能是提供仓储、配送服务，面临全球同质化竞争日益加剧，美国 3PL 企业不断拓展服务领域，有效地提升了国内第三方物流收入的增长水平。增值服务是美国第三方物流发展的特点之一。

伴随长期的物流实践，美国第三方物流增值服务功能不断增强，开拓了维修、电子跟踪、多式联运、报关等服务，这对提升第三方物流市场成熟度、提高运营管理水平有着积极的意义。美国第三方物流促进了资源的优化配置，专业水平有效提升，业务领域也不断拓展。扩大了与生产商、零售商的合作领域，为客户提供了更快捷、专业的物流服务，物流行业得以有序发展。同时，缩短了零售商、供应商的供应链，使之更专注于自身业务的发展，为第三方物流业发展提供更为广阔的舞台。例如联邦快递（FedEx）和联合包裹（UPS）都已经开始选择为客户提供一站式服务，其物流服务范围涵盖了一件产品从采购到制造、仓储入库、外包装、配送、回收及再循环的全过程。而由这些巨头们领跑的速递业已不再是简单的门到门、户到户的货件运送，而是集电子商务、物流、金融、保险、代理等于一身的综合性行业。

（3）先进设备的应用效益。根据美国物流管理协会（CLM）统计数据显示，2014 年美国物流成本占 GDP 的比重已降至 8.5%，1991—2003 年为 10.6%，2004—2013 年为 9.24%。相比之下，我国物流成本远高于美国，2014 年为 16.9%。事实上，美国第三方物流发展较早，已成为其经济发展中不可或缺的行业，近年来更是引入了先进装卸、运输设备，使物流成本得到有效降低。究其原因，主要体现在以下几个方面：其一，使用先进的物流装卸，减少货物因转运环节而造成的损耗。货物在其生产、仓储、配送过程中，往往需经历多次装卸，引入机械化、自动化的装卸设备，减少了人力成本，提高了装卸效率。其二，配备先进的运输设备，减少了货物损耗率。目前，美国鲜活产品的损耗率控制在 1%左右，欧美平均损耗率为 2%～3%。美国居民对商品的时效性要求较高，尤其是蔬菜、水果、海鲜等鲜活产品。对特殊的货物，配备功能性运输设备，如海产等选择冷藏厢式车，水果、蔬菜等选择保鲜厢式车。其三，利用物联网对仓储、管理等资源进行优化配置，做到物尽其用。例如，仓储管理推行“零库存”管理，将仓库资源进行优化、整合，采取就近配货、就近运送的原则，使仓库空置率降至 10%左右。

（4）运输网络的科学规划。美国是交通网络最发达的国家之一，构建了庞大的铁路、公路、航空、管道等运输网络，形成了具有立体空间的运输网络，这也为第三方物流的健康、有序发展奠定了基础。美国的公路交通网络非常发达，总里程有 627.6 万千米，公路干线遍布全国，如著名的 66 号公路（Route 66）、101 公路（US 101）等。其中，高速公路近 8 万千米，占全球高速公路的 2/3。铁路全长 40 万千米，占全球铁路总长的 35%。航空运输线路约占全球航空线路的 50%，拥有 13000 多个飞机场。依托发达的运输网络，加之对运输网络的科学规划，美国第三方物流实现了低成本、高效率的运营模式，其最为显著的特点是推出绿色联运模式，即对运输网络进行科学规划，以低碳、绿色为出发点，选择多种交通运输的组合，提升高效物流服务。如快递从西海岸至东海岸（全程约 4800 千米），仅需一天时间，这有赖于第三方物流将公路、航空、管道运输有机组合，运用信息技术对运输网络进行规划。总体而言，美国第三方物流效率较高，一是缘于其国内交通运输网络发达，二是有赖于创新联运模式，实现对运输网络、运输工具的科学规划。

（5）信息技术的神奇力量。进入新世纪以来，美国3PL企业迅速发展，市场份额呈现出节节攀升的格局。2006年美国第三方物流在其国内市场份额为67.3%，2014年已升至78.4%。究其原因，物流信息技术的广泛应用正是驱动第三方物流市场份额不断攀升的内在动力源泉。一是注重应用软件的开发，结合市场动态与行业特点，相继开发了多种应用软件，促进物流服务水平的提升。如运输管理软件（TMS）旨在对运输网络进行规划，选择最优的联运组合；先进计划与调度（APS）旨在就近配货、就近配送。二是借助Internet APLs，构建了站点集团。利用信息平台，发布行业动态、市场动态，促进行业间信息共享。利用互联网对物流资源进行整合，对运输进行优化安排。三是组建行业协会，对数据流进行整合。跟踪仓库站点，控制仓库空置率。对IT技术生成的订单、调配单等进行数字化管理，为客户提供高效、个性化的服务。

（二） 第三方物流在欧洲的发展

1. 欧洲第三方物流的市场规模

欧洲推动第三方物流发展的根本原因是减少成本，改善服务。在欧洲开设分支机构的公司选择第三方物流管理和经营物流设施，不仅能降低分销成本，而且能提供专业化的服务。第三方物流给欧洲带来了范围广泛的创新服务。

随着贸易全球化趋势打破欧洲的传统壁垒，欧洲产品将大举对欧洲大陆进攻，同时，将产生对物流业务的巨大需求。此外，欧盟的建立及其对欧洲贸易格局的影响将迫使当地和地区性的生产企业参与多元化市场竞争，他们也需要有成熟的3PL服务商的鼎力相助来管理变幻莫测的分拨配送网络。总之，一般贸易注重核心能力的趋势将在蓬勃发展的市场竞争中占主导地位。表1-9为欧洲各国第三方物流的市场状况。

表1-9　　欧洲第三方物流市场概况表　　单位：百万欧元

国别	国内物流费用	3PL物流收入	物流总支出	3PL物流收入/物流总支出（%）
德国	26528	8047	34602	23.33
法国	18784	6911	25695	26.90
英国	15485	8150	23635	34.48
意大利	12002	1771	13873	12.77
西班牙	5655	1241	6896	18.00
荷兰	4848	1620	6468	25.05
比利时	2914	971	3885	24.99
奥地利	2746	637	3383	18.83
瑞典	2610	673	3374	22.02
丹麦	2175	543	2718	19.98
芬兰	1662	415	2077	19.98

续 表

国别	国内物流费用	3PL 物流收入	物流总支出	3PL 物流收入/物流总支出（%）
爱尔兰	734	238	972	24.49
葡萄牙	673	137	811	16.89
希腊	690	85	775	10.97
卢森堡	119	40	159	25.16
总计	97625	31479	129323	24.42

从表 1-9 中可以看出，在欧洲市场上 3PL 物流收入占物流总支出的比重平均达到 24.42%。

2. 欧洲第三方物流企业类型

在物流服务市场上，欧洲的 3PL 企业分为不同的层次，面向不同的目标市场，提供不同层次的服务，但基本可分为四类。

（1）服务范围广泛的大型物流企业。最高一层的大型物流企业为制造商提供了范围广泛的服务，包括制作不同语言的标签和包装，帮助这些制造商在欧洲不同市场进行销售。在这一层次里，有一些领先和经营良好的欧洲物流公司，也有总部设在美国的物流公司，例如 UPS 环球物流。

（2）从事传统物流的欧洲公司。经营规模小的第三方物流是被称为国际货运商的欧洲特有物流实体。这些企业拥有自己的资产，经营卡车货运、仓储、报关等。这些公司的技术不高，并且资源有限，大多数业务起源于处理欧洲各国海关之间复杂的业务（目前这些业务已经消失）。这些公司最终会合并或离开这个行业。

（3）新兴的 3PL 企业。除大型跨国物流公司和地区较小的物流企业，一种完全新兴的欧洲 3PL 企业比其他的货运服务商发展更快。

（4）大型国有机构的第三方物流。欧洲另一个快速增长的 3PL 企业层次是大型的国有机构，例如国家铁路公司和港务局。

3. 欧洲特色的第三方物流

欧洲的第三方物流发展很快，有关分析认为欧洲第三方物流迅速发展与其独具特色的物流服务分不开：

（1）细致的店内物流。在英国，目前推行店内物流。零售店把从开门到关门，从清扫店堂、清理商品到补货上架等原先由商店营业员负责的销售前和销售后的一系列服务都交由第三方物流承担，使得第三方的服务范围延伸到店堂内。零售店把物流环节交由专业物流公司，商店可以更加专注于商品销售。

（2）广泛服务物流。大型物流企业为制造商提供范围广泛的服务，包括制作不同语言的标签和包装，帮助这样的制造商在欧洲不同市场进行销售。而且欧洲的不同市场差异较大，不同市场对服务的要求不同。在法国、荷兰和德国，提供精确的外包物流服务，重点在于技术性和供应链；在地中海国家，公共交通设施不如上述国家发达，服务的重点在于运输和仓储；在东欧国家，公共交通和通信设施不发达，企业需要的第三方服务只是基本的运输和物流。

(3) 提供复杂的物流服务。一种完全新兴的欧洲 3PL 企业比其他的货运服务商发展得更快。例如，集装箱经营者欧罗凯集团成立 Oceangate Distribution（欧欣配送），为那些在中欧、南欧、东欧有业务的公司提供合同物流服务。不仅在欧洲拥有仓储和配送能力，也为零售商和制造商提供复杂的物流服务，最普遍的增值服务是加速接运分送、加快库存周转，被加速发运的货物用于紧急订货，同时较低的成本、全水运的货物到达正好衔接那些紧急订货售完。这样能为零售商增加大约 10%的存货投资回报。

(4) 提供五星级货物旅馆。德国物流正在提出要“五星级货物旅馆”的口号，实际上是对物流中心的管理和运作提出更高的要求。物流中心的货物应该做到加工更方便、物流更快捷、服务更周到、运作成本更低，这样才能吸引更多的客户。

当经济全球化打破了欧洲的传统核心，跨国公司在欧洲迅速扩大市场，带来了物流的需求，刺激了欧洲物流服务市场的快速增长。另外，企业也通过第三方物流的物流服务和增值服务，降低分销成本，改善服务，获得“第三种利润”。

从欧洲第三方物流的发展可以发现，欧洲第三方物流的快速发展，一方面在于企业对于物流服务的需要，另一方面在于欧洲目前较高的物流管理水平与成本的优势，内外因的综合作用，推动了欧洲第三方物流的发展。

（三）第三方物流在日本的发展

日本物流发展的历史虽然不长，但其发展速度之快，规模经营之大，整体现代化程度之高，令世界瞩目。日本的商业企业以及 3PL 企业之间的社会化配送是世界上做得最好的，在日本通过 3PL 企业完成的物资流通量能够达到 80%左右。生产企业、商业流通企业通常都不自己设置仓库等流通设施，而是将物流业务交给专业的 3PL 企业去做，以达到减少非生产性投资、降低成本的目的。

日本的 3PL 企业都十分注重研究物流配送的新技术、新方法，以不断提高物流服务质量，降低物流成本，增强在市场上的竞争力。在日本物流企业中使用的可拆卸式货架、移动式商品条码扫描设备等都是非常方便实用的物流工具，物流配送企业中的商品条码和计算机管理系统应用非常普遍，实现了商品入库、验收、分拣、出库等物流作业全过程的计算机管理与控制，既提高了效率，又加强了管理。

日本第三方物流的发展现状可以归纳为以下几个方面：

一是规划优先。日本政府采取“流通据点集中化”战略，在大中城市的郊区、港口、主要公路枢纽区域规划建设物流配送中心。同时，提倡发展“城市内最佳配送系统”，围绕某个标准轴心，将城市内无规则的货运要求加以汇总，实现混载配送，提高配送效率。

二是政府加大资金投入。在科学规划的基础上，日本政府制定了《综合物流施政大纲》，其中对主要的物流基础设施，包括铁路、公路、机场、港口、中心基地建设，提供强大的资金支持。如日本最大最新的综合物流中心——和平岛货物中心建设总投资 572 亿日元，其中 70%由中央财政出资，20%由东京地方财政出资，10%由企业投资。

三是出台相关政策，鼓励现代物流产业发展。在完善道路设施、改善城市内河运输条件、缓解城市道路阻塞、发展货物联运等方面，日本政府出台了许多放松政府管制、建立政府部门协调促进机构、提供政府援助等可行的鼓励政策。

国外第三方物流的蓬勃发展有一些相似之处：第三方物流设施的现代化程度高，社会化、组织化程度高，物流服务供需双方面临各种相似压力，对社会存量资源整合得较好，重视物流人才教育培训等。分析欧美日三地物流的发展，不难看出，发达国家第三方物流的发展都是在更新物流观念，覆盖市场，提供细化服务，形成规模效应，高度完善信息网络等前提下发展而来的。

二、我国第三方物流企业发展前景

物流业作为现代服务业的重要组成部分，与国民经济各个部门的发展密切相关，对调整经济结构、转变经济发展方式和提高国民经济运行效率具有重要的战略意义。2014年6月11日，李克强总理主持召开了国务院常务会议，讨论并通过了《物流业发展中长期规划（2014—2020年）》，指出要把第三方物流服务业作为“基础性、战略性产业”。2014年我国第三方物流服务业增加值为3.5万亿元，占服务业增加值的11.6%，占GDP的5.6%；2015年作为“十二五”规划的收官之年，我国第三方物流服务业也取得了一定的成绩，但与物流业较为发达的国家相比，我国仍存在第三方物流服务业市场化程度低、基础设施不完善、创新驱动不足等问题，还需要在借鉴发达国家发展经验的基础上，找出符合我国实际的发展之路。

（一） 我国3PL企业现状

从3PL企业形成结构看，我国3PL企业大体呈现以下四种状态。

第一种是由传统仓储运输和批发贸易企业经过改造转型而来的3PL企业。

这类企业占据较大市场份额，凭借原有的物流业务基础和在市场、经营网络、设施、企业规模等方面的优势，不断拓展和延伸其他物流服务，向现代物流企业逐步转化，如中远国际货运公司、中国对外贸易运输（集团）总公司、中国储运总公司、中国邮政、中铁快运等，这类公司的地方子公司都是独立核算，各地网点间缺乏信息沟通，作业不能配合与协调，资源得不到有效利用，除非是很大的客户，多数普通客户难以享受到较为全面的物流服务，各网点实际处于分散的节点状态，网络并未真正形成。这类企业一般都能提供运输、仓储服务，但由于规模大，要负担庞大的人力成本，价格要稍高于区域性的中小物流企业。此外，由于观念还较落后，对客户需求不够重视，服务意识不强，服务质量较差。部分企业还残留着行业老大的痕迹，灵活性差，运作效率不是很高。

第二种是新创办的国有或国有控股的新型3PL企业。

这类企业是现代企业改革的产物，管理机制比较完善，发展比较快。如1993年11月成立的中海物流公司，从仓储系统开始开展物流业务，现已成为国际大型知名跨国公司，是提供包括仓储、运输、配送、报关等多功能物流服务的3PL企业。这类公司一般依托原来的仓储系统，并拥有自己的车队，可在本地区提供运输、仓储等基本服务，服务价格较低。随着市场竞争的加剧，它们也开始不断提高自身的能力，以适应客户的需求。个别企业随着各项资本的不断积累，也能做得比较出色，但尚不能成为全国性企业，其仓库结构和设施比较陈旧，由于历史遗留的体制问题，多数企业负担沉重，在管理方法和对物流服务的认识上，还局限于传统、分离、单一的基本业务。

第三种是外资和港资物流企业。

这类企业一方面为原有客户进入中国市场提供延伸物流服务，另一方面用他们的经营理念、经营模式和优质服务吸引中国企业，针对正在生成和发展的专业化物流服务需求提供服务，逐渐向中国物流市场渗透，如丹麦有利物流公司（Merchandise Logistics Co.）主要为马士基船运公司及其货主企业提供物流服务，深圳的日本近铁物流公司主要为日本在华的企业服务。这类公司在资金、人才、理念、管理方法、服务及技术等方面都具有优势。凭借着这些优势，它们占据了外资企业物流供给的大部分市场。

第四种是民营物流企业。

这类企业由于机制灵活、管理成本低等特点，发展迅速，是我国物流行业中最具朝气的 3PL 企业，如上海的远成集团等，这类企业作为后进入市场者，定位一般都是成为专业化的 3PL 服务提供者，要在短期内打入市场，规避物流设施投资大、回收期长的风险。很多民营物流企业都采用了非资产型的 3PL 代理模式，它们的服务水平与外资物流企业相近，但服务地域要广些，不仅仅限于大城市和沿海地区。与外资企业相比，民营物流企业在当地市场的运作上更具有适应性和灵活性，在服务、管理方法以及现代信息技术的应用方面要高于一般国内物流企业。但其资金实力有限，业务拓展、规模扩张和网点铺设都受到限制，属于新型企业，在基本业务操作上经验积累不够。

综上所述，从提供的服务范围和功能来看，我国的 3PL 企业仍以运输、仓储等基本物流业务为主，加工、配送、定制服务等增值服务功能处在发展完善阶段。像远成集团这类功能完善的第三点物流企业目前为数不多，中远集团、中外运集团、中国储运总公司这样大型的运输、仓储企业虽已向 3PL 企业转化，但仍以传统运输、仓储业务为主，第三方物流的功能还不完善。

（二） 我国 3PL 企业发展存在的问题

1. 用户企业物流观念落后，自营物流现象突出

由于对物流作为“第三利润源泉”的错误认识和受“大而全”“小而全”的观念影响，很多生产企业或商业企业既怕失去对采购和销售的控制权，又怕额外利润被别的企业赚去，都盲目自建物流系统，不愿向外寻求物流服务。

2. 3PL 企业规模小，市场分散

中国仓储协会对 3PL 市场的调查结果显示，我国整个 3PL 市场还相当分散，产业组织规模小，3PL 供应商基本上都属于小型企业，很难找到一家 3PL 服务商拥有超过 2% 的市场份额；即使在长三角和珠三角地区，3PL 企业服务的客户数也平均少于 10 个。

3. 3PL 企业经营管理水平低，服务质量有待提高

我国 3PL 企业经营管理水平较低，多数从事物流服务的企业缺乏必要的服务规范和内部管理规程，很难提供规范化的物流服务，服务质量较低，缺少市场开拓的主动权，未能有效利用现代科技手段。据有关资料显示，我国工业企业对 3PL 服务不满意和不完全满意的比率分别为 17% 和 50%，商业企业则为 10% 和 62%。这说明 3PL 企业必须尽快改进和提升服务水平。

4. 服务功能单一，增值服务薄弱

目前，从事物流服务企业的规模和实力都比较小，因而其提供的服务就具有一定的局限性，大部分3PL企业只能提供单项或分段的物流服务，不能形成完整的物流供应链；许多3PL企业还在用同一水平的物流服务来对待不同的顾客或不同的商品，这根本无法满足不同客户的需求，只能简单提供运输和仓储服务，而在其他增值服务方面，尤其是物流方案设计以及全程物流服务等更高层次的物流服务方面还有待努力拓展。

5. 物流渠道不畅，信息化水平还很低

一方面，经营网络布局不合理，有点无网，3PL企业之间、企业与客户之间缺乏合作，货源不足，传统仓储业、运输业能力过剩，造成浪费；另一方面，信息技术落后，EDI等信息技术未能广泛应用，物流企业和客户不能充分共享信息资源，没有结成相互依赖的伙伴关系。

6. 缺乏物流专业人才

由于我国的物流业还处于起步阶段，专业物流人才缺乏，许多人不知道物流究竟为何物，即使有一定的了解，也只认为它是提供运输和仓储服务，而不知道它是对传统业务的新的整合。市场竞争归根结底是人才的竞争，缺乏专业的物流人才，企业也就缺少了创新的能力和发展的动力，如果仅用传统方式来管理现代物流，必然使得企业低效运行，缺乏活力和竞争力。据有关资料统计，在我国物流行业从业总人数中，具有中专以上学历的人员只占7.5%。这与我国物流业发展的要求相比差距太大。

（三）　我国3PL企业发展措施

1. 转变观念、科学发展

目前，第三方物流在整个物流市场中的比重，日本为80%，美国为57%，德国也已达23.33%，我国仅占16%。因此，要加强宣传教育，提高全社会对第三方物流功能和作用的认识，纠正一些人对第三方物流在我国物流市场中的地位缺乏信心和扭曲认识，摒弃粗放式的经营理念，为传统物流企业向现代物流企业转变创造各种必要的条件。只有转变观念，掌握现代物流管理知识，才能实现科学的发展。

2. 政府引导、优化环境

实践证明，发展第三方物流是一项系统工程，仅靠物流企业自身的努力是远远不够的，还需要发挥政府和行业协会的推动、调控作用，为3PL企业发展创造良好的外部环境。发达国家均已建立了较完善的物流业法规和标准，我国也应该迎头赶上，尤其要做好以下三方面的工作：一是尽快建立健全相应的政策法规体系，重点是优惠政策的制定和实施，使第三方物流的发展有据可依；二是尽快建立规范的行业标准，实施行业自律，规范市场行为，使物流业务运作有规可循；三是发挥组织、协调、规划职能，统一规划，合理布局，建立多功能、高层次、集散功能强、辐射范围广的现代物流园区和配送中心，克服条块分割的弊端，避免重复建设和资源浪费现象，促进第三方物流健康、有序和快速发展。

3. 个性服务、特色增值

美国物流企业把对客户服务作为企业经营最重要的理念。物流企业的客户服务，不仅仅是员工的服务态度、运输的安全及时等，重要的还在于要对客户量身定制。第三方物流的生命，就在于能够为客户设计和提供最适合其要求的物流方案，寓共性于个性之中。而缺少对客户的个性化服务，缺少针对性强的物流构思、创意，是我国3PL企业需要改进的薄弱之处。因此，3PL企业在提供基本物流服务的同时，要根据市场需求，不断细分市场，拓展业务范围，以客户增效为己任，提供物流增值服务，开展加工、配送、货代等业务，甚至还提供包括物流策略和流程解决方案、搭建信息平台等服务，用专业化服务满足个性化需求，提高服务水平和质量，以服务求效益。

4. 信息支撑、网络共生

信息化与否是衡量现代物流企业的重要标志之一，许多跨国物流企业都拥有"一流三网"，即订单信息流、全球供应链资源网络、全球用户资源网络、计算机信息网络。借助信息技术，企业能够整合业务流程，融入客户的生产经营过程，建立一种"效率式交易"的管理与生产模式。3PL企业必须重视网络建设，一方面，要根据实际情况建立有形网络；另一方面，要通过互联网、管理信息系统、EDI等信息技术实现信息网络与客户共享资源，形成相互依赖的市场共生关系。

5. 重视人才、产学结合

企业的竞争归根结底是人才的竞争。我国与物流发达国家的差距，不仅仅是装备、技术、资金上的差距，更重要的是观念和知识上的差距。物流专业技术和管理人才匮乏成为制约我国现代物流业发展的瓶颈。解决好这一问题的有效途径之一就是加强3PL企业与高校科研院所的合作，使理论研究和实际应用有机结合，加快物流专业技术人才和管理人才的培养，造就一大批熟悉物流运作规律并有开拓精神的人才队伍。同时，还要重视所有员工的物流知识、业务培训，提高企业人员的整体素质。

综上所述，应该充分学习和借鉴发达国家发展第三方物流的成功经验，实现我国现代物流业的健康发展，以更好地满足经济社会发展建设之需。

（四） 我国3PL企业人才培养问题

随着经济全球化的不断发展，物流的发展也与时俱进，3PL企业的发展更是需要具有能提供具有综合物流新理念和实际运营能力的物流专业人才。人才是制约企业发展的关键，人才培养是要讲规格的，"规格"即"标准"，也就是要在正确的人才培养方向指导下，对培养出的人才在"知识、能力、素质"三方面具体应该达到的质量标准。人才培养规格由"知识""能力"和"素质"组成，第三方物流人才培养是要结合企业需求目标，由企业所需人才能力、与之匹配的知识及相应职业素质构成。

1. 3PL企业人才能力要求

3PL企业核心岗位所需人才能力结构如图1-1所示。

根据3PL企业的核心岗位（运作类岗位、营销类岗位）要求具备的"设计规划能力、商务能力、企业管理通用能力、一线决策能力、业务运作能力"，3PL企业人才培养就要围绕这些能力的养成和提升来组织开展。

此外，特别强调在供应链时代的今天，现代物流的内涵已是供应链视角的物流，对能力的要求还需强调以下几点。

(1) 物流人才需要具有前瞻性，不受现有机构、制度和一些做法的约束，特别是物流管理人员必须具有合理化的物流理念，有组织年轻人为物流合理化而奋斗的魄力。

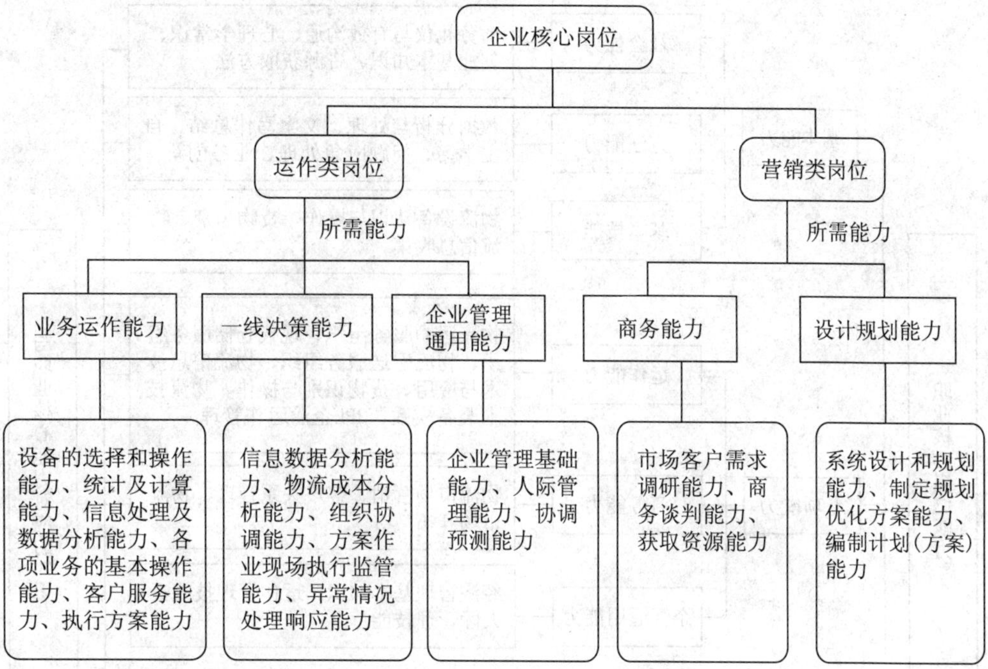

图 1-1　3PL 企业核心岗位能力结构

(2) 物流业是一项新事物，应具备开拓未知领域先驱者的气概，因为物流较多地受其他因素的制约，必须具有应对挑战的能力。

(3) 应能对现代综合物流提出新的物流运作模式，逐步建立起物流系统的概念，能统筹考虑到整个物流运作的安排，在业务中对物流信息管理的计算机网络系统提出要求，合理使用和调配物流设施和设备。

2. 3PL 企业人才知识要求

与 3PL 企业人才能力相对应的物流知识如图 1-2 所示。

综合能力中的业务设计能力形成需要懂得物流方案设计、物流配送服务编制、物流运输服务编制、现代仓储服务编制、供应链管理等知识；一线决策能力必须具备物流运筹决策、物流经济、物流统计分析、物流企业成本和质量监控、人力资源管理等知识。专项能力中的运作能力形成必须对物流运输服务组织、现代仓储服务组织、物流配送服务组织、物流信息技术与应用、货物识别与操作、物流技术装备实践、3PL 企业运作管理等知识掌握；商务能力主要要求具备物流市场营销、客户关系管理、物流市场开拓等知识；企业管理通用能力主要指懂得经济管理基本知识、运作管理技能、人际管理技能等知识。

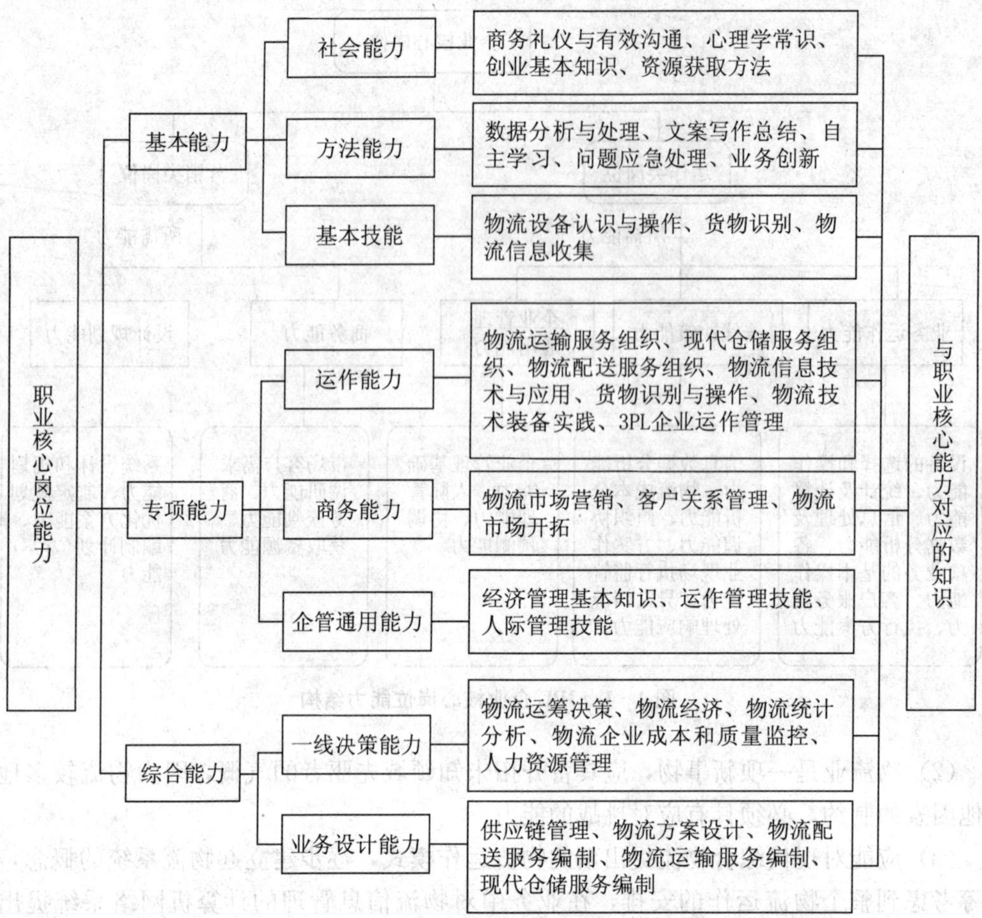

图 1-2　3PL 物流人才知识结构体系

3. 3PL 企业人才素质要求

(1) 3PL 企业从业人员必须具备以下基本素质：具有较高的抗压能力、吃苦耐劳精神；能适应各种工作环境及工作氛围；有持续学习的心态及较高的综合素质和道德修养。

(2) 3PL 企业复合型物流人才必备的专业素质。现代物流人才必须是集现代综合物流新理念于实际运作业务中的新型复合型物流人才：具备职业综合管理能力，为使物流适应已经或将要变化的环境，包括领导在内的全体人员必须具有从战略高度来思考问题的素养。

下面阅读资料是某企业的物流经理职位说明书内容，它清晰地说明了企业对所需人才的能力、知识和素质是有一定要求的。总之，为了培养具有这样知识、能力和素养的第三方物流管理人才，应当清楚这是一个需要长期为之努力的事业，必须制订中长期人才培养计划；在制订计划时，应确定基本概念、基本方针和进修体系，制订物流经理等各类人员必须具备的知识、技术、能力等的培养要求及实施办法，以形成具有第三方物流企业综合管理人才所需的精准方案。

阅读资料

远成集团仓储配送经理职位说明书

<table>
<tr><td>职位名称</td><td>仓储、配送经理</td><td>职位编码</td><td>—</td></tr>
<tr><td>职务级别</td><td>经理级</td><td>薪酬等级范围</td><td>—</td></tr>
<tr><td>所在单位</td><td>分公司</td><td>所在部门</td><td>运营管理部</td></tr>
<tr><td colspan="4">一、职务概要
全面负责项目客户仓储资源的规划，仓储及配送业务管理、运作流程、培训、考核、奖惩政策的制定、完善和监督执行，仓储部门的团队建设，信息系统仓储配送业务类的管理与报告审批，仓储管理系统（WMS）的推动与完善，指导项目客户的仓储日常工作。</td></tr>
<tr><td colspan="4">二、主要工作关系</td></tr>
<tr><td>直接上级</td><td>仓储高经</td><td>直接下级</td><td>仓储管理专员</td></tr>
<tr><td colspan="2">三、岗位职责描述</td><td>权限</td><td>绩效标准</td></tr>
<tr><td colspan="2">（一）岗位职责
1. 负责项目客户仓储配送资源规划与运作；
2. 负责制定部门费用预算并进行相应费用控制，合理控制仓库成本及部门各项费用的审批；
3. 负责部门管理、操作、培训、考核政策的计划制订、完善和监督执行，落实公司规定的绩效考核及相关工作要求；
4. 负责根据公司经营计划制订本部门月度、季度工作计划，工作总结，分析报表等；
5. 负责设备、设施及消耗品的采购申请；负责与其他相关部门的工作联系，提高协作效率。
（二）工作内容
1. 建立健全符合行业特征和企业特色的部门管理制度及完善；根据公司的战略和年度经营计划，制订部门年度工作计划，并跟踪监督计划的实施；
2. 优化仓储配送资源配置，培养仓储管理人才梯队，降低人力资源成本，提升人均能效；建立健全部门绩效管理，组织实施绩效考核，激励员工工作热情，创造价值；
3. 全面负责仓储配送业务的需求准备、规划，根据客户需求实行定制化服务；
4. 做好部门各项审批工作及定期分析部门业务报告；做好部门团队建设，进行日常工作指导</td><td>（一）岗位权限
1. 仓储配送资源规划与调整权；
2. 所有仓储配送事务参与审批权；
3. 各分公司仓储配送工作督导检查处理权；
4. 部门人员定岗定编权、培训权，员工管理与绩效考核权，对部门下属人员的奖罚权，人事建议权；
5. 设备、设施与消耗品验收权；
6. 管理制度编制、修订权和审批权。
（二）管辖事项
1. 团队建设
2. 人员培训
3. 绩效考评
4. 部门工作启动计划及保障
5. 督导和检查部门工作
6. 工作沟通与协调
7. 部门工作汇报</td><td>1. 仓储配送资源规划获得批准，以及目标达成率；
2. 工作计划获得多数认可及目标达成率；
3. 劳动生产率控制在合理的范围之内；
4. 绩效考核准确有效；
5. 审批及时准确，差错控制在合理范围内；
6. 有效指导各仓储配送基地业务管理，异常及时处理；
7. 团队目标明确，执行力强，工作效率高，绩效好；
8. 及时调整管理内容，使之符合企业发展</td></tr>
</table>

续 表

四、任职资格要求	必备条件	期望条件
1. 教育背景 2. 性别与年龄 3. 从业经验 4. 专业知识 5. 专业技能 6. 其他要求	1. 专科及以上学历，物流管理专业、管理类； 2. 性别不限，25 岁以上； 3. 具备 3 年以上大型物流企业仓储配送管理经验； 4. 具备现代物流管理理论知识，了解国内、国际仓储配送发展趋势； 5. 精通仓储管理体系，能建立绩效考核体系、团队建设管理体系； 6. 优秀的沟通协调能力及团队协作精神，工作效率高，抗压能力强；能够随时到各地出差	有系统的现代物流仓储配送理论与实践经验

案例分析

第三方物流企业的价值创造——远成特色的公铁联运

随着物流业的迅猛发展，人们对物流的认知程度越来越深，企业为了降低运作成本和提高自身的核心竞争实力，注重物流外包已是一件不争的事实，且外包的程度和范围也与日俱增。所以，对于一个 3PL 服务提供方而言，满足个性化物流需求，提供一站式物流服务，与客户实行高度的战略合作成为发展趋势。3PL 物流企业一方面要提高物流服务质量，另一方面必须借助内外部资源拓展服务产品，与市场同步发展。如何进行 3PL 企业的价值创造已迫在眉睫，独具特色的公铁联运更成为远成集团新的价值源泉。

1. 远成特色的公铁联运特征

远成特色的公铁联运是以铁路干线为主，两端汽车配送为辅，为客户提供“门到门”服务的联运组织形式。将公路运输与铁路运输有机地组合在一起，构成连续的、综合性的一体化货物运输。通过一次托运、一次计费、一份单证、一次保险，由各运输区段的承运人共同完成货物的全程运输，即将货物的全程运输作为一个完整的单一运输过程来安排。

2. 远成特色的公铁联运优越性

(1) 从运输载体分析。远成集团自开设公铁联运以来，本着以人为本、务实创新、以资源为保障、以网络为依托、以技术为手段、以质量为生命、以客户需求为导向的经营理念，最大限度地满足客户，成为客户最优、最佳的战略合作伙伴。集团成立近 20 多年来，远成集团坚持依托铁路，充分利用五定班列、行包专列和特快行邮专列为铁路干线载体，配合两端的公路配送，形成四通八达的公铁联运体系，为客户提供快速准时、安全高效、费用相对较低的“门到门”的物流服务。既有铁路运输的准时、安全、费用低的特点，又有公路运输快速、灵活、服务到门的特点；同时没有铁路运输速度慢、网点少、服务差的缺点，也没有公路运输安全系数低、费用高的缺点，将公路和铁路完美结合。远成的公铁联运，赢得了广大客户的认可，创出了自己的品牌，拥有稳定客户近10万家，其中，很大一部分客户是世界和国内知名品牌客户，比如松下、索尼、三星、LG、金百利、EPSON、长虹、五粮液、宝洁等，都是远成忠实的客户。远成公铁联运的优点如下。

①运力大，不超载。各条线路运力充足，每节车厢、每个车皮都有严格的限量与堆放标准，不存在超载的情况，容易控制运输过程中的安全风险。

②时间、安全保障。定时发车，定时到达，实时监控。

③专人操作，跟踪服务。远成员工专项负责计划、装车、跟踪、卸货，能够全程监控运输质量。

④网点覆盖广阔。集团共有网络136个，遍布全国大中心城市，网络互动，为客户提供更好的服务。

⑤全天候作业，不受天气条件影响。

远成集团公铁联运的难点主要是多环节的控制，中转或装卸次数多，增加了质量考核体系压力。为了解决这个问题，远成集团主要做了以下三个方面的工作：①购置先进的机械化设备，采用托盘式装卸作业，即提高了装卸效率，也提高了装卸质量；②加大运作部人员（包括装卸工人）建设力度，设立现场运作管理部，制定了规范严密的操作流程，重视现场的操作管理，从而很好地控制了多环节的连接问题；③拥有宽敞的中转仓库，加强中转仓库的“5S”管理和现场管理，为远成集团公司货物的公铁联运中转提供了有力的保障。

（2）从供应链管理角度分析。现代企业的竞争归根结底为客户之争。随着企业面临的生存环境的变化，企业之间的竞争日益衍变为供应链与供应链之间的竞争。因此，如何调整供应链管理的内容，提高供应链的运作效率，通过供应链管理为客户创造价值成为当今企业制胜的关键。所以，以客户需求为起点，以客户为中心是3PL企业经营与竞争的指导思想，供应链管理也是基于价值增值和客户满意的管理思想体现。供应链管理就是对整个供应链中各参与组织与部门的物流、资金流、价值流、信息流、知识流进行计划、协调和控制等，其目的是通过优化提高所有相关过程的速度和确定性，最大化所有相关过程的净增加值，提高组织的运作效率与效益。通过供应链中价值增值活动，可以使企业清楚客户的真正需求所在，使客户价值需求最大化，价值成本最小化，取消不增加价值的活动，即供应链通过降低客户成本和增加客户效益达到客户价值的最大化。公铁联运是一种比区段运输高级的运输组织形式，具有许多优越性，我们可以从供应链管理角度进行分析：①商流：即工作流程，简化托运、结算及理赔流程。在公铁联运方式下无论货物运输距离有多远，由几种运输方式共同完成，且不论运输途中货物经过多少次转换，所有一切运输事项均由公铁联运经营人负责办理。而托运人只需办理一次托运，订立一份运输合同，一次支付费用，一份保险，从而省去托运人办理托运手续的许多不便。同时，由于公铁联运采用一份货运单证，统一计费，因而也可简化制单和结算手续，节省人力和物力。此外，一旦运输过程中发生货损货差，由公铁联运经营人对全程运输负责，从而也可简化理赔手续，减少理赔费用。②物流：提高运输管理水平，实现运输合理化。对于区段运输而言，由于各种运输方式的经营人各自为政，自成体系，因而其经营业务范围受到限制，货运量相应也有限。而一旦由不同的运输经营人共同参与公铁联运，经营范围可以大大扩展，同时可以最大限度地发挥其现有设备作用，选择最佳运输线路组织合理化运输。③信息流：实行物流外包形式，达到信息快速、及时、准确等反馈。能提供公铁联运的物流企业，具有规模大、整合社会资源能力强和信息系统及物流设施设备齐全等特点。它能满足客户的个性化需求，通过为客户提供一站式的物流服务而实行高度的战略合作。所以客户只需与一个 3PL 企业进行相关信息数据的交换。④资金流：一方面缩短货物运输时间，减少库存，降低货损货差率，提高货运质量，加快资金的回笼。在公铁联运方式下，各个运输环节和各种运输工具之间配合密切，衔接紧凑，货物所到之处中转迅速及时，大大减少货物的在途停留时间，从而从根本上保证了货物安全、迅速、准确、及时地运抵目的地，因而也相应地降低了货物的库存量和库存成本。同时，公铁联运是通过集装箱为运输单元进行直达运输，尽管货运途中须经多次转换，但由于使用专业机械装卸且不涉及集装箱内货物，因而货损货差事故大为减少，从而在很大程度上提高了货物的运输质量。另一方面降低运输成本，节省各种支出，加速货物占用资金的周转，而且可以减少利息的支出。由于公铁联运可实行“门到门”运输，因此对货主来说，在货物交由第一承运人以后即可取得货运单证，并据以结汇，从而提前了结汇时间。这不仅有利于加速货物占用资金的周转，而且可以减少利息的支出。此外，由于货物是装在集装箱内实现运输的，因此从某种意义上来看，可相应地节省货物的包装、理货和保险等费用的支出。

案例讨论：

1. 仔细阅读案例资料（20 分钟）。
2. 在小组内讨论以下问题（15 分钟）：分析远成物流的价值源泉及价值创造。
3. 全班讨论，各小组之间共享观点。

基础练习

一、名词解释

第三方物流

二、选择题（多选）

1. 第三方物流的特征不包括（　）。

A. 服务个性化　　B. 功能专业化
C. 成本最低化　　D. 信息网络化

2. 下面（　）不是第三方物流的利润来源。

A. 战略利润　　B. 销售利润
C. 作业利润　　D. 管理利润

3. （　）不属于 3PL 企业价值创造内容。

A. 提高运作效率　　B. 客户运作的整合
C. 开源节流运作　　D. 发展客户运作

三、 思考题

1. 举例简述第三方物流产生的背景。
2. 如何全面理解第三方物流概念？
3. 简述多方物流并存有哪些形式，并各举一例。
4. 美国、欧洲的第三方物流发展态势怎样？
5. 我国 3PL 物流企业有哪些类型？企业对 3PL 物流人才培养有些什么要求？

知识应用

1. 请用 3PL 相关理论对“物流聚焦”部分“解决企业现实问题中的成都音响客商如何完成此任务？”进行解答。

2. 社会调研。

5～10 人一组，选择调研 10 家生产企业和流通企业的物流外包情况（要求至少有 5 家企业为实地调研，3 种不同的物流外包形式），并写出调研报告（包括目的、地点、对象、方法、过程描述、结果、结论），以小组为单位上交。

模块二　第三方物流企业经营战略

学习目标

知识目标

1. 了解3PL企业市场环境分析思路。
2. 掌握3PL企业经营决策的流程及不确定型分析方法。
3. 掌握3PL企业竞争战略选择类型。

技术目标

1. 会用一般企业经营战略方法进行3PL企业的竞争战略选择。
2. 善用企业决策分析方法对3PL企业经营方法进行决策。

能力目标

1. 培养良好的职业道德，树立企业经营战略理念。
2. 学会用科学技术方法解决物流企业经营问题。

物流聚焦

中远集团的战略目标转型

中远集团为了实现“由拥有船向控制船转变，由全球航运承运人向全球物流经营人转变”的发展战略目标，更好地适应国际物流市场需求，进一步增强市场竞争力，对公司的物流发展采取了一系列的措施。

1995年开始对所属陆上货运公司进行了重大改组和调整，这次整合从根本上解决了中远陆上货运资源布局不合理、利用不充分、重复投资、内部竞争、发展缓慢等问题。1997年中远集团对中远船队按照专业生产要求进行了经营战略调整。同时，对海外地区的众多业务机构进行了归口管理并成立了中国香港、新加坡、美国、欧洲、日本、澳洲、非洲、西亚、韩国九大区域公司，通过理顺新体制，形成了新优势，改变了中远集团在计划经济下多年的企业组织结构，实现了中远集团跨国经营的总体构架的全球业务分布的新格局。中远集团还以国际化的远洋船队为依托，以科技创新和管理创新为突破口，不断加强服务体系建设，在全国29个省、市、自治区建立了包含300多个站点的物流服务网络体系，形成了功能齐全的信息系统；拥有运营车辆1222辆，其中，集装箱货车850多辆，物流车辆339辆（配备全球定位系统（GPS）系统的为294辆），大件运输车32辆；仓储和堆场154万平方米；成功开行了6条以“中远号”命名的集装箱“五定班列”，并且培养了一支具有国际经营和物流运作丰富经验的专业队伍。

为迎接加入世界贸易组织（WTO）的挑战，推进“由全球承运人向全球物流经营转变”这一战略目标，2002 年 1 月 8 日中远集团在北京正式组建中国远洋物流公司(COSCO LOGISITICS)。重组的中远物流公司下设大连、北京、青岛、上海、宁波、厦门、广州、武汉 8 个区域公司，并确定中远物流的目标是“做中国最好的物流服务商、最好的船务代理人”，为国内外广大船东和货主提供更优质的服务。

目前，中远物流已与 40 多个国家的货运机构签订相互代理协议。为拓展物流业务范围，树立中远物流品牌，中远公司增强了物流项目设计和管理，重点拓展汽车、家电、项目和展品物流市场，积极开拓冷藏品、危险品等专项物流领域。在国家重大建设项目方面，中远在两年中先后中标，承担了泰山核电三期工程、江苏田湾核电站和长江三峡工程的物流运输项目，为国家重点工程建设做出了重要贡献。据了解，中远近期还将开辟 2 条中远铁路专线，依托高速公路网，逐渐建立完整、全方位的国内干线配送和城际快运通道；发展国际航运代理市场，促进以北京、上海、广州为三大集散中心的中远物流空运网络建设。

请问中远集团转型前后的战略目标是怎样的？企业是基于什么方法建立这样的战略目标的？

第一节　第三方物流企业市场环境分析

3PL 企业生存在一个复杂多变的环境之中，其经营成效不但与经营管理者的经营管理水平有关，也不可避免地会受到各种环境因素的影响，这些因素既可以为企业经营带来机会，也可能带来风险和障碍。因此，我们有必要对影响企业经营管理的主要影响因素进行分析和认识，以尽量减小其对企业的负面影响。

一、企业经营管理环境分析

由于现代企业处在不断发展变化的开放系统中，其经营管理活动无时无刻不受环境的影响。因此，作为企业管理者，必须对影响企业经营管理绩效的环境因素要有足够的认识，能够及时发现和顺应环境因素的变化，进而调整企业的经营管理战略，求得生存和发展的空间。

目前，对影响企业经营管理活动的环境因素有多种分类方法，本章主要从企业能否对某种环境因素施加影响的角度来进行分析讨论。

（一）外部环境因素

外部环境因素是指企业几乎不能施加影响，只能顺应其变化的因素。这些因素主要有：政治法律因素、经济因素、社会文化因素、技术因素、自然环境因素等。

企业外部环境是指给企业带来市场机会或环境威胁的主要外部力量，它们直接或间接地影响企业的经营活动，无形地给企业的生存和发展带来重大的影响。外部环境的主要内容有：政治环境、经济环境、法律环境、社会文化环境、科学技术环境、自然地理环境等。

1. 政治环境

政治环境是指制约和影响企业的各种政治要素及其运行所形成的环境系统，即企业市场经营活动的外部政治形势和状况，以及国家方针政策的变化，对市场经营活动带来的或可能带来的影响。

政治环境包括以下几方面的内容。

（1）政治局势。政治局势是指企业经营所处的国家或地区的政治稳定状况。一个国家的政局稳定与否会给企业经营活动带来重大影响。

（2）方针政策。每个国家在不同的经济发展时期颁布的一些经济政策、发展方针等会有所不同，这些方针政策不仅会影响本国企业的经营活动，还会影响外国企业在本国市场的经营活动。

就我国企业而言，国家制定的经济与社会发展战略、各种经济政策等企业都是要执行的，而执行的结果必然会影响市场需求，可能在宏观上会改变资源的整体供给与配置，在扶持与促进一些行业发展的同时也会限制另一些行业的发展，企业必须按照国家规定执行，因此，这是一种直接的影响。同时，国家也可以通过方针政策对企业的经营活动施以间接的影响，如税收政策等。

（3）国际关系。国际关系指国家之间的政治、经济、文化、军事等关系。不断地发展国际间的经济合作和贸易关系是未来人类社会发展的必然趋势，世界经济一体化也是一种趋势。企业在它的生产经营过程中，可能或多或少地与其他国家发生经济往来，开展国际经营的企业更是如此。所以，国家间的关系就必然会影响企业的经营活动。

2. 经济环境

经济环境是指构成企业生存与发展的社会经济状况及国家的经济政策，主要由社会经济结构、经济发展水平、经济体制和经济政策等要素构成。

（1）社会经济结构。社会经济结构主要包括产业结构、分配结构、交换结构、消费结构、技术结构等内容，其中最重要的是产业结构。企业必须随时关注社会经济结构的变化，积极稳妥地调整企业的经营活动，推动企业的发展。

（2）经济发展水平。经济发展水平是一个国家或地区经济发展的规模、速度以及所达到的水准，反映一个国家或地区经济发展水平的常用指标有国内生产总值、人均国内生产总值、经济发展速度、经济增长速度等。

（3）经济体制。经济体制是指国家组织经济的形式。经济体制规定了国家与企业、企业与企业、企业与各部门的关系，并通过一定的管理手段和方法影响社会经济流动的范围、内容与方式。经济体制对企业的存在形式、内容与途径都提出了系统的基本规则和条件。

（4）经济政策。经济政策是国家所制定的一定时期国家经济发展目标实现的战略与策略。它包括综合性的全国经济发展战略和产业政策、国民收入分配政策、物资流通政策、金融政策、劳动工资政策、对外贸易政策等。

3. 法律环境

法律环境是指与企业相关的社会法律系统及其运行状态。包括国家的法律法规、国家司法与执行机关和企业的法律意识等。

法律环境对于企业的影响力具有刚性约束的特征，同时也影响企业的发展方向。对于企业来说，法律是评判企业经营活动的准则，只有依法进行的各种经营活动才能受到国家法律的有效保护。因此，企业开展市场经营活动时必须了解并遵守国家或政府颁布的有关经营、贸易、投资等方面的法律法规。如果从事国际经营活动，除了要遵守本国的法律法规之外，还必须要遵守所在市场国的法律制度与有关的国际法规、国际惯例和准则。

4. 社会文化环境

社会环境是指一个国家的人口数量、年龄结构、家庭结构、职业结构、民族构成、生活习惯、道德风尚、历史传统、文化传统等。因为企业是在社会大系统中从事生产经营活动，因此，企业的各项目标都要适应社会价值观念的要求。

文化环境是指社会环境中由文化诸要素及与文化要素相关联的各种社会现象而构成的实际状态。文化环境大体上包括文化的基本要素系列、文化的价值系统和文化教育事业状况。文化教育程度和企业文化是最直接体现这一环境的内容。

5. 科学技术环境

科学技术环境是指企业所处的社会环境中的科技要素以及与该要素相关的各种社会现象的总和。

企业的科技环境包括社会科技水平、社会科技力量、国家科技体制、国家科技政策和立法等要素，这些要素都会对企业的生产经营管理产生巨大的影响。

科技的发展对于社会的进步、经济的增长和人类社会生活方式的变革都起着巨大的推动作用，现代科学技术是社会生产力中最活跃的和决定性的因素，它不仅直接影响企业内部的生产和经营，而且还同时与其他环境因素相互依赖、相互作用，影响企业的经营活动。科技环境的变化会在一定时期内对产业结构产生影响，对产品的技术含量与功效产生影响，对市场供求结构产生影响等。科技发展水平是衡量一个国家生产力发达程度的主要指标。

6. 自然地理环境

自然地理环境是指企业所处的地理位置、地形地貌、气候条件和自然资源等，这些因素都会在不同程度上影响企业的生产经营活动。如果企业要避免由自然地理环境带来的威胁，最大限度地利用这种环境带来的市场经营机会，就必须要不断地分析与认识自然地理环境变化的趋势，根据不同的环境情况设计、生产和经营企业的产品和服务。自然地理环境是无法选择的。当然，搬迁是另外一种思路，是一种避开原有环境的做法，但是，原有的地理环境还是依旧存在。

上述外部环境因素对于现代企业生产经营活动的影响一般情况下是无法改变的，外部环境因素对现代企业具有一定的制约作用。企业只有在认清环境条件的基础上来适应环境的变化，顺应环境提出的要求。

（二） 内部环境因素

与外部环境因素不同，企业可以对内部环境因素施加影响，使其朝着企业所希望的方向发展。如：竞争者、企业自身能力等。企业内部环境是指影响企业生存与发展的各种内部因素的状况以及这些因素相互结合所形成的企业经营能力。它包括企业自身具备的各种资源条件和企业的生产经营能力。

企业内部环境分析是对影响企业生存与发展的内部因素加以分析。由于企业内部因素一般情况下都是可控因素，因此，企业内部条件分析的目的就在于利用和强化企业优势，克服和改变企业劣势。

1. 企业资源分析

企业资源是保证企业能够生存与发展的基本条件，企业所有经营战略的制定都必须以企业所具备的资源条件为前提。对企业资源分析的主要内容是评估四个方面的资源情况：财力资源、人力资源、物力资源、技术信息资源。对这些资源的评估目的是要查清企业的家产，摸清企业拥有资源的数量与质量。

2. 企业内部管理分析

企业内部管理水平的高低是影响企业经营成败的关键所在。管理水平的高低将涉及健全的管理制度、科学的管理方法、合理的组织结构等方面。企业内部管理分析的主要内容包括对企业决策、计划、组织、激励等管理内容的分析。

3. 企业市场营销能力分析

企业市场营销能力不仅是企业实施其经营战略的重要能力，也是企业制定经营战略的重要依据。营销能力分析的主要内容包括企业市场营销系统的决策和管理能力、市场营销的生产率、市场营销组合策略的现状和变化趋势。

4. 企业财务状况分析

判断企业实力和对投资者吸引力大小的最好方法就是进行财务状况分析。了解企业在财务方面的优势和劣势，对企业有效地配置资源，优化经营领域结构等都具有决定性意义。最常用的财务分析方法是各种财务比率分析。

5. 企业科研开发能力分析

是否具有较强的科研开发能力，对于行业领先企业来说是非常重要的，因为它直接影响企业未来在行业和市场中的地位。科研开发能力分析的主要内容包括企业科研开发人员的数量与质量，科研开发部门拥有的设备、设施和信息渠道，与其他科研单位的合作关系，科研经费、研究目标等。

6. 企业生产能力分析

生产能力是企业各种能力最直观的体现，生产能力的高低、生产能力与市场需要相适应的程度，都会对企业产生影响。生产能力分析的主要内容包括生产工艺状况、生产能力、产品质量、成本控制以及管理水平等。

二、企业竞争分析

现代企业所处的市场环境中竞争无处不在，从企业角度来看，如何应对竞争是一个十分关键的课题，无谓地惧怕竞争对手不是现代企业经营者的处世态度，科学合理地运用有效的竞争工具与方式是面对竞争和迎战竞争的有效手段。

（一）五种竞争力量模型

波特五力分析模型（Michael Porter’s Five Forces Model），又称波特竞争力模型，将企业的竞争因素概括为五种基本的竞争力量，提出了一个产业竞争结构的基本模式，创建了波特模型。这五种竞争力量在不同行业的强弱变化决定着行业竞争的不同特点和激烈程度，从而决定着行业的平均利润率，而企业竞争的根本内涵就是要使自己占据行业的最佳位置，能有效抵御和抗击外来的五种竞争力量，或根据企业意志来影响这五种竞争力量。

1. 潜在竞争者的威胁

行业外准备进入或正在进入某行业的企业我们称之为是潜在竞争者。由于这些潜在竞争者的进入，使行业内原有的竞争力量格局即将或已经发生变化，因为这些潜在竞争者要进入某一行业，通常都会向该行业投入新的生产能力和资源，以获取一定的市场份额。这样的结果势必导致原有企业因与其竞争而出现价格下降、成本上升、利润下滑的局面，如果现有竞争者没有有效的针对策略，其竞争的压力便会加大。

决定潜在竞争者进入行业的障碍因素主要有：①规模经济；②产品差异化；③资金需求；④转换成本；⑤销售渠道；⑥成本优势。

2. 现有竞争者之间的竞争

现有竞争者之间通常以价格战、广告战、改进产品和技术、增加对顾客的服务等方式抢夺市场。行业竞争激烈程度是行业内外多种因素作用的结果，而决定这种竞争激烈程度的因素有以下几个方面：①竞争者的数量和力量对比；②固定成本与库存成本；③市场增长率；④产品差异和用户转换成本；⑤行业生产能力的增加；⑥不同性质的竞争者；⑦退出壁垒。

3. 替代产品的竞争

产品可以替代，且不仅局限于同行业的替代。非同行业的产品只要存在替代可能，就构成竞争的威胁。随着科学技术的发展，跨行业的替代竞争也日益激烈。一般来说，替代产品设置了一个行业中各企业销售产品的上限价格，从而设置了一个行业的盈利潜力。替代产品在价格上对顾客的吸引越大，则行业盈利的“上溢”压得就越紧。特别是在替代产品的生产更容易发展、成本和价格更具有较强优势的行业中，企业的竞争环境就更为复杂。

4. 买方的议价能力

买方作为一个竞争的基本因素是通过压低价格，要求较高的产品质量或更多的服务项目，并且使提供同类产品的各个企业处于彼此对立的状态来参与竞争的。对企业而言，买方议价能力的强弱取决于产品买卖的市场特点，也取决于这种购买相对于买方经营业务的重要程度。一般情况下，如果买方具有以下特点，就能对销售者施加压力：①买方大批量和集中购买，占一个企业总销售额的比重很大；②买方购买的产品占其成本或购买额的比重很大；③买方购买的是标准的、无差异的产品。

5. 卖方的竞价能力

卖方是通过提价或降低所供应产品的质量或服务来向企业施加压力的，卖方的提价竞争可能使得一个行业的成本上升而失去利润。卖方的强弱是与买方压力相互消长的。当卖方集中化程度高于买方，或者是卖方产品尚未有替代竞争产品时，卖方企业往往能够对买方施加较大的压力。

上述五种竞争力量都有可能在企业的竞争中产生影响。不过，不同的行业这些因素的表现形式和竞争压力可能会有所不同。对于企业来说，分析竞争压力的来源，了解企业所处行业的竞争特点，可以更清晰地认识企业的优势与劣势，使企业在竞争中知己知彼，百战不殆。

（二） 关键竞争者能力分析

为了保证行业竞争的有效性，必须注意确定行业中的关键竞争者。在一个确定的行业中，通常都有很多企业从事相同或相似产品的生产经营，但是，对一个稳定的企业环境来说，并不是所有同行企业都具有同等的重要性，因此，确定能够影响整个行业或企业市场地位的关键竞争者，并对其市场竞争能力进行详尽的分析，对企业至关重要。

在不同的行业及不同的时期中，要依据不同的指标体系来判定关键竞争者。它可能是行业中最大的企业或最有创新能力的企业，也可能是那些长期服务于同一或相似市场区域的企业。在对关键竞争者的分析过程中，必须注重分析本企业与关键竞争者各自的竞争优势与劣势，使企业在行业中的地位活跃起来，使企业可能获得最大收益的领域清晰化，能够及时对发展中的机遇和风险做出正确的抉择。一个成功的经营者可以通过对竞争者的全面分析来采取各种手段取得相对的竞争优势。

（三） 竞争者战略分析

科学的竞争因素分析不仅要了解竞争者的综合竞争能力，还必须了解与掌握竞争对手的竞争战略与战略前提。这个分析过程和企业确定自己的战略、分析自己战略的基本合理性是相同的，但是对竞争对手战略分析所需的信息在获取过程中会有难度。为了分析竞争对手的战略，企业应该尽可能多地获取以下三类信息：一是竞争者目前实行的和未来可能实行的战略；二是竞争者实现这些战略的能力和决心的坚定性；三是竞争者已有的资源状况以及与其所采用战略的适配性。

知识链接

波特五力模型简介

波特五力模型是哈佛大学商学院的迈克尔·波特（Michael E. Porter）在1979年创立的用于行业分析和商业战略研究的理论模型。该模型在产业组织经济学基础上推导出决定行业竞争强度和市场吸引力的五种力量。此处市场吸引力可理解为行业总体利润水平。“缺少吸引力”意味着前述五种力量的组合会降低行业整体利润水平；而一个非常缺少吸引力的行业则意味着该行业接近于完全竞争市场，该行业中的厂商利润率趋近于0。

三、第三方物流企业市场环境分析

（一） 政策分析

《物流业发展中长期规划（2014—2020年）》中提到：“大力发展第三方物流，到

2020 年，第三方物流比重明显提高，引进第三方物流企业，支持企业分离外包物流业务和加快发展第三方物流的措施，提高规模化水平。”

《中华人民共和国国民经济和社会发展第十三个五年（2016—2020 年）规划纲要》中提出：“促进生产性服务业专业化，加强物流基础设施建设，大力发展第三方物流和绿色物流、冷链物流、城乡配送。实施高技术服务业创新工程。引导生产企业加快服务环节专业化分离和外包。组织实施‘互联网＋’重大工程，加快推进基于互联网的商业模式、服务模式、管理模式及供应链、物流链等各类创新，培育‘互联网＋’生态体系，形成网络化协同分工新格局。”

国家发展和改革委员会、外交部、商务部联合发布了《推动共建丝绸之路经济带和21 世纪海上丝绸之路的愿景与行动》。其中指出：“形成面向中亚、南亚、西亚国家的通道、商贸物流枢纽。推进建立统一的全程运输协调机制，促进国际通关、换装、多式联运有机衔接，逐步形成兼容规范的运输规则，实现国际运输便利化。推动口岸基础设施建设，畅通陆水联运通道，推进港口合作建设，增加海上航线和班次，加强海上物流信息化合作。”

《国务院关于积极推进“互联网＋”行动的指导意见》中指出：“‘互联网＋’高效物流。加快建设跨行业、跨区域的物流信息服务平台，提高物流供需信息对接和使用效率。鼓励大数据、云计算在物流领域的应用，建设智能仓储体系，优化物流运作流程，提升物流仓储的自动化、智能化水平和运转效率，降低物流成本。构建物流信息共享互通体系。”

通过以上国家政策分析，“十三五”规划和物流业“十三五”规划都明确表达了国家支持发展第三方物流的目标和决心。发展第三方物流是我国物流业发展的一个趋势，国家政策的支持有利于 3PL 企业快速发展。“一带一路”战略有助于我国的第三方物流企业更快地走出去，与国际物流发展对接。这样既是机遇也是挑战，扩大了第三方物流的需求，创造了更多的物流活动，同时也带来了竞争。“互联网＋物流”有助于提升我国物流业的信息化水平。提高我国 3PL 企业的创新意识和创新能力，更先进合理的运作模式也会提升物流效率。总之，大的政策环境下对第三方物流的发展大有裨益。

（二） 社会环境分析

尽管物流人才培养取得了较大进展，但是与国外先进企业相比，仍然存在较大的差距，存在着物流人才总体供不应求、物流基础研究和应用教育滞后、供求存在严重结构性矛盾等问题。在物流基础设施建设方面，基础设施投入逐年增加，有利于缓解交通运输全面紧张的局面。然而，总体规模仍然很小，运输网路密度不仅远远落后于欧美发达国家，而且东中西部布局不均衡，交通运输矛盾还比较突出。物流节点的集约化水准不高，现代化物流集散和储运设施较少，物流节点建设滞后、少而分散。物流设施与装备技术水准较低，物流运作中机械化、自动化水准不高，物流作业效率不高。物流产业信息化建设刚刚起步，还处于较低层次的模仿阶段，物流产业信息技术应用水准较为落后，物流信息网路化建设受条块体制的束缚。EDI、MRP（物料需求计划）、ERP（企业资源计划）、GPS 等围绕物流信息交流、管理和控制技术的应用，在一定程度上提高了我国物流信息管理水准和物流效率。

（三）市场分析

1. 市场定位

在我国发展第三方物流有其自身独特的优势，同时也具有挑战性。3PL 企业不只负责个别的运输业务，还负责包括从调货到库存管理、卸货、配送在内的客户的全部物流业务，因此，3PL 企业要站在货主企业的角度提供有利于物流合理化的综合物流服务。它必须熟悉货主企业物流活动的发展规律，具有物流系统开发、创新和运作能力，即针对企业采取最佳经营战略设计物流系统，利用自己公司或其他公司的物流设备在实际应用中解决问题。3PL 企业的经营效益直接同企业的物流效率、物流服务水平以及物流效果紧密联系在一起。

开展第三方物流服务业务，可以不需要拥有多少设施和装备，就像多式联运经营人一样，更多的是进行策划、组织和管理。发展物流企业最重要的是需要一批专长于生产企业管理，特别是物流管理方面的专家，选择具有一定规模的生产或加工企业（客户），针对现有物流管理提出各种可选择性方案，并说服客户公司来进行全部或部分的物流管理工作。第三方物流发展的最终定位是物流集成商，即虚拟的第三方物流服务企业。它提供的是一个计算机接口、一个接触点、一份合同、一份集单，买卖双方把所有的与物流相关的业务交给这一家公司全权代理，不管它是自己运作，还是再去转包给别人。如果获得了足够的业务，可以考虑建设一个专用或公共的物流中心来支持公司的业务。当然一家好的专业物流公司应有便利与客户的广泛网络，在这一点上，信息网络比物理网络更加重要。

2. 潜在进入者

第三方物流行业的潜在进入者包括国外大型物流企业、大型制造企业、流通批发企业、大型连锁企业、货运代理企业等。很多生产企业和销售企业仍然沿用自己的物流力量，这些企业有可能将自有物流剥离，组建第三方物流。我国的物流业在 2005 年 12 月 11 日对外资全面开放。外资公司成熟的管理方法和强大的资金实力，给国内的物流企业带来了强大的压力。同时，由于外资企业不熟悉中国内地市场的运作和文化，为了减低经营风险，可能与本土企业合作拓展市场。

3. 替代品分析

第三方物流要么独自提供服务，要么通过与自己有密切关系的转包商来为客户提供服务，它不大可能提供技术、仓储和运输服务的最佳整合。从而出现利用分包商来控制与管理客户公司的点到点式供应链运作的集成商——第四方物流。它最大的优越性，是它能保证产品得以“更快、更好、更廉”地送到需求者手中。第四方物流成为第三方物流的“协助提高者”，也是货主的“物流方案集成商”，未来最有可能成为第三方物流的发展方向。

4. 供应方分析

我国存在大量的小规模、提供单一物流服务功能的基础性传统物流企业，例如小型车队与货代企业、没有网路体系的仓库，它们的管理能力和独立开发市场的能力比较弱，对采购其物流服务的现代 3PL 企业具有依赖性，可以通过整合战略将其纳入自己的运作管理体系，成为第三方物流服务的重要执行者。另外一些实力雄厚、能够提供网路化基础服务、标准化程度高的大型公共平台性物流提供商，其拥有较大的直接客户群，具备较强的讨价还价能力。

（四） 竞争环境分析

我国第三方物流面临来自国内外竞争者的压力。

1. **来自国外物流企业的挑战**

我国加入 WTO 后，物流领域与运输服务和分销领域一样，将进一步对外开放。国外物流企业开始重视中国物流市场的发展空间，国内物流市场需求庞大，但供应能力较弱，因此，国外物流企业对此跃跃欲试，已经有部分世界著名的物流企业参与到了国内物流市场的竞争，例如 UPS、FedEX 和 DHL（中外运敦豪）等。

随着服务市场的逐步开放，这些国外物流企业将借助牢靠的物流网络及物流联盟，运用先进的物流专业知识和经验，为客户提供完善的综合物流服务。

2. **国内物流同行之间的竞争**

社会化、专业化的第三方物流服务的承担者是物流企业，构成了第三方物流市场竞争的主体。从定义上来说，第三方物流指的是在供方和需方以外承担物流活动的专业组织，从这个意义上，一个企业，不管是从事物流某一个环节还是提供好几个环节或者是综合性的物流服务，都可以视为物流企业，但从第三方物流的特征上来看，传统的仓储、运输、流通加工、货代等从事单一物流活动的企业从硬件和软件上都不符合第三方物流的要求，不是严格意义上的 3PL 企业。但如果从发展方向来看，它们已经具备了发展成为第三方物流的条件，例如网点设施、人才和技能，要在竞争激烈的市场中不断发展，就要向 3PL 企业转型升级，因此本章将传统仓储、运输、货代等某一物流领域的企业，纳入第三方物流市场竞争者当中进行研究。

目前我国参与第三方物流市场竞争的企业大致有五种类型。

第一类是由传统运输公司或仓储公司演变而来的区域物流。主要指地区的商业储运公司，依托原有的仓储系统在本地区提供基本物流服务和部分增值服务。多数企业业务较单一，但因为收费较低受到客户的青睐。随着市场竞争，它们不断提高自己的能力，做得比较成功，例如成都的商业储运公司已成为宝洁、飞利浦等在西南地区的第三方物流合作伙伴。

第二类是由某一传统领域全国性的国有企业演变成的物流企业。主要指在各自的行业、领域处于垄断或领先地位，规模较大，实力雄厚，能提供全部的基本物流业务及部分增值服务，但价格高于商业储运公司。例如中外运、中远、中国邮政、铁路系统等。除了中远、中外运有着多年的涉外经营，其他的服务商在理念上比较落后，且效率不是很高，对客户需求不够重视。

第三类是大型外资跨区域物流企业，主要是外资和港资物流企业。由于政策的限制，这种企业在数量上不多，但却在物流行业中有着相当的影响力。他们在新设备投资、资金实力、人才、管理方法上有着较大优势，能提供较为全面的、跨地区的服务。它们一方面为跨国公司进入中国市场提供延伸服务，另一方面用它们的经营理念、经营模式和优质服务吸引中国企业，逐渐向中国物流市场渗透。例如宝隆洋行的物流网络已覆盖全国 50 多个城市。

第四类是新兴内资跨区域的物流企业，主要是新兴的民营物流企业，是在第三方物流概念引入和发展的过程中诞生的，占据了中国第三方物流市场的约 25%。例如远成物流等，它的定位是成为专业化的第三方物流服务提供者，其服务能力和水平与大型的外资物流服务商相近，但服务地域广。由于资金实力的限制，这些服务商在当地的物流作业也并不完全依靠自身的资源，而当地的合作伙伴的能力和收费也影响着他们的服务和收费。

第五类是生产流通企业内部物流，这些新办的国有或国有控股的新型物流企业，是现代企业改革的产物。

除了上述几种具有代表性的物流服务供应商以外，目前在中国市场上还有大量的、在某些方面具有特色、专业性更强的第三方物流服务供应商。从辩证的角度来看 3PL 企业的竞争环境，一方面这些新加入者给原有的物流企业带来了巨大的压力；而另一方面他们又是物流市场的重要组成部分，这个市场会因为新加入者的出现变得更加强大。

第二节　第三方物流企业经营决策

一、3PL 企业经营方向决策

既然 3PL 企业处于这样一个纷繁复杂、竞争激烈的环境中，那么如何采取行之有效的方法确定自己的发展战略，就成为了摆在 3PL 企业经营管理者面前的一道难题。针对这一问题，很多经营管理学家提出了大量方法和模型，如波士顿矩阵分析法、SWOT 分析法，在此我们主要介绍 SWOT 分析法，以展示 3PL 企业经营分析决策过程。

进入 21 世纪，随着经济全球化趋势愈演愈烈，企业竞争已经超越“机会竞争”而进入到“实力竞争”和“持久竞争能力的竞争”阶段。在此形势下，能否发现机会、抓住机会固然重要，但更重要的是能否在选定的业务领域里建立持久的竞争优势。这不仅是中国企业面临的严峻问题，也是国外发达国家的企业面临的首要问题。

（一） SWOT 分析法

1. SWOT 分析来源

SWOT 分析思想由安索夫于 1956 提出，后来经过多人的发展而成为一个用于战略分析的实用方法。著名的竞争战略专家迈克尔・波特提出的竞争理论从产业结构入手对一个企业“可能做的”方面进行了透彻的分析和说明，而能力学派管理学家则运用价值链解析企业的价值创造过程，注重对公司的资源和能力的分析。SWOT 分析是在综合了前面两者的基础上，以资源学派学者为代表，将公司的内部分析（即 20 世纪 80 年代中期管理学界所关注的研究取向，以能力学派为代表）与产业竞争环境的外部分析（即更早期战略研究所关注的中心主题，以安德鲁斯与迈克尔・波特为代表）结合起来，形成了自己结构化的平衡系统分析体系。

SWOT 是由优势（Strengths）、劣势（Weaknesses）、机会（Opportunities）、威胁（Threats）4 个单词的第一个英文字母构成，这种经营战略环境分析的方法在国外普遍使用。优劣势分析主要是着眼于企业自身的实力及其竞争对手的比较，而机会和威胁分析将注意力放在外部环境的变化及其对企业的可能影响上。SWOT 分析的主要思想就是抓住机遇，强化优势，避免威胁，克服劣势。这个方法的使用前提条件是企业对一个（或几个）业务已经有了初步的选择意向。SWOT 分析的目的是进一步考察这些业务领域是否适合企业的经营，是否能够建立持久竞争优势。SWOT 分析法用于企业经营环境分析时有以下特点：它是定性和定量相结合的方法；它能将内外因素有效地结合，增强了分析的系统性和战略制定的针对性；方法较为简便、易掌握、便于推广，可以为企业经营战略的制定提供有力的支持和帮助。

2. 企业优劣势分析

企业的优势是指一个企业比其竞争对手有较强的综合优势。而企业的优势究竟应该由谁来评判呢？通常认为，竞争优势是指在消费者眼中一个企业或它的产品有别于其竞争对手的任何优越的东西，它可以是产品线的长度、产品的风格、包装、大小、质量、可靠性、适用性及风格和形象等。

由于竞争优势来源广泛，因此确认竞争优势比较困难，所以在作优劣势分析时必须从整个价值链的每个环节上，将企业与竞争对手作详细的对比。比如，产品设计是否新颖，制造工艺是否复杂，销售渠道是否畅通，以及价格是否具有竞争性等。如果一个企业在某一方面或几个方面的优势正是该行业企业应具备的关键成功要素，那么该企业的综合竞争优势也许就强一些。

企业的劣势是指某种企业缺少或做得不好的东西（和其他企业相比较而言），或者指某种会使企业处于劣势的条件。一项劣势究竟会不会使一家企业在竞争中受到伤害，取决于这项劣势在市场上的重要程度及这项劣势会不会被企业所拥有的强势所抵消或减弱。

3. 企业机会和威胁分析

企业的机会是指对公司行为有吸引力的领域。市场机会是影响企业战略的重大因素。一般来说，企业的管理者如果首先不确认企业面临的每一个机会，评价每一个机会的成长和利润前景，采取那些最能抓住企业面临的机会中最有前途的一个机遇，那么企业的管理者所制定的战略就不可能很好地同企业所面临的形势适应起来。

企业所面临的机会往往取决于企业所处的行业环境，有时可能到处都是，有时则极为罕见，有时可能很有吸引力（即通常所说的那种必须追逐的机会），有时也可能引不起多大的兴趣（这时往往处于企业战略优先秩序的低端）。在评价企业所面临的市场机会并对这些市场机会进行排序时，企业的管理者必须防止将每一个行业机会都看作企业的机会，并不是行业中的每一个企业都有足够且必要的资源来追逐行业中存在的每一个机会。对于某些具体的机会，有些企业的资源可能更充足一些，有些企业在某些机会被利用之前就可能被无情地淘汰出去。明智的战略管理者往往对这些情况非常警觉敏锐，也许企业的资源优势和资源劣势使企业更适合于追逐某些具体的机会；也许出现的机会同企业现有的资源并不是很相称，但是如果企业采取积极的措施可以设法获得企业现在没有的资源能力，这些机会就仍然有着吸引人的成长潜力。同企业最贴切最相关的市场机会是这样一些机会：它们能够为企业创造重要的利润和成长之路。在这种机会下，企业获得竞争优势的潜力最大，他们能够同企业已经拥有或能够设法获得财务和组织资源能力相匹配起来。

企业的威胁是指环境中一种不利的发展趋势所形成的挑战，如果不采取果断的战略行为，这种不利趋势将导致公司的竞争地位被削弱。

一般来说，在企业的外部环境中总存在着某些对企业的赢利能力和市场地位构成威胁的因素。例如：出现了更便宜的技术；竞争对手推出了新产品或更好的产品；成本更低的外资竞争厂商进入了企业的市场根据地；容易受到利率上升的冲击；可能被对手接管；企业建有生产设施的外国政府出现大的变动等。

外部威胁所产生的负面效应可能不大（所有的企业在业务经营过程中都面临一些威胁），外部威胁也可能非常显著和重要，会使企业的形势和状况变得非常脆弱。企业管理层的任务就是，确认危及企业未来利益的威胁并做出评价和确定采取什么样的战略行动可以抵消或减轻它们所产生的影响。成功的战略管理者心目中的目标是：抓住企业最好的成长机会，建立对那些危及企业竞争地位和未来业绩的外部威胁的防御。将企业的战略同企业的形势匹配起来要求做到：追逐那些能够同企业的资源能力很好地适应的市场机会，建立相关的资源能力，防御那些危及企业业务的外部威胁。

4. 用 SWOT 方法制定企业战略

SWOT 方法可以作为 3PL 企业制定战略的一种方法，它提供了 4 种可以选择的战略类型：SO 战略、WO 战略、ST 战略和 WT 战略。

SO 战略就是利用企业内部的长处去抓住外部机会的战略。一般来说，在企业使用 SO 战略之前可能先使用 WO、ST、WT 战略，从而为成功实施 SO 战略创造条件。当企业有一个致命弱点时，应该努力将其克服并变成长处；当企业面对重大威胁时，应努力避免它，以便把精力放在利用机会上。

WO 战略是利用外部机会来改进自身内部弱点的战略。有时企业外部有机会，但其内部的某一弱点使得企业好像不能利用这个机会。一个可能的 WO 战略就是通过引进设备和先进设计来提高产品的质量和开发新品种，当然也可以通过聘用和培训工人及其他方法来实现这一目标。

ST 战略就是利用企业的长处去避免或减轻外在威胁的打击，当然这并不是说企业总是可以避免威胁的打击。

WT 战略是直接克服内部弱点和避免外部威胁的战略，目的是将弱点和威胁弱化。WT 战略是一种防御性战略，如果一个企业面对许多外部威胁和内部弱点，那么它可能真的处在危险境地，因此它不得不寻找一个生存和合并或收缩的战略，或者在宣布破产和被迫清盘之间做出选择。

从战略制定的角度来看，一家企业的资源优势有着非常重要的意义，因为它们往往会成为企业战略的奠基石，成为建立竞争优势的基础。如果一家企业没有充足的资源和竞争能力来制定企业的战略，那么管理者就必须采取补救措施以提高企业现有的组织资源和能力并增加其他资源和能力；同时企业的管理者还必须纠正企业的竞争弱势，因为它们会使企业在竞争中受到伤害，使企业的利润水平降低，或者使得企业不具备追逐某种有吸引力的新机会的条件。这样，战略制定的原则就十分简单了：一个企业的战略必须适合它的资源能力——既要考虑企业的优势，又要考虑企业的劣势。如果企业所追逐的战略计划会被企业的劣势所破坏，或者该战略计划不可能得到很好的执行，那么，企业非要这样做就可能面临巨大的风险。一般来说，企业的管理者应该将其战略建立在充分挖掘和利用企业的能力之上，并要避免将企业的战略建立在那些很弱或没有确切能力的领域之上。如果企业有幸拥有某种核心能力或全部具有出色竞争价值的资源，那么也应该明智地意识到这种资源和能力的价值会随着时间的推移而发生变化。

（二） 3PL 企业的 SWOT 分析

1. 优势

(1) 中国经济高速增长提升第三方物流业的发展空间。中国经济的高速增长、外资企业的大量涌入、企业物流外包认识的提高，都将成为第三方物流业稳定市场需求的保证。

(2) 国家重视推进产业政策的制定。国家和各级政府抓紧研究发展物流产业的具体政策及措施，政策、资金向国有物流企业倾斜，将进一步加快推进我国现代物流的发展，这将有利于我国第三方物流业的发展。

(3) 国内第三方物流业的地缘优势。中国的许多 3PL 企业都是从传统流通企业转型而来，本身就有一定的基础，对中国的国情了解程度高，适应快。通过专业化的发展，我国一些大型 3PL 企业通常已经开发了信息网路并积累了针对不同物流市场的专业知识，包括运输、仓储和其他增值服务，在国内外有一定的运输和分销网路。

2. 劣势

(1) 服务项目单一。大多数 3PL 企业只能提供单项或分段的物流服务，物流功能主要停留在储存、运输和城市配送上，相关的包装、加工和配货等增值服务不多，不能形成完整的物流供应链。

(2) 服务成本较高。3PL 企业大多数管理水准不高，或是自身实力不够，不能提供较为满意的服务和较低的价格，其竞争力比不过企业的第一方物流和第二方物流。

(3) 信息技术水准落后。信息技术落后主要表现为：缺乏现代化的物流设施、设备，机械化程度不高，先进的现代科技手段没有得到充分的应用。

(4) 缺乏现代物流知识和专业物流管理人才。物流知识，尤其是现代综合物流知识远未得到普及，许多人只是知道物流能提供运输和仓储服务，而不知道它是对这些传统业务进行新的整合。此外，一些物流企业对员工缺乏相关的业务知识、业务技能培训。

(5) 与自营物流相比较，3PL 存在着一些缺陷。主要有：企业不能直接控制物流职能；不能保证供货的准确和及时；不能保证顾客服务的品质和维护与顾客的长期关系；企业将放弃对物流专业技术的开发等。

3. 机会

(1) WTO 带来的机遇。从短期来看，我国加入 WTO 后，国际投资和贸易大幅增长，为第三方物流企业提供了广阔的物流发展空间。从长期来看，第三方物流业发展的本身又将降低贸易的运输费用，对国内统一市场的形成、资源配置效率的提高和区域经济发展水准差距的缩小带来积极影响，为我国第三方物流业的发展提供持续扩张的市场空间。

(2) 企业物流外包的需求增长快速。由于竞争的加剧，越来越多的中国企业把自己的核心放在主营业务上，因此逐步把自己的物流业务外包给 3PL 企业，整合、利用外部最优秀的专业化资源为自身服务。特别是制造与流通企业物流外包释放速度加快。

4. 威胁

(1) 外资进入带来的竞争加速。在加入 WTO 以后，由于物流业的市场准入承诺，大型跨国物流企业迅速进入我国，利用他们在发展综合物流方面的技术、管理和人才优势，抢占迅速增长的物流市场，我国物流市场的竞争将更趋激烈。

(2) 国内第三方物流业竞争激烈。我国现有大部分第三方物流业从原来的储运业转型而来，多数企业未形成核心竞争力，竞争对手间的模仿相对容易，企业之间是一种粗放式为主的竞争格局。各地的 3PL 企业数量与基础投资猛增，低价恶性竞争严重扰乱了市场秩序，造成业界业绩普遍不佳，发展后劲不足。

5. 用 SWOT 方法制定 3PL 企业战略

用 SWOT 方法为 3PL 企业制定战略，它提供的 SO 战略、WO 战略、ST 战略和 WT 战略类型内容如表 2-1 所示。

表 2-1　3PL 企业 SWOT 分析模型

内部因素 / 外部因素	优势 (S)	劣势 (W)
	中国经济高速增长提升第三方物流业的发展空间；国家重视推进产业政策的制定；国内第三方物流业的地缘优势	服务项目单一；服务成本较高；信息技术水准落后；缺乏现代物流知识和专业物流管理人才
机会 (O)	SO 战略	WO 战略
WTO 带来的机遇；企业物流外包的需求增长快速	依托国内的政策优势，抓住市场对第三方物流的潜在需求	提高自身技术实力的情况下，把握社会和企业对第三方物流的需求
威胁 (T)	ST 战略	WT 战略
外资进入带来的竞争加速；国内第三方物流业竞争激烈	利用政策优势和本土的地域优势，在竞争中占得先机	提高自身技术水平和服务水平，提高核心竞争力

二、企业经营方法决策

在确定了 3PL 企业宏观层面的经营战略方向之后，就需要根据所制定的战略方向和目标，进行微观层面经营管理方法的决策。同时，我们也清楚，决策的结果将很大程度上对企业的经营状况产生影响，因此，为了尽可能减少错误决策，应该遵循必要的决策程序和步骤，以期做出正确的决策。

（一） 决策的程序和步骤

一般来说，为了尽可能做出科学的决策，应遵循以下决策步骤，过程如图 2-1 所示。

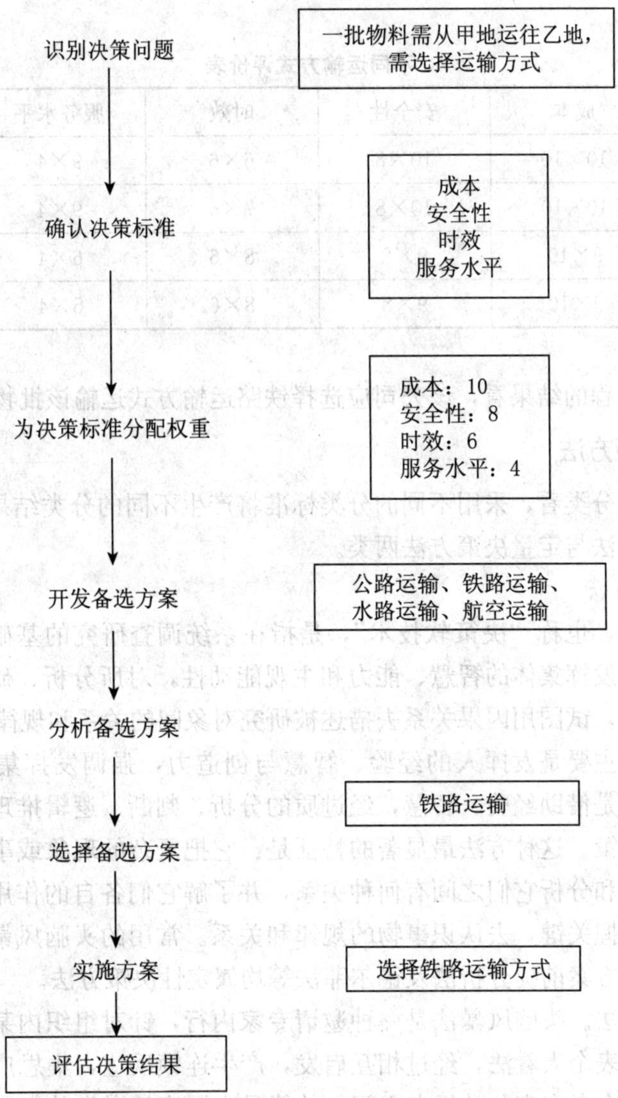

图 2-1　科学决策过程示意

根据决策步骤，对不同运输方式进行价值分析和评估，如表 2-2 所示。

表 2-2　不同运输方式价值分析和评估表

运输方式	成本	安全性	时效	服务水平
公路运输	10	10	6	9
铁路运输	10	10	7	9
水路运输	10	10	8	8
航空运输	9	9	8	8

根据权重进行评价，如表 2－3 所示。

表 2－3　　不同运输方式评价表

运输方式	成本	安全性	时效	服务水平	总得分
公路运输	10×10	10×8	6×6	9×4	252
铁路运输	10×10	10×8	7×6	9×4	258
水路运输	9×10	9×8	8×6	6×4	234
航空运输	9×10	9×8	8×6	5×4	230

从上述决策过程的结果看，该公司应选择铁路运输方式运输该批物料。

（二） 决策方法

就决策方法的分类看，采用不同的分类标准将产生不同的分类结果，此处将决策方法分为定性决策方法与定量决策方法两类。

1. 定性决策方法

定性决策方法，也称“决策软技术”，是指在系统调查研究的基础上，根据掌握的情况与资料，充分发挥集体的智慧、能力和主观能动性，对所分析、研究和评价的问题进行描述性的说明，试图用因果关系去描述被研究对象间的关系和规律的决策。

决策软技术，主要是发挥人的经验、智慧与创造力，强调发挥集体和专家的创造力。它的核心内容是借助经验、智慧，经过质的分析、判断、逻辑推理来进行创造性思维，做出理想的决策。这种方法最显著的特征是：它把复杂的现象或事物分化为简单的要素，具体地考查和分析它们之间有何种关系，并了解它们各自的作用，从而能够较清晰地认识事物，把握关键，去认识事物的规律和关系。常用的头脑风暴法、专家决策咨询会法、哥顿法、方案前提分析法及德尔菲法等均属定性决策方法。

（1）头脑风暴法。头脑风暴法是一种邀请专家内行，针对组织内某一个问题，敞开思想，畅所欲言发表个人看法，经过相互启发，产生连锁反应，集思广益后进行的决策方法。为了能让与会者有充分的思考空间，并能最大限度地激发他们的创造性，会议一般有以下要求：

①鼓励每个人充分发挥想象力，独立思考，不重复他人意见；

②鼓励每位与会者提意见和建议，不受限制，不怕矛盾；

③同时不反对任意一个与会者的意见，也不加以评价；

④可以补充及发展相同的意见等。

这种方法主要是通过不受任何外来干涉的会谈，达到集思广益，鼓励创新的目的。

（2）专家决策咨询会法。这种方法的具体做法如下。

首先，由管理决策部门的有关部门机构，在调研基础上提供一套决策咨询纲要，纲要的内容至少应包括：调查的基本素材、存在问题的简述、决策目标的选定思路、对决策方案的基本要求和其他事项说明。

其次，提前一段时间（依据决策问题的大小来定）将决策咨询纲要寄发各位专家，各位专家在收到纲要后，按要求各自开展独立的调查和分析，并就纲要内容写出自己的书面材料。

再次，在规定时间通知各位专家带上自己的材料参加决策咨询会。会议主持人向参会专家说明会议的规则，并对会议做记录。

最后，主持人就决策咨询会做出明确结论和说明。

这种方法的好处是：与会者在做发言之前，有了一定的准备，咨询内容明白，不同观点交流有助于相互启发完善决策内容。但是这种方法会因为各专家的观点不一致，容易产生专家之间的交流障碍。

（3）哥顿法。哥顿法又称为提喻法。它的特点是不讨论决策问题本身，而用类比的方法提出类似问题，或者把决策问题分解为几个局部小问题。会议主持者不讲明讨论的主题，而是围绕主题提出一些相关问题，以启示专家发表见解。运用提喻法的目的仍然在于决策问题本身，只不过是通过不直接讨论决策问题的方式，回避与会者之间的个人利害冲突，让大家充分发表意见。

（4）方案前提分析法。方案前提分析法是使每个方案都有几个前提假设作为依据，方案是否正确，关键在于它的前提假设是否成立。这种方法是让与会者只分析所讨论的方案前提是否成立，而不涉及决策方案的内容。

（5）德尔菲法。德尔菲法又称征询法，是一种被征询意见的专家，事先不接触而事后接触的决策方法。被征询意见的专家被列入一定的组，彼此之间互不了解，不见面谈问题，或者是虽然见面也不谈问题。德尔菲法的基本决策步骤是：首先，由管理决策部门的有关机构在调研的基础上形成决策的基本素材，编写“专家咨询意见表”；其次，确定参与咨询专家的人选，要注意顾及学派分布及年龄结构，并分别秘密寄出“专家咨询意见表”，在收到回函后，对专家的看法进行统计分析归类，再次形成新一轮的“专家决策咨询意见表”。重复以上两步骤，经过多次信息反馈，管理决策部门就会对决策内容有较为科学的结论，以便展开决策活动。此种方法最大的好处就是：由于参加咨询的专家不直接接触，使各位专家可以毫无顾虑地畅所欲言，各抒己见，更容易发挥每个专家的智慧。但这种方式要求“决策咨询表”的设计者有较高的专业素质，以使“咨询表”在内容、设问方式、技巧、问题的准确性、全面性等方面得到保证。德尔菲法具有匿名性、多轮反馈、统计性特点。

2. 定量决策方法

定量决策方法，也称“决策硬技术”，它是指在严格逻辑论证与实验检查的基础上，用数学方法对所分析、研究和评价的问题进行数量化说明，试图用数据和数学模型描述被研究对象间的关系和规律，并借助电子计算机进行决策的一种系统决策技术。该方法具有数学化、模型化、计算机化的特点。

定量决策方法一般分为确定型决策、风险型决策和不确定型决策三类。

（1）确定型决策方法。采用这种方法的前提是：需要进行决策的事件的各种自然状态是完全肯定和明确的，经过分析和计算可以得到各方案的明确结果，据此可以进行最佳选择。常用的确定型决策方法有线性规划法和盈亏平衡分析法。

①线性规划法。在经营决策时经常会考虑如下问题：如何将有限的人、财、物合理地投入和运用，从而取得最好的经济效益。当资金限制或约束条件表现为线性等式或不等式时，目标函数表示为线性函数，所运用的数学分析模型属于线性规划。

线性规划决策模型的特点是决策变量在约束条件与目标函数中都以一次幂的形式出现，约束变量与目标函数是决策变量的一次函数，具有等比性、规定性两个基本特征。线性规划问题概括为在一组线性约束条件下，求解线性目标函数的最优解。

下面通过两个实例分别说明线性规划方法在运输问题和配送问题方面的应用。

【例 2-1】某 3PL 公司接受了向抗洪抢险地段每天至少运输 180t 的支援物资的任务，该公司有 8 辆载重为 6t 的 A 型卡车和 4 辆载重为 10t 的 B 型卡车，有 10 名驾驶员。A 型卡车每天可往返 4 次，B 型卡车每天可往返 3 次，每辆 A 型卡车每天往返成本为 320 元，B 型为 504 元，问如何调配车辆，使公司成本最低？

解：

设：需要 A 型卡车 X_1辆，B 型卡车 X_2辆

目标函数：$\min F(X)=320X_1+504X_2$

$$\text{约束条件：s. t.}\begin{cases}24X_1+30X_2\geqslant 180\\ X_1+X_2\leqslant 10\\ 0\leqslant X_1\leqslant 8\\ 0\leqslant X_2\leqslant 4\\ X_1,\ X_2\in N\end{cases}$$

求出方程的最小解 $X_1=5$，$X_2=2$，$F(X)=2608$。

【例 2-2】某 3PL 企业配送中心要配送两种货物，第一种货物单位价值 3 万元，单位体积 $2m^3$，单位重量 1t；第二种货物单位价值 4 万元，单位体积 $3m^3$，单位重量 1t，车辆的额定载重量为 5t，额定载重容积为 $8m^3$，两种货物批量都为 3t，试用线性规划方法进行车辆配载，使车辆装载价值最大。

解：

设：第一种货物数量为 X_1，第二种货物数量为 X_2

目标函数：$\max F(X)=3X_1+4X_2$

$$\text{约束条件：s. t.}\begin{cases}X_1+X_2\leqslant 5\\ 2X_1+3X_2\leqslant 8\\ 0\leqslant X_1\leqslant 3\\ 0\leqslant X_2\leqslant 3\end{cases}$$

解得 $X_1=1$，$X_2=2$，$F(X)=11$。

②盈亏平衡分析法。盈亏平衡分析法又称量本利分析法，是指在一定市场、生产能力和经营管理条件下，依据项目成本与收益相平衡的原则，确定项目产量、销量、价格等指标的多边界平衡点。其中心内容是盈亏平衡点的分析。所谓盈亏平衡点是指产品销售收入等于产品总成本时的销售额。其中产品成本分为固定成本和变动成本，固定成本

是指在一定范围内不随产量变动而变动的成本，变动成本是指随着产量变动而变动的成本。

基本公式如下：

$$R=B-C=PQ-Cf-CvQ$$

式中：R——利润；

B——销售收入；

C——总成本；

Q——销售量；

P——销售单价；

Cf——固定成本；

Cv——单位变动成本。

令上式中 $R=0$，得到盈亏平衡点的产量为 Q^*，则：

$$Q^*=\frac{Cf}{P-Cv}$$

上述分析可以用图 2－2 表示。

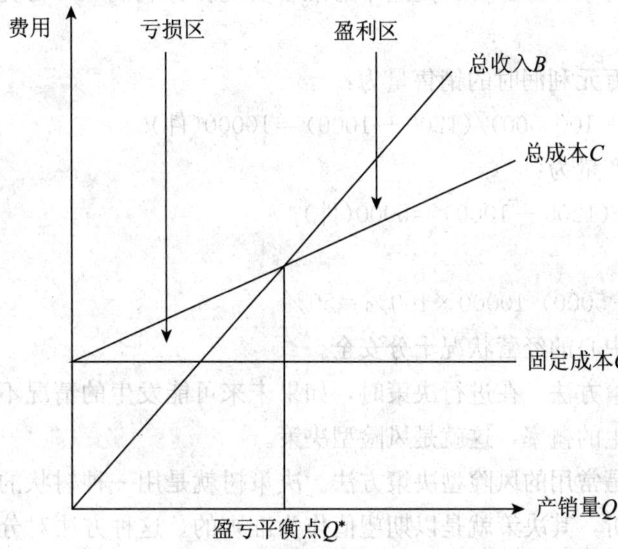

图 2－2　盈亏平衡分析法示意

为了说明经营风险性大小，引入经营安全率（S^*）：

$$S^*=\frac{Q_0-Q^*}{Q_0}\times100\%$$

上式中 Q_0 为设计生产能力。一般来说，$S^*>30\%$时，认为企业经营较安全，即盈亏平衡时的销售量 $Q_0>70\%$（正常年份销售量），才可认为风险性较小，经营安全。企业经营安全率是相对指标，便于不同企业和不同行业的比较。企业经营安全率的经验数据如表 2－4 所示。

表 2-4　　　　经营安全率数据表

经营安全率	>40%	30%～40%	20%～30%	10%～20%	10%以下
安全等级	很安全	安全	较安全	警惕	危险

从上述盈亏平衡点的计算公式可知，盈亏平衡点的产量越高，盈亏平衡点的销售收入越高，盈亏平衡点生产能力利用率越高，盈亏平衡点价格越高和单位产品变动成本越低，项目的风险就越大，安全度越低；反之，则项目安全度越大，项目盈利能力越强，项目承受风险的能力也越强。

同时，从该公式还可看出，固定成本占总成本的比例越高，盈亏平衡点产量就越高，盈亏平衡点单位变动成本就越低。高的盈亏平衡产量和低的盈亏平衡单位产品变动成本意味着项目的经营风险较大，即会导致项目在面临不确定因素的变动时发生亏损的可能性增大。固定成本占总成本的比例一般取决于产品生产的技术要求及工艺设置的选择。通常资金密集型项目的固定成本占总成本的比例较高，因而其风险较大。

【例 2-3】某大型配送中心拟采购某种特殊产品，配送中心批发给零售商的价格为 1200 元/件，为保存这种产品，需配置特定的存储设施设备，其成本为 100 万元。该产品的单位存储成本为 1000 元/件，配送中心准备实现目标利润 100 万元，问配送中心的经营安全程度如何？

解：实现 100 万元利润时的销售量为：

$Q=(1000000+1000000)/(1200-1000)=10000$(件)

盈亏平衡时的产量为：

$Q^*=1000000/(1200-1000)=5000$(件)

经营安全率为：

$S^*=(10000-5000)/10000\times100\%=50\%$

结论：该配送中心的经营状况十分安全。

(2) 风险型决策方法。在进行决策时，如果未来可能发生的情况不止一种，但可以估算出每种情况发生的概率，这就是风险型决策。

决策树分析法是常用的风险型决策方法。决策树就是用一种树状的网络图形（即决策树）进行决策分析，其决策就是以期望值作为准则的。这种方法对分析多阶段的管理决策问题极为有用。其优点在于，它把可行方案、所冒风险及各阶段和最终结果展示在一张图上，思路清晰，一目了然。决策树是期望值法的图形化，它可以把复杂的决策问题直观地用树状图形状态节点表示出来，再配以计算，便于决策者比较、分析和选择最佳行动方案。

在管理决策实务中，许多决策涉及多重步骤，后一步的决策依赖于前一步的决策后果，且每一步都面临不确定性，决策树模型在处理这类问题时最为实用。

决策树结构，如图 2-3 所示。

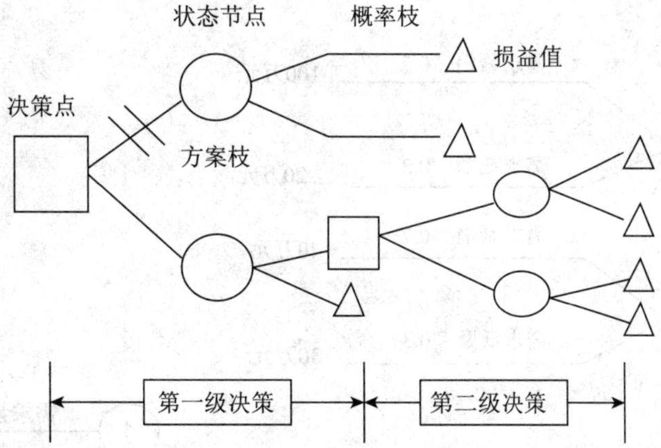

图 2-3　决策树法示意

注：

□：表示决策点，在这一点决策者面临各种备选方案需要选择。决策点后引出若干分枝，表示可能的行动方案数目，称为方案枝。

○：表示状态点，其上方的数字表示该方案的损益期望值。从它引出的分枝为概率枝，每条分枝的上面要注明自然状态名称及其出现的概率值。

△：表示结果节点，在概率枝的末梢，表示每一方案在相应自然状态下的损益值。

‖：在方案枝上，为剪枝符号，表示对该方案的舍弃。

如果一个决策树只在树的根部有一个决策点，则称为单级决策。若一个决策树不但在树的根部有决策点，而且在树的中间也有决策点，则称为多级决策。

决策树法的步骤：

①绘制决策树形图：按从左到右的顺序画决策树，画决策树过程的本身就是对决策问题的再分析过程。

②按从右到左的顺序计算各方案的期望值，并将结果写在相应方案节点的上方。期望值的计算是从右向左沿决策树的反方向进行计算的。

③对比各方案的期望值大小，进行剪枝选优。在舍去的备选方案枝上用“‖”记号隔断。

下面以多级决策为例来说明决策树形图的绘制方法及在物流成本决策中的应用。

【例 2-4】某 3PL 企业为了扩大业务量，拟建设新的仓库。据市场预测未来仓储服务需求紧俏概率为 0.7，仓储服务需求低靡概率为 0.3，有三种方案可供企业选择。

方案一：新建大仓库，需投资 300 万元。据初步分析，销路好时，每年可获利 100 万元；销路不好时亏损 20 万元。服务期限 10 年。

方案二：新建小仓库，需投资 140 万元。据初步分析，销路好时，每年可获利 40 万元；销路不好时仍可获利 30 万元。服务期限 10 年。

方案三：先建小仓库，三年后销路好时再扩建，需追加投资 200 万元，服务期限 7 年，每年估计获利 95 万元。

请决定应选择哪个方案实施。

解：按题意，该问题的决策树如图 2-4 所示。

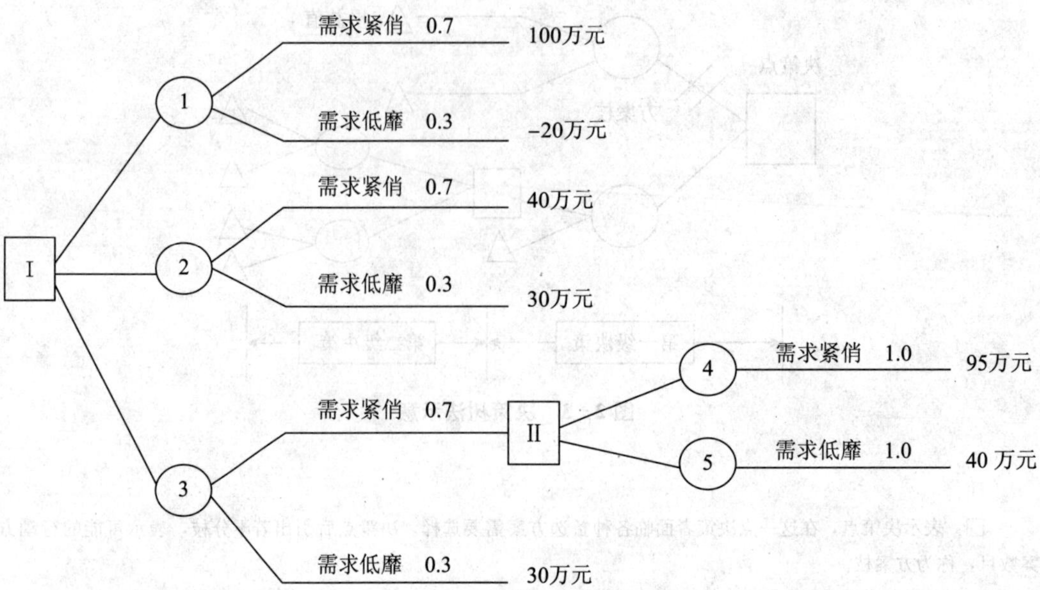

图 2-4 多层次决策的决策树示意

点①的收益值＝[0.7×100＋0.3×(－20)]×10－300＝340(万元)

点②的收益值＝(0.7×40＋0.3×30)×10－140＝230(万元)

点④的收益值＝95×1.0×7－200＝465(万元)

点⑤的收益值＝40×1.0×7＝280(万元)

由于点⑤的收益值为 280 万元，小于点④的收益值 465 万元，因此，点⑤将被舍去。

则点③的收益值＝(0.7×40×3＋0.7×465＋0.3×30×10)－140＝359.5(万元)

按照上述计算结果，该物流企业应选择先建小仓库，待三年后销路确实好时再追加投资建大仓库方案。

(3) 不确定型决策方法。不确定型决策是指在决策结果无法预料和各种自然状态发生的概率无法预测的条件下，只能依据经验加以判断并有限地结合定量分析方法所做出的决策。

不确定型决策的方法有：悲观法、乐观法、后悔值法、折中法和等概率法。

①悲观法。这种方法是在计算出各种方案在各种自然状态下可能有的收益值的前提下，找出各种自然状态的最小收益值，然后选择最小收益值中的最大值，并将与它对应的方案作为决策所选方案。这是一种持悲观态度并相对保守的决策方法，故风险性很小。

【例 2-5】某 3PL 企业准备维护改进现有的物流信息系统平台，共有三个可选方案。经过市场调查与预测，改进后企业物流信息平台在物流业务好、业务一般、业务差三种情况下的收益预测如表 2-5 所示。请用悲观法对各方案进行决策。

表 2-5　　各方案在不同业务状态下的收益　　单位：万元

方案	业务好	业务一般	业务差
方案一	160	120	−40
方案二	150	90	−30
方案三	100	60	10

解：根据最小收益值，方案一为−40，方案二为−30，方案三为 10，小中取大，选择方案三。

②乐观法。这种方法在计算时先找出各种方案在各种自然状态下的最大收益值，然后选择最大收益值中的最大值，并将与它对应的方案作为决策所选方案。这是一种持冒险乐观态度并愿意承担较大风险的决策方案，一般情况下应谨慎采用。

仍以例 2-5 为例。根据最大收益，方案一为 160，方案二为 150，方案三为 100，大中取大，选择方案一。

③后悔值法。这是一种以各方案对应的自然状态下的后悔值来进行决策的方法。“后悔值”是指在某种状态下，因选择某方案而未选取该状态下的最佳方案而少得的收益值。即由于未采用最大收益值的方案而可能产生后悔的收益上损失的数值。比如，在某种状态下某方案的收益值为 100，而该状态下各方案中最大收益值为 180，则因选择该方案要比最大收益值方案少收益 80，即后悔值为 80。

后悔值法的决策步骤如下：第一，计算收益值的后悔值矩阵。计算方法是用各种状态下的最大收益值分别减去该状态下所有方案的收益值，从而得到对应的后悔值。第二，从各方案中选取最大后悔值。第三，在已选出的最大后悔值中选取最小者，对应的方案即为后悔值法选取的方案。

仍以例 2-5 为例。各方案的后悔值矩阵如表 2-6 所示。

表 2-6　　最大后悔值比较

方案	业务好	业务一般	业务差	最大后悔值
方案一	0	0	50	50
方案二	10	30	40	40
方案三	60	60	0	60

从各方案的最大后悔值中取其最小值所对应的方案二，即为后悔值法所选取的决策方案。

④折中法。折中法也称为现实估计值法。这种方法是乐观法与悲观法的折中。因为完全乐观的态度与完全悲观的态度都是非常极端的，也是与现实不相符的。折中法认为应该在两个极端中求得平衡。

折中法的决策步骤如下：第一，找出各方案在所有状态中的最小值和最大值；第二，根据决策者的风险偏好程度，给定最大值一个系数，这个系数也称为乐观系数，最小值的系数也随之确定，即“1－最大值系数”；第三，用给定的乐观系数和对应的各方案最大最小收益值计算各方案的加权平均值；第四，取加权平均值最大的收益值所对应的方案为决策所选方案。

仍以例 2－5 为例。各方案的最小值与最大值如表 2－7 所示。

表 2－7　平均收益值比较

方案	最小值	最大值	加权平均值
方案一	－40	160	110
方案二	－30	150	105
方案三	10	100	77.5

现设定最大值系数为 0.75，最小值系数为 1－0.75＝0.25，各方案的加权平均值计算如下。

方案一：0.25×（－40）＋0.75×160＝110

方案二：0.25×（－30）＋0.75×150＝105

方案三：0.25×10＋0.75×100 ＝77.5

取加权平均值最大者 110 所对应的方案一为决策所选方案。

说明：用折中法选择方案的结果取决于决策者其风险偏好程度所给定的最大值系数，即乐观系数。例题中的最大值系数如果设定的是 0.8，则最小值系数就是 0.2，最终加权平均值的计算结果将会有所不同。当最大值系数为零时，折中法的计算结果与悲观法相同；当最大值系数为 1 时，折中法的计算结果与乐观法相同。由此可见，悲观法和乐观法是折中法的两个特例。

⑤等概率法。等概率法是在假设自然状态出现的概率相等的情况下，选取期望值收益最大的方案为最优方案的方法。由于假设各种状态的概率相等，这种方法实质上是简单算术平均法。

仍以例 2－5 为例。各方案的平均值为（单位：万元）：

方案一：（160×1/3）＋（120×1/3）＋［（－40）×1/3］＝80

方案二：（150×1/3）＋（90×1/3）＋［（－30）×1/3］＝70

方案三：（100×1/3）＋（60×1/3）＋（10×1/3）≈56.67

因此，选取收益值最大的方案一为决策方案。

第三节　第三方物流企业经营战略选择

企业在确定了总体战略后，也就确定了将要经营的市场领域，如第一节所述，3PL 企业所处的行业显然属于完全竞争行业，因而在竞争激烈的市场环境中生存、发展，就必须采取恰当的竞争战略。

一、一般企业竞争战略

美国著名战略管理学家迈克尔·波特认为，竞争战略就是采取进攻或防守行为，在行业中建立起进退有据的地位，以应对五种基本竞争力量。波特进一步提出了一般竞争战略，即成本领先战略、差异化战略和目标集中战略。所谓一般竞争战略是指无论何种行业或何种企业都可以采取的竞争战略。企业可根据自身实际情况进行选择。三种竞争战略的关系如表 2－8 所示。

表 2－8　　三种一般竞争战略的关系

<table>
<tr><td rowspan="4">战略目标</td><td rowspan="2"></td><td colspan="2">竞争优势</td></tr>
<tr><td>能够被客户察觉的独特性</td><td>成本优势</td></tr>
<tr><td>全行业范围</td><td>差异化战略</td><td>成本领先战略</td></tr>
<tr><td>特定细分市场</td><td colspan="2">目标集中战略</td></tr>
</table>

（一）成本领先战略

1. 成本领先战略的含义

成本领先战略也称低成本战略，即企业的总成本低于竞争对手，甚至是行业中最低的成本。成本领先战略可以给企业带来很多优势，因而也成为几乎所有企业都会采取的竞争战略。

2. 成本领先战略的优势

企业采取成本领先战略所能够获取的优势如下。

（1）形成进入障碍。企业的总成本低对于潜在进入者而言就产生了较高的进入障碍。如果潜在进入者技术不成熟、缺乏管理经验或生产经营规模过小，则很难在行业中生存，从而减少真正进入本行业企业的数量。

（2）降低替代品的威胁。在与替代品竞争时，企业可凭借其成本优势吸引大量顾客，降低或缓解替代品的威胁，使企业自身处于有利的竞争地位。

（3）保持企业的领先地位。由于企业具有成本优势，在与竞争对手进行价格竞争时，可以在对手无利可图甚至亏损的低价格水平上保持盈利，进而扩大自身的市场份额，保持甚至扩大原有的竞争优势。

（4）增强讨价还价能力。由于具有成本优势，当面临购买者讨价还价使产品价格下降时，企业的低成本优势使其仍能获取高于竞争对手的利润，从而获取竞争优势。

3. 实现成本领先的途径

为获取成本领先优势，就要求企业在整个市场经营过程中提高效率，尽可能控制成本。一般来说，可以从以下几方面进行努力。

（1）规模经济与经验曲线。从企业的成本构成角度看，企业的总成本可分为固定成本和变动成本两大类。为了降低总成本，应从如何降低固定成本和变动成本两方面着手。降低固定成本的主要途径是不断扩大经营规模，从而获取规模经济效应；而随着经营规模的扩大及经营时间的累积，其经营和管理经验必然上升，从而获得经验曲线效应，进而降低变动成本。

（2）产品及服务流程优化。为了提高效率减少浪费，在产品及服务流程设计上，应不断减少不必要的环节，同时尽可能采取标准化的方法优化产品设计及服务流程。

（3）降低输入成本。降低输入成本是指对总成本的各构成要素进行控制和优化，可以采取的主要措施如下。

①增加管理幅度减少管理层次，使企业的组织结构扁平化，按照实际需求选配人员，减少人浮于事的现象进而降低人工成本。

②降低原材料成本：减少供应商数量，使得企业针对某一供应商的单次采购量增加，从而获取数量折扣。

③降低库存成本：高度重视由于库存的存在对企业的负面影响，尤其是库存所带来的隐性成本，如机会成本、过时成本等。

（4）采取先进的工艺技术，可以有效降低原材料的消耗并降低废品率，从而降低成本。

4. 成本领先战略的适用条件

尽管成本领先战略具有显而易见的竞争优势，但采取该战略仍应审慎研究。具体来讲，在如下市场环境下，可以考虑采取成本领先战略。

（1）客户对价格敏感度高，即客户在决定购买相关产品或服务时，首要的考虑因素是价格。

（2）产品或服务的差异化很难形成：当行业同质化程度较高时，由成本优势所产生的价格优势是最重要的竞争手段。

（3）行业中无优势品牌或品牌影响小：当行业中没有优势品牌存在或客户对品牌不敏感时，成本的优势在决定客户的选择时将发挥更大的作用。

5. 成本领先战略的风险

由于企业资源的有限性，采取成本领先战略的企业将主要精力集中于如何降低成本的问题上，必然会忽略其他影响企业竞争力的因素，从而使企业面临一些风险。

（1）技术变革。随着科学技术的进步，过去赖以成功的经验和技术有可能成为无用的资源，而其他企业可能利用新的技术和工艺大幅降低成本，从而使企业原有的成本优势不复存在。

（2）易于模仿。由于降低成本的方法尤其是降低固定成本的方法往往是通过扩大经营规模而降低固定成本在单个产品或服务中分摊的比例，其他企业很容易采取同样途径降低其成本，而随着竞争对手间采取相同策略的企业数量增加，企业间的竞争往往逐渐演变为价格竞争，最终会导致全行业盈利能力大幅下降，最终无利可图。

（3）忽视需求的变化。随着企业效率的提升，企业向社会提供的产品和服务从数量上讲能够满足社会的需求，当数量上的需求得到满足后，社会需求必将逐渐向上升级。而采取成本领先战略的企业由于将主要资源放在降低成本上，往往会忽视市场需求的变化，其所提供的产品或服务尽管价格低廉但仍会逐渐失去市场，这是成本领先战略的最大风险所在，难于做到产品的差异化。

（二） 差异化战略

1. 差异化战略的含义

差异化战略是指对于价格不敏感的客户提供独特的产品或服务。满足客户特殊的需要，从而达到吸引和稳定客户，培养客户忠诚度，进而形成竞争优势。

2. 差异化的三个层次

根据市场营销学理论，产品可分为核心产品、形式产品和延伸产品三个层次，因此，差异化的来源也可以分为功能差异化、外观差异化和服务差异化。其中，功能差异化主要是指差异化的来源是产品本身，如更新的功能、更高的质量等；而外观差异化可以从产品设计或商标形象上寻找突破口；服务差异化主要围绕通过不断提高服务内容和服务标准的方法吸引客户。

3. 差异化战略的优势

相比成本领先战略，差异化战略能更好地抵御五种竞争力量，建立很难被其他企业模仿的优势，并同时获取较高的收益。总的来讲，差异化战略具有以下两方面优势。

（1）形成进入障碍。由于差异化的产品或服务是针对客户的特殊需求而设计和提供的，而这些产品或服务往往是其他企业无法提供的，这就很容易培养客户的忠诚度，进而形成较高的进入障碍。

（2）获取较高收益。由于差异化所带来的产品或服务的独特性，客户很难找到进行价格比较的对象，因而能够降低客户对于价格的敏感度，这就为企业制定较高的产品或服务价格提供良好的机会。同时，由于客户更看重产品或服务的独特性，往往不在乎价格的高低。

4. 差异化战略的适用条件

为了成功实施差异化战略，企业和市场应具备如下条件。

（1）企业具有良好的市场调查能力。由于差异化战略的根本是客户尚未得到满足的需求或偏好，因而及时发现这些需求和偏好，并将其转化为产品和服务的能力将成为制约差异化战略能否成功的关键因素。因此，是否具有良好的市场调查能力，是企业实施差异化战略的根本。

（2）市场中存在对差异化价值认可的客户。由于每一细分市场的规模有限，因此差异化战略的产品或服务往往意味着较高的研发成本和营运成本，必然导致较高的产品或服务价格，因此要求市场中存在对差异化价值认可的客户是企业能否实现盈利的关键所在。

5. 差异化战略的风险

尽管差异化战略具有明显的优势，但也面临一些风险。

（1）成本高。企业形成差异化需要增加研发及营运费用，从而会导致其产品或服务价格高于成本领先战略的企业，如果价格差异过大，客户可能不愿接受，使差异化战略难以实现。

（2）顾客对差异化不敏感。客户对某种特殊产品或服务价值的认同或偏好不足，使其不接受该产品或服务的高价格，因而很容易被成本领先战略的企业击败。

（3）对手的模仿。由于差异化战略能够给企业带来高额的收益，竞争对手必然会想方设法模仿产品或服务的差异化特征，使得原有的差异化不复存在。

（三） 目标集中战略

与成本领先战略和差异化战略适用于大型企业不同，对于中小企业而言，由于企业资源的制约，他们往往没有能力与大型企业进行全面的竞争，目标集中战略是一条更加可行的竞争途径。

1. 目标集中战略的含义

目标集中战略是指企业将经营重点集中在一个特定的目标市场上，并为这个特定的市场提供特定的产品或服务。其目标的集中既可以是成本，也可以是产品、服务或其他市场认可的特性。

2. 目标集中战略的优势

（1）避免在大范围内与竞争对手正面冲突。目标集中战略是在某一特定市场上实施成本领先或差异化战略，在防御五种竞争力量的同时，可避免与行业中的领先企业进行直接竞争，增强竞争能力。

（2）战略目标集中明确。目标集中战略使得企业的战略目标明确，经营效果易于评价，实施过程相对简单并易于控制。

3. 目标集中战略的适用条件

为了尽可能提升战略成功的概率，其关键点是选择恰当的目标，基本要求是选择竞争对手最薄弱或不愿意从事的细分市场，其基本条件如下。

（1）市场中存在显著的需求差异。

（2）这一需求差异不是行业领先企业的主要经营领域，对行业领先企业不具有吸引力。

（3）该细分市场具有足够的容量。

4. 目标集中战略的风险

（1）竞争对手采取同样的战略。如果竞争对手尤其是行业领先企业逐渐重视该细分市场并采取相同战略进入该市场，将会使采取目标集中战略的企业失去竞争优势，盈利水平下降。

（2）原有细分市场消失。随着技术进步、替代品出现或消费观念的变化，可能会导致原来存在的细分市场逐渐减小甚至消失，使得采取目标集中战略的企业失去赖以生存的环境。

二、3PL 企业战略类型

企业在从事生产时可以选择适当的发展战略。社会经济的发展促进了企业生产经营战略的多样化，尤其是现代科学技术的发展，诞生了一系列新的概念和适用工具，使得企业在发展战略上不断地创新，使其更加丰富，更趋科学和合理。

总体来说，3PL 企业所考虑的是供、产、销诸环节的紧密结合。从技术发展和现代企业的实践看，可供选择的物流战略主要有以下几种类型。

（一） 准时制物流战略

准时制物流是指物流管理做到准时采购、准时生产和准时销售。这一概念引自准时制管理（Just－in－Time，JIT）。

JIT是一种产生于日本丰田公司的生产方式，其中心内容是“在必要的时间，对必要的产品从事必要量的生产或经营”，从而消减各种浪费，直至实现零库存。JIT应用于物流领域，就是指要将正确的商品以正确的数量在正确的时间送到正确地点，这里的“正确”就是“Just”的意思，既不多也不少、既不早也不晚，刚好按需要送货。这当然是一种理想化的状况，在多品种、小批量、多批次、短周期的消费需求的压力下，生产者、供应商及物流配送中心、零售商都要调整自己的生产、供应和流通，在这些作业内部采用看板管理中的一系列手段来削减库存，合理规划物流作业。

当然，我们也必须看到，准时物流战略是建立在正常的经济贸易秩序之上的。任何一个环节出现问题都会给企业带来巨大的损害。形象一点说，就是其中一个环节中断或脱节，也可能使企业破产。现代企业发展就是建立在这种高压力、紧节奏的基础之上。或者说，这也是现代企业发展的方向之一。

（二） 一体化战略

随着处于供应链相同环节企业对市场的不断开发，市场份额将逐渐被各个企业占据，而企业如果意欲进一步提高市场占有率，只能通过兼并供应链相同环节的其他企业或向供应链的上下游发展，这样的扩张方式一般称为一体化战略。

一体化物流（integrated logistics）是20世纪末最有影响的物流趋势之一，其基本含义是不同职能部门之间或不同企业之间通过物流上的合作，达到提高物流效率、降低物流成本的效果。一体化物流或物流的一体化包括两种形式：垂直一体化物流和水平一体化物流。在两种一体化物流形式中，目前研究最多、应用最广泛的是垂直一体化物流。

1. 垂直一体化物流

垂直一体化物流要求企业将提供产品或运输服务等的供货商和用户纳入管理范围，并作为物流管理的一项中心内容。垂直一体化物流要求企业从原材料到用户的每个过程实现垂直一体化物流的管理；要求企业利用自身条件建立和发展与供货商和用户的合作关系，形成联合力量，赢得竞争优势。垂直一体化物流的设想为解决复杂的物流问题提供了方便，而雄厚的物质技术基础、先进的管理方法和通信技术又使这一设想成为现实，并在此基础上继续发展。目前，垂直一体化物流已经不再是传统意义上的制造商和上游供应商或制造商和下游分销商的关系，而是面向供应链，将整个供应链上的所有环节的市场、分销网络、制造过程和采购活动联系起来，以实现客户服务的高水平与低成本，赢得竞争优势。

2. 水平一体化物流

水平一体化物流是一种虚拟经营物流产业战略，它是指物流企业通过与同行企业进行联合或合资，对现有资源进行强化组合，实现两个或两个以上企业优质管理的组合，形成产业新优势，以提高物流运营效率，降低物流活动成本，进而提高市场占有率和市场竞争能力。例如，不同的企业可以用同样的装运方式进行不同类型商品的共同运输。当物流范围相近，而某个时段内物流量较少时，几个企业分别进行物流操作显然不经济。于是就出现了一个企业在装运本企业商品的同时也装运其他企业商品。从企业经济效益上看，它降低了企业物流成本；从社会效益上看，它减少了社会物流过程的重复劳动。显然不同商品的物流过程不仅在空间上是矛盾的，而且在时间上也是有差异的。这些矛盾和差异的解决就要依靠大量物流需求和物流供应能力信息的信息中心。此外，实现水平一体化的另一个重要条件，就是要有大量的企业参与且有大量的商品存在，这时企业间的合作才能提高物流效益。当然，产品配送方式的集成化和标准化等问题也是不能忽视的。

一体化物流战略是基于以下两方面的原因而产生的。

首先，社会产品极大丰富，消费者的消费呈个性化、多样化发展趋势，客观上要求企业在商品生产、经营和配送上必须充分对应消费者不断变化的趋势，这无疑推动了多品种、少批量、多频度的配送。

其次，一些中小企业从经营成本和竞争压力以及技术等诸多因素考虑，对物流配送没有必要进行过多的投入，而是借助已有的或正在发展中的物流系统进行生产经营。同样，物流企业的协同发展就有了广泛的基础，并能得到大多数中小企业的认同。

在当今竞争日趋激化和社会分工日益细化的大背景下，许多企业都集中在自己的核心任务，在物流管理方面并不擅长，3PL 企业能够提供比供方和需方采用自营物流系统更快捷、更安全、更高服务水准且成本低的物流服务。正如惠而浦公司所说："我们对物流业务并不精通，我们是生产电器的。"

目前，第三方物流运营模式已成为各个国家企业物流管理的主流模式。1997 年英国的主要零售商已控制了 94%的工程配送（从配送中心到商店），其中将近 47%的配送都是外协的。在美国的一些主要市场上，第三方物流的利用率已经达到 73%，还有 16%的企业正在研究未来 3PL 的利用。此外，在国际物流方面也有物流服务外协的趋势。据荷兰国际配送协会的调查表明，2/3 的美国、日本、韩国等的配送中心是由 3PL 企业管理的。据中国仓储协会调查，我国目前的工业企业的物流活动中，全部委托第三方物流代理的占被调查企业的 52%，有 45.3%的企业正在寻找新的物流代理商。

例如，美国通用汽车的萨顿工厂通过与赖德专业物流公司的合作，取得良好的效益。萨顿集中于汽车制造，而赖德管理萨顿的物流事务。赖德接洽供应商，将零部件运到位于田纳西州的萨顿工厂，同时将成品汽车运到经销商那里。萨顿使用电子数据交换(EDI) 进行订购，并将信息发送给赖德。赖德从分布在美国、加拿大和墨西哥的 300 个不同的供应商那里进行所有必要的小批量采购，并使用特殊的决策支持系统软件来有效地规划路线，使运输成本最小化。

又如，美国赖德专业物流公司向一家床垫制造商西蒙斯公司（Simmons）提供一种新技术，使得后者彻底改变了自己的经营方式：在合作前，西蒙斯公司在每一个制造厂储存了 2.5 万个床垫来适时满足客户的时尚需求；合作后，赖德在西蒙斯的制造厂安排一个现场物流经理。当订单到达后，该物流经理使用特殊的软件来设计一个把床垫发送给客户的优化顺序和路线。随后，这一物流计划被发送到工厂的楼底，在那里按照确切的数量、款式和顺序制造床垫，并全部及时发送。该项物流合作从根本上降低了西蒙斯对库存的需求。

三、3PL 企业竞争战略选择

（一） 第三方物流战略目标

第三方物流战略的选择与确定是一个创造性的过程，它可以给企业带来竞争的优势。第三方物流战略通常应实现以下三个目标：降低成本、减少投资和改善服务。

1. 降低成本

降低成本是指第三方物流战略实施的目标是将与运输和存储相关的可变成本降到最低。为此，通常要对各备选方案进行评价。例如，在不同的存储方案或者不同的运输方式中进行选择，以形成最佳战略。战略规划的首要目标是利润最大化，因此在服务水平不变的前提下，应找出成本最低的方案。

2. 减少投资

减少投资是使第三方物流系统的投资最小化。例如，为避免进行仓储而直接将产品送达客户，放弃自有仓库，选择公用仓库；选择准时制（JIT）供给的办法，而不采用储备库存的办法；或者选择第三方供应商提供物流服务。与需要高额投资的战略相比，这些战略可能会导致可变成本增加，但最终投资回报率很可能会提高。

3. 改善服务

这一战略认为企业收入取决于所提供的客户服务水平。尽管提高服务水平将大幅度提高成本，但收入增加的幅度可能会超过成本上涨的幅度。当然，要使该战略产生好的效果，还应该制定出与竞争对手截然不同的服务战略。

第三方物流战略对第三方物流系统中的每一个环节都要进行规划，而且要与整体物流规划过程中的其他环节相互协调与平衡。企业不需要特别的程序和技术，需要的仅仅是敏锐的头脑。一旦物流服务战略形成，接下来的任务就是实施，包括从各备选方案中做出选择。

（二） 竞争战略选择

一般企业的三种竞争战略选择的理论基本可以覆盖或解释其他竞争理论，物流行业的竞争战略也可以用这个理论框架来解释。

1. 总成本领先战略

在这种战略下，当企业与其竞争者提供相同的产品和服务时，只有想办法做到产品和服务的成本长期低于竞争对手，才能在市场竞争中最终取胜。在生产制造行业，往往通过推行标准化生产、扩大规模来摊薄管理成本和资本投入，以获得成本上的竞争优势。而在第三方物流领域，则必须通过建立一个高效的物流操作平台来分摊管理和信息系统成本。在一个高效的物流操作平台上，当加入一个相同需求的客户时，其对固定成本的影响几乎可以忽略不计，自然具有成本竞争优势。

物流操作平台由以下几个部分构成：相当规模的客户群体形成的稳定的业务量，稳定实用的物流信息系统，广泛覆盖业务区域的网络。

稳定实用的信息系统是 3PL 企业发展的基石，物流信息系统不但需要较高的一次性投资，还要求企业具有针对客户特殊需求的后续开发能力。企业可以根据自身的需求选择不同的物流系统，但任何 3PL 企业都不能避开这方面的投入。

2. 差异化战略

差异化战略是指企业针对客户的特殊需求，把自己同竞争者或替代产品区分开来，向客户提供不同于竞争对手的产品或服务，而这种不同是竞争对手短时间内难以拷贝的。企业集中于某个领域后，就应该考虑怎样把自己的服务和该领域的竞争对手区别开来，打造自己的核心竞争力。如果具有特殊需求的客户能够形成足够的市场容量，差异化战略就是一种可取的战略。

现代物流管理的差异化战略具体包括：品牌战略和服务战略。现代 3PL 企业首先要增强品牌意识，要想在未来的竞争中取得优势，一是靠科技，二是靠品牌。品牌是企业的一个标志，3PL 企业要想使自己的品牌深入人心，就必须提升品牌在大众心中的形象。服务战略是 3PL 企业为客户提供差异化的服务。以货物运输为例，普通物流企业提供的运输服务以单纯的价格低为服务特色，而现代 3PL 企业提供的运输服务应该是以安全、准时、快速为主的服务，同时在此基础上提供代收货款、库存产品抵押担保等增值性服务。或者为不同层次的客户提供不同的服务，如为企业大客户提供货物上门收取、货物在线追踪、货物送货上门、免费产品仓储等全面周到的服务，而对小客户和散户提供一般性服务即可。对于 3PL 企业来说，选择差异化战略也是对市场反应的体现，也可赢得比普通物流服务更高的回报。在实际市场拓展中，医药行业对物流环节 GMP（生产质量管理规范）标准的要求，化工行业危险品物流的特殊需求，VMI（供应商管理库存）管理带来的生产配送物流需求，都给 3PL 企业提供差异化服务提供了空间。其实，对于一个起步较晚的新企业来说，差异化战略是最为可取的战略。

3. 集中化战略

把企业的注意力和资源集中在一个有限的领域，主要是基于不同的领域在物流需求上会有所不同，如 IT 企业更多采用空运和零担快运，而快消品更多采用公路或铁路运输。每一个企业的资源都是有限的，任何企业都不可能在所有领域取得成功。3PL 企业应该认真分析自身的优势所在及所处的外部环境，确定一个或几个重点领域，集中企业资源，打开业务突破口。在物流行业中，我们不难发现，BAX Global、EXEL 等公司在高科技产品物流方面比较强，而马士基物流和美集物流则集中于出口物流，国内的中远物流则集中在家电、汽车及项目物流方面。集中化战略也告诉我们，在国内企业对第三方物流普遍认可之前，3PL 企业必须集中于那些较为现实的市场。应该强调的是，这种集中化战略不仅仅指企业业务拓展方向的集中，更需要企业在人力资源的招募和培训、组织架构的建立、相关运作资质的取得等方面都要集中；否则，简单的集中只会造成市场机遇的错过和资源的浪费。

竞争战略是为了帮助企业建立起独特的竞争优势，而每个企业都有自身不同的发展背景、资源和能力，这就要求企业要具有针对性地选择各自的竞争战略。

案例分析

H物流公司的发展与壮大

H国际货运代理有限公司于2000年成立，是位于慈溪地区唯一一家一级国际货运代理企业。致力于国际快递、国际空运、国际海运及国内综合物流的发展。H公司以进出口货物的运输代理为主业，不断寻求和拓展运输渠道，经营业务不断发展壮大。H公司拥有经验丰富、高素质的专业管理人才和尽职尽责业务熟练的操作人员，先进的计算机管理系统及全球网络通信系统的建立，实现了多方位、多层次、多渠道的“一站式”综合物流服务。H公司在近几年的快速发展中积累了丰富的经验，在多年的国际运输业务工作中与众多国际快递航空公司和船运公司建立密切的合作伙伴关系，使服务范围延伸到世界众多国家和地区。

H公司的企业战略目标是，打造先进的综合物流服务供应商。慈溪位于杭州湾跨海大桥南端，处于连接上海、宁波和整个长江三角洲都市群的重要节点与交通枢纽，这为H物流公司产业的发展提供了优越的地理条件。H公司以国际货运起家，在创业期公司采用了集中化战略，将企业定位于对外物流这个细分市场，并根据国际快递的需求建立起公司自己的信息系统和信息网络，使得企业快速成长，在国际快递业务市场占有率达到了30%，成为慈溪比较有影响力的国际货运物流企业。

随着公司的进一步成长和国内外经济形势的变化，公司开拓了国内物流业务。2008年遭遇了国际金融海啸，对外贸易遭受了严重的打击，国际货运业务也遇到了前所未有的压力，公司出现了发展的瓶颈。与此同时，国内电子商务的兴起，B2C①、C2C②模式的发展带动了国内小包裹快递市场的迅猛发展。公司也相应地调整了竞争战略，先后收购了慈溪两家大型国内快递公司的慈溪代理商后，推行优质的快递服务，一跃成为慈溪最大的国内小包裹快递服务的供应商。依托这两家快递公司的物流网络和品牌效应，H公司大大降低了国内物流业务的成本。

H公司并没有放弃国际货运市场，针对当地对日出口比较频繁的特点，建立了直通日本的快递专线。这条专线有别于其他国际货运线路，为公司大型客户提供了货物上门收取、货物在线追踪、货物送货上门等全面周到的服务，大大提高了物流效率，节约了物流成本。在国际货运这个细分市场中进而采用差异化的战略提供直通日本专线服务，使得H公司在国际货运业务停滞的情况下，保持着良好的发展势头。

H公司作为优秀的本土物流企业秉承着“专心、专一”的宗旨，随着竞争环境的变化，通过不同竞争战略的运用和实践，逐步建立起公司自己的竞争优势：以公司建立的信息系统和信息网络为技术支持，投资建设和完善服务网络，形成国际、国内全面而立体的物流服务网络；以本地物流为企业的坚实后盾，放眼全球，吸收、培养专业和经验丰富的业务团队；提供更快捷、更专业、更可靠的物流服务，成为初具规模和竞争力的

---

① B2C：商对客电子商务模式。
② C2C：个人与个人的电子商务。

综合物流供应商。

案例讨论：

试分析 H 公司在向现代 3PL 企业转型的过程中是如何成功选择竞争战略的。

基础练习

一、简答题

1. 试对我国 3PL 企业市场环境进行分析。
2. 如何区别确定型决策、风险型决策和不确定型决策？
3. 请简述决策的一般步骤。
4. 试述 3PL 企业战略类型和竞争战略选择。

二、计算题

“一带一路”背景下，某 3PL 企业拟拓展国内外多式联运业务，需要一套强大的信息系统。有三个可行方案供选择：一是自主重新开发和设计，二是升级原先的运输信息系统，三是外包。今后该企业在该业务中的市场状况可能出现好、中、差三种情况，每种方案在三种市场状况下的收益数据如表 2－9 所示。其中“好”出现的概率为 0.3，“中”出现的概率为 0.5，“差”出现的概率为 0.2。请分析哪种方案最好。

表 2－9　　收益数据　　单位：万元

方案	自然状态		
	好	中	差
方案一	60	30	−28
方案二	52	33	−15
方案三	30	25	18

知识应用

请用“3PL 企业经营战略”相关知识，对本书模块一“物流聚焦”中的“解决企业现实问题”案例进行 3PL 企业环境及竞争分析，并用一种模型进行企业经营方向决策分析。

模块三　第三方物流企业商务管理

学习目标

知识目标

1. 了解商务洽谈的过程以及商务礼仪。
2. 理解 3PL 企业市场细分的含义和作用。
3. 掌握 3PL 企业目标市场的选择策略及客户挖掘措施和方法。
4. 掌握第三方物流方案设计程序及编制内容。

技术目标

1. 会细分物流市场并有效地开发客户。
2. 会根据企业需求设计企业物流解决方案。

能力目标

1. 培养学生的商务开发能力，树立职业礼仪形象。
2. 培养学生的方案设计能力，树立系统集成理念。

物流聚焦

如何达成第三方物流企业业务

下面是某 3PL 公司 L 与某制造企业 Q 就企业物流项目设计问题进行洽谈、方案设计的确定过程。

第一步：某制造企业 Q 与某 3PL 公司 L 达成物流项目目标。

第二步：Q 公司与 L 公司共同为物流设计提供下述基础信息。

①制造数据；②零部件数据；③包装信息；④生产数据；⑤成本数据等。

第三步：Q 公司与 L 公司确认数据，并对用于设计过程的特殊变量达成共识。

第四步：L 公司的管理层根据上述信息和数据，用 L 公司的资源设计出几套方案。

第五步：Q 公司与 L 公司审阅并根据下列要求修改设计。

①收货路线；②收货顺序；③时间计划；④运费和运行距离；⑤装货规则；⑥货物堆放规则；⑦现场外的存储需要；⑧排序和计量；⑨托盘回收等。

第六步：L 公司做出下列系统报告。

①物流作业目标；②线路计划；③设备使用表等。

第七步：Q 公司与 L 公司对最初可选物流设计方案进行评估，在生产控制、物流和采购等方面得到认可。

第八步：L 公司投入资源进行下列物流设计。

①拖挂车；②司机安排；③人员安排；④购买服务等。

第九步：L 公司做出下述详细作业计划。

①每一条线路计划；②交接计划；③原材料物流与销售物流集运中心、标准工作流程；④挂车提供计划。

第十步：L 公司提供各种方案的价格比较，包括资金需求。

第十一步：L 公司获得 Q 公司最后认同，做出实施时间表。

第十二步：L 公司通知所有参与物流系统实施的部门组成工作组，实施计划。

在这十二步业务过程中包含了哪些商务活动？

3PL 企业运营前提是必须要开展相应的商务活动，即进行企业目标市场的选择、相应的客户开发、相关商务洽谈，最后形成物流解决方案设计编制报告。这是第三方物流的增值服务开始的基石。

第一节　第三方物流企业客户挖掘

3PL 企业基于市场环境和企业自身资源能力的分析，制订出长期的发展战略；接下来就是对市场的开发和客户的挖掘了。明确为谁服务，提供什么样的服务，怎样将潜在客户转变为现实的客户，是市场开发和客户挖掘需要解决的关键问题。在客户挖掘之前，首先要做的是 3PL 企业的目标市场的选择。

一、3PL 企业市场细分

（一） 3PL 企业市场细分的含义和作用

1. 物流市场细分的含义

物流市场细分是指 3PL 企业依据特定的标准，将物流市场上的客户分成若干个客户群，即细分为若干个子市场，然后针对这些不同的细分市场采取相应的市场营销组合策略，使 3PL 企业提供的物流服务更好地满足各个不同特点的客户需要，从而在各个细分的子市场上挖掘到更多的客户，扩大市场占有率，提高竞争能力。

物流市场中，客户对物流服务的需求，虽然都是为了完成物流对象从供应地到接收地的实体流转过程，但无论是在质量还是数量上，在设施设备还是绩效标准上都各不相同。这就为物流目标市场细分提供了客观依据。因此，3PL 企业必须致力于分析确认客户的需求差别，从而明确自身的市场定位。

2. 物流市场细分的作用

（1）物流市场细分可以避免 3PL 企业因盲目投资而造成资源浪费。任何企业的资源都是有限的，3PL 企业通过市场细分选择一个或多个物流细分市场作为目标市场，就有可能深入、细致地分析和研究市场特点，集中人、财、物等资源为客户设计和运作个性化的物流服务，从而帮助客户降低物流成本，提高物流效率。

（2）物流市场细分有利于 3PL 企业确定适宜的目标市场。通过市场细分，3PL 企业可以认识到每个细分市场上物流需求的差异、物流需求被满足的程度以及物流市场竞争状况。那些未得到满足或满足程度较低、竞争者未进入或竞争者很少的市场部分便是客观存在的市场机会。

（3）物流市场细分有助于3PL企业通过产品的差异化建立竞争优势。在竞争越发激烈的市场环境中，3PL企业通过市场细分可以发现尚未满足的消费者群体，如果企业能够针对这一消费者群体的需求特征开发出专业的、有特色的物流服务产品，就能通过产品的差异化建立起竞争优势，使企业具有持续的发展能力。

（4）物流市场细分有利于提高客户满意度和忠诚度。3PL企业可以深度了解客户需求，同时深度地满足客户需求，必将赢得客户的认同，和客户建立长期合作的伙伴关系。

（二） 3PL企业市场细分的标准

为了区分潜在客户需求之间的差异性，3PL企业要用一定的标准来把各细分市场区分开来。根据物流市场的特点，一般按照5个标准进行市场细分。

1. 客户行业

客户行业，按客户所在的不同行业对市场加以细分。不同行业的产品构成具有较大的差异，因此就会导致物流需求存在着较大的差异性，而同一行业内的客户对物流服务的需求具有一定的相似性。因此，客户行业是物流市场细分的重要标准之一。

2. 客户规模

客户规模，按照客户对物流需求规模的大小来细分物流市场。物流需求规模大小不同，需要配置的物流设施设备，如车辆和型号，就有很大的不同。一般把客户分为大、中、小三类客户群。

（1）大客户，也是VIP客户，即对物流业务需求最多的客户，也是3PL企业的主要服务对象。

（2）中等客户，即对物流业务需求中等的客户，是3PL企业的次要服务对象。

（3）小客户，即对物流业务需求较小的客户，是3PL企业较小的服务对象。

3. 货物属性

货物属性，根据客户委托的货物的属性或特征来细分市场。货物的属性不同，客户对物流活动的需求就会有很大的差别，物流服务的质量和物流企业经济效益也会受到影响。通常按照三种货物属性细分市场：

（1）生产资料，即用于生产的物资资料，其批量大、类别广泛，运输成本控制要求高；

（2）生活资料，即用于生活消费的物资资料，品类规格繁多、批量相对较小，及时性要求高，地点分散；

（3）其他资料，即上述两种属性之外的其他所有物资资料。

4. 地理区域

地理区域，根据客户所需物流服务的区域不同来细分市场。物流活动所处的地域不同，就会有不同的经济规模、地理环境、需求程度和要求等，这样，物流活动中的成本、技术、管理、效率和信息等方面就会存在较大的差异。按地理区域细分物流市场，一般可以分为三种：

（1）区域内物流，是指在一定范围内的具有某种相似物流需求的区域内进行的物流活动；

(2) 跨区域物流，是指在不同的区域内进行物流活动；

(3) 国际化物流，是指跨地区和国家进行的物流活动。

5. 服务方式

服务方式，按照客户的需求提供相应的物流服务时，根据服务内容、服务方式的差异来细分市场。一般可以分为两种：

(1) 单一方式物流服务，就是需求方只需要某一种最基本功能的物流服务；

(2) 综合方式物流服务，就是需求方需要两种以上或多种功能组合的物流服务。

（三） 3PL 企业市场细分的方法

1. 单因素法

单因素法，按照一个因素细分物流市场。例如，按照货物属性这一因素可以将物流市场细分为生产资料物流市场、生活资料物流市场和其他类型物流市场。

2. 综合因素法

综合因素法，以影响物流市场需求的两种或两种以上的因素进行综合划分。例如，根据企业规模大小、用户的地理位置、产品的最终用途及潜在市场规模来细分物流市场，如表 3-1 所示。

表 3-1　综合因素法市场细分

内容		地理区域		
		区域内物流	跨区域物流	国际化物流
物品属性	生产资料	细分市场 1	细分市场 2	细分市场 3
	生活资料	细分市场 4	细分市场 5	细分市场 6
	其他类型	细分市场 7	细分市场 8	细分市场 9

3. 系列因素法

系列因素法是指运用两个或两个以上的因素，依据一定的层次逐次细分市场。细分的过程呈一个比较和选择的过程，下一级阶段的细分是在上一阶段选定的细分市场中进行的，如图 3-1 所示。

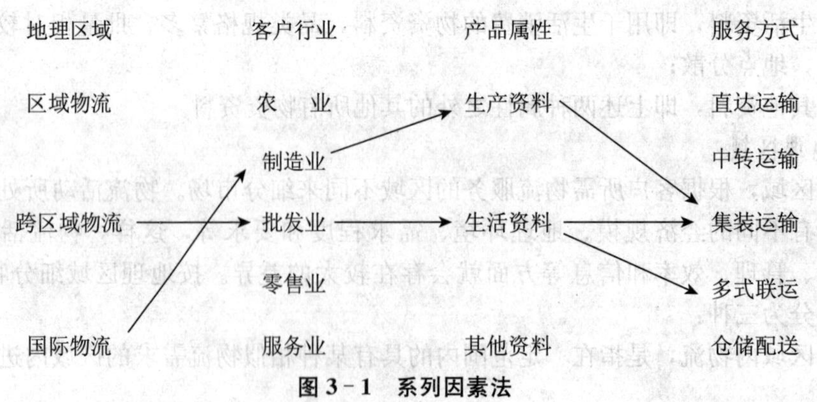

图 3-1　系列因素法

4. 产品一市场方格表

"产品—市场方格表"是指按照产品（客户需求）和市场（客户群）这两个因素的不同组合来细分市场。例如，有政府、企业、个人三种客户群，对物流有五种需要，这样就形成了15个细分市场，如表3-2所示。

表3-2 "产品—市场方格表"市场细分

	供应物流	生产物流	销售物流	回收物流	废弃物流
政府	A11	A21	A31	A41	A51
企业	A12	A22	A32	A42	A52
个人	A13	A23	A33	A43	A53

二、3PL企业目标市场的选择

物流目标市场细分可以为3PL企业挖掘出许多市场机会，而制定物流市场营销策略首先要确定目标市场。

（一）物流目标市场的概念

物流目标市场就是3PL企业为满足现有的或潜在的客户需求而设定的细分市场。目标市场就是企业投其所好，为之服务的对象。选择和确定目标市场，明确企业的具体服务对象，关系到企业经营目标的实现，是企业制定营销战略和策略的基本出发点。

对3PL企业而言，进行目标市场选择的意义有：可以帮助3PL企业寻找能充分发挥自己核心能力的服务市场，从而为客户提供定制化的物流服务，帮助客户取得良好的经济效益；通过深入研究目标市场，可集中有限的资源制定切实可行的营销策略，有效挖掘客户，扩大市场占有率。目前我国物流市场潜力巨大，同时物流企业数量繁多，竞争无序，行业利润率低。要更好地为客户提供差异化、专业化、个性化的物流服务，避免单一物流功能的低价竞争，提升物流行业的整体效率和效益，就需要对物流市场进行细分，选择适合企业自身资源和能力的目标市场。

（二）物流目标市场的选择策略

针对不同的目标市场或不同的物流服务项目，3PL企业选择目标市场的策略有下列五种。

1. 产品一市场集中化型

3PL企业集中于一个细分市场，为单一客户群提供一种专业化的物流产品服务。这种模式一般适合于初始进入物流市场的企业或者资源能力比较有限的小企业。

2. 产品专业化型

3PL企业提供一种形式的物流服务，满足各类客户群的同一物流需求。该模式有助于企业集中资源于一个物流服务领域，并在此领域中获得竞争优势。

3. 市场专业化型

3PL企业向同一客户群提供不同形式不同类别的物流服务。这一模式有助于降低交易成本，稳定和发展和客户的关系。

4. 选择专业化型

3PL 企业有选择地进入几个不同的细分市场，为不同的客户群提供各种不同的物流服务。这是一种多元化经营模式，可以较好地分散企业经营风险。但是，采用这种模式需要注意的是，要选择若干个细分市场，其中每个细分市场都要有吸引力，并且符合企业的资源能力状况以及经营目标。

5. 全面进入型

3PL 企业决定全方位进入各个细分市场，为所有客户群提供所需的不同种类的系列物流服务。这是实力雄厚的大企业为了在市场上取得领导地位而通常采用的模式。

知识链接

影响 3PL 企业目标市场选择策略及营销策略的因素

1. 企业资源

企业资源是选择目标市场策略时应考虑的首要因素。企业的资源主要包括生产规模、技术能力、财务能力、管理能力等。企业综合能力较强，则可进入更多的细分市场，提供差异化的服务。

2. 物流服务寿命

物流服务与其他企业的产品一样，也有寿命周期。3PL 企业根据物流服务所处的生命周期，如投入期、成长期、成熟期、衰退期各阶段的特点，可采用不同的目标市场选择策略。如处于投入期，竞争者不多、竞争不激烈，企业可采用无差异营销策略。处于成长期和成熟期，同类竞争者数量增加，竞争加剧，为确立竞争优势，企业可考虑选择专业化策略，通过差异化获得竞争优势。如果进入衰退期，为保持市场地位，可采取集中化策略。

3. 产品的同质性

产品的同质性是指在物流服务需求者看来，不同物流企业提供服务的相似程度。相似度越高，同质性越高。同质性高的 3PL 企业，可采用选择型策略或集中策略，加深物流服务的深度和广度。

4. 市场的同质性

市场的同质性是指各细分市场客户需求、购买行为等方面的相似程度。同质性高，表明各细分市场相似程度高，不同客户对同一营销方案的反应也大致相同。此时，企业可同时进入多个细分市场，实行无差异的营销策略；反之，如果客户需求差异大，则宜采用集中或选择型目标市场选择策略以及差异化营销策略。

5. 竞争状况

竞争者的数量和资源是 3PL 企业确定目标市场选择策略以及营销策略时需要考虑的重要因素。当竞争者较少或竞争对手实力较弱时，3PL 企业可进入多个细分市场，采用无差异营销策略；反之，则应选择市场集中或者产品集中策略，进行差异化营销。

三、3PL 企业客户挖掘

3PL 企业在确定了目标市场后，就需要采取进一步的营销措施，挖掘目标市场的潜在客户。企业挖掘客户主要有以下几类方法。

（一） 直接营销

直接营销就是 3PL 企业直接面对客户、接触客户、了解客户，并通过和客户进行接触、洽谈，让客户了解自己。常见的方法如下。

1. 媒体广告宣传

利用媒体广告可以唤起客户注意、迅速扩大知名度。当然媒体的选择比较重要，应考虑目标客户的特点和分布，而不能盲目宣传。

2. 基于 Internet（互联网）的客户开发

Internet 相较传统媒体，具有跨时空的巨大优越性。基于 Internet 的应用开发客户，形式多样，例如在专业物流网站、招投标网站、电商平台等进行广告推广宣传；参与物流论坛、与 B2B 企业网站合作等。随着大数据应用技术的成熟和发展，大数据营销推广也将越来越受到企业的重视。

3. 电话开发客户

电话开发客户的方法是一种传统的营销推广方法，至今还广泛应用于企业客户开发。电话开发首先要是找准受众，其次要具备良好的电话沟通能力和技巧，最后是保持经常性联系，争取到和客户直接面谈的机会。很少有业务是一谈就成的，因此，需要通过电话沟通，了解客户需求，有礼有节保持良好的关系维护。

小贴士

如何与客户电话沟通

任何沟通都是由三部分组成的，即：说什么？如何说？说话的时候如何表现？

在此，我们给出一些小建议：

(1) 在打电话前要列出所讨论的问题要点（如果对方有要求要事先发送信息）。

(2) 确保在打电话时手边已准备好笔和纸。

(3) 确认你所希望与之谈话的人在那个特定的时间点上是无其他事情的。如果不能确认，可以要求一个方便的时间并商定在那个时间由谁打电话，如果在特定的时间点上对方有时间而你却没有时间时，可以提议你会在某一时间回电话并要遵守诺言。如果有的话，要考虑时差。

(4) 谈话要慢速和清楚。

(5) 对对方的需求和利益表示关注。

(6) 积极倾听，专心于对方所说的内容，不要打断，不要过早得出结论，尽力去获知他们潜在的需求和态度。

4. 登门拜访

组建客户开发团队，对目标市场的潜在客户进行地毯式搜寻、登门拜访，制作客户信息卡片，对拜访的客户信息及时记录、筛选客户，确定下一轮拜访对象。

5. 展会营销

关注物流领域的相关展会信息，如国际物流展、物流技术大会等，积极参与展会活动，包括布展、制作企业宣传片并在展会上播放、印发企业宣传单、参与展会各项论坛等。展会营销已经成为目前相当多企业挖掘客户的一个重要渠道。

（二） 间接营销

间接营销就是3PL企业只能间接接触到客户，通过对客户的间接服务让客户了解自己。常见的方法如下。

1. 中介营销

3PL企业通过中介机构，如货代企业等，利用其物流营销网络和信息平台，达到开发客户的目的。

2. 联盟开发

联盟开发包括3PL企业与同行企业建立联盟关系，共同开发客户；也包括3PL企业与客户建立联盟关系，谋求长期稳定的战略伙伴关系。

（三） 关系营销

关系营销是指在详细掌握客户有关资料的基础上，通过吸引、开拓、维持和增进与客户的关系，以实现客户价值最大化的营销策略。具体的做法就是不断识别客户，分析客户的经营战略和业务变化情况，识别客户对企业的影响，将客户分为一般客户和战略型客户，利用价格杠杆保持一般客户的满意；抓住战略型客户，强化跟踪服务和信息分析能力，与其协同建立起一对一关系，提供更快捷、更周到的优质物流服务，提高客户满意度。

对于3PL企业而言，保持与已有客户的关系营销应该是整个营销策略的核心。因为关系营销可以使3PL企业与战略型客户形成长期伙伴关系，谋求共赢的发展目标。

第二节　第三方物流企业商务洽谈

商务洽谈是最重要的商务活动之一。洽谈，就是指在商务交往中存在着某种关系的有关各方，为了保持接触、建立联系、进行合作、达成交易，或为了处理争端、消除分歧，而坐在一起进行面对面的接洽与协商，以求达成某种一致。洽谈既是一门科学，又是一门艺术。3PL企业如何才能在商务洽谈中取得预期的成效呢？

一、洽谈准备

第三方物流项目的洽谈，由于供需双方的需求角度不同，往往有很多不确定因素影响洽谈的结果。在围绕第三方物流服务项目的洽谈实践中，作为第三方物流服务的需求方，一般会同时选择多个物流服务供应方进行分别洽谈，进行比较；而作为第三方物流服务的供应方，一般为了争取与需求方的合作机会，也会准备多个方案进行洽谈。总之，无论是需求方还是供应方，都要在洽谈之前做好周密、系统的准备。站在第三方物流服务供应方的角度，洽谈前应做好充分的准备工作。

（一） 了解、掌握物流服务需求方的基本情况和物流服务需求

(1) 企业的经营理念以及文化背景；
(2) 企业所在的行业以及企业在行业中所处的位置；
(3) 企业的生产销售规模、产品类型以及市场范围；
(4) 企业的采购供应、生产以及销售的模式和特点；
(5) 企业选择第三方物流服务的动因及服务要求。

（二） 明确洽谈人员，制订洽谈策略

参加第三方物流服务项目洽谈，通常是以第三方物流服务供应方的市场部或业务部的人员为主体，如果是企业关注的重要物流项目，甚至还包括第三方物流服务供应方的物流总监或总经理。他们熟悉企业的业务，了解企业的优势和劣势，往往也具有较强的沟通能力。当然，洽谈人员还需要合理地分工，要明确主谈人和协谈人。

制订洽谈策略是参加项目洽谈人员要重点研究解决的问题。根据经验，制订洽谈策略可以从以下几个方面进行：

(1) 权衡和对比竞争对手状况，重点突出自己的强项和优势；
(2) 研究差异化的服务战略，满足需求方的个性化需求；
(3) 运用成功和有代表性的物流服务典型实例进行推荐；
(4) 坚持诚信、互惠原则，不故意夸大能力，不随意贬低竞争对手；
(5) 善于从满足需求重点切入，引起需求方的重视和兴趣；
(6) 略述管理与经营理念；
(7) 表达与需求方长期战略合作、共赢发展的愿望。

（三） 洽谈场所的准备

1. 洽谈场所的选择

洽谈场所的选择应当注重礼仪。大型的洽谈，其礼仪要求相对高些，可在双方所在地轮流进行，以示平等；也可在第三地进行，以示公正。小型的洽谈，参加人数少，则不重视地点。一般来说，在自己熟悉的场所要比生疏的地方得心应手，但须征得对方同意。

2. 会场的布置

商务洽谈一般安排在会议室进行，有时也可以安排在会客室。一般来说，要选择宽敞明亮、整洁安静的场所，会场要精心布置，这也是对对方的一种尊重。会场的桌子可以是圆形、方形，也可以是长条桌。桌上应设有席位卡，标明入席者的名字或职务，以便导引入座。要备有一定的茶具、茶水和饮料。还要准备好音响设备、灯光设备以及通信、复印设备及必要的文具。

3. 座次的安排

大型的洽谈会气氛比较严肃、郑重，对等性强，座次的安排更讲究双方或各方的平

衡。最常见的是长方形桌横向摆放，宾主相对而坐。以正门为准，主人在背门一侧，客人面向正门，即所谓“迎门为上”。主谈人居中，协谈人在主谈人右侧或身后，其他按礼宾顺序左右排列。

二、洽谈机会的把握

（一） 及时性

物流服务供应方一旦了解到客户对物流服务有某种需求的信息时，应该以最快的速度或最有效的方式同客户取得联系，并针对客户的需求提供相关信息，使客户对自己真诚、主动、热情、认真、负责的服务精神感到满意并留下良好的第一印象，从而为下一步深入洽谈创造有利条件。

（二） 真实性

向客户提供的相关信息必须是真实的、可靠的、谨慎的，任何夸大的、虚假的、损害他人形象和声誉的信息，在具体的项目洽谈中，往往会误导客户，使客户产生怀疑和抵触或否定，从而丧失机会。

（三） 专业性

客户选择第三方物流服务的目的是集中自己的优势资源专注于自己擅长的业务，增强核心竞争力，同时希望第三方物流服务供应方能利用自己的专业能力，降低物流成本，提高物流运作质量。因此，第三方物流供应方应当从客户利益最大化出发，准确地理解客户的需求，从优化物流系统的角度为客户量身定制专业的、系统的、科学的物流服务方案。

除了具备知识技能的专业性之外，还应该展现出职场素养专业性。参与洽谈的人员气质、着装规范、举止得体、守约遵时等对洽谈的结果也有很大的影响。因此，在这一方面，需要进行专业的培训和反复的练习。

三、商务洽谈礼仪

1. 穿着得体

参加商务洽谈要注意装束，既要干净整齐，又要庄重大方。男士一般着质料较好的深色西装，有时也可着中山装西装，衬衫、领带及皮带要搭配得和谐。女士可着西服套装或西装套裙，以显得自信、干练为好，切忌打扮得花哨艳丽。

2. 相互介绍

双方见面时，如果是初次交往，应相互自我介绍。介绍的礼仪，关系着洽谈气氛的形成。一般是主方先将自己的谈判成员介绍给客方，以示尊重。介绍时，被介绍者应站立示意，面带微笑注视对方，介绍完毕相互握手致礼。如果对方是外商，要尊重对方的习惯和风俗。

3. 洽谈明示阶段礼仪

进入明示阶段，双方要相互提问题，谈不同意见。往往容易产生分歧，所以应特别注意说话语气平和、亲切，讲究说话技巧，不能把提问、查问变成审问或责问，否则会引起对方反感。讨价还价过程会把洽谈推向高潮，双方为了各自的利益据理力争、毫不相让。这是洽谈最关键的时候，也是最应该注意礼仪的时候，洽谈中失礼的言行，大多发生在这个阶段。失去了礼仪的洽谈，取得成功的可能性就很小了。在这个关键时候，有礼貌的做法是：谈话范围广泛，双方有充分的回旋余地；争执上仅仅限于双方观点的交锋，而不要落入双方人员的冲突；诚心诚意地探讨解决问题的共同途径和办法；一张一弛，不要一个冲锋就想取胜，轻易地逼人就范。

4. 洽谈出现僵局时的礼仪

在洽谈过程中出现僵局或分歧，不要轻易放弃谈判，要寻找一切途径，实现预期的目的。一般来说，有诚意地调整自己的目标，作些必要的妥协与让步是十分有益的。让步要有理、有利、有礼、有度，让步的幅度要对等、要同步，来而不往非礼也。让步的目的是为了己方最终的利益，当谈判目标已达到，或对方再无让步可能时，应主动转入妥协协议，不要穷追不舍，咄咄逼人，把对方逼入死角是很不礼貌的。

5. 签字礼仪

所有参加签字仪式的人员都应注意服饰，仪表应整洁、得体。还应注意仪态庄重、友好、大方、平等，不能严肃有余，也不应过分喜形于色。双方出席签字仪式的人员进入签字厅后，签字人入座，其他人员分宾、主各一方，按身份高低顺序排列入座，双方身份最高者站立中央，双方助签人员应分别站在各自签字人的外侧。

签字仪式开始后，双方签字人员在本国或本单位保存的文本上签毕后，由助签人员互相传递、交换协议文本，签字人再在对方保存的协议文本上签字，然后由双方签字人郑重地相互交换协议文本，并相互握手致意，其他参加仪式的人员应鼓掌祝贺。

第三节 第三方物流企业系统方案设计

3PL 企业与客户进行充分的沟通和洽谈，明确客户需求和客户物流服务目标后，就需要为客户进行物流方案的策划和设计。物流解决方案是 3PL 企业根据客户物流需求或需要解决的物流问题，向客户提供的可实施的、个性化的物流服务承诺、方法、措施以及建议，既是计划书，又是可行性报告，更是作业指导书。物流解决方案按客户需求可以是物流运输解决方案、物流仓储与配送解决方案、物流信息系统解决方案、物流管理解决方案或者全程的物流解决方案（一体化物流）等。

一、第三方物流方案设计含义和形式

3PL 企业物流方案设计是对物流方案的理念、物流方案达到的目标、物流服务承诺、实现目标的条件和资质、物流服务价格、物流方案各环节标准化业务流程、方案实施的时间计划表以及工程、技术、经济等各方面的条件和情况进行详尽、全面的研究和论证，同时对组织结构、管理制度、岗位设置和人员培训等方面做出具体的规划和安排，使其成为一个操作性强的物流方案。

物流方案主要表现为以下三种形式。

1. 物流项目投标书

客户企业需要外包物流服务时，往往会按照国际惯例进行物流服务的项目招标。在

招标书中，客户作为招标方会提出具体的服务内容、服务要求以及投标企业的资质要求。3PL 企业作为投标人，组建项目小组，围绕招标项目编制出投标书。这份投标书的主体内容就是物流方案设计报告书。

2. 物流方案报告

按照客户的要求进行物流方案设计，设计完成后，需要对方案进行评估。方案评估需要客户企业和 3PL 企业共同参与，主要评估方案的可行性、方案提供的物流服务和服务水平、方案实施的经济效益以及方案实施中的风险问题。

评估之后，3PL 企业对方案进行进一步的补充和完善，最终形成物流方案报告。

3. 物流项目建议书

物流项目建议书是一种相对简单的物流方案。它是在客户的物流服务框架要求之下所做出的能基本满足物流服务要求的服务承诺、服务模式以及能达到承诺所具有的服务能力。展示物流服务优势是物流项目建议书的重要组成部分。如有必要，也可以初步做出服务报价。项目建议书是进行物流市场营销的重要手段之一。

二、第三方物流解决方案设计的准备工作

一个完整而规范的物流方案对物流企业和客户同样是重要的，作为 3PL 企业应做好下列方案的编制准备工作。

1. 与客户进行初步的接触和调研

掌握客户的生产、销售及物流现状等相关数据和信息，特别是了解货物物理性质和化学性质、货物价值、货物包装方式、货物市场季节供应等情况，进行物流货源分析；进行仓储调研、运输调研、运作流程调研（通知入库和出货、货品送达、配送时效、签单转回、物流服务费、货品安全、配送损害、库存对账、请款方式）。

2. 企业内部沟通

就方案的基本思想和主要内容征询运营部、财务部、信息技术部和客户服务部等部门的意见和建议。

3. 任务分配

明确方案的编制部门和人员、版本级别、保密等级、存档部门、发放范围等。

三、3PL 企业物流方案设计的内容和基本格式

（一） 物流方案的基本内容

3PL 企业物流方案设计的内容包括方案可行性研究和方案运作设计研究，设计的基本内容包含以下几个方面。

1. 物流服务方案宗旨

阐述物流方案提出的背景，包括方案的必要性和经济意义、方案要实现的目标、客户的物流需求以及对客户的服务承诺。这部分内容的总体要求是定义明确、理念先进、概念创新。

2. 物流服务报价

物流服务报价，包括总报价、分部分报价以及报价细则。这部分内容要求目标明

确、预测合理、报价合适。

3. 物流方案的技术设计

物流方案的技术设计是把整个物流方案分解为几个相对独立的物流环节方案，确定各物流环节目标、服务承诺、服务措施，包括采用的技术方法、设施设备、技术来源和标准业务流程设计。这部分内容设计的要求是以最新的优化技术、业务流程再造的理论，提出对各部分的论证，业务流程应科学、详尽，操作说明细致。

4. 仓储管理设计

仓储管理设计包括仓库的选择、仓库的类型、对仓库的要求、新建仓库的结构设计、改造现有仓库的计划、库区划分、堆码设计、库位的编号等。这部分的设计要求是提出仓库管理的具体要求，进行仓库管理的计算机信息系统的设计和实施，叉车和货架、托盘的选择，出入库标准化流程，仓库管理制度及岗位设置、人员配置。

5. 运输和配送环节设计

运输和配送环节设计是在方案目标的要求下，进行内外交通运输方式的比较和初步选择，直达或中转运输、联合或多式联运的模式选择，车队资源管理和运营管理方式，车辆运输线路优化和运输管理系统的设计，配送中心选址、配送网络设计、配送计划设计、配送标准化流程设计、配送管理信息系统的设计等。这部分设计的难度最大，也最能体现物流服务水平。

6. 物流方案运作的质量保证体系

物流方案运作的质量保证体系是方案实施的组织管理部分，包括组织结构设计、岗位设置、人员配置、各岗位职责以及在业务流程中的地位和作用，规章制度的设立，ISO 9000 系列的认证，运行保障处理流程，客户投诉的处理办法以及关键操作指标的构成和质量标准等。

7. 提出对客户有益的建议

提出对客户有益的建议是指对运作模式优化方案的建议，对建立物流信息网络以及客户对接的建议，对货物包装的建议，对运输装载方法和海内外运输模式的建议，对进一步降低物流费用的建议以及加强客户交流沟通的建议等。

知识链接

运输环节设计要点

1. 运输方式的选择

运输方式的选择一般要考虑三个因素，即运输成本、运输时效和安全性。

2. 运输工具和装载技术的选择

在方案设计中选择的运输工具要适合运输物品的运输保管要求。以公路运输为例，有集装箱货车、厢式货车、敞篷货车、平板车、牵引车和挂车、冷藏车、恒温车等。选择的车型首先要保证货物质量和安全，保证运输成本低，保证运输及时性。

3. 运输流程设计

包括受理、制单、托运手续、运输信息、交接手续、应急方案等。

4. 现代运输管理系统设计

5. 线路优化与网络优化

6. 运输标准操作流程设计

绘制运输操作流程图。

7. 意外事故处理流程

8. 运输服务指标体系及保障措施

9. 对客户的建议

（二） 物流方案设计的基本格式

1. 封面设计

封面设计的内容包括：注明方案名称、客户名称及客户 Logo（企业标识）标志；注明该物流方案的版本等级、保密等级；右上角用方框注明“仅供××公司（客户名称）使用”；加盖物流方案专用章。

2. 扉页

以 3PL 企业市场总监的名义，给客户相关负责人发简短的致函，内容包括：表明物流的合作意向，正式向客户提交物流方案，落款为 3PL 企业总经理或市场总监的亲笔签名。

3. 前言

主要内容包括方案形成宗旨、服务承诺、3PL 企业基本情况介绍。3PL 企业基本情况介绍应该包含企业拥有的物质资源、人力资源、经营理念、策略等；企业资质介绍，如各种营运许可证、质量认证等；企业的主要业绩，如主要物流客户、客户评价等；企业的核心能力和优势。

4. 物流方案设计

物流方案设计包括运输环节方案、仓储环节方案、配送环节方案、物流信息环节方案等，这部分是方案设计的重点。

5. 物流方案报价

物流方案报价内容包括：先期明确报价的形式和内容，如按客户销售额一定比例报价，按分项的物流业务报价，或按总体承包形式报价；详细注明报价的计算基础和测算依据及相关的后备数据；以表格形式详细列出报价细目；附加报价应以另行格式表注，如保险价、自然损失价格等；必要的解释和说明。

6. 服务组织

服务组织是物流方案运作的质量保证体系，包括组织结构、人员配置、岗位职责等。

7. 质量指标体系

质量指标体系是明确考核物流服务是否达标的绩效评价标准体系。

8. 工作进度安排

在工作进度安排中，主要明确 3PL 企业对执行该方案的时间安排建议，最好采用表格形式；落实每一步骤及相关责任人。

9. 有关项目双方联络小组的建立

明确而详细地告诉客户 3PL 企业对此项目的负责部门、负责人、联系人、联系方式（以表格形式为好）。

10. 附件——物流合同范本

提交 3PL 企业草拟的物流服务合同范本，可以是综合物流合同，也可以是分项的运输或仓储合同（提交的合同范本应是 3PL 企业认同的，并通过公司律师顾问审查的）。

11. 其他

其他内容包括：方案包装及统一；物流方案与公司各类文件包装及形式应统一；参照国际流行编排形式，注重细节和外观；方案不同部分均应独立成页，整体设计整齐、规范。

四、第三方物流解决方案范本

远成集团有限公司宝洁公司项目物流策划方案

（2003 年 3 月）

保密须知：

本物流方案属商业机密，所有权属于远成集团有限公司。其所涉及的内容和资料只限于已签署合作意向的公司使用。收到本方案后，收件人应即刻确认，并遵守以下的规定：①若收件人不希望涉足本方案所述项目，请按上述地址尽快将本方案完整退回；②在没有取得远成集团有限公司的书面同意前，收件人不得将本方案全部和/或部分地予以复制、传递给他人、影印、泄露或散布给他人；③应该像对待贵公司的机密资料一样对待本方案所提供的所有机密资料。

本物流方案不可用作销售报价使用。

物流方案编号：　　　　　　　　　　　　授方：
公司：　　　　　　　　　　　　　　　　日期：

宝洁（中国）日化产品物流优化方案

1. 背景介绍

宝洁公司在中国有十几家工厂，工厂的产品发往广州、长沙、上海、天津、成都和西安的 RDC（区域分拨中心），再由 RDC 直接发送给所在区域的代理商和经销商，远成集团所服务产品主要有宝洁公司汰渍洗衣粉、肥皂。2004 年远成集团斥 11 亿元巨资获得了中国首批六条特快行邮专列的经营权，特快行邮专列是铁道部与中国邮政总局联合推出的一种铁路货物运输时间最快、安全性最高、服务最好、发出与到达最准时的运输产品。具有长距离、大批量、全天候服务优势。宝洁公司知道远成集团拥有这种先进的物流运输产品后，主动联系了远成集团的项目负责人，双方进行了合作的洽谈。

前期宝洁（中国）的物流操作：

（1）宝洁公司的日发货量很大，每年也是通过招标来选择供应商，公路运输的服务费用已经不可能再下调，但宝洁公司还在寻找降低物流成本的途径。

（2）宝洁公司的各RDC对运输的时效性要求比较高，许多线路的供应商无法完全满足要求。

（3）宝洁公司对产品的包装完整、产品卫生、货损货差、堆码要求严格，许多供应商达不到要求，造成了很大的损失。

（4）随着激烈的市场竞争，宝洁公司对产品的库存有严格的控制，需求物流供应商可以针对宝洁公司的指令做出快速的反应。

（5）由于大部分选择的是公路运输，而且供应商也很多，所以回单的时间很长，这给与客户之间的对账造成很大的麻烦。

（6）远成集团通过突出物流服务优势于2004年年初为宝洁公司提供物流优化服务。

2. 解决方案实现的目的

（1）提高宝洁公司物流运作水平，降低运输、仓储等物流成本。

（2）提高配送速度，减少货损、货差的发生；确保储存产品安全、准确、节约。

（3）提高仓库分拣、包装等运作能力，使仓库的入库验收、在库养护盘点、出库复核等更加规范化、合理化。

（4）增加宝洁公司的市场竞争力。

（5）使物流运作的流程更加合理、优化，使宝洁公司能够全力以赴地投入到自己的核心的业务上来。

3. 成立宝洁公司项目组

远成集团将为宝洁公司设立专门的项目团队，为运输运作的各个环节提供细致周全的服务，其中包括以下内容。

（1）项目经理。选派具备丰富的实际操作和管理经验的运输管理人员出任项目经理，全面负责组织实施远成集团所承诺的以及客户所要求的服务项目。

（2）客户服务人员。积极主动地保持和客户的协调沟通，为客户提供所需的各种管理报告和单证，并及时准确地提供相关物流信息。

（3）现场派驻协调代表。负责协调监控设备的现场装载，确保安全准确地作业。宝洁项目小组成员名单如表3-3所示。

表3-3　宝洁项目小组成员名单

岗位	联络人	工作职责	联系方式
项目负责人	甲生	①负责项目价格谈判，合同签订 ②重大客户投诉处理 ③其他重大事项的协调和沟通	TEL：010－83607496 MOB：13801240421 FAX：83607055 EML：mikeg@yc56.com

续　表

<table>
<tr><th>岗位</th><th>联络人</th><th>工作职责</th><th>联系方式</th></tr>
<tr><td>客户经理</td><td>乙生</td><td>①日常操作的协调
②一般投诉的处理
③远成集团内部各分公司的协调</td><td>TEL：010－51021212
MOB：13601256597
FAX：83607055
EML：peter@yc56. com</td></tr>
<tr><td>北京现场人员</td><td>丙生</td><td rowspan="5">①负责与宝洁公司协调提（送）货事宜
②对司机进行管理，协调提（送）货现场全面工作
③指导装卸工装（卸）车
④单据签收</td><td>TEL：010－60281407
MOB：13501034284</td></tr>
<tr><td>天津现场人员</td><td>丁生</td><td>TEL：022－28235739
MOB：13602028063</td></tr>
<tr><td>成都现场人员</td><td>戊生</td><td>TEL：028－87465729
MOB：13882183155</td></tr>
<tr><td>广州现场人员</td><td>己生</td><td>TEL：020－86072883
MOB：13316211992</td></tr>
<tr><td>上海现场人员</td><td>庚生</td><td>TEL：021－51070706
MOB：13817864251</td></tr>
</table>

4. 宝洁项目操作流程（见表 3－4）

表 3－4　　宝洁项目操作流程

序号	动作内容	流程要求	责任人	单据
1	接受发货指令	现场人员准确记录所发货物的箱数、品名、重量、体积、发货地址以及客户要求的提货时限	现场人员	
2	提货	①现场人员检查车厢（汽车）内卫生状况，确保车厢内干净整洁 ②现场人员指导司机按宝洁公司规定行车路线行驶，把车辆停靠在规定位置，并在车下放好楔块 ③将出库单上的箱数、品名、重量、体积、到货地址与货物实际情况一一核对，提货单上的货物说明与货物签单上的相关内容一致，即单据与实物相符 ④现场人员指导宝洁公司搬运员将货物按 GMP 及安全规定码放于车厢（汽车）内 ⑤验货：货箱外观必须干净、无破损脏污；原封箱胶带无断裂痕迹，箱上出厂封箱标签完好无损 ⑥装完货物后与宝洁公司或其指定委托人员做好交接，双方签名，注明接货日期	现场人员和司机	宝洁公司运单

续 表

序号	动作内容	流程要求	责任人	单据
3	装车（火车）	①货运员根据货物的特性、保护要求以及作业现场情况，提前做好人员以及作业工具的检查和准备，提前做好货物防护材料的准备。检查车体情况和车厢的卫生情况，检查门窗、通风设备是否正常，确保车厢内干净、干燥、无异味 ②货运员根据单据核对货物的名称和数量，做好发送装车时货物数量或质量异常情况检查和确认 ③货运员指导、监督装卸工、叉车司机按正确的装卸方式、安全地进行作业，将货物按规定要求堆码，按宝洁公司要求不得与其他货物混装在同一车厢内，并在规定位置放好干燥剂 ④货运员在确认货物装车作业完毕后，按货物实际装载情况，做好相应的《货物装载清单》 ⑤货运员安排装卸工关闭车门，施加紧固措施，并在车门上施加已经登记领用的施封锁	货运员	货物装载清单
4	运输	跟踪列车运行情况，及时将运输途中发生的任何意外情况反馈给宝洁公司	客户经理	
5	卸车（火车）	①货运员根据货物的特性、保护要求以及作业现场情况，提前做好人员以及作业工具的检查和准备，提前做好货物防护材料的准备 ②卸车前，分理货运员核对车辆（车皮）编号、检查车体施封完好情况，打开车门速度不能太快，以防货物掉落 ③在分理货运员指导、监督下，按正确的装卸方式安全地进行作业，将货物按规定码放在指定位置 ④货运员根据随车的《货物装载清单》核查所卸车的货物，并对质量异常的货物临时处理	货运员	货物装载清单
6	派送	①各现场人员及时通知收货方货物到达情况，协调送货时间，准备派送车辆，检查车辆卫生状况确保车厢内干净整洁 ②现场人员指导司机按宝洁公司规定行车路线行驶，把车辆停靠在规定位置，并在车下放好楔块 ③现场人员指导宝洁公司装卸工将货物按规定码放于指定位置 ④装卸货物后与宝洁公司或其指定委托人员做好交接，双方签名，注明接货日期	现场人员和司机	宝洁公司运单
7	回单	在每月的十五号之前将上月完整的进仓单正本返还给宝洁公司发货人	现场人员	宝洁公司签收单

5. 相关信息（见表3－5）

表3－5　　远成集团有限公司铁路运输运行和作业时刻表

发站	到站	每日封车时间	每日发车时间	到站时间	运行时间
天津（行包）	成都	19：00	23：30	14：00	84小时
	广州	19：00	23：30	2：00	72小时
北京（行邮）	上海	00：12	1：41	13：29	11小时48分
	广州	22：40	1：34	22：43	21小时9分

表3－6为宝洁项目关键绩效指标（KPI）。

表3－6　　宝洁项目KPI　　单位：%

准时率	破损率	重包率
95	0.01	0.2

表3－7为远成集团有限公司列车车厢技术参数。

表3－7　　远成集团有限公司列车车厢技术参数

车种	车门尺寸（m）宽×高	车体内尺寸（m）长×宽×高	内容积（m^3）	载重（t）
行包	2.95×2.54	15.4×2.8×3.1	120	31
行邮	2.1×1.95	26.6×2.9×2.96	160	23

6. 解决方案

（1）远成集团公司使用刚进入市场的铁路特快行邮产品，以更优惠的价格为宝洁公司提供服务。

（2）远成集团承担运送宝洁公司各工厂的产品到RDC的物流业务，结合宝洁公司在各区的业务及要求，在远成北京公司利用特快行邮运输方式，6小时46分到达沈阳，13小时53分到达哈尔滨，13小时27分到达上海，11小时20分到达武汉，23小时16分到达广州。

（3）远成集团利用全国性的网络，以“铁路干线运输为基础，公路快运为延伸，区域配送为深度渗透”的多层次物流网络服务体系，满足了宝洁公司市场快速反应的需求。

（4）远成集团全程实行托盘式运输作业，按照客户要求进行码放。贵重货品实行伸缩膜包装，保证了宝洁公司的货品安全。

（5）远成集团针对客户的服务成立了项目组，将各项负责人员知会客户，以便能够及时沟通。

（6）远成集团有专门的工作人员负责统计及单据管理，能够按客户要求及时处理对账和交付回单。

(7) 宝洁项目 KPI 指标控制方案。

①目的：确保无残损，按时、高质量地完成运输服务，确保宝洁产品在装卸及运输过程中不受偷盗、不适当装卸操作等侵害。

②责任：远成集团有限公司与宝洁公司紧密协作，恪守操作纪律，安排合理、高效的运输；确保远成集团现场人员及司机在宝洁公司签运工作按照宝洁公司的要求进行；确保宝洁产品从提货至到货整个物流过程的安全和质量；确保足够的运力支持宝洁产品的运输计划。

③作业规定：按照宝洁公司要求制订以下规定，所有远成相关工作人员严格执行，各个环节负责人严格监督。

车辆合格性：短驳装货车辆必须是标准厢式车且符合宝洁公司质量保证要求；火车车厢必须符合宝洁公司质量保证要求。

车辆配载率：根据车辆的最大载量配载宝洁产品，同时遵从宝洁的堆货标准。严禁在载有宝洁公司货物的车厢内装有其他非宝洁公司的货物。

安全可靠性：司机、现场人员、车辆相对固定；健全车辆证件和司机档案；对司机和现场人员进行相关培训考核。

④装卸货的要求。

a. 装卸作业时应按货物种类、大小、轻重等不同要求装载货物。

b. 尽量让货物装载整齐、平稳、紧凑，无托盘和未加伸缩膜的情况下前后左右应不留或少留空隙，以免货物在途中因摩擦损坏纸箱。

c. 视车内卫生状况，在车厢地板和车厢四面铺垫充足的纸板，并用胶带粘贴牢固。

d. 货物在车厢内码放应遵循码放规定。严格按照宝洁产品外包装上所标明的码放层高进行堆码。堆码整齐、紧凑、无倒置，重不压轻，层数均匀，无落差，货物至车顶不少于 15cm。

e. 文明装卸，严禁抛、扔、拖、蹬踏、强行挤压货物。不同代码和批次货物应分开码放并用隔板作好隔离，并做好装箱示意图，以便易于区分和识别。

f. 货物到站后应根据提货单据检查施封锁的完好性，确认原封后再将车门打开，开门时应小心，确保在货物不会倒塌的情况下再开门卸货。否则，应先将有倒塌可能的货物先逐件卸车至确保不会倒塌的情况下，再打开车门。

g. 卸货时应遵循先上后下，先外后里的原则。装卸货物时要核对货物与提单或签收单的代码、批号、数量是否相符。

⑤追踪管理。

a. 指定专职货运员对货物进行监装、监卸。专职人员手机 24 小时保持开机状态，及时为客户提供货物跟踪查询服务。

b. 货物签收后，签收单按要求及时返回宝洁公司。

⑥运输商汇报系统。

a. 在提运产品的过程中，如发现特殊情况应及时向宝洁公司通报情况。

b. 汇总当月运输质量情况并向宝洁公司提供月度分析报告。

7. 取得效果

远成集团有限公司利用自身的优势服务和管理为宝洁公司提供到各分销市场的流程优化，关键运作指标有：准时提货率＝100％；准时到达率＞99％；运输破损率＜0.1％；签收单返回率＝100％；实时信息反馈及时率＝100％。

通过远成集团与宝洁公司的共同努力，远成集团的物流服务已经得到了宝洁公司的充分认可，宝洁公司已经将远成集团的运输力量作为其流动的仓储，从而也形成了战略合作的伙伴关系，远成集团目前正在和宝洁中国洽谈，将在其他的地方开展合作。

阅读资料

远成集团市场营销经理职位说明书

职位名称	市场营销经理	职位编码	
职务级别		薪酬等级范围	
所在单位	集团总部	所在部门	营运管理部
编制日期	2015年1月15日	批准日期	

一、职务概要

负责集团市场体系各项制度、考核方案的制订、监督和执行；督促各公司落实集团市场各项考核指标；负责营销系统日常工作安排与落实情况的指导、监督、考评；负责市场部内部管理事务处理；负责400呼叫中心的指导和协调管理；负责市场体系整体培训和团队建设工作；协助配合ISO（国际标准化组织）内外部推行评审和5A外部评审。

二、主要工作关系

直接上级	营运管理副部长（营销）	直接下级	市场推广专员、内网管理专员、市场副经理

三、岗位职责描述	权限	绩效标准
（一）岗位职责 1. 负责市场体系政策、制度及考核目标制定与执行； 2. 负责市场体系各项工作的督促和规范，检查指导集团下属分公司市场工作； 3. 负责对市场部和分公司各项任务指标督促落实及市场各种内外部培训； 4. 负责市场部内部工作岗位的协调、指导、监督管理，以及配合ISO内外部推行评审和5A外部评审； 5. 负责月度定期对市场各项数据安排进行统计分析，做出适合集团业务发展的营销计划建议，不断完善健全集团营销网络； 6. 负责对分公司提出审核意见，并对下发情况的审核督促管理；	（一）岗位权限 1. 市场体系政策、制度及考核目标制定的权利； 2. 对部门下属人员人事行政的处理审批权，高级经理岗位以下的人事建议权； 3. 对各项市场部日常管理事务的处理建议权； 4. 对分公司客户经营情况数据的监督指导、知情管理权； 5. 对业务合同的监督、审核建议权；	1. 制度方案的执行率； 2. 基础工作准确率； 3. 绩效指标的完成率； 4. 数据真实性和及时性； 5. 客户满意度≥90％； 6. 市场方案有效执行； 7. 分公司提成下发的及时率和合理性； 8. 培训课时完成率

续 表

7. 负责分公司网点的规划管理，负责对400呼叫中心的指导、监督、协调管理，客户满意度调查安排。 （二）工作内容 1. 制定集团市场各项政策、制度及考核目标，并落实指导和督促执行； 2. 指导市场部业务开拓，负责对市场部各项任务指标的督促落实； 3. 协助组织各项市场培训，打造出专业的市场队伍； 4. 负责对分公司提成下发情况的审核督促管理，与分公司沟通营销过程中的问题和不足，进行收集、分析、对策、协调和总结管理	6. 对分公司市场体系人员有人事行政建议权； 7. 对分公司客户投诉有协调、监督、处理审批权。 （二）具体管辖事项 1. 政策制度执行，流程规范，市场工作报告； 2. 市场基础工作； 3. 培训，绩效考评	
四、任职资格要求	必备条件	期望条件
1. 教育背景 2. 从业经验 3. 专业知识 4. 专业技能 5. 其他	1. 大专以上学历，营销类、物流类、经济类管理专业； 2. 三年以上的大中型物流企业营销管理岗位工作经验； 3. 熟知物流市场的发展动态和趋势，能制订各项市场发展规划方案；有一定的市场发展眼光和开拓创新能力； 4. 良好的领导、沟通、组织、团队管理能力和自我调节能力；有一定独立处理各类问题的能力；反应速度快、总结能力强； 5. 能吃苦，可随时到全国各地出差	具有一定的物流运作基础知识、客服基础知识、营销专业知识和技能的管理经验

案例分析

VANCL&YCIL物流项目方案设计（节选）

一、前言（部分）

目前，VANCL的物流运作模式是按照季节订单组织OEM（定点生产）工厂进行生产，由物流供应商到工厂进行成品干线运输到达其RDC（区域分拨中心），再根据B2C订单配送到消费者手中。2011年和远成集团的合作主要是从凡客诚品位于石狮市的仓库基地提货，通过铁路和公路运输，分别送往广州、上海、北京、成都和武汉这5个区域分拨中心。其中上海、北京、成都为V公司分仓，广州、武汉为物流公司仓库。

服务种类：干线运输、在途信息动态查询和跟踪服务。

服务产品：服装、鞋子、家纺、资料、配饰，采用标准纸包装箱包装。

产品规格：包装尺寸：60×40×30（cm），重量：约15kg/箱。

服务宗旨：为 VANCL 提供优质、高效、低成本、具有创新性的基于干线运输的综合物流服务，从而提高 VANCLE 的竞争力。

服务目标：

(1) 为 V 公司提供高效的干线运输，实现提货准时率达到 97%，到货准时及时率 95%，货物完好率达到 98.5%，货物跟踪完整率达到 99.5%。

(2) 根据 V 公司要求，制定先进的管理规章制度和操作手册，实施科学合理的运作流程。

(3) 实现物流链的高度信息化。从石狮产品出厂提货开始，干线运输、验收入库全过程的信息化管理，提供货物在途信息动态查询和跟踪服务。

(4) 高效的干线运输保证货物中转次数不超过 1 次，操作天数不超过 5 天。

(5) 与 V 公司保持不间断的实时联系，组建 V 公司物流项目窗口，随时接收 V 公司的建议和指示，对 V 公司的物流需求做出灵活、快捷的反应。

二、组织机构设计和整体实施方案

(一) 项目实施组织架构及职责（见表 3－8）

表 3－8　　项目实施组织架构及职责

<table>
<tr><th></th><th>项目职位</th><th>职能部门</th><th>项目职责</th><th>备注</th></tr>
<tr><td rowspan="5">项目营运操作</td><td>项目总负责人</td><td>集团市场营销部</td><td>负责项目价格谈判，合同签订
负责重大客户投诉处理
负责其他重大营运事项的协调和沟通</td><td>总部人员</td></tr>
<tr><td>项目客户经理</td><td>集团市场营销部</td><td>负责日常操作的协调
负责一般投诉的处理
负责集团内部各分公司协调
负责日常客户维护、沟通
负责组织项目回顾会议，提交工作报表</td><td>上海、北京、广州、武汉、成都</td></tr>
<tr><td>始发站项目操作负责人</td><td>各分公司</td><td rowspan="3">负责运作管理，协调现场工作
负责指导装卸工装（卸）车
负责联络客户
负责单据签收
负责所管辖环节项目运作质量控制
负责所在操作环节信息的收集与反馈</td><td rowspan="3">上海、北京、广州、武汉、成都</td></tr>
<tr><td>中转站项目操作负责人</td><td>各分公司</td></tr>
<tr><td>目的站项目操作负责人</td><td>各分公司</td></tr>
</table>

(二) 物流项目整体实施方案

(1) YC 成立 V 公司物流项目组，由物流管理、技术、运营、信息、财务等方面的专业人员组成，根据 V 公司的具体要求设计物流方案。

(2) 综合考虑运输成本和运输时间，选择合理的运输方式。

(3) 根据货物种类，配备专用运输车辆，根据 V 公司销售状况，确定合理的车队规模和运力，保证干线运输的安全性、准时性和可靠性。

(4) 根据货运量大小和运价，选择直运或者中转。

(5) 制定详细具体的项目操作要求。

(6) 制定规范的运作流程图。

(7) 制定项目实施 KPI 运作考评指标。

三、干线运输方案设计

(一) 干线运输方案的目标

(1) 充分利用 YC 优势，通过高效的干线运输与区域分拨中心的合作，有效降低 V 公司的物流成本，提高配送及时率。

(2) 不断改进运作方式，提高运输效率，保证到货准时及时率 95%。

(3) 进一步提高货运质量，降低运输损耗，保证货物的完好率达到 98.5%。

(4) 缩短操作天数，加快货物周转率。

(5) 实现按时回单率达到 95%以上。

(二) 干线运输方式的选择

运输方式的选择，主要考虑两个基本因素，一是运输方式的时间问题，二是运输费用问题。干线运输的时间及运输过程的可靠性都影响着仓库安全库存量的大小。

具体方案略。拟订具体方案时必须要考虑的问题如下。

(1) 公司现有的资源的条件。

(2) 根据客户的时间要求，根据目的地的地理位置和运输里程，根据发往不同目的地的运输量，根据不同的报价进行计算，比较铁路或公路的运费、直达和中转的运费，做出决策。决策包括：路线、直达或中转、配备的车辆方案。

(3) 可以做出总成本相差不大的几套方案，供客户选择。

(三) VANCL&YCIL 项目操作要求

此客户归类于服装类物品，对于纸箱货物包装有“井”字形的白色编制条捆绑，封口处均有“破封请检查”字样的封条。

1. 操作要求

(1) 凡客诚品《凡客调拨运输监控反馈表》每天 12：00 前将昨天的发货情况根据表格要求反馈给各公司凡客诚品对接人（见凡客合作通讯录），各分公司做好反馈表后同时发给集团市场营销部客户维护经理备案。

(2) 营运统计表每周一将当月运营统计表（当月 1 日 0 时至交表前日 24 时）交给集团市场部客户维护部门。

(3) 前往 VANCL 仓库基地提货，根据当天计划带装卸工、由凡客操作专员/司机共同清点所装车货物：品名、件数、重量、体积、附单以及提出异议（当客户包装以及其他不符合我司要求，要向凡客操作专员及时提出，包装破损我司可拒收，否则交接完毕后责任将会转移到我司），切忌将货物的品名、件数、重量、体积随意填写在大票上，给到站公司造成送货时资源浪费。

(4) 在双方核对装车件数无误后，进行相关单据交接，要求 VANCL 人员与 YCIL 人员双方签字交接单据，将货物运单客户联交 VANCL 人员。

(5) 货物提回后，项目操作专员与收货操作员、装卸人员认真核实件数及包装封条口处。

(6) VANCL产品不得落地作业，必须将全部托盘按照批次堆码，用缠绕膜进行防护。

(7) 货物运单制票联务必专项保存，要与非项目客户单据分开装订留存备查，货物运单网点留存联由凡客操作专员专门保管。

(8) 装车要求：不得与化工类、异味较重货物临近配载，不得与食品类中的液体、油等流体货物临近配载，不得与不规则、有锐利棱角货物临近配载，一切任何易损伤、污染货物都不得与服装类货物临近配载。

(9) 凡客操作专员主动跟踪货物（车辆）运行情况，并在货物（车辆）到达后立即与卸车操作员、装卸人员共同对凡客产品（货物）进行货物、票据快速分拣，并立即联系调度安排车辆进行配送。因该客户为新合作客户，暂未列入“绿色通道”，在操作上相关公司必须按照“绿色通道”货物优先对待。

(10) 送货要求：货物分装到达、待货物全部到齐后方可送货，单票货物必须当天同时送完，否则客户拒收。

(11) 汽车整车直送操作要求：因货物较多，新干线整车装凡客产品（货物）达 $30m^3$ 以上时，司机先到到站公司带凡客操作专员和装卸工后一起送至客户处，减少装卸次数、降低货损、降低送货成本。

2. 运作流程图（见图3-2）

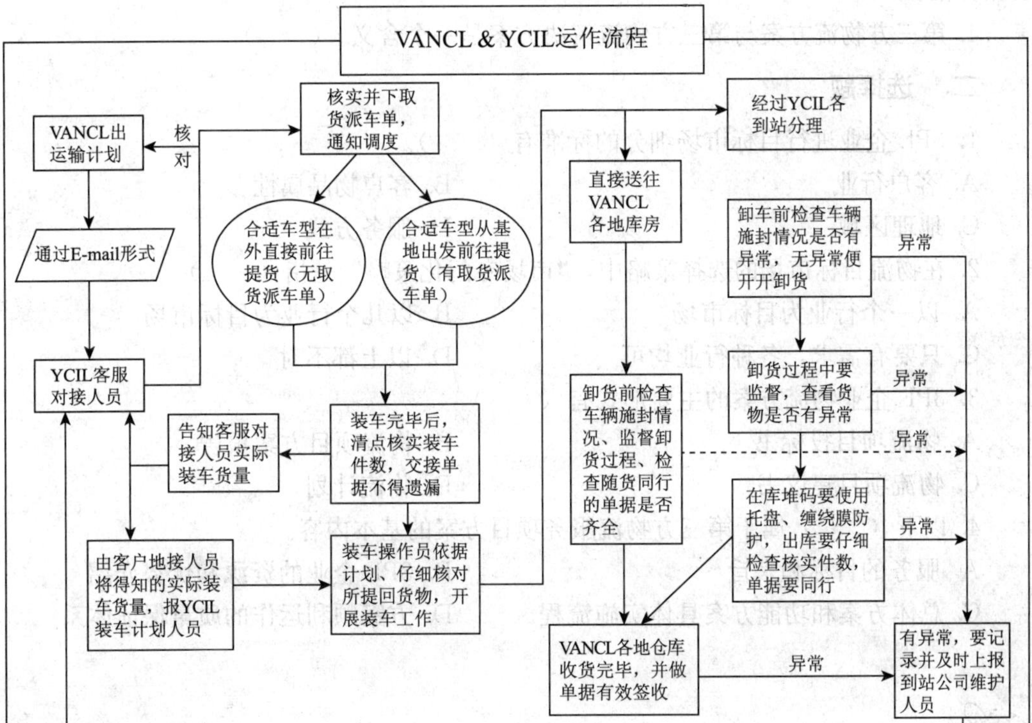

图3-2　运作流程

3. 运费统计与核对

各个发站分公司的客服专员于每个月的 25 日之前与凡客所产生业务的公司相关人员进行账目核对，核对正确后由集团公司财务部开具运输发票，统一结算。

运费结算：根据合同规定的结算月期，定期结款。

案例讨论：

1. 物流方案设计包括哪些内容?

2. 3PL 企业是如何拿到客户订单，又是如何开展物流服务的?

基础练习

一、 判断题

1. 在物流目标市场的选择策略中，选择专业化策略就是指以若干个细分市场作为目标市场，同时为客户提供多项或综合的物流服务。（　　）

2. 3PL 企业广接货源才能获得利润保证。因此无须细分市场，哪里有需求，就把服务延伸到哪里。（　　）

3. 借助媒体广告宣传、电话开发客户、展会营销、登门拜访，都是直接开发客户的营销方法。（　　）

4. 第三方物流方案与第三方物流解决方案是一个含义。（　　）

二、 选择题

1. 3PL 企业进行目标市场细分的标准有（　　）。

A. 客户行业　　B. 客户物品属性

C. 地理区域　　D. 服务方式

2. 在物流目标市场的选择策略中，“市场专门化策略”是指（　　）。

A. 以一个行业为目标市场　　B. 以几个行业为目标市场

C. 只要有需求，各种行业均可　　D. 以上都不对

3. 3PL 企业物流方案的主要形式有（　　）。

A. 物流项目投标书　　B. 物流项目方案报告

C. 物流项目建议书　　D. 物流计划

4. 以下（　　）属于第三方物流服务项目方案的基本内容。

A. 服务的目标和宗旨　　B. 3PL 企业的资源和优势介绍

C. 总体方案和功能方案具体实施流程　　D. 方案顺利运作的质量保证体系

知识应用

请用“第三方物流解决方案设计”相关知识，对本书模块一“物流聚焦”中的“解决企业现实问题”案例进行第三方物流解决方案设计，并编制出完整的物流方案报告。

模块四　第三方物流企业合同管理

学习目标

知识目标

1. 了解第三方物流合同管理的内容和过程。
2. 熟悉第三方物流合同签订的基本规则。
3. 掌握第三方物流合同纠纷的处理方法和实施原则。
4. 认识 3PL 企业招投标流程，熟悉投标文件主要内容。

技术目标

1. 会根据实情拟定互惠互利的第三方物流合同。
2. 能应用恰当的方法解决第三方物流合同纠纷。
3. 会编制 3PL 企业投标文件。

能力目标

1. 强化法制观念，树立互惠双赢的合作理念。
2. 树立良好的职业素养，培养学生的团队合作能力。

物流聚焦

某粮油商贸公司运输合同纠纷

2010 年 10 月 10 日，广州市某粮油商贸公司在辽宁营口采购大米 50t，合计货款 160000 元。次日，该公司委托营口永祥物流公司代理该批货物从营口港到广州黄埔港的海上货物运输。同时，该粮油商贸企业还委托广州明森物流公司作为目的地黄埔港到公司经营所在地海珠区粮油城的陆路运输承运人，双方签订了委托书。

2010 年 10 月 16 日，50t 大米装入两个 20t 的标准集装箱从营口港发货，同时，永祥物流公司通过传真向广州明森物流发出了承运货物的航次、托运单号、拖车费、港杂费等信息。10 月 23 日货物到达广州黄埔港，该粮油公司向永祥物流支付了运费 10800 元，其中包括永祥物流的海上运输费用 9600 元以及由永祥代收转付给广州明森的 1200 元陆路运输费用。10 月 25 日，广州明森物流到黄埔港提取了两个 20t 标准集装箱，收取了 1200 元运费后，运往海珠区粮油城。谁知在运输途中，遭遇连车带货抢劫。

粮油商贸公司货物被抢，向法院提出诉讼，认为营口永祥物流公司和广州明森物流公司作为货运合同的承运人，未能安全及时地将货物运送至约定的地点交付，应共同赔偿丢失货物的损失共计 160000 元，返还已支付的全部运费 10800 元，并承担全部诉讼费用。

这是一起第三方物流合同诉讼案件，在该案的审理中，营口永祥物流公司以完成第一程海上运输顺利交付为由拒绝承担损失；广州明森物流公司则认为粮油商贸公司与营口永祥物流公司是多式联运委托关系，所以损失应由永祥物流公司承担。

你认为粮油商贸公司的货物损失应由谁来承担责任？粮油商贸公司提出的诉讼请求合理吗？

第一节　第三方物流合同管理要点

合同在企业的经济活动中发挥着越来越重要的作用，企业开始重视签订合同并加强对合同的管理。第三方物流的一个重要特点就是物流服务关系的合同化，第三方物流通过合同的形式来规范物流服务提供商和用户之间的关系。物流服务提供商根据合同的要求，提供多功能直至全方位一体化的物流服务，并依照合同来管理其提供的所有物流服务活动及过程，因此第三方物流又称合同物流或契约物流，开展第三方物流活动就需要订立第三方物流合同。

3PL 企业与客户企业经过协商，在双方认可的基础上，签订相关的协议，用以明确双方的责任、权利和义务，规范双方的行为，这份协议即为第三方物流合同。

加强第三方物流合同管理，规范并完善合同内容，实时监督合同的实施，能有效控制第三方物流项目的质量、交货期、成本，规避风险，减少纠纷，并稳定物流服务供需双方的长期合作关系。

一、第三方物流合同的性质

第三方物流要为满足客户的业务发展需要为客户量身定做专用的物流解决方案，第三方物流合同是界定双方当事人责任、权利的重要依据。

（一） 第三方物流合同应为双务、有偿合同

第三方物流合同中一方提供物流服务，另一方付给报酬，双方当事人相互享有权利和义务，并且一方享有合同规定的权益，须向对方当事人提供相应服务，因此，第三方物流合同是典型的双务、有偿合同。

（二） 第三方物流合同应为诺成合同

第三方物流合同的当事人各方意见一致，合同即成立。物流合同包括大量的货运内容，在我国的司法实践中，货运合同已经脱离传统民法上实践合同的范围成为诺成合同。同时在物流标的物交付之前，物流服务需求方和物流服务企业可能已经为履行合同进行了准备，支出了成本，如果以交付标的物为合同成立要件，不利于保护双方当事人的利益。

（三） 物流合同应为要式合同

物流合同中一般涉及运输、仓储、加工等内容，运输中可能包括远洋运输、公路运输、铁路运输、航空运输等，双方的权利、义务关系复杂，只有具备一定形式（比如书

面形式），才能使物流合同得到更好的履行，才能更好地保护合同当事人的合法权益。

（四） 有约束第三者的性质

第三方物流合同的主体通常是3PL企业和物流服务需求方，虽然收货方有时并没有参加合同签订，但服务商应向作为第三者的收货方交付货物，收货方可直接取得合同规定的利益，并自动受合同的约束。

补充阅读

节选《合同法》中货物运输的条款

《中华人民共和国合同法》于1999年3月15日由第九届全国人民代表大会第二次会议通过，并于1999年10月1日起正式实施。《合同法》中有部分是关于第三方运输、仓储的条款，其中，第十七章“运输合同”的第二百八十八条至第二百九十二条是运输合同的一般规定，第三百零四条至第三百一十六条是货运合同规定，第三百一十六条至第三百二十一条是多式联运合同规定；第二十章“仓储合同”的第三百八十一条至第三百九十五条是关于仓储合同的一般规定。

节选我国《合同法》有关货物运输的条款。

第三百零四条　托运人办理货物运输，应当向承运人准确表明收货人的名称或者姓名或者凭指示的收货人、货物名称的性质、重量、数量、收货地点等有关货物运输的必要情况。

因托运人申报不实或者遗漏重要情况，造成承运人损失的，托运人应当承担损害赔偿责任。

第三百零五条　货物运输需要办理审批、检验等项手续，托运人应当将办理完有关手续的文件提交承运人。

第三百零六条　托运人应当按照约定的方式包装货物。对包装方式没有约定或者约定不明确的，遣用本法第一百五十六条的规定。

托运人违反前款规定的，承运人可以拒绝运输。

第三百零七条　托运人托运易燃、易爆、有毒、有腐蚀性、有放射性等危险物品的，应当按照国家有关危险物品运输的规定对危险品妥善包装，作出危险物标志和标签，并将有关危险物品的名称、性质和防范措施的书面材料提交承运人。

托运人违反前款规定的，承运人可以拒绝运输，也可以采取相应的措施以避免损失的发生，因此产生的费用由托运人承担。

第三百零八条　在承运人将货物交付收货人之前，托运人可以要求承运人中止运输，返还货物、变更到达地或者将货物交给其他收货人，但应当赔偿承运人因此受到的损失。

第三百零九条　货物运输到达后，承运人知道收货人的，应当及时通知收货人，收货人应当及时提货。收货人逾期提货的，应当向承运人支付保管费等费用。

第三百一十条　收货人提货时应当按照约定的期限检验货物。对检验货物的期限没有约定或者约定不明确，依照本法第六十一条的规定仍不能确定的，应当在合理期限内检验货物。收货人在约定的期限或者合理期限内对货物的数量、毁损等未提出异议的，视为承运人已经按照运输单证的记载交付的初步证据。

第三百一十一条　承运人对运输过程中货物毁损、灭失承担损害赔偿责任，但承运人证明货物的毁损、灭失是因不可抗力、货物本身的自然性质或者损耗以及托运人、收货人的过错造成的，不承担损害赔偿责任。

二、第三方物流合同的特征

如果说传统物流企业提供的主要是简单的运输服务或单一的仓储保管服务，那么，3PL 企业提供的服务显然就复杂得多，往往是提供多功能的、高附加值的，甚至是一体化的物流服务。因而第三方物流合同和一般的民商事合同相比，具有以下几个特征。

（一） 合同主体的复杂性

第三方物流合同中的主体包括以下几类。

1. 物流服务提供者

物流服务提供者是物流合同中主要的一方，一般是第三方物流服务提供商，即 3PL 企业。

2. 物流服务需求者

物流服务需求者是物流合同中的另一方，主要包括各类生产制造企业、流通类企业及贸易企业等。

3. 物流活动的实际履行者

物流服务提供者和需求者是第三方物流合同的基本主体，但物流服务提供者有时会把海运、陆运、通关、仓储、装卸等环节的一部分或全部分包给他人，委托他们完成相关业务，使其参与物流合同的实际履行，如运输企业、港口作业企业、仓储企业、加工企业等，物流合同的实际履行方成为第三方物流法律关系不可或缺的主体。

（二） 合同内容的广泛性和复杂性

在物流现代化发展过程中，提供第三方物流服务的企业从简单的仓储保管、运输等单项活动转为提供全面的物流服务，其中包括物流活动的组织、运作、协调和管理，设计最优物流方案，物流信息处理和管理等。提供第三方物流服务的企业大体上又可以分为资产型物流企业和非资产型物流企业。资产型物流企业又有以提供运输服务为主和提供仓储服务为主等不同类型；非资产型物流企业又有以提供货物代理为主、提供信息和系统服务为主、提供增值服务为主等不同类型。业务的专业化和多样化使得第三方物流合同的内容涉及运输、储存、装卸、搬运、包装、流通加工、配送、信息处理等诸多环节，合同当事人的权利义务关系也因此呈现出多样性、广泛性和复杂性等特点。

（三） 合同法律关系的混合性特征

传统物流提供单一的物流服务，合同在性质上容易确定，如纯粹的运输合同法律关系或仓储合同法律关系，合同名称就是运输合同或者仓储合同，属于合同法上的有名合同。然而，第三方物流合同往往是综合的物流服务合同，是集运输合同、委托合同、仓储合同、加工合同等各种合同于一身的混合合同，因此，物流经营者的法律地位也是集存货人、托运人、委托人、代理人等各种身份于一身的混合地位。所以通常来说，第三方物流合同特别是综合的物流服务合同，其法律性质应该是具有混合合同特征的无名合同。

知识链接

提高法律意识，明确第三方物流合同的法律关系和责任分担

第三方物流合同有其不同于一般民商事合同的法律特征，合同的当事人之间可能形成不同的法律关系，形成不同的权利、义务关系，受《合同法》《海商法》等不同法律的调整，而不同法律调整的结果可能使发生物流争议时的处理结果大为不同。以货物运输合同为例，对于货物的灭失和损坏，在承运人损害赔偿责任的归责原则问题上，我国《合同法》《铁路法》《民用航空法》规定的是严格责任，而《海商法》规定的则是不完全过错责任。此外，关于赔偿限额、责任期间、免责事由等方面的规定也存在较大差异。因此，作为第三方物流合同当事人，首先，要注意签订好物流服务合同，明确有关合同不同的法律关系和法律性质，确定责任分担，控制合同风险；其次，要注意提高物流法律意识，仅仅有物流专业知识还不够，也要对物流法律进行深入的了解，这样才能准确使用物流相关法律来妥善处理各种物流活动争议和纠纷，保障物流当事人的合法权益。

三、第三方物流合同的管理

在第三方物流服务工作中，合同是确定 3PL 企业与客户之间权利义务关系的最重要的法律文本。合同既是业务开发最终确定的结果，也是业务实施过程中对照执行的依据，更是解决业务纠纷的主要依据。薄薄的一纸合同，其重要性显而易见。能否实施有效管理，把好物流业务合同关，是影响物流营销和服务战略的一个重要因素。实施科学有效的合同管理，主要包括从合同订立前的准备工作到合同的订立、合同履行以及合同完成归档等各环节对合同进行科学的全过程、全方位管理。

（一） 第三方物流合同的准备阶段

在合同的准备阶段，首先，是做好企业内部各部门之间，如市场部和运营部、市场部和财务部之间的沟通协调，明确企业的服务能力保证合同签订后的顺利实施；其次，合同准备、合同签订和后续服务的相关人员落实到位；最后，完善业务合同文本框架，

对于属常规操作业务或单笔业务的零散客户，一般制成固定的格式合同。格式合同中的条款要反复推敲，考虑周全，既要很好地维护公司利益，又要符合国家相关的法律规定；同时预留其他约定事项的空白处。如果约定事项内容较多，可另行签订补充协议，这样可以有效地增强格式合同的灵活性。

建立合同评审制度，对于重要业务合同（一般可用业务规模，如某一期间物资周转量，金额、风险性等来衡量）进行合同评审。目的是集思广益，从业务开发、作业以及法律、财务等不同部门角度，对合同进行更大视角范围的审视和评定，将一些重要问题暴露在合同正式签订之前。

（二） 第三方物流合同的订立阶段

在合同双方充分了解的基础上，合同管理进入实质性阶段，即双方开始签订合同，包括合同的起草、谈判和最终订立。一份成功签约的合同，是双方平等协商、互惠互利的结果。在这期间，企业应就合同涉及的必要内容和条款详细地与客户进行谈判和协调，确保合同内容全面，措辞严密；双方对合同内容的理解应一致，避免产生歧义和纠纷。如中储物流在与某铝厂签订传真件发货协议时，对方提出要核对传真件发货通知单中的"所有要素"准确无误，但是中储物流主张仅核对通知单中的"文本内容"。后来通过反复沟通，客户接受了中储的意见。从"所有要素"到"文本内容"，虽然只是四字之差，但是含义却相差甚远。关于合同的签订，下一节知识点还会详细说明。

（三） 第三方物流合同的履行阶段

合同作为法律事实的一种，其主要的法律特征之一就是具有合法性、确定性和可履行性。依法签订的合同，受国家法律的保护，内容确定，随之而来的就是合同的执行问题。合同执行过程中，业务开发部门做好全程业务跟踪，运营部门根据合同中确定的目标和业务范围、业务标准展开相应的物流作业，财务部门加强结算管理，客服部门密切关注客户意见，发现问题及时协调、解决。相关部门各司其职，共同保障合同的顺利实施。

（四） 第三方物流合同的归档阶段

建立业务合同库是对合同的一种静态管理方法，有助于 3PL 企业在合同履行完毕进行合同运行的全面评估，总结经验教训，完善管理制度。建立业务合同库，就是对所有签订的正式合同，以及该合同的初稿、评审意见、相关会议纪要以及在合同执行过程中产生的反馈信息、纠纷信息、处理意见、补充协议等，均进行真实的、有序的归档、分类、标记，以备查考。

第二节　第三方物流服务合同的签订

一、物流合同的签订

第三方物流服务合同是处于平等法律地位的物流服务提供商与用户方双方的民事法律行为，只有在双方意思表达一致时才能成立。

与其他合同一样，第三方物流服务合同是双方的协议，其订立过程是双方协商的过程。物流服务商为了揽取相关服务项目，要对自己的企业（包括办事机构地点等）、经营范围（包括运输线路，交接货物的地域范围，运价，运输能力，相关设施的配备，双方的责任、权利、义务等）进行宣传推广，并用运价表、船期表、提单条款等形式公开说明。在涉及单一物流服务形式时，一般由物流服务提供商主动联系用户，并就货物数量、费率、支付方式、交货时间等进行磋商，最终签订相关合同。如果涉及综合物流服务，包括包装、仓储、运输、配送甚至一体化物流服务，则通常是参加物流服务需求方的物流项目招标或谈判，如果在物流服务内容、服务质量、服务成本等方面胜出其他竞争对手，成为最终的中标企业，则与物流服务需求方签订物流合同，双方的合同关系即告成立。

二、签订合同时应注意的问题

第三方物流服务合同的签订不同于单一的运输合同、仓储合同的签订。3PL 企业提供的是一种物流解决方案，是按一定流程管理的设计方案，该流程不仅要满足客户企业的相关物流需求，还要达到降低成本、提高市场响应速度、提升企业经济效益和市场竞争力的效果。所以，在签订合同时，应注意以下几个方面的问题。

（一） 签订的合同要完善

3PL 企业与客户签订合同是一个非常复杂的过程。任何一方如在签约前考虑不周或者准备不足，都有可能在未来执行合同时出现问题。此外，合同的执行标准及衡量标准，合同双方的权利、义务和责任，都是签约时首先应协商解决的问题，但在实践中，大量的合同根本未对此作出规定，导致双方在执行合同或对所提供的服务方面产生争议。

（二） 签订的合同要合理

合同中要考虑双方的利益，达到“双赢”的目标，这一点很重要。如果只考虑一方赚钱而使另一方无利可图，这样的合同即使签下来，履约中也会出现各种问题。实践证明，如果双方的理念一致，所签合同的目标相同，履约中一般就不会产生什么问题，即使有问题也较容易解决。

（三） 服务范围要明确

许多 3PL 企业往往忽视服务范围的重要性。3PL 企业与客户第一次合作签订合同时，一定要对“服务范围”作明确的界定，包括如何为客户提供长期的物流服务、服务的具体内容、服务到何种程度及服务的期限，总之要对服务范围有一些具体的规定。否则，3PL 企业对要干什么都不清楚，而客户也不清楚支付的是什么服务费用。服务范围应详细描述有关货物的物理特征，包括所有装卸、搬运和运输要求、运输方式、信息流和物流过程中的每一个细节。

（四） 不要误导客户

3PL 企业不要为了争取客户而使其产生误解，将物流服务视为灵丹妙药，认为 3PL 企业可将客户所有的问题都连根治愈。应让客户认识到，没有一个物流方案能十全十美地解决企业的全部问题；即使要解决某一方面的问题，也需要详尽的策划、充足的时间，以及付诸实施这样一个过程，最终才能见效。

（五） 合同要具有可行性

对于专业性较强的企业，签约前应向有关专家咨询，甚至请他们参与谈判，分析企业生产和管理的特殊性、特殊要求及特别需要注意的问题，避免留下难以弥补的后患。对于3PL企业经过努力仍无法做到的方面，千万不要轻易承诺。

（六） 必须考虑经济性

3PL企业接受和签订的协议影响最终能产生效益的项目，而适当水平的物流成本开支必然与所期望的服务表现有关。要取得物流企业的领导地位，关键是要掌握使自己的能力与关键客户的期望和需求相匹配的艺术，对客户的承诺是形成物流战略的核心。一个完善战略的形成，需要具有对欲实现所选方案的服务水平所需成本的估算能力。

（七） 条款要有可塑性

3PL企业在签订协议时，要掌握好一种尺度，即达到何种水平。比较好的尺度是将合同拟订在中间性的、可改进的程度上，而非最终方案的程度上，以便为后期留出调整、改进的余地。合同条款要订好，要有保护措施，不要轻易订立那种没有除外责任、没有责任限制的条款，否则将收取很少的费用而承担无限的责任；不要轻易承担严格责任制条款，而要争取过失责任制条款。

三、第三方物流服务合同拟定

以美国物流服务环境为背景的第三方物流合同范本，是在其发展过程中由物流服务提供者与使用者遇到的一些问题总结发展而来。合同范本对物流服务的业务范围，包括运送、仓储提供、额外服务、损失责任等作了具体规定，对保险、风险分担、索赔和诉讼也制定了相应的条款。本合同范本是实际操作中常用的合同，此合同重点是仓储有关的服务，根据实际情况，可以加入或删除一部分。使用下面的合同格式可以大大地减少达成合同的时间与费用。

美国第三方物流服务合同范本

本合同在____物流公司（第三方物流）与____公司（客户）之间于某年某月某日在某地生效。

1. 服务、支付和期限

第三方将履行在“业务范围”所规定的服务，费用支付与价目表中所定的服务费用一致。如果在合同下提供的物流服务的货币价值（在其中任何一个月内）比价目表提出的每月最小额要少，客户需支付不小于最小额的费用。除非任何一方根据____条款提出书面终止通知，合同期限自____日（起始日期）起3年，然后自动延期1年（续定条款）。合同的起始条款与续定条款终止日期前的60天，双方将重新洽谈下一个延期合同的物流、仓储费。

2. 运送

(1) 货物运送以第三方作为指定收货人。客户可不以第三方作为指定收货人来运送货物；第三方也有权利自由地拒绝或接受以第三方作为指定收货人的货物。如果第三方接受以第三方作为指定收货人的货物，客户在得到第三方通知后，应立即书面通知承运人，副本一份送给第三方，说明第三方对上述财产没有受益权或利益关系。

(2) 不符合规定的货物。客户不把不符合下列条件的货物运送到第三方：①与货物清单中规定的不一致；②与每一批货物的包装标记不一致。第三方有权利拒绝或接受任何不符合规定的货物。如果第三方接受了这种货物，客户应支付价目表中所规定的费用，若价目表中没有规定，则支付合理的费用。第三方一收到这些不符合规定的货物，应尽快通知客户，以获得有关指令，第三方不负责由于口头传递所造成的失误。

3. 仓储的提供

由第三方配送的所有货物都必须恰当地标记和包装，然后送到仓库以便配送。客户在送货前准备好符合“业务范围”货单。双方同意第三方根据协议规定的价格，储存和搬运其他货物。

4. 送货要求

(1) 没有顾客准确的书面要求，第三方不运送或转运货物。然而也可以根据电话发送货物，但是第三方不承担口头传递信息而造成失误的责任。

(2) 客户要求从仓库中提货，必须给第三方合理的提货期限。如果因为天灾、战争、公敌、罢工、扣押、骚乱等，或者第三方不能控制的任何理由，或者因为不由第三方责任而造成货物的损失或损坏，或者因为法律所提供的任何其他理由，那么第三方不承担这种过失的责任。如果执行过程中发生了某一事件或困难，顾客与第三方应同意适当地延期。

5. 额外服务（特殊服务）

(1) 不属于通常物流服务（即“业务范围”内）的服务所需的第三方劳动力，按第三方的通常费用标准收取额外的合理费用。

(2) 顾客所需要的特殊服务包括编制特定的存货报表、标出的重量及包装上的系列数字或其他数据、货物的物理检验和物流运送清单等，但不仅限于这些服务，这些服务按第三方的通常费用标准承担额外的合理费用。

(3) 为顾客提供材料、包装材料或其他特殊材料，按第三方的通常费用标准承担额外的合理费用。

(4) 由于事先安排，不在正常商业时间内收到或运送货物，按第三方通常费用标准，承担合理的额外费用。

(5) 包括邮资、电传、电报或电话的通信费用，如果这些方面的服务超过通常的服务标准，或者在顾客的要求下，这些通信不采用邮政的正常方式，那么上述费用向顾客收取。

(6) 有时第三方在没有顾客书面同意的情况下，造成一些“非常”费用是必需的，顾客因此同意支付第三方由此而产生的合理适当的费用。当然，第三方在造成这些费用前，应从顾客那里获得许可。这种许可可以是口头的，但第三方对口头传递信息所造成的失误不负责任。

6. 责任和损失限制

(1) 损失责任。客户把私人财产送到作为受托人的第三方，第三方在下列条件下同意接受这些财产：第三方对储存货物的丢失或损坏不负责任，除非这种由于第三方没有照管好而造成的丢失或损坏，对这些财产，第三方不为客户保火灾险或其他意外事故险，客户因火灾或其他事故对财产所造成的损失，第三方无法律责任。

(2) 保险。对任何原因所造成的货物损失不由第三方负责保险，但第三方同意当前的保险单继续生效，该保险单阐述：在协议的期限或延期内，对放在协议中指定的第三方仓库里的别人私人财产，如果遭受丢失、毁坏或损坏，作为受托人的被保险人，由于法律上所规定的义务必须赔偿，但这些赔偿金额（在其保险范围内）由保险公司代表第三方物流公司来支付。该保险单在协议期限包括延期内，应全部生效（除去一些除外条款）。客户若需要的话，可以提供该保险单的副本。

(3) 损失计算。如果第三方对顾客货物的丢失或损坏负责，为了计算这种损失，货物将按它的售价的存货成本来估算。

(4) 装卸。第三方对由于进货卸货或出货装货的延误而造成的逾期费负责。第三方应竭尽全力提供及时的服务。

(5) 随后损失。不是由于第三方的任何行为或疏忽而造成的随后损失，第三方不负责任。

7. 义务

第三方将负责监督管理、人员配备、看门服务、物流设备、办公家具、日常安全（包括下班后锁门和启动电子安全系统）、托盘、包装材料、捆扎和房屋的保养。

8. 风险分担

有关方都认识到第三方物流公司为提供服务将做出承诺并投资。双方同意下列条款。

终止。尽管无须任何理由，任何一方在 90 天前以书面形式通知另一方，都可终止该合同，但该书面通知应有终止日期。无论什么原因的终止、无论是客户或第三方或法律等作用提出终止，客户同意补偿第三方全部的未摊提的贷款或租金，即由此而造成的损失，第三方应得到相应的补偿。

9. 参与各方的地位

(1) 参与各方达成共识：相对于存储的货物而言，第三方不能被看作法规中规定的"仓库所有人"，并且第三方明确表示在任何时候都不提出索赔、抵押、特免、抵销的优惠权或类似的有关对合同中所规定第三方所处理的货物的权利、货物的全部的、单一的、无疑问的权利仍属于客户。

(2) 以与合同中的任何条款不冲突为前提，据此同意：第三方对于合同中所规定的货物而言，他是受托者，第三方与客户之间的关系是受托者与寄托人的关系。第三方对于完成任务所需的方法和措施，应有独立控制和自由处理的能力。他不是客户的代理或雇员。为了使第三方能完成作为该合同的受托者的任务，客户允许第三方按客户的利益，在任何适当的时间内能独立控制并进行对货物和房产的检查。

10. 索赔通知和诉讼

(1) 以下所有的索赔必须在法庭宣判前，以书面形式提交。

(2) 只有当这些索赔用书面形式提交，并且是在事件发生后一年内提出索赔，客户或第三方才能做出反应。

11. 口头交流

第 2 条、第 4 条、第 5 条规定了由于与客户进行口头交流后所产生的误交流的责任。在与以上各节内容无冲突的条件下，客户同意用书面形式在发生口头交流 24 小时内，对这些口头交流内容进行确认。第三方收到这些书面确认后，再也无权依靠自己对口头交流的理解行事，而应按书面确认的情况为准。但是，在第三方收到口头交流确认前，第三方不必对口头交流内容所发生的行为负责。

12. 仓库（略）

13. 转让

不得到客户书面同意，第三方不能转让、转送、抵押或让渡这一合同或合同的任何一部分，或与合同有关的任何权利。上述书面同意是指不能随便收回的。注意，在这一转让条款规定中，并不排除第三方向持有股份的或控股的公司或主要持股人转让利益。这些利益的转让或转送不需要客户同意。

14. 授权

在合同上签名的工作人员、代理或雇员声明并保证完成所有必需的工作，他们有权使各自的组织受到法律保护。

15. 违约

下列情况被认为是第二方违约：

(1) 如第三方在执行或遵守合同条款时，有实质性的违约。

(2) 如果第三方向法院提出自愿破产的申请，或被法院宣布破产或资不抵债，或为债主的利益进行转让，寻求或同意对所有资产任命第三方的接收人或清算人。如果第三方收到这一书面违约通知单后 30 天，违约还在继续，这种情况下，客户有权中止合同，它满足第____节中所述的中止付费的规定。与前述无冲突的情况下，第三方在收到这一违约通知后有 30 天时间来消除、纠正他的违约行为。

16. 继任者和受让人

该合同应对各方的继任者和受让人具有法律效应。

17. 说明

说明仅供参考，限定条款的实际工作范围。

18. 所适用的法律

该合同应根据____州的法律执行。

19. 修改最终完成合同

除了各方签名的书面协议外，这一合同不能以口头或其他任何方式改变、修改、作废或丢弃，或终止。书面意见包括完整的协议，是双方签注的，而不能由别人代表，无论是书面还是口头的都不行。

第三节　第三方物流合同纠纷解决

一、第三方物流合同纠纷含义

（一）第三方物流合同纠纷的含义

合同纠纷是指因合同的生效、解释、履行、变更、终止等行为而引起的合同当事人的所有争议。合同纠纷的内容主要表现在争议主体对于导致合同法律关系产生、变更与消灭的法律事实以及法律关系的内容有着不同的观点与看法。合同纠纷的范围广泛，涵盖了一项合同从成立到终止的整个过程。

具体来说，常见的合同纠纷包含以下几种情况：合同的效力问题，即是否有效的争议；合同文字语言理解不一致的争议；合同是否已按约履行的争议；合同违约责任应当由何方承担及承担多少的争议；合同是否可能单方解除的争议等。

第三方物流合同订立之后，合同当事人双方当然都希望彼此能按照合同约定的内容完成应履行的义务，直至合同圆满终止。但是在现实经济活动中，由于主客观方面的各种原因，导致合同在履行过程中可能会出现各种各样、或大或小的纠纷。没有任何纠纷，合同即履行完毕的情况是不多见的。对于合同纠纷，有些当事人通过协商加以解决，有些却协商不了，就可能会使一方当事人诉诸仲裁或诉讼，势必给双方当事人带来经济损失。因此，合同纠纷应尽量予以避免。

（二）第三方物流合同纠纷的特点

1. 主体特定

第三方物流合同纠纷的主体特定，是指合同当事人，有时也涉及第三人，以物流委托代理合同多见，但主要发生在订立合同的双方或多方当事人之间。

2. 纠纷内容多样化

第三方物流合同纠纷的内容多样化，几乎每一个与合同有关的方面都会引起纠纷，例如，双方当事人对订立的合同内容的理解和解释不一致产生纠纷；对合同中约定的权利或者义务内容产生纠纷；对合同中约定的服务质量和标准与现实不符产生纠纷；对违约责任的认定和赔偿金额产生纠纷等。例如仅运输服务而言，货物灭失、货损货差、货物延迟交付、单证等都可能引起纠纷。

3. 属于民事纠纷

第三方物流合同纠纷从本质上说是一种民事纠纷，应通过民事方式来解决，如协商、调解、仲裁或诉讼等。民事方式有别于行政方式和刑事方式。行政方式是通过行政手段来直接干预合同纠纷，这与合同法平等的理念不符合，与中国社会主义市场经济的要求相违背。刑事方式是国家通过刑事手段来解决合同纠纷，合同一旦需要通过刑事方式解决，就不能称为合同纠纷，而是刑事案件。当前利用合同进行诈骗的情况很多，对于此类情况，应以诈骗案处理，而不是一般的合同纠纷。

二、第三方物流合同纠纷的处理

合同是双方当事人协商一致的结果。双方当事人在自愿、平等的基础上订立了合同，按照合同条款履行义务是天经地义的。但是由于主客观多种因素，如海上货运由于海啸导致船只沉没、陆路运输中由于恶劣天气导致交通中断延迟交货，合同用语不规范导致争议、合同执行过程中口头变更、某一方当事人出于利益不想履行或不想完全履行其义务等而导致合同纠纷的发生。合同纠纷时有发生，但更重要的是在发生纠纷之后如何行之有效地去解决。

根据我国《合同法》的规定，解决合同纠纷共有四种方式，即协商、调解、仲裁和诉讼。

（一）协商

协商是指合同纠纷的当事人，在自愿互谅的基础上，按照国家有关法律、政策和合同的约定，通过摆事实、讲道理，以达成和解协议，自行解决合同纠纷的一种方式。

第三方物流合同签订之后，由于合同主体的复杂性以及合同内容的广泛性，在履行过程中容易产生纠纷。无论是物流服务提供方还是客户企业，都应当从有利于维护团结、有利于合同履行的角度出发，怀着互让、互谅的态度，争取在较短的时间内，通过协商求得纠纷的解决。双方自行解决的方式既省时又省钱而且在处理得当的情况下还不会影响双方的后期合作，所以是合同产生纠纷的最佳处理方式。即使在涉外的物流合同纠纷的处理中，也相当盛行。

合同双方当事人之间自行协商解决纠纷，应当遵守以下原则。

一是平等自愿原则，不允许任何一方以行政命令手段，强迫对方进行协商，更不能以中断劳务、终止协作等手段相威胁，迫使对方达成只有对方尽义务，没有自己负责任的“霸王协议”。

二是合法原则，即双方达成的和解协议，其内容不能违反法律强制性规定，不能损害国家利益，社会公共利益和他人的利益。否则，当事人之间为解决纠纷达成的协议无效。

除了遵守以上原则外，发生合同纠纷的双方当事人在自行协商解决纠纷的过程中还应当注意以下问题。

（1）分清责任是非。协商解决纠纷的基础是分清责任是非。当事人双方不能一味地推卸责任，否则不利于纠纷的解决。因为如果双方都以为自己有理，责任在对方，则难以做到互相谅解和达成协议。

（2）态度端正，坚持原则。在协商过程中，双方当事人既互相谅解，以诚相待、勇于承担各自的责任，又不能一味地迁就对方，进行无原则的和解，尤其是当事人一方具有市场支配地位时。对于违约责任的处理，只要合同中约定的违约责任条款是合法的，就应当追究违约责任，过错方应主动承担违约责任，受害方也应当积极向过错方追究违约责任。

（3）及时解决。如果当事人双方在协商过程中出现僵局，争议迟迟得不到解决时，就不应该继续坚持协商解决的办法，否则会使合同纠纷进一步扩大，特别是一方当事人有故意的不法侵害行为时，更应当及时采取其他方法解决。

（二） 调解

调解是指双方当事人自愿在第三人（即调解的人）的主持下，在查明事实、分清是非的基础上，由第三者对纠纷双方当事人进行说服、劝导，促使他们互谅互让，达成和解协议，从而解决纠纷的活动。

调解有以下三个特征：

（1）调解是在第三方的主持下进行的，这与双方自行和解有着明显的不同；

（2）主持调解的第三方在调解中只是说服、劝导双方当事人，互相谅解，达成调解协议；

（3）调解是依据事实和法律、政策进行合法调解，而不是不分是非，不顾法律与政策地“和稀泥”。

第三方物流合同纠纷的双方当事人在通过第三方主持调解解决纠纷时，应当遵守以下原则。

一是自愿原则。自愿有两方面的含义：①纠纷发生后，是否采用调解的方式解决，完全依靠当事人的自愿。如果纠纷当事人双方根本不愿用调解方式解决纠纷，那么就不能进行调解。②调解人在调解过程中要耐心听取双方当事人的意见，在查明事实的基础上，对双方当事人进行说服教育，耐心劝导，晓之以理，动之以情，促使双方当事人互相谅解，达成协议。调解人既不能代替当事人达成协议，也不能把自己的意志强加给当事人。如果当事人对协议的内容有意见，则协议不能成立，调解无效。

二是合法原则。根据合法原则的要求，双方当事人达成协议的内容不得违反法律强制性规定。法律、法规没有明文规定，应根据党和国家的方针、政策，并参照合同规定和条款进行处理。

补充阅读

合同纠纷调解的三种类型

行政调解：是指根据一方或双方当事人的申请，当事人双方在其上级业务主管部门主持下，通过说服教育，自愿达成协议，从而解决纠纷的一种方式。对于企业单位来说，有关行政领导部门和业务主管部门，是下达国家计划并监督其执行的上级领导机关，它们一般比较熟悉本系统各企业的生产经营和技术业务等情况，更容易在符合国家法律、政策或计划的要求下，具体运用说服教育的方法，说服当事人互相谅解，达成协议；如果当事人属于同一业务主管部门，则解决纠纷是该业管主务部门的一项职责，在这种情况下，当事人双方也容易达成协议；如果当事人双方分属不同的企业主管部门，则可由双方的业务主管部门共同出面进行调解。

仲裁调解：是指合同当事人在发生纠纷时，依照合同中的仲裁条款或者事先达成的仲裁协议，向仲裁机构提出申请，在仲裁机构主持下，根据自愿协商，互谅互让的原则，达成解决合同纠纷的协议。根据我国《仲裁法》的有关规定，由仲裁机构主持调解形成的调解协议。与仲裁机构所作的仲裁裁决书具有同等的法律效力。生效后具有法律效力，一方当事人如果不执行，另一方可以向人民法院提出申请，要求对方执行。对方拒不执行的，人民法院可以依法依照生效的调解协议书强制其执行。

法院调解：为诉讼中的调解，是指在人民法院的主持下，双方当事人平等协商，达成协议，经人民法院认可后，终结诉讼程序的活动。合同纠纷起诉到人民法院之后，在审理中，法院首先要进行调解。用调解的方式解决合同纠纷，是人民法院处理合同纠纷的重要方法。在人民法院主持下达成调解协议，人民法院据此制作的调解书，与判决具有同等效力。调解书只要送达到双方当事人，便产生法律效力，双方都必须执行，如不执行，另一方当事人可以向人民法院提出申请，要求人民法院强制执行。人民法院进行调解也必须坚持自愿、合法的原则，调解达不成协议或调解无效的，应当及时判决，不应久调不决。

（三）仲裁

仲裁是指双方当事人在合同中订立仲裁条款或自愿达成的仲裁协议，产生纠纷后申请仲裁机构按照法律规定对合同争议事项进行居中裁决，来解决合同纠纷。仲裁为现代世界各国普遍接受的解决合同纠纷的一种法律手段。

当然，依据仲裁解决纠纷也有一定的限制。根据我国《仲裁法》的规定，通过仲裁解决的争议事项，一般仅限于经济、贸易、海事、运输和劳动中产生的纠纷。如果是因身份关系而产生的纠纷，则不能通过仲裁解决。另外，依法应当由行政机关处理的行政争议，也不能通过仲裁解决。

合同纠纷当事人双方通过仲裁解决纠纷时，应当遵守以下原则。

一是当事人自愿原则，也称尊重当事人意愿原则，或称“当事人意思自治原则”，这是《仲裁法》最基本的原则。当事人双方可以自愿协商决定是否将纠纷提交仲裁；当事人各方可以协商决定选择哪家仲裁机构仲裁纠纷；当事人对审理案件的仲裁员有权自主选定；当事人双方可以自愿协议选择仲裁程序、审理方式、结案方式、裁决书写法等。当然，如果当事人一方不愿仲裁，则不能采用仲裁的方式，而只能采用诉讼等其他方式来解决双方当事人之间的争议。

二是独立公正仲裁原则。仲裁依法独立进行（《仲裁法》第八条）；仲裁机构独立于行政机关，与行政机关没有隶属关系（《仲裁法》第十四条）；仲裁庭对案件的裁决是独立作出的，不受“权、情、钱”的干扰（《仲裁法》第五十三条）；仲裁的生效裁决，除《仲裁法》五十八条规定的情形之外，任何机关和任何个人都不得改变。

三是根据事实、符合法律规定、公平合理解决纠纷的原则。仲裁要客观地查明案件事实，查明纠纷原因，查明是非责任，根据有关法律规定确认当事人各方的权利与义务。对法律无明确规定的问题，可以参照适用在经济贸易活动中被人们普遍接受的做法，即经济贸易惯例、行业惯例来判别责任，确保仲裁公平、合理。

四是一裁终局原则。“仲裁实行一裁终局的制度。裁决做出后，当事人就同一纠纷再申请仲裁或者向人民法院起诉的，仲裁委员会或者人民法院不予受理。”一裁终局既是仲裁独有的基本制度，又是仲裁独有的基本原则，保障了仲裁解决纠纷的方法方便、简单、及时、成本低。例如，我国某 3PL 企业与国外某航运公司在运输合同中订有在伦敦仲裁的相关条款。后双方发生合同纠纷，该航运公司向合同订立地我国某市的海事法院起诉，海事法院以订有伦敦仲裁的条款为由，驳回了起诉。

（四）诉讼

诉讼是指人民法院根据合同当事人的请求，在所有诉讼参与人的参加下，审理和解决合同争议的活动，以及由此而产生的一系列法律关系的总和。合同在履行过程中发生纠纷后，当事人一般都是穷尽一切救济手段后，才会去寻求司法救济。向法院提起诉讼是解决合同纠纷的最终形式。

合同纠纷诉讼是民事诉讼的重要组成部分，是解决合同纠纷的一种重要方式。与其他解决合同纠纷的方式相比，诉讼是最有效的一种方式。首先是因为诉讼由国家审判机关依法进行审理裁判，最具有权威性；其次判决发生法律效力后，以国家强制力保证判决的执行。

合同纠纷诉讼与其他解决合同纠纷的方式，特别是和仲裁方式相比，具有以下几个特点。

（1）诉讼是人民法院基于一方当事人的请求而开始的，即“不告不理原则”。当事人不提出要求、人民法院不能依职权主动进行诉讼。当事人不向人民法院提出诉讼请求，而向其他国家机关提出要求保护其合法权益的，不是诉讼，不能适用民事诉讼程序予以保护。

（2）法院是国家的审判机关，它是通过国家赋予的审判权来解决当事人双方之间的争议的。审判人员是国家权力机关任命的，当事人没有选择审判人员的权利，但是享有申请审判人员回避的权利。

（3）人民法院对合同纠纷案件具有法定的管辖权，只要一方当事人向有管辖权的法院起诉，法院就有权依法受理。

（4）诉讼的程序比较严格、完整。例如，民事诉讼法规定：审判程序包括第一审程序、第二审程序、审判监督程序等。第一审程序又包括普通程序和简易程序。另外，还规定了撤诉、上诉、反诉等制度，这些都是其他方式所不具备的。

（5）人民法院依法对案件进行审理做出的裁判生效后，不仅对当事人具有约束力，而且对社会具有普遍的约束力。当事人不得就该判决中确认的权利义务关系再行起诉，人民法院也不再对同一案件进行审理。负有义务的一方当事人拒绝履行义务时，权利人有权申请人民法院强制执行，任何公民、法人包括其他组织都要维护人民法院的判决，有义务协助执行的单位或个人应积极负责地协助人民法院执行判决，如果拒不协助执行或者阻碍人民法院判决的执行，行为人将承担相应的法律后果。以国家强制力作后盾来保证裁判的实现，也是诉讼形式有别于其他解决纠纷形式的一个显著的特点。

知识链接

诉讼时效和索赔时效

如果各种纠纷必须诉诸司法或准司法机构，则索赔时效和诉讼时效是相关重要概念。

索赔时效指合同双方彼此之间依据法律规定要求赔偿损失的时间范围；而诉讼时效则指合同双方权利人行使权力、维护自身被损害利益的法定提起诉讼的时间范围。规定时效是为了促进当事人及时行使自己的权利，早日消除不确定的法律关系，而由法律规定的一段特定的时间。如果一方当事人超过时效才行使自己的诉讼请求和索赔要求，则通常会丧失胜诉权。

在货物运输合同中，诉讼时效规定得较为复杂。首先，不同的运输方式，诉讼时效期间长短不同。当事人就内水货物运输或国际海上货物运输合同要求赔偿的，诉讼时效期为一年；当事人就铁路货物运输合同要求赔偿的，诉讼时效期为 180 日；当事人就航空货物运输合同要求赔偿的，诉讼时效期是两年。其次，法律法规对各种货物运输合同诉讼时效的起算规定得也很复杂。如航空货物运输的诉讼时效是自民用航空器到达目的地点、应当到达目的地点或者运输终止之日起计算；内水货物运输的诉讼时效自承运人交付或者应当交付货物之日起计算。另外，法律法规可能对诉讼时效中断有更为严格的规定。总之，在实践中确定具体货物运输合同的诉讼时效是非常复杂的，还要根据不同运输方式的相关法律依据来分析和判断。

第四节　第三方物流招投标管理

招投标是伴随着社会经济发展而产生的一种有组织、规范化的商务活动。现代服务业通过招投标方式在设备物料采购、现代服务采购、科研课题申请等领域获得其所需服务得到了广泛的应用，作为物流服务需求方为了实现企业战略目标，对物流的需求往往也采用招投标方式获得第三方物流服务，这为第三方物流提供了市场。3PL 企业必须重视物流需求方的这种形势，积极应对做好相关事务管理。

一、第三方物流项目招标概况

（一）第三方物流项目招标含义

所谓招标，是指招标人事先提出购买货物、工程或服务的条件和要求，邀请符合要求的投标者参与投标，并按照法定或约定程序选择交易对象的一种市场交易行为。

第三方物流项目招标是指由招标人（第三方物流服务需求方）在购买第三方物流服务之前，根据自己的需要，提出一定的标准或条件发出招标公告或投标邀请书，邀请潜在的或特定的若干个投标人（第三方物流服务供应商）进行投标，最后由招标人通过对各投标人所提出的方案、价格、质量、技术水平等因素进行综合比较，确定最佳投标人为中标人，并与之签订合同的过程。

（二） 第三方物流项目招标方式

目前，国际上采用的第三方物流项目招标方式归纳起来有以下几种方式。

1. 竞争性招标

竞争性招标（International Competitive Bidding，ICB）是指招标人邀请几个乃至几十个投标人参加投标，按照评标标准和评标方法，选择最优的投标人，达成合作关系。

竞争性招标又分为两种。

(1) 公开招标。公开招标又称为完全竞争性招标，采用这种做法时，招标人要在国内外主要报刊、网络或其他主流媒体上发布招标公告，吸引众多企业单位参加投标竞争，招标人从中择优选择中标单位。

(2) 邀请招标。邀请招标又称为有限竞争性招标，即由招标方以投标邀请书的形式邀请3家以上特定的第三方物流服务供应方参加投标的采购方式。当然，邀请的第三方物流供应方的数量要依据实际招标项目的规模大小、项目难度等来确定。

由此可见，公开招标将物流服务采购项目置于公众的监督之下，引起社会公众的关注，一方面可以吸引更多的潜在物流服务供应方前来投标，另一方面也使得需求方可以在更大的范围内选择最合适的供应方。

邀请招标中被邀请参加竞争的投标方数量有限，因此可以节约招标费用，缩短招标时间，也提高了每个投标方的中标机会。对于项目难度大、技术要求高、可供满足物流需求的供应方数量少的招标项目，多采用邀请招标的方式。

2. 谈判招标

谈判招标又称议标，它是非公开的，是一种非竞争性的招标方式。一般由招标人直接选择3家或以上合格的物流服务供应方就物流服务项目事宜进行单独协商、谈判，谈判成功，交易达成。

3. 两端招标

两端招标是指完全竞争性招标和有限竞争或非竞争性招标的综合方式应用，即先采用公开招标，选出几个候选物流服务供应商，再采用谈判招标的方式进行。

（三） 第三方物流项目招标的一般程序

第三方物流项目招标的基本程序如图4-1所示。

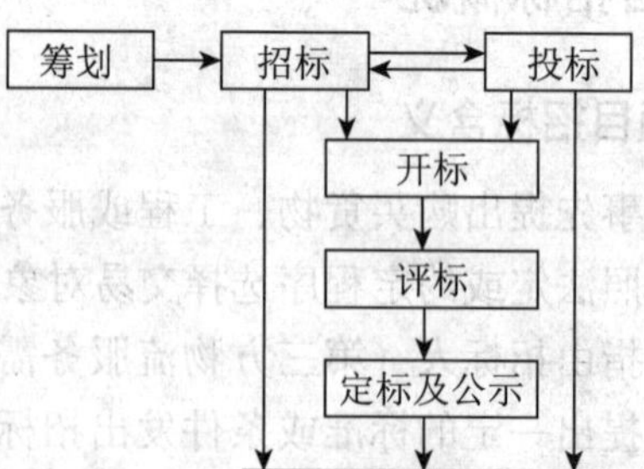

图4-1 第三方物流项目招标基本程序

1. 招标阶段的主要工作

(1) 筹划。进行招标前期准备筹划工作，主要确定企业的物流需求，确定采用公开招标还是邀请招标；组成招标项目小组。

(2) 刊发招标公告或发出投标邀请书。主要内容包括：招标人的名称和地址；招标项目简介；投标人需具备的基本条件；获取招标文件的办法、地点和时间；对招标文件收取的费用；需要公告的其他事项。

(3) 资格预审。资格预审是保证招标工作顺利进行的关键步骤，招标人需要编写"资格预审通告"。资格预审通告应当载明下列事项：招标人的名称和地址；招标项目的性质、内容；招标项目的地点和要求；获取资格预审文件的办法、地点和时间；对获取资格预审文件收取的费用；提交资格预审申请书的地点和截止日期；资格预审的日程安排；需要通告的其他事项。

通过资格预审，主要是审查有兴趣投标的组织是否具有圆满履行合同的能力。有兴趣投标的组织应当向招标人提交相关证明文件和资料。

(4) 编制招标文件。招标文件是投标人编写投标书的主要依据，也是评标委员会进行评标的重要依据。招标人应当根据招标项目的特点和需要编制招标文件，载明招标项目的技术要求、商务要求、投标报价要求、评标标准以及拟签订合同的主要条款等事项。

(5) 发放招标文件。招标文件必须按照招标公告或投标邀请书规定的时间、地点出售。招标文件售出后不得退还。除不可抗力外，招标人在发布招标公告或发出投标邀请书后不得终止招标。进行资格预审的，招标文件只发给通过资格预审获得投标资格的企业。

招标人对已发出的招标文件进行必要的澄清或者修改的，应当在招标文件要求提交投标文件截止时间至少 15 日前，以书面形式通知所有招标文件收受人。所澄清或者修改的内容纳入招标文件的组成部分。

2. 投标阶段的主要工作

这一阶段的主要工作包括投标方编制投标文件以及招标方接收投标文件。

投标人应当按照招标文件的要求编制投标文件，投标文件应当对招标文件提出的实质性要求和条件作出响应。第三方物流服务项目的方案以及如何圆满实施方案都需要详尽地阐述。招标公告发布或投标邀请书发出之日到提交投标文件截止之日，一般不得少于 30 天。

3. 开标

招标人按照招标文件所确定的开标时间和地点举行开标仪式。首先检查投标文件的密封情况，确认无误后，由专业开标人员当众拆封、验收投标资格，并宣读投标人名称、投标价格以及其他主要内容。这个过程称为"唱标"。在此期间，允许投标人做记录或录音。开标后，投标人不得更改投标内容。开标时对外公开标书内容，以保证招标工作公开、公平、公正地进行。

4. 评标和定标

评标应当按照招标文件的规定进行。

招标人负责组建评标委员会。评标委员会由招标人的代表及其聘请的技术、经济、法律等方面的专家组成，总人数一般为 5 人以上的单数。其中受聘专家不得少于评标专家总人数的 2/3。与投标人有利害关系的人员不得进入评标委员会。

评标委员会负责评标。评标专家对所有投标文件进行审查，可以要求投标人对投标文件中含义不明确的地方进行必要的澄清，但是澄清不得超过投标文件记载的范围或改变投标文件的实质性内容。评标委员会应当按照招标文件的规定对投标文件进行评审和比较，并向招标人推荐 3 个中标候选人。

招标人根据评标委员会推荐的中标候选人进行比较，从中选择一个作为中标人。中标人确定后，招标人应当向中标人发出中标通知书，并同时将中标结果通知所有未中标的投标人。

5. 签订合同

招标人和中标人应当自中标通知书发出之日起 30 日内，按照招标文件和中标人的投标文件订立书面合同。招标人和中标人不得再行订立背离合同实质性内容的其他协议。

（四） 第三方物流项目招标文件的编写

第三方物流招标文件的编制是招标的重要组成部分，其制作的质量直接影响招投标活动的顺利进行。第三方物流招标文件在编写上是一个说明书，在程序上是一个操作须知，在合同订立上表现为法律合同副本，其作用不仅仅是明确规定物流项目方式，详细阐述第三方物流服务需求方的标的物，而且对所有涉及招标项目的内容进行了规定，标明了招标将遵循的规则和程序，明确了评标所依据的标准和方法。为了让投标的物流企业能够更好地了解招标人的物流需求，同时更好地提供专业化的物流服务，在招标文件中要特别对项目的技术和要求有更精确、标准的描述。

下面是企业的第三方物流项目招标文件的编写内容。

1. 项目概况

（1）物流项目招标目的。

（2）项目背景。

（3）物流项目实施地区。

（4）物流运作主要项目产品。

（5）物流项目运作内容。

①仓储设施以及处理设备（位置、安全措施、系统、装备）。

②运输服务（订单配送运输服务、内向配送运输服务）。

③分销设施以及服务。

④设施以及其他要求。

⑤库存管理的准确性。

⑥信息技术。

（6）物流项目运作范围。

2. 投标人（3PL 公司）资质要求

（1）注册资金。

（2）质量体系认证要求。

KPI指标：①订单完成率；②仓库货损货差率；③运输准点率；④按时回单率；⑤运输货损货差率；⑥客户投诉率。

3. 服务要求

（1）车辆要求。

（2）信息技术要求。

（3）仓储要求。

（4）运输服务要求：订单完成率，产品破损率准时准量配送要求。

（5）安全要求。

（6）库房要求。

补充阅读

××企业报标函

致××招标中心：

我方确认收到贵公司提供的××有限公司物流服务外包项目的物流外包及相关服务的招标文件的全部内容，我方××物流有限公司作为投标者正式授权××总经理代表我方进行有关本投标的一切事宜。在此提交的投标文件，正本一份，副本六份，电子文件一份，唱标信封一份。包括如下内容：

（1）投标函；

（2）全套资格证明文件；

（3）合作预想文件；

（4）应招标文件要求的其他文件。

我方已完全明白招标文件的所有条款要求，并重申以下几点：

（1）我方决定参加招标编号为11PC－2010－A－0111号的投标；

（2）本投标文件的有效期为投标截止日后90天，如中标，有效期将延至合同终止日为止；

（3）我方已详细研究了招标文件的所有内容，包括修正文（如果有）和所有已提供的参考资料以及有关附件并完全明白，我方放弃在此方面提出含糊意见或误解的一切权力；

（4）我方承诺投标文件中的一切资料、数据是真实的，并承担由此引起的一切责任；

（5）我方明白并愿意在规定的开标时间和日期之后，投标有效期之内撤回投标，则投标保证金将被贵公司没收；

（6）我方同意按照贵公司可能提出的要求提供与投标有关的任何其他数据或信息；

（7）我方理解贵公司不一定接受最低标价或任何贵公司可能收到的投标；

(8) 我方如果中标，将保证履行招标文件以及招标文件修改书（如果有的话）中的全部责任和义务，按质、按量、按期完成《合同书》中的全部任务；

(9) 如我方被授予合同，由我方就本次招标支付或将支付给招标机构的招标代理服务费列于招标文件要求的承诺书（承诺书号 CN××××）中；

(10) 所有与本招标有关的函件请发往下列地址：

地址：　　　　　　　　　　　　　　　　　　　　邮政编码：

电话：　　　　　　　　　　　　　　　　　　　　传真：

投标人（法人公章）：授权代表（签名或盖章）：　　　　日期：

（五） 第三方物流项目招标评标

1. 评标原则

评标严格按照招标文件的要求和条件进行，评委会将根据公开、公平、公正的原则综合分析投标方的各项指标，而不以单项指标的优劣评选出中标单位，评标时比较以下因素：①投标报价情况；②技术性情况；③企业的业绩范例和经营信誉；④企业基本财务状况；⑤企业的资质等级及企业的技术力量；⑥提供的特殊服务和优惠条件；⑦质量保证措施。

2. 评标方法

评标采用打分法，得分最高者为中标单位。表 4-1 为评分细则，总分为 100 分。

表 4-1　　第三方物流项目招标评分细则

评价项目	权重	内容
财务实力和稳定性	10	注册资金，近年是否盈利
管理深度	15	质量保证体系、改进体系 管理制度、人员资质
业务经验	10	服务范围（运输、仓储）
	10	业务深度（物流管理）
运作质量	7.5	目前项目的运作质量
发展与合作潜力	7.5	是否符合发展要求
运输车辆	10	数量
	10	适用性
仓库	10	安全性
	10	适用性

3. 注意事项和纪律

(1) 维持会场秩序，不准大声喧哗，关闭手机。

(2) 评标工作由评委会独立进行，评委会必须公平、公正地对待每一位投标者。

(3) 评委对投标文件中有关问题可向投标者进行询问，投标者应给予认真答复。重要或复杂的问题要以书面形式，并经法定代表人或法定代表授权的委托人签署后作为回答，回答文件将作为投标文件的组成部分。

(4) 在开标、投标、评标期间，投标方法定代表人或法定代表授权的委托人不要离开开标现场，以备随时接受评委咨询，评委通知后10分钟不到者，所造成的一切后果自负。

(5) 在投标、开标过程中，如有投标人故意抬高报价或政府采购中心认为有其他不正当行为，政府采购中心有权终止招标过程。

(6) 评标结束后，当场公布预中标单位并由政府采购中心签发预中标通知书。预中标单位和落标单位的投标文件不再退回。

(7) 公示期满后中标单位必须按合同规定履约，否则将取消其政府采购市场资格，履约保证金也不再退还。

二、第三方物流项目投标执行

(一) 投标文件的要求

1. 投标文件的组成

为了便于评价，比较投标方的物流项目的建议书，投标方的投标书至少应包括以下内容：

(1) 投标人的情况介绍：投标人的资质和业务业绩、投标人拟派本项目人员资质；

(2) 实施计划；

(3) 商务标（报价）。

投标者提供的报价以附件（费率表）规定的形式提供。

2. 投标文件的编制格式和内容范围

为了确保有效的评估，对意向书的回复需要强调几个特殊的要素。投标方均需按以下内容格式来进行回复。

(1) 基础设施。基础设施主要指仓储与设备。需要对提供的仓储设施作简要描述：地点面积、层高、容量以及其他相关信息，设施里的温度控制情况，地点的安全措施，物料处理设备、货架、装卸道口、月台等。

(2) 技术。技术主要指应用的商业管理系统或仓储管理系统。描述内容包括系统名称、所采用的系统的应用时间、系统供应商对系统的维护及支持、提供的主要功能、与其他客户系统的接口实例。

(3) 公司简介。

①财务的稳定性。提供公司营业执照复印件以及最近3年的财务状况表。

②职业技能与资历。提供公司或组织与项目相关主要管理人员的简历。

③已有的相关类似任务的操作经验或成功案例。提供客户名称、案例大致情况介绍。

④提供成为行业领袖的机会。投标方应能根据公司自有的行业优势，同时作为物流业的领袖来帮助客户在其行业当中通过改善供应链而取得竞争力。

（4）项目总的标准。

①滚动式动作计划。投标方对项目的实施提供两个初步的可行性实施滚动计划。

②关系结构描述。对以后潜在的服务关系作一个综合性描述。

③合同条款的确定。

④服务水平的提高。以客户为中心，本着长期稳定以及不断提高服务水平的原则对客户提供服务。包括：按时准确地送货、正确无误地结账、对紧急订单或要求能迅速地作出反应、送达货物完好无损。

⑤成本的降低。本着在服务水平保持不变的情况下达到成本的持续降低，投标方需提供必要的描述，即如何在服务期达到持续成本改善的目标。

内容范围：建议的解决方案同时也应描述出在方案实施过程当中可能出现的情况，也就是现有库存与物流处理设备的物理位置的转移，以及对这个流程的安排与计划。同时，描述出如何在转移管理的过程当中使客户的需求得到满足，也使产品流动得到最大限度的保障。

3. 投标报价

标书以人民币为计价单位，价格不受物价上涨的影响，在投标后120天内及合同期内的任何情况下价格不变。投标报价应由工程成本、利润、税金、保险、措施费及采用固定价格的风险金构成。投标人不得以低于成本的报价竞标，也不得以他人名义投标或者以其他方式弄虚作假，骗取中标。

4. 投标文件的递交

投标方需在规定日期前将对此意向书的答复以书面形式递交招标方。意向书的答复文本须以中文写成。答复可以以电子邮件形式发给相关人员，也务必同时发出信函文本确认。

5. 无效投标进行明确说明

（1）投标押金。

（2）投标费用。

（3）其他。

（二）第三方物流项目投标文件的编写

第三方物流项目投标文件是投标者投标的全部依据，也是招标者招标所希望看到的成果。投标文件必须根据招标文件要求的内容和格式进行编写。一般应当包括以下基本组成部分。

投标书一般由总论、投标公司介绍、物流服务项目方案设计、建议和附录组成。

（1）总论。投标书总论部分一般包含投标函、物流服务项目的目标、投标总报价三方面内容。当然，如果是复杂的一体化物流服务项目，每一项物流服务项目还会有分报价，一般在物流服务方案部分呈现。总论要求结构清楚、语言准确、概念清楚，使招标人对投标书内容有一个较完整和清晰的认识。

（2）投标公司介绍。这部分主要详细阐述投标方公司的概况、经营背景、组织结构、人员构成、公司软硬件、公司财务状况、公司拥有的物流设施设备、物流网络的状况。需要注意的是，该部分的内容必须真实可靠，必须提供原始资质或证件的复印件，每一页内容右下角都要有投标方授权代表亲笔签名。

（3）物流服务项目方案设计。这是投标文件的主体文件，也最能体现投标书的水平。根据物流招标者不同的物流服务需求，把整个物流服务方案按物流主要功能拆分成几个部分，针对不同功能的物流服务再细致地对服务内容、实施细则、实施流程、保障措施、分项报价进行系统全面的描述。

（4）建议和附录。这部分内容是对招标正文的补充和说明。建议部分是对招标人多的物流项目提出有益的建议和细节的补充，它是一个物流企业在投标过程中先进的物流服务理念和高水平的物流服务技术的体现。提出建议的原则是对招标方可以降低物流费用，提高物流效率，这些建议也是投标书承诺的内容。

附录是提供说明标书正文的补充材料、图标数据和各个环节的细节内容，其中有各种业务单据的式样和说明，质量管理体系文件等。

因为一份完整的物流服务项目的投标书内容非常多，往往多达几万字，因此，因篇幅所限，不能展示物流服务项目投标书的完整内容，在此，本书给出两家 3PL 企业投标书的目录部分。通过目录部分的内容展示，可以了解并感知物流服务项目投标书的完整结构和主要内容。

补充阅读

中外运针对“米其林沈阳轮胎公司物流服务项目”投标函目录

第一部分　总论及报价

　　一、物流服务方案的目标

　　二、为达到目标而采取的措施

　　三、我司物流服务的比较优势

　　四、MSTC 物流服务方案总报价

第二部分　公司概况及背景

　　一、公司概况

　　二、经营背景

第三部分　仓储业务管理方案及成本细则

　　一、仓储服务方案概论及成本

　　二、仓库布局及仓储作业标准化流程

　　三、仓库管理信息系统

第四部分　国内运输和货代方案及成本细则

　　一、国内运输方案概论及报价

　　二、国内运输方案设计

　　三、国内运输标准化流程

　　四、出口货运代理方案

第五部分　项目执行保证措施和执行计划

一、KPI 考核指标与奖励措施

二、物流服务项目组的组织机构与管理人员素质

三、项目执行时间表

四、人员培训计划

五、管理规章制度

第六部分　物流服务方案补充及建议

一、物流服务方案补充

二、整体物流服务方案建议

三、仓库使用面积计算方法说明

第七部分　结束语

附件 1：仓储业务单据

附件 2：仓库平面布局图

附件 3：中外运公路承运商考核标准

附件 4：中外运驾驶员职责要求

附件 5：外运运单

案例分析

××企业的第三方物流合同样本

本合同在____公司（甲方，物流需求方）与____公司（乙方，物流提供方）之间于____年____月____日在____生效。

甲方要求乙方进行物流与存货管理服务；甲方要求乙方以下列条款和条件提供这些服务。

双方达成以下协议：

1. 服务、支付和期限

乙方将履行对甲方的 50 台 21 寸电视的物流与存货管理服务，费用支付为 1 万元。如果在合同下提供的物流服务的货币价值比“表 A”提出的每月最小额要少，甲方需支付不小于最小额的费用，不能再少。除非任何一方提出书面终止通知，合同期限自____日（起始条款）起 3 年。合同的起始条款与续定条款终止日期前的 60 天，双方将重新洽谈下一个延期合同的物流、仓储费。

2. 运输

(1) 货物运输以乙方作为指定收货人。

甲方同意以乙方作为指定收货人来运输货物。乙方有权利自由地拒绝或接受以乙方作为指定收货人的货物。如果乙方接受以乙方作为指定收货人的货物，甲方在得到乙方通知后，应立即书面通知承运人，副本一份送给乙方，说明乙方对上述财产没有受益权

或利益关系。

(2) 不符合规定的货物。

甲方不得把不符合下列条件的货物运输到乙方：

①与货物清单中规定的不一致；

②与每一批货物的包装条上描述的不一致。

乙方有权利自由地拒绝或接受任何不符合规定的货物。如果乙方接受了这种货物，甲方应支付“表 A”中所规定的费用，若“表 A”中没有规定，则支付合理的费用。乙方收到这些不符合规定的货物，应尽力快速通知甲方，以获得有关指令，乙方不负责由于口头传递所造成的失误。

3. 仓储的提供

由乙方配送的所有货物都必须恰当地标记和包装，然后送到仓库以便配送。双方同意，甲方在送货前，准备好符合“工作范围”的货单。双方同意乙方以相互同意价格，储存和搬运其他货物，这以达成书面协议为前提。工作范围内所列货单和将来可能加到货单中的其他物品，在这里称为“货物清单”。所有送到乙方的货物都必须是清单中所列的货物。

4. 送货要求

(1) 没有甲方明确的书面的指示，乙方不运输或转移货物。当然也可以根据电话发送货物，但是乙方不承担口头传递信息而造成失误的责任。

(2) 当甲方从仓库中订购了货物时，必须给乙方合理的时间执行指令。如果因为天灾、战争、公敌、罢工、扣押、骚乱等，或者其他乙方不能控制的任何原因，或者因为不由乙方责任而造成货物的损失或损坏，或者因为法律所提供的任何其他理由，乙方不承担这种过失的责任。如果执行过程中发生了某一事件或困难，甲方与乙方应同意适当地延期。

5. 增值服务（特殊服务）

(1) 不属于通常物流服务（即“工作范围”内）的服务所需的乙方劳动力，按乙方的通常费用标准收取额外的合理费用。

(2) 甲方所需要的特殊服务包括（但是不仅仅限于）编制特定的存货报表、报告标记的重量及包装上的系列数字或其他数据、货物的物理检验和物流运输清单。乙方提供的服务不限于这些服务，这些服务按乙方的通常费用标准承担额外的合理费用。

(3) 为甲方提供包装材料或其他特殊材料，按乙方的通常费用标准承担额外的合理费用。

(4) 由于事先安排，不在正常商业时间内收到或运输货物，按乙方通常费用标准，甲方承担合理的额外费用。

(5) 包括邮资、电传、电报或电话的通信费用，如果这些方面的服务超过通常的服务标准，或者在甲方的要求下，这些通信不采用邮政的正常方式，那么上述费用向甲方收取。

(6) 必须认识到，有时乙方在没有甲方书面同意的情况下，造成一些“非常”费用是必需的，甲方因此同意支付乙方由此而产生的合理适当的费用，当然，乙方在造成这些费用前，应从甲方那里获得许可。这种许可可以是口头的，但乙方对口头传递信息所造成的失误不负责任。

6. 责任和损失限制

（1）损失责任。作为委托人的甲方把私有财产送到作为受托人的乙方，乙方在下列条件下同意接受上述财产：乙方对储存货物的丢失或损坏不负责任，除非这种丢失或损坏是由于乙方照管不当而造成的，对收据中的所有财产，乙方不为甲方投保火灾险或其他意外事故险，甲方因火灾或其他事故对财产所造成的损失，同意乙方无法律责任。

（2）保险。对任何原因所造成的货物损失乙方不负责保险，但乙方同意当前的保险单继续生效，该保险单阐述：在协议的期限或延期内，对放在协议中指定的乙方仓库里的别人私有财产，如果遭受丢失、毁坏或损坏，作为受托人的被保险人，由于法律上所规定的义务必须赔偿，但这些赔偿金额（在其保险范围内）由保险公司代表乙方物流公司来支付。该保险单在协议期限，包括延期内，应全部生效（除去一些除外条款）。甲方若需要的话，可以提供该保险单的副本。

（3）损失计算。如果乙方对甲方货物的丢失或损坏负责，那么为了计算这种损失，货物将按它的售价的存货成本来估算。

（4）装卸。乙方对由于进货卸货或出货装货的延误而造成的滞期费负责。乙方应竭尽全力提供及时的服务。

（5）随后损失。不是由于乙方的任何行为或疏忽而造成的随后损失，乙方不负责任。

7. 义务

乙方将负责监督、人员配备、看门服务、物流设备、办公家具、正常安全（包括下班后锁门和启动电子安全系统）、包装材料、捆绑和房屋的保养。

8. 参与各方的地位

（1）参与各方达成共识：乙方不从事与出租货物的存储业务，也不能被看作法律中规定的“仓库所有人”，并且乙方明确表示在任何时候都不提出索赔、抵押、特免、抵消的优惠权或类似的有关对合同中所规定乙方所处理的货物的权利，货物全部的、单一的、无疑问的权利仍属于甲方。

（2）以与合同中的任何条款不冲突为前提，据此同意：乙方对于合同中所规定的货物而言，他是受托者，乙方与甲方之间的关系是受托者—寄托人的关系。进一步又达成共识：乙方对于完成任务所需的方法和措施，应有独立控制和自由处理的能力。他不是甲方的代理或雇员。为了使乙方能完成作为该合同的受托者的任务，甲方允许乙方按甲方的利益，在任何适当的时间内，能独立控制并进行对货物和房产的检查。

9. 索赔通知和诉讼

（1）以下所有的索赔必须在法庭宣判前，以书面形式提交。

（2）只有当这些索赔用书面形式提交，并且是在事件发生后一年内提出索赔，甲方或乙方才能做出反应。

10. 口头交流

第2条、第4条、第5条规定了由于与甲方进行口头交流后所产生的误交流的责任。

在与以上各节内容无冲突的条件下，甲方同意用书面形式在发生口头交流 24 小时内，对这些口头交流内容进行确认。乙方收到这些书面确认后，再也无权依靠自己对口头交流的理解行事，而应按书面确认的情况为准。但是，在乙方收到口头交流确认前，乙方不必对根据口头交流内容而发生的行为负责。

11. 仓库（略）

12. 转让

没有得到甲方书面同意，乙方不能转让、转送、抵押或让渡这一合同或合同的任何一部分，或与合同有关的任何权利。上述书面同意是不能随意收回的。

13. 权利

在合同上签名的工作人员、代理或雇员声明并保证完成所有必需的工作，他们有权使各自的组织受到法律保护。

14. 违约

下列情况被认为是乙方违约。

（1）如乙方在执行或遵守合同条款时，有实质性的违约。

（2）如果乙方向法院提出自愿破产的申请，或被法院宣布破产或资不抵债，或为债主的利益进行转让，寻求或同意对所有资产任命乙方的接收人或清算人。

如果乙方收到这一书面违约通知单后 30 天违约还在继续，这种情况下甲方有权中止合同，它满足第 8 条节中所述的中止付费的规定。与前述无冲突的情况下，乙方在收到这一违约通知后有 30 天时间来消除、纠正他的违约行为。

15. 继任者和受让人

该合同应对各方的继任者和受让人具有法律效应。

16. 说明

限定为条款的实际工作范围，说明仅供参考。

17. 修改——最终完成合同

除了下面所述或各方签名的书面协议外，这一合同不能以口头或其他任何方式改变、修改、作废或丢弃，或中止。书面意见包括完整的协议，是双方签署的，而不能由任何人代表，无论是书面还是口头的都不可以。

案例讨论：

1. 本合同范本所包含的内容是否完善？合同是否合理？

2. 你认为是否有补充的内容？

基础练习

一、 判断题

1. 3PL 企业为客户提供物流服务，签不签订纸质合同不重要，只要双方口头承诺了权利和义务就可以了。（　　）

2. 第三方物流合同涉及两个主体，一是物流需求方，二是签订合同的 3PL 企业。

第三方物流活动总是围绕着这两个主体开展的。(　　)

3. 第三方物流项目招标的基本流程是：策划—招标—投标—议标—评标—定标—签订合同。(　　)

4. 3PL 企业在编制投标文件时，可以根据自身企业的特点，编制不同格式和内容的投标书。(　　)

5. 采取仲裁解决合同纠纷，裁决作出后，当事人一方如不满意，还可以就同一纠纷再申请仲裁或者向人民法院起诉。(　　)

二、 选择题

1. 第三方物流合同是界定双方当事人责任权利的重要依据。第三方物流合同的性质是(　　)。

A. 双务有偿合同　　B. 诺成合同

C. 要式合同　　D. 约束第三方

2. 第三方物流合同的管理主要包含以下哪些工作?(　　)

A. 建立合同评审制度　　B. 完善合同文本

C. 谈判、订立合同　　D. 合同履行跟踪

3. 第三方物流合同一旦产生纠纷，最佳的解决方式是(　　)。

A. 协商　　B. 调解

C. 仲裁　　D. 诉讼

4. 采用调解的方式来解决第三方物流合同纠纷，是指合同双方当事人自愿在第三人(即调解的人)的主持下，在查明事实、分清是非的基础上，由第三者对纠纷双方当事人进行说服、劝导，促使他们互谅互让，达成和解协议，从而解决纠纷的活动。这里的“第三人”可以是(　　)。

A. 上级业务主管部门　　B. 任意自然人

C. 仲裁机构　　D. 法院

三、 思考题

1. 简述投标文件主要内容。

2. 阐述第三方物流合同签订基本规则。

3. 签订第三方物流合同时，应注意哪些问题?

4. 阐述第三方物流合同纠纷的解决方法。

知识应用

请用“第三方物流合同管理”相关知识，对本书模块一“物流聚焦”中的“解决企业现实问题”案例进行第三方物流合同拟写，并给出合同签订注意事项。

模块五　第三方物流企业基本业务运作

学习目标

知识目标

1. 熟悉 3PL 企业基本业务运作方案。
2. 掌握 3PL 运输、仓储、配送及订单作业流程。
3. 掌握 3PL 企业各运作经理的有效运行策略。

技术目标

1. 会根据实情选择适合客户的运输、仓储、配送方案。
2. 会熟练进行订单管理的基本操作。

能力目标

1. 培养良好的职业道德，树立服务质量与效率并重的理念。
2. 具备 3PL 企业业务运作最佳方案选择能力。
3. 提高 3PL 企业的运作效率，树立业务综合运作系统观念。

物流聚焦

成都润宝两大优势 轻松应对“双 11”电商物流

成都润宝，作为中国西南第一家面向电商（天猫、京东、唯品会、淘宝等平台）的公共仓储平台，在“双 11”期间，依靠灵活的仓储应变能力和强大的软硬件设施做到了既“快”又“准”。

成都润宝之“快”——成都润宝是西南地区唯一的五星级仓储物流运营商，拥有五大仓储基地，总仓储面积近 7 万平方米。高效灵活的库内管理和配送团队能根据不同货物的情况采用不同的出货方式，立刻把货发到每个配送点，做到少库存或者无库存。此外，润宝还拥有强大的物流配送能力：七大区域公路物流运输服务以及公路运作管理；全国 17 个中心城市物流；覆盖中国西南及全国公路的运输网络；这些配置都使出货配送迅速到达客户所在地，使“最后一公里”配送毫无压力。

成都润宝之“准”——物流实体化建设稳健发展，个性化管理逐步建立。完美的 WSM 管理系统有效支撑业务发展。这一套系统的使用实现了仓储的信息化管理，尤其是针对众多 SKU 精细效率管理，都能准确无误，且同时能处理 3000 个以上 SKU。通过 RFID 管理，以系统引导人员对众多 SKU 进行仓储精确效率管理。针对唯品会商家的 3PL 仓库和 JIT 服务，以及针对需求 1 万平方米以上的自管型仓储客户，可以在建库之前按照具体需求进行硬件设施的个性化定制修建。与此同时，对产品库内再加工、产品包装、精密拣货、包装整理、分货代发、优秀客服、优化方略、数据分析等增值服务也迅速发展，使得润宝逐步占领西南电商仓储物流市场，并以核心客户的仓储物流服务拓展为契机，进一步加快仓储物流业务发展步伐。

成都润宝的“快”与“准”得力于企业各方面的精准运营，本章将重点探讨 3PL 企业的运营管理如何助推企业的快速发展。

第一节　第三方物流企业运输运作

运输是物流活动最重要的环节。在商业社会中，因为市场的广阔性，商品的生产和消费不可能完全在同一个地方进行，制造企业出于成本的考虑也会选择运作成本相对较低的地方进行生产制造。所以，一般来说，商品都是集中生产、分散消费的。为了完成商品的交易，实现商品的价值，离不开运输这一重要环节，对于运输的管理是 3PL 企业运作成功与否的关键。

一、运输业务方案选择

（一） 3PL 企业运输业务运作含义

运输，一般解释为人和物空间位置转移的活动。本书中所涉及的物流企业运输，则主要是对于物品之间的转移。运输通过空间状态和时间状态的改变，将空间上分割的供应商和需求者联系起来，赋予产品新的价值。

3PL 企业的运输业务运作就是对整个运输过程的各个部门、各个环节以及运输计划、发运、接运等活动中的人力、物力、财力和运输设备进行合理组织、统一使用、实时控制、监督执行，以求用同样的劳动消耗，创造更多的运输价值，取得最好的经济效益。

（二） 物流运输的特点

1. 运输生产具有服务性质

运输不生产有形的产品，但使产品增值。作为货物运输的抽象劳动，其创造的新价值追加到所运输的货物原有的使用价值，即它的劳动对象当中。在商品的总价值中包括形式价值、时间性价值、所有权价值以及场所性价值。

2. 运输是一个专业的服务过程

运输业务必须足够专业。首先，具备专业的运输场所、路线的选择、运输设备运作和维护、专业的管理和运作人员才能有效完成运输任务。其次，运输还要从系统的高度合理组织和管理。作为组织运作的重要环节，运输效能的提高必须结合现代技术对运输过程、客户管理、项目运作等进行综合管理，以使效益最大化。最后，运输是具有一定垄断性的资本密集型产业。其资本只包括垫付在劳动资料和劳动者方面的资本，其固定成本所占的比例非常大。

3. 运输是物流的主要功能要素之一

按照物流的概念理解，物流就是“物”的物理性移动，这种移动不但改变了物的时间状态，也改变了物的空间状态。而运输承担了改变空间状态的主要任务，再配以搬运、配送等活动，就能圆满完成改变空间状态的全部任务。在现代物流观念未诞生之前，甚至至今仍有不少人将运输等同于物流，其原因是物流中很大一部分责任是由运输担任的，是物流的主要部分，因而产生上述误解。

4. 运输是“第三利润源”的主要源泉

运输是运动中的活动，它和静止的保管不同，要靠大量的动力消耗才能实现这一活动，而运输又承担大跨度空间转移之任务，所以活动的时间长、距离长、消耗也大，节约的潜力也就大。一般运费在全部物流费用中占最高的比例。

5. 运输是社会物质生产的必要条件之一

运输是国民经济的基础和先行。马克思将运输称为“第四个物质生产部门”，是将运输看成生产过程的继续。这个继续虽然以生产过程为前提，但如果没有这个继续，生产过程则不能最后完成。所以，虽然运输的这种生产活动和一般生产活动不同，它不创造新的物质产品，不增加社会产品数量，不赋予产品新的使用价值，而只变动其所在的中间位置，但这一变动能使生产继续下去，使社会再生产不断推进，所以将其看成一种物质生产部门。

（三） 运输业务方案

商品运输可以采用不同的运输方案，各种方案有其自身的特点。企业在选择运输方案的时候可以综合考虑各种因素，合理选择。

1. 基本的运输方案

基本的运输方案有：公路运输、铁路运输、水路运输、航空运输与管道运输。

(1) 公路运输是配送货物的最主要方案。该方案主要使用汽车或其他车辆在公路上进行货物运输。公路运输方案的主要优点就是在近距离的条件下可以实现“门到门”的服务，而且运输速度较快，时间灵活，对于货运量的大小有很强的适应性，近年来国内公路运输发展很快，社会运能比较充足。

(2) 铁路运输是一种陆上运输方案，以机车牵引列车在两条平行的铁轨上运行。但广义的铁路运输尚包括磁悬浮列车、缆车、索道等非钢轮行进的方式，又称轨道运输。铁路运输主要承担长距离、大批量的货运，在没有水运条件的地区，几乎所有的大批量货物都是依靠铁路运输的，是我国货运量最大的运输方式。

(3) 水路运输是使用船舶运输的方案。水运作为一种重要的运输方式，与其他运输方式比较，有不可比拟的优势，如运费低、运量大、对环境污染小等特点。水运的运量也是其他运输方式比拟不了的。由于水路运输依赖于自然的水力资源，决定了它不必像公路、铁路那样花费巨资和消耗大量资源去建设道路基础设施，而且水具有良好的流动性，使它的能源消耗也最小。

水路运输主要分为两类：内河航运和海洋运输。内河航运是指以船舶为工具，利用天然航道从事水上运输。与海洋运输相比，内河航道的特点是狭窄、弯曲、水浅、流急、风浪小，有的航段设有船闸、桥梁、过江电缆等碍航设施，洪水期和枯水期的水位落差大，不同航道的水深、宽窄、曲率半径和流速均不相同。海洋运输又分为沿海运输和远洋运输。

(4) 航空运输是使用飞机或其他航空器进行运输的一种方案。航空运输最大的优点是运输的速度非常快，但其运输成本也非常高。因此，主要适合运送客户急需的、价值高的物资（如贵重设备的零部件、高档商品等）和易腐烂、易变质的物品。

(5) 管道运输是用管道作为运输工具的一种长距离输送液体和气体物资的运输方案，是一种专门由生产地向市场输送石油、煤和化学产品的运输方式，是统一运输网中干线运输的特殊组成部分。

2. 综合运输方案

在供应链时代的今天，多式联运、集装箱运输、驮背式运输等运输方式应用非常广泛。

(1) 多式联运，是指根据实际运输要求，将不同运输方式组合成综合性的一体化运输，通过一次托运、一次计费、一张单证、一次保险，由各运输区段的承运人共同完成货物的全程运输，即将全程运输作为一个完整的单一运输过程来安排。多式联运广泛运用于国际货物运输中，称为国际多式联运。多式联运方案的组织体制一般分为两种：协作式联运（见图 5-1）和衔接式联运（见图 5-2）。

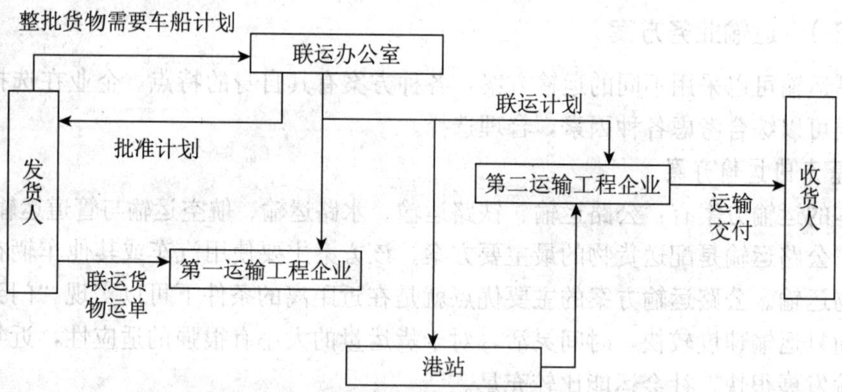

图 5-1　协作式多式联运的运输过程

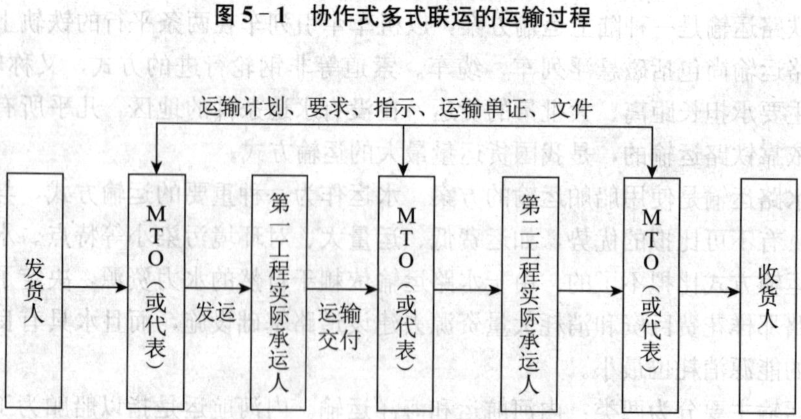

图 5-2　衔接式多式联运的运输过程

注：MTO——多式联运经营人。

（2）集装箱运输，是指利用集装箱作为运输单位进行货物运输的一种现代化的运输方案。使用集装箱转运货物，可直接在发货人的仓库装货运到收货人的仓库卸货，中途更换车、船时，无须将货物从箱内取出换装。集装箱运输的优点很多，如密封保存，抗风雨、避光、抗震；整箱搬运，装卸方便；铅封号码唯一，货物安全；运输手续简便，工作效率高；容易实现“门到门”运输等。

（3）驮背式运输，是铁路和汽车运输相互协作的一种特殊形式的集装箱运输。在驮背式运输中，承运人将汽车拖放在铁路平板车上，由铁路部门通过铁路网运送拖车至指定车站，然后汽车承运人将汽车运送至终点。这种运输服务方案集铁路的长距离、运输成本低以及汽车在短途运输上的易用、灵活等特点。

（四）有效运输运行策略的选择

在进行第三方物流运输业务运作时，要充分遵循运输合理性原则，找寻运输合理化的最佳方法，以求获得用同样的劳动消耗，创造更多的运输价值，取得最好的经济效益。3PL企业的运输经理可以从以下几方面来考虑。

1. 合理选择运输方式

要考虑运输成本的高低和运行速度的快慢，甚至还要考虑商品的性质，数量的大小，运距的远近，货主需要的缓急及风险程度。

2. 合理选择运输工具

根据不同商品的性质、数量选择不同类型额定吨位以及对温度、湿度等有要求的运输工具。

3. 正确选择运输线路

运输线路的选择，一般应尽量安排直达、快速运输，尽可能缩短运输时间，还可以安排沿路和循环运输，以提高车辆的容积利用率和里程利用率，从而达到节省运输费用、节约运力的目的。

4. 提高货物包装质量，改进配送中的包装方法

货物运输线路的长短、装卸次数的多少都会影响商品的完好性，所以，应合理地选择包装物料，以提高包装质量。另外，有些商品的运输线路较短，且要采取特殊放置方法（如烫好的衣服应垂挂），则应改变相应的包装。货物包装的改进，对减少货物损失、降低运费支出、降低商品成本有明显的效果。

5. 提高运输工具的实载率

实载率的含义有两个：一是单车实际载重与运距之乘积和标定载重与行驶里程之乘积的比率，在安排单车、单船运输时它是判断装载合理与否的重要指标；二是车船的统计指标，即在一定时期内实际完成的货物周转量（吨公里）占载重吨位与行驶公里乘积的百分比。科学进行配载运输，可以充分利用运输工具的额定能力，减少空驶和不满载行驶的时间，减少浪费，提高实载率，从而求得运输的合理化。

6. 减少劳力投入，增加运输能力

运输的投入主要是能耗和基础设施的建设，在运输设施固定的情况下，尽量减少能源动力投入，从而大大节约运费，降低单位货物的运输成本，达到合理化的目的。如在铁路运输中，在机车能力允许的情况下，多加挂车皮；在内河运输中，将驳船编成队

行，由机运船顶推前进；在公路运输中，实行汽车挂车运输，以增加运输能力等。

7. 发展社会化的运输体系

运输社会化的含义是发展运输的大生产优势，实行专业化分工，打破物流企业自成运输体系的状况。单个物流公司车辆自有，自我服务，不能形成规模，且运量需求有限，难于自我调剂，因而经常容易出现空缺，运力选择不当，不能满载等浪费现象，且配套的接、发货设施和装卸搬运设施也很难有效的运行，所以浪费颇大。实行运输社会化，可以统一安排运输工具，避免迂回、倒流、空驶、运力选择不当等多种不合理形式，不但可以追求组织效益而且可以追求规模效益，所以发展社会化的运输体系是运输合理化非常重要的措施。

8. 开展中短距离铁路公路分流

在公路运输经济里程范围内，应利用公路运输。这种运输合理化的表现主要有两点：一是对于比较紧张的铁路运输，用公路运输分流后，可以得到一定程度的缓解，从而加大这一区段的运输通过能力；二是充分利用公路从"门到门"和速度快且灵活机动的优势，实现铁路运输难以达到的水平。目前在杂货、日用百货及煤炭等货物运输中较为普遍地运用公路运输，一般认为，目前的公路运输经济里程为200～500km，随着高速公路的发展，高速公路网的形成，新型与特殊货车的出现，公路的经济里程有时可达1000km以上。

9. 尽量发展直达运输

直达运输，就是在组织货物运输过程中，越过商业、物资仓库环节或交通中转环节，把货物从产地或起运地直接运到销地或用户，以减少中间环节。直达的优势，尤其是在一次运输批量和用户一次需求量达到了一整车时表现最为突出。此外，在生产资料、生活资料运输中，通过直达建立稳定的产销关系和运输系统，有利于提高运输的计划水平。近年来，直达运输的比重逐步增加，它为减少物流中间环节创造了条件。特别值得一提的是，如同其他合理化运输一样，直达运输的合理性也是在一定条件下才会有所表现，如果从用户需求来看，批量大到一定程度，直达是合理的，批量较小时中转是合理的。

10. 合理配载运输

合理配载运输充分利用运输工具载重量和容积，合理安排装载的货物及方法以求合理化的一种运输方式。配载运输往往是轻重商品的合理配载，在以重质货物运输为主的情况下，同时搭载一些轻泡货物，如海运矿石、黄沙等重质货物，在上面捎运木材、毛竹等，在少量重质货物运输、基本不增加运力的情况下，解决了轻泡货的搭运，因此效果显著。

11. 提高技术装载量

依靠科技进步是运输合理化的重要途径。它一方面是最大限度地利用运输工具的载重吨位，另一方面充分使用车船装载容量。其主要做法有如下几种：专用散装及罐车，解决了粉状、液体物运输损耗大，安全性差等问题；袋鼠式车皮、大型拖挂车解决了大型设备整体运输问题；集装箱船比一般船能容纳更多的箱体，集装箱高速直达加快了运输速度等。

12. 进行必要的流通加工

有不少产品由于本身形态及特性问题，很难实现运输的合理化，如果针对货物本身的特性进行适当的加工，就能够有效解决合理运输的问题，例如将造纸材料在产地先加工成纸浆或纸板，以压缩体积。

二、运输作业流程分析

（一）运输服务经营者

运输的作用是将货物进行空间移动，物流系统依靠运输作业，克服货物从发货地到收货地的空间距离，创造货物的空间效益。物流系统中的运输环节，是传统多式联运内涵的扩展。对于国际间货运来说，具有路线长、环节多、涉及面广、手续复杂、风险性大、时间性强等特点。运输服务是由各种提供者提供的，提供运输服务的经营者有以下几种类型。

(1) 单一方式经营人。最基本的承运人是仅利用一种运输方式提供单一方式的经营人，这种方式具有专业化、高效率的特点。

(2) 专门化经营人。专门化经营人的方式主要是指包裹递送服务。

(3) 多式联运经营人。传统运输方式下的多式联运经营人是指本人或其代表与发货人订立多式联运合同的任何人，他是事主，而不是发货人的代理人或代表，也不是参加多式联运的承运人的代理人或代表，并负有履行合同的责任。与现代物流下的多式联运经营人的不同之处在于：传统的多式联运经营人直接对货主服务；而现代物流意义下的多式联运经营人如果本身作为第三方物流经营人而存在，那么就直接从货主处接收订单，对货主负责；如果本身作为其他 3PL 企业的分包商而存在，那么，他是受物流经营人的委派完成运输任务，并直接对物流经营人负责。比较各种方式，对将目标定为全球物流的经营人来讲，多式联运通常是他们最常选择的跨国运输方式。

（二）运输作业流程

运输的一般业务流程包括接单、发运、到站和签收四个环节，以及在发运和到站中可能存在的短驳或中转，如图 5－3 所示。

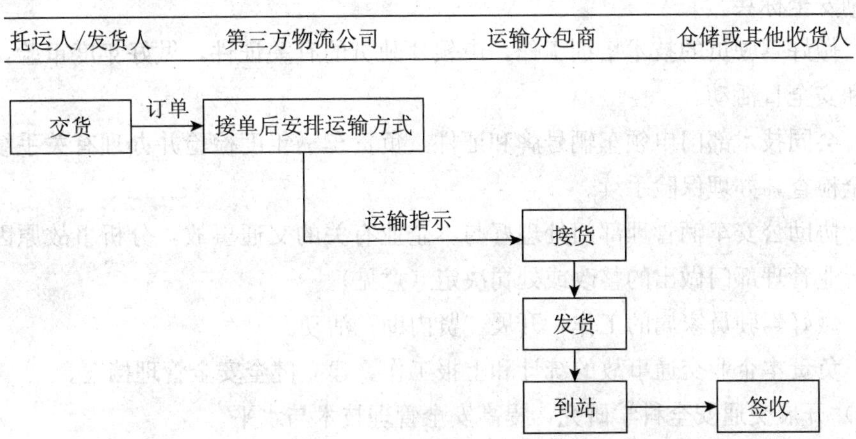

图 5－3　运输业务流程

1. 接单管理

物流业务中一个重要服务内容就是配送、拆装等增值服务，为了保证在进行货物配送时不混乱、不丢失，就必须掌握货物的明细信息。因此，在物流的接单环节，除了一般的货运信息外，还应提供货物明细信息的维护功能。

2. 发运管理

在发运环节，除了货物本身的发运信息之外（例如发运地、到达地等），还需要记录运输工具、集装箱箱号和承运人信息。有了这些信息，当货物在运输过程中出现货损货差等意外情况时，可以很容易进行责任管理。

3. 到站管理

除了正常的到站信息外，还应记录异常到站的信息以及原因等。

4. 签收管理

提供正常签收管理，还提供异常签收管理。

此外，运输过程中的单证管理应包括装车单、关单、联运提单和海运提单等。

三、运输安全规则

运输安全规则的内容主要根据不同方案深入展开，应确定的内容主要包括以下几项。

1. 道路运输安全规则

(1) 全面贯彻执行党和国家制定的交通安全管理工作的方针政策，健全各级安全管理机构。

(2) 认真执行道路运输和交通安全法规、规范和标准，服从道路运输管理，做好道路运输的宣传教育工作。

(3) 结合企业实际，建立健全以安全管理工作岗位责任制为主的各项安全管理制度，制定企业的安全技术标准和操作规程。

(4) 开展安全检查，纠正违章行为。组织安全竞赛，交流安全经验，推广安全技术，奖励安全标兵。

(5) 做好驾驶员的技术培训工作，申领驾驶员的有关证件，做好年度审验，安排好安全月和安全日活动。

(6) 会同技术部门申领车辆号牌和证件，负责车辆年度检验并办理有关手续，组织车辆安全检查，办理保险手续。

(7) 协助公安车辆管理部门处理好与本企业有关的交通事故，分析事故原因，执行司法或行业管理部门做出的整改或处罚决定（意见）。

(8) 做好驾驶员家属的工作，开展“贤内助”活动。

(9) 负责本企业交通事故的统计和上报工作，建立健全安全管理档案。

(10) 开展交通安全科学研究，提高安全管理技术与水平。

2. 铁路运输安全规则

（1）健全铁路安全管理制度，制止违章违纪行为，严格按作业要求和方法组织装卸和搬运，对于不符合运输要求的货物一律拒绝承运。

（2）加强运输组织管理，防止易腐货物腐败变质，要认真检查易腐货物的质量和状态，正确选择易腐货物的运送方法。

（3）加强作业的管理和检查，防止货物污染，必须严格检查货物的包装质量，严格清洗与消毒受污染的车辆和装载容器，严格装卸作业要求，遵守作业规定。

（4）发生货运事故后，应积极采取措施，尽量减少损失。对运输事故发生的原因及责任的认定，必须坚持调查研究，查清事实，根据国家法律、行政法规和政策进行处理。

3. 水路运输安全规则

（1）执行水上法令，监督船舶、设施和人员遵守国家法令与规章的执行情况。

（2）对船舶、设施进行注册登记，监督检查和检验船舶与设施的技术状况证书和技术证书，审查船舶建造计划。

（3）监督和防止船舶污染，保护海洋环境。

（4）保障水上危险货物的装卸、运输和储存的安全。

4. 航空运输安全规则

（1）检查有关保证安全的法规、制度的具体落实情况，制定机场保障航空安全的规章制度和具体措施。

（2）定期对机场各单位、部门的安全责任落实情况进行考核，提出改进意见，进行定期和不定期的安全检查，实施安全监督和检查，及时消除影响航空安全的隐患，管理日常安全管理资料。

（3）收集、处理机场的安全信息，定期向航空安全管理部门提交书面航空安全形势分析报告，分析存在的隐患，提出整改意见，并根据会议决议监督各部门及时落实整改措施。

（4）组织和领导机场的安全文化建设，以及航空安全教育、业务技能、管理技能、安全意识的培训和应急救援演练工作，提出与航空安全相关的奖惩事项，办理各项航空安全奖惩事项。

知识链接

交通运输法

交通运输法，即调整交通运输关系的法律规范的总称。交通运输关系包括交通运输管理关系及交通运输合同关系。交通运输管理关系是交通主管部门、交通运输企业对交通运输活动实行领导、组织和管理所产生的一种关系；交通运输合同关系是交通运输企业与托运人或乘客之间所产生的货运合同关系和客运合同关系。

第二节　第三方物流企业仓储运作

现代3PL企业仓储的作用不仅是保管，更多的是物资流转中心在保障保管物资的安全性的同时，更多地要考虑如何运用现代技术来提高仓储运作的速度和效益。

一、库存业务方案选择

（一）库存运作定义

库存运作是指在物流过程中对商品储存数量的管理。

过去认为仓库里的商品多，表明企业发达、兴隆。现代管理学则认为“零库存”是最好的库存管理。库存多，占用资金多，利息负担加重。但是如果过分降低库存，则会出现断档。

（二）库存的作用

库存是为了满足未来需要而暂时闲置的资源，既然是资源的闲置，就一定会造成浪费，增加企业的开支。但是因为库存有其特定的作用，为了维系生产的顺利进行还是要维持一定量的库存。归纳起来，库存有以下几方面的作用。

第一，缩短订货提前期。当制造厂维持一定量的成品库存时，顾客就可以很快采购到他们所需的物品，这样缩短了顾客的订货提前期，也使供应厂商争取到了顾客。

第二，维持供应链稳定。在当今激烈竞争的社会中，企业外部需求的不稳定性是正常现象。生产的均衡性又是企业内部组织生产的客观要求。成品库存将外部需求和内部生产分隔开，像水库一样起着稳定作用。

第三，分摊订货费用。需要一件采购一件，可以不需要库存，但不一定经济。订货需要一笔费用，如果一次采购一批，分摊在每件物品上的订货费就少了，但这样会有一些物品一时用不上，造成库存。

第四，防止短缺。维持一定量库存可以防止短缺。为了应付突然事件例如自然灾害，一个企业必须要有储备。

第五，防止中断。在生产过程中维持一定量的在制品库存，可以防止生产中断。同样，在运输途中维持一定量的库存，可以保证供应，使生产正常进行。尽管库存有如此重要的作用，但生产管理的努力方向不是增加库存，而是不断减少库存。库存掩盖了生产经营过程中的各种矛盾，是应该消除的。我们研究库存，是要在尽可能低的库存水平下满足需求。

（三）库存业务方案

库存方案的设计要在保证企业生产、经营需求的前提下，使库存量经常保持在合理的水平上；做到掌握库存量动态，适时适量提出订货，避免超储或缺货；减少库存空间占用，降低库存总费用；控制库存资金占用，加速资金周转。基本库存运作方案有以下几种。

1. 委托保管方案

接受用户的委托，由受托方代存代管所有权属于用户的物资，使用户不再保有库存，甚至可不再保有保险储备库存，从而实现“零库存”。受托方收取一定数量的代管费用。这种零库存形式的优势在于：受委托方利用其专业的优势，可以实现较高水平和较低费用的库存管理，用户不再设仓库，同时减去了仓库及库存管理的大量事务，集中力量于生产经营。但是，这种零库存方式主要是靠库存转移实现的，并未能使库存总量降低。

2. 协作分包方案

协作分包方案即美国的“sub-com”方式和日本的“下请”方式。主要是制造企业的一种产业结构形式，这种结构形式可以以若干分包企业的柔性生产准时供应，使主企业的供应库存为“零”；同时，主企业的集中销售库存使若干分包劳务及销售企业的销售库存为“零”。

在许多发达国家，制造企业都是以一家规模很大的主企业和数以千百计的小型分包企业组成一个金字塔形结构。主企业主要负责装配和产品开拓市场的指导，分包企业各自分包劳务、分包零部件制造、分包供应和分包销售。例如分包零部件制造的企业，可采取各种生产形式和库存调节形式，以保证按主企业的生产速率，按指定时间送货到主企业，从而使主企业不再设一级库存，达到“零库存”的目的。

3. 轮动式方案

轮动式方案也称同步方式，是在对系统进行周密设计前提下，使各个环节速率完全协调，从而根本取消甚至是工位之间暂时停滞的一种零库存、零储备形式。这种方式是在传送带式生产基础上，进行更大规模延伸形成的一种使生产与材料供应同步进行，通过传送系统供应从而实现“零库存”的形式。

4. 准时供应方案

在生产工位之间或在供应与生产之间完全做到轮动，这不仅是一件难度很大的系统工程，而且需要很大的投资，同时，有一些产业也不适合采用轮动方式。因而广泛采用比轮动方式有更多灵活性、较容易实现的准时方式。准时方式不是采用类似传送带的轮动系统，而是依靠有效的衔接和计划达到工位之间、供应与生产之间的协调，从而实现“零库存”。如果说轮动方式主要靠“硬件”的话，那么准时供应系统则在很大程度上依靠“软件”。

5. 看板式方案

看板式方案是准时方式中一种简单有效的方式，也称“传票卡制度”或“卡片”制度，是日本丰田公司首先采用的。在企业的各工序之间，或在企业之间，或在生产企业与供应者之间，采用固定格式的卡片为凭证，由某一环节根据自己的节奏，逆生产流程方向，向上一环节指定供应，从而协调关系，做到准时同步。采用看板方式，有可能使供应库存实现“零库存”。

6. 水龙头式方案

水龙头式方案是一种像拧开自来水管的水龙头就可以取水一样而无须自己保有库存的“零库存”形式。这是日本索尼公司首先采用的。这种方式经过一定时间的演进，已发展成即时供应制度，用户可以随时提出购入要求，采取需要多少就购入多少的方式，供货者以自己的库存和有效供应系统承担即时供应的责任，从而使用户实现“零库存”。适用于这种供应形式实现“零库存”的物资，主要是工具及标准件。

7. 无库存储备方案

国家战略储备的物资，往往是重要物资，战略储备在关键时刻可以发挥巨大作用，所以几乎所有国家都要有各种名义的战略储备。由于战略储备的重要，一般这种储备都保存在条件良好的仓库中，以防止损失，延长其保存年限。因而实现“零库存”几乎是不可想象的事。无库存的储备，是仍然保持储备，但不采取库存形式，以此达到“零库存”。例如，有些国家将不易损失的铝这种战略物资做成隔音墙、路障等储备起来，以备万一。

（四） 3PL 企业仓储有效运行的实施要点

3PL 企业仓储运行必须关注效率的提升，有效的实施要点如下：进行仓储物的 ABC 分析；在 ABC 分析基础上实施重点管理；在形成了一定的社会总规模前提下，追求经济规模，适当集中库存。3PL 企业的仓储经理可以从以下几方面来考虑。

1. 实行 ABC 分类控制法

ABC 分类控制法是指将库存货物按重要程度细分为特别重要的库存（A 类货物）、一般重要的库存（B 类货物）和不重要的库存（C 类货物）三个等级，针对不同类型级别的货物进行分别管理和控制的方法。

2. 适度集中库存

适度集中库存是“零库存”这种合理化形式的前提。

（1）加速物资总的周转，提高单位产出。具体做法诸如采用单元集装存储、建立快速分拣系统都利于实现快进快出、大进大出。

（2）采用有效的“先进先出”方式，保证每个被储物的仓储期不至于过长。“先进先出”是一种有效的方式，也成了仓储管理的准则之一。有效的先进先出方式如下。

①贯通式货架系统。

②“双仓法”仓储。给每种被储物准备两个仓位或货位，轮换进行存取，再配以必须在一个货位中取光才可补充的规定，则可以遵循信号实现“先进先出”。

③计算机存取系统。采用计算机管理，在存货时向计算机输入时间记录，编入一个简单的按时间顺序输出的程序，取货时计算机就能按时间标志给予指示，以保证“先进先出”。

3. 加速总周转

储存现代化的重要课题是将静态储存变为动态储存，周转速度一快，会带来一系列的合理化好处：资金周转快、资本效益高、货损小、仓库吞吐能力增加、成本下降等。

4. 提高仓容利用率

（1）采取高垛的方法。

（2）缩小库内通道宽度以增加储存有效面积。

（3）减少库内通道数量以增加储存有效面积。

5. 采用有效的储存定位系统

储存定位的含义是被储物位置的确定。如果定位系统有效，能大大节约寻找、存放、取出的时间，节约不少物化劳动及活劳动，而且能防止差错，便于清点及实行订货点等的管理方式。

6. 采用有效的监测清点方式

(1)“五化”码。是中国手工管理中采用的一种科学方法。储存物堆垛时，以“五”为基本计数单位，堆成总量为“五”的倍数的垛形，如梅花五、重迭五等，堆码后，有经验者可过目成数，大大加快了人工点数的速度，且差错少。

(2) 光电识别系统。在货位上设置光电识别装置，该装置对被存物扫描，并将准确数目自动显示出来。这种方式不需人工清点就能准确掌握库存的实有数量。

(3) 计算机监控系统。用计算机指示存取，可以防止人工出错。

补充阅读

菜鸟网络华北物流中心：打造北方电商产业城

阿里巴巴菜鸟网络华北物流中心是阿里巴巴的华北运营中心，主要从事电子商务交易、配送、仓储、结算等业务，旨在利用先进的互联网技术，建立开放、透明、共享的数据应用平台，为电子商务企业、物流公司、仓储企业、第三方物流服务商、供应链服务商等各类企业和消费者提供优质服务。

在智能仓库里，菜鸟网络依托大数据预测、云计算、自动化流水线等手段，装配了可识别各地方言的“语音拣选系统”，大大提高了工作效率和发货速度。2015 年“双 11”前，国内首批自主研发的仓储机器人在这里率先投入使用，使快件分拣打包更加迅速，并节省了大量人力物力。目前，每天大约有 400 辆货车从仓库将快件运送至北京、山东等地，日均出单量超过 10 万单，相当于每天卖掉 10 个线下大型超市的货量。

菜鸟网络华北物流中心的发展定位是立足天津，服务京津冀，辐射整个华北地区，打造北方电商产业城。由菜鸟网络搭建的“中国智能物流骨干网”通过自建、共建、合作、改造等多种模式，在全国范围内形成一套开放共享的社会化仓储设施网络。

二、仓储作业流程分析

仓储管理包括货物的入库管理、在库管理和出库管理三大块。其中，在库管理是指对库中作业的管理——特指货物包装、拆卸、库中调配、再加工等典型的物流服务；通过对出入库货物数量的计算，可以得出准确的库存结存量，另外，还可以根据物流订单信息进行库存的预测，如图 5 - 4 所示。

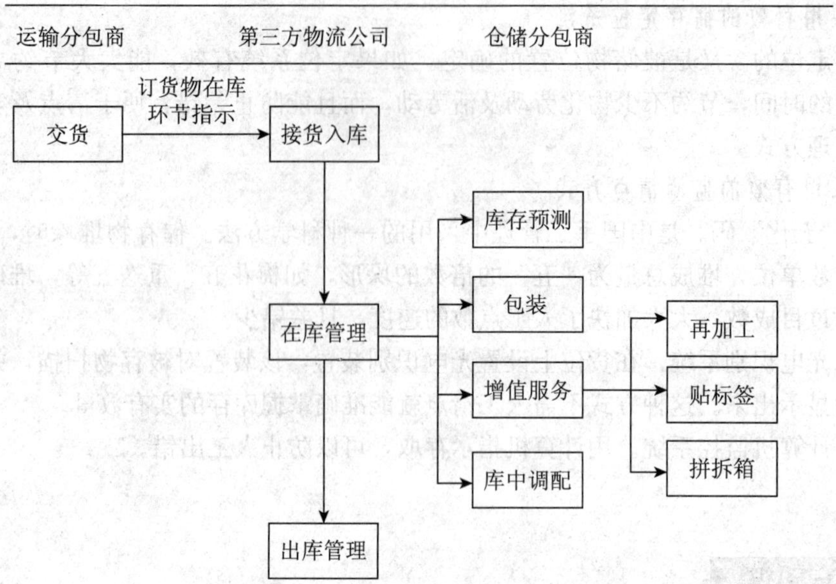

图 5-4　仓储业务流程

1. 入库管理

进仓排位。按优化原则，自动安排每单进仓货物的存放位置，在入库环节，主要是对入库货物的信息进行采集。除一般货物信息外，还应该特别注意异常入库信息，例如入库残损、入库拒收等情况。

2. 在库管理

减少库存也就是降低成本、提高其灵活性，这使库存管理尤为重要。针对客户不同需求，进行分拣理货、配货作业，管理对货物的再包装、拆箱拼箱等增值服务，并同时记录每次服务的账目情况；按货主的要求完成物品的搭配出库；管理货物库存位置的变动情况。完全控制库存业务，记录发生的所有库存交易，提高库存水平的实时信息，一旦有订单，马上计划库存交易量，了解所有网点的库存水平。提供各种工具以掌握库存的最新信息，也可根据提供的信息准确判断市场走向并相应做出调整订货点（即订货时机，库存下降到某个值时决定补货，把补货时的库存量称为订货库存量，又称为订货点）、安全库存、订货至交货时间及服务水平等。

3. 出库管理

按“先进先出”原则提货，对出库货物信息进行采集，除采集一般货物信息外，还应注意异常出库信息、货物的去向、提货人、承运人等。

4. 预测管理

在公司的库存量减少或订货至交货时间缩短的情况下，保证高质量、可靠的供应是至关重要的。准确的预测可以帮助公司盈利。采集与分析市场走向、产品生命周期等行业信息，帮助公司预测市场动态并做出相应计划。分析替代行业及可能出现的现象，做出库存计划。

5. 盘点管理

盘点管理是实现货物盘点的有效工具，不仅能够全面盘点，还能对部分货物品种进行部分抽点。提供关于搁置货物（指外包装不可修复而包装内货物质量不受影响的货物）的重包装申请表、破损货物（指货物内包装破损，不可修复或因各种原因不可使用的货物）及过期货物（指货物储存日期已超过其保质期而必须做出处理的货物）的货物销毁申请表。提供实际仓位图，标明仓库的使用情况，帮助库管员进行货物的出入库管理。

三、仓储管理安全规则

库存安全管理规则的基本要求包括人力安全管理和机械安全管理规则两方面内容。

（一） 人力安全管理规则

由于人工作业方式受到作业人员的身体素质、精神状况和感知能力、应急能力等多种因素的影响，因此必须做好作业人员的安全管理工作，具体要求如下。

1. 只在适合作业的安全环境下进行作业

人工作业现场必须排除损害作业人员身心健康的因素，对于存在潜在危险的作业环境，作业前要告知作业人员，让其了解作业环境，尽量避免作业人员身处或接近危险因素和危险位置。

2. 仅在合适的作业环境和负荷条件下进行作业

人力作业仅限制在轻负荷的作业，不超负荷作业，人力搬运商品时要注意商品标重，一般来说，男性员工不得搬举超过 80kg 的商品，女性员工搬运负荷不得超过 25kg，集体搬运时每个人的负荷不得超过 40kg。

3. 尽可能采用人力机械作业

人力机械承重也应在限定的范围，如人力绞车、滑车、拖车、手推车等承重不超过 500kg。

4. 做好作业人员的安全防护工作

作业人员要根据作业环境和接触的商品性质，穿戴相应的安全防护用具，携带相应的作业用具，按照规定的作业方法进行作业；不得使用自然滑动、滚动和其他野蛮作业方式；作业时注意人工与机械的配合，在机械移动作业时人员需避开移动的商品和机械。

5. 作业现场必须设专人指挥和进行安全指导

安全人员要严格按照安全规范进行作业指挥，指导人员避开不稳定货垛的正面、运行起重设备的下方等不安全位置进行作业；在作业设备调整时应暂停作业，适当避让；发现作业现场存在安全隐患时，应及时停止作业，消除隐患后方可恢复作业。

6. 合理安排作息时间

为保证作业人员的体力和精力，每作业一段时间应安排适当的休息，如每作业 2h 至少有 10 min 休息时间，每 4h 有 1h 休息时间，还要合理安排吃饭、喝水等生理活动的时间。

（二） 机械安全管理规则

机械安全管理的内容主要是注意机械本身状况及可能对商品造成的损害，具体要求如下。

1. 在机械设备设计负荷许可的范围内作业

作业机械设备不得超负荷作业，危险品作业需减低负荷量的25%作业；所使用的设备应无损坏，特别是设备的承重机件更应无损坏，符合使用的要求，不得使用运行状况不好的机械设备作业。

2. 使用合适的机械、设备进行作业

尽可能采用专用设备作业，或者使用专用工具。若使用通用设备，则必须满足作业需要，并进行必要的防护，如货物绑扎、限位等。

3. 设备作业要有专人进行指挥

采用规定的指挥信号，按作业规范进行作业指挥，且载货移动设备上不得载人运行。

4. 其他规则

移动吊车必须在停放稳定后方可作业；叉车不得直接叉运压力容器和未包装物；移动设备在载货时需控制行驶速度，不可高速行驶；货物不能超出车辆两列0.2m，禁止两车共载一物。

第三节　第三方物流企业配送运作

3PL企业的配送运作方案很大程度上依赖于配送中心的种类，对配送中心的准确分类，有利于对配送方案的设计与运作管理。

一、配送业务方案选择

（一）配送中心的划分

对配送中心的适当划分，是深化及细化认识配送中心的必然，按理论和配送中心的作用划分，可以有许多理想的分类，这里仅就已在实际运转中的配送中心类别进行概述。

1. 专业配送中心

专业配送中心大体上有两个含义。第一个含义是配送对象、配送技术是属于某一专业范畴，在某一专业范畴有一定的综合性，综合这一专业的多种物资进行配送。例如，多数制造业的销售配送中心，目前我国在石家庄、上海等地设立的配送中心大多采用这一形式。第二个含义是以配送为专业化职能。基本不从事经营的服务型配送中心，例如，《国外物资管理》杂志介绍的“蒙克斯帕配送中心”。

2. 柔性配送中心

在某种程度上和专业配送中心对立的配送中心，这种配送中心不向固定化、专业化方向发展，而是不断向发展配送用户和改变配送用户的方向发展。柔性配送中心能随时变化，对用户要求有很强的适应性，不固定供需关系。

3. 供应配送中心

专门为某个或某些用户（例如联营商店、联合公司）组织供应的配送中心。例如，为大型连锁超级市场组织供应的配送中心；代替零件加工厂送货的零件配送中心，使零件加工厂对装配厂的供应合理化。我国上海地区 6 家造船厂的配送钢板中心，就属于供应型配送中心。

4. 销售配送中心

以销售经营为目的，以配送为手段的配送中心。销售配送中心大体有三种类型：第一种是生产企业为本身产品直接销售给消费者的配送中心。在国外，这种类型的配送中心很多。第二种是流通企业作为本身经营的一种方式，建立配送中心以扩大销售，我国目前拟建的配送中心大多属于这种类型，国外的例证也很多。第三种是流通企业和生产企业联合的协作性配送小心。从国外和我国的配送中心发展趋向来看，都向以销售配送中心为主的方向发展。

5. 城市配送中心

以城市为配送范围的配送中心，由于城市范围一般处于汽车运输的经济里程，这种配送中心可以直接配送到最终用户，并且采用汽车进行配送。因此，这种配送中心往往和零售经营相结合。由于运距短、反应能力强，因此，城市配适中心从事多品种、少批量、多用户的配送较有优势。

6. 区域配送中心

以较强的辐射能力向省（州）际、全国乃至国际范围的用户进行配送的配送中心。这种配送中心配送规模较大，一般而言，用户规模也较大，配送批量也较大，而且往往是配送给下一级的城市配送中心，也配送给营业所、商店、批发商和企业用户，虽然也从事零星的配送，但不是主体形式。

7. 储存型配送中心

具有很强储存功能的配送中心。一般来说，在买方市场下，企业成品销售需要有较大的库存支持，其配送中心可能有较强的储存功能；在卖方市场下，企业原材料、零部件供应需要有较大的库存支持，这种供应配送中心也应有较强的储存功能。大范围配送的配送中心，需要有较大的库存，也可能是储存型配送中心。我国目前拟建的配送中心都采用集中库存形式，库存量较大，多为储存型。

8. 流通型配送中心

基本上没有长期储存功能，仅以暂存或随进随出方式进行配货、送货的配送中心。这种配送中心的典型方式是，大量货物整进并按一定批量零出，采用大型分货机，进货时直接进入分货机传送带，分送到备用户货位或者直接分送到配送汽车上，货物在配送中心里仅做少许停滞。

9. 加工配送中心

许多资料都指出配送中心的加工职能，但是，有关加工配送中心的实例目前所见到的并不多。我国上海市和其他城市已开展的配煤配送，配送点中进行了配煤加工，上海 6 家船厂联建的船板处理配送中心，原物资部的北京剪板厂都属于这一类型的中心。

（二） 配送业务方案

从物流服务提供者的角度来看，3PL 配送公司可以管理整个物流过程，也可以选择管理几项活动，例如报关、运价谈判、库存管理、配送服务等多种第三方物流服务项目。3PL企业与生产企业或者商务企业之间是动态联盟、长期稳定的合作关系，它可以根据客户的要求提供个性化物流服务。

从3PL企业对外提供的物流服务的运作方式来说，它的基本配送方案有以下几种。

1. 定时配送方案

定时配送方案是指在相同的时间间隔内进行物品配送，每次配送的品种和数量可以按照计划执行，也可按事先签订合同时就定好的方式进行配送。

2. 定量配送方案

定量配送方案是指按规定的数量在一个指定时间范围内配送物品。这种配送方每次配送的品种、数量固定，备货作业较为简单。

3. 定时定量配送方案

定时定量配送方案是指按规定的时间、品种和数量进行配送作业，这种配送方式结合了定时配送方式和定量配送方式的特点，服务质量水准较高，同时也使配送组织工作难度增大，通常只是针对固定用户进行这项服务，适用范围很有限。

4. 加工配送方案

加工配送方案是指对配送的货物进行部分加工后，再按用户要求进行的配送活动。这种配送活动可以将加工和配送形成一体，使加工目的明确、针对性很强，因此，可以大幅度提高配送服务质量及作业效率。

5. 集中配送方案

集中配送方案是由几个物流据点共同协作制订计划，共同组织车辆设备，对同一地区用户进行统一配送。这样可以提高车辆的利用率、提高配送效率，有利于降低配送成本。在实际中，随着用户需求的改变，3PL配送企业可以根据用户的需求，灵活地改变自己的运作方式，尽最大可能满足客户要求，配送技术与组织方法也要随之改变和完善。

（三）3PL企业配送业务有效运行策略

物流配送的对象、品种、数量等较为复杂，为了做到有条不紊地组织配送活动，物流经理应当遵照一定的工作程序对配送业务进行安排与管理，一般情况下，3PL企业的配送经理管理工作内容主要分为配送日常管理及配送中心主要活动绩效管理。

1. 配送工作的日常管理

（1）物流配送线路的选择。物流配送线路的选择是否合理对配送速度、成本、效益影响很大，因此，采用科学合理的方法确定合理的配送路线是非常重要的一项工作。确定配送路线可以采取数学方法和在数学方法基础上发展和演变出来的经验方法进行，主要有方案评价法、数学计算法和节约里程法等，现在研发出多个软件可以帮助配送经理及员工设定配送线路，避免烦琐的数学计算，在此不做这些计算方法的具体介绍。

（2）拟订配送计划。配送经理应组织、拟订配送计划，供具体负责进行配送作业的员工执行。一般可采用计算机作为编制配送计划的主要手段。

知识链接

拟定配送计划的主要依据

(1) 订货合同副本。订货合同一般包括客户订货的品种、规格、数量、送货时间、送货地点、接货人、接送货方式等。

(2) 仓储配送合同。

(3) 电话预约合同。

(4) 所需配送的各种商品的性能、运输要求，以此决定车辆种类及运输方式。

(5) 配送车辆、装卸设备、相关专用工具等情况。

(6) 运输条件。与道路运输有关的要求、运达地点、作业环境、气候等。

(7) 各配送节点的商品品种、规格、数量及分布等情况。

确定配送计划的主要内容

(1) 按日排定客户的品种、规格、数量、送货时间、送达地点、接货人等，并弄清各客户详细地址，可用地图标明，也可在表格中列出。

(2) 按客户需要的时间，确定配送作业准备的提前期。

(3) 确定每天从各配送点发运的商品品种、规格、数量。

(4) 按计划的要求选择配送服务的具体组织方式。

(5) 列出详细配送计划表供审批、执行和备案。

(3) 下达配送计划。配送计划确定之后，配送经理要向各配送点下达任务。依据计划调度运输车辆、装卸机械及相关作业班组与人员，并指派专人将商品送达时间、品种、规格、数量通知客户，使客户按计划准备好接货工作。

(4) 配货和进货组织工作。配送经理应按计划做好配送组织工作，要求各配送点按配送计划审定库存商品的保存程度，若有缺货情况应立即组织进货。同时，要求各配送点按计划进行配货、分货、包装、配装等工作。

(5) 配送发货管理。配送经理应与监督理货人按计划将各种所需的商品进行分类，标明到达地点、客户名称、配送时间、商品明细等，并按流向、流量、距离将各类商品进行配装，将发货明细表交给司机或随车送货人。发货车辆按指定路线运达客户。

(6) 费用结算管理。物流车辆按指定的计划送达客户，有客户在回执上签字。完成配送工作后，配送经理即可同财务部门进行费用结算，完成整个配送业务。

(7) 配送中心设施规划与设计。作为配送业务的管理者，还应注重配送中心的设施设计与建设，其规划设计既要考虑到配送范围的距离、集货渠道的距离，实际交通状况，又要考虑时间、费用和经济效益等因素。

2. 配送中心主要活动绩效管理

(1) 客户服务绩效管理对配送中心来说，客户服务贯穿于从接受订单开始到将商品送到客户手中的全部配送过程。做好客户服务不仅可以留住老客户，保持和发展顾客的忠诚度与满意度，还可以通过树立良好的企业形象，赢得大量的新客户。

提高客户服务绩效，首先要制定准确的服务标准，客户对配送中心的服务满意度主要来自与配送中心的交易环节，包括在交易前、交易中和交易后所发生的各种具体交易行为。配送中心可以依据这些具体的交易行为制定各环节的服务标准，以此作为考核服务的具体内容。顾客服务评价标准如表 5－1 所示。

表 5－1　客户服务评价标准

客户服务要素	评价标准
交易前要素	存货可供率，配送（送货）期
交易中要素	订单处理状态，订单跟踪；延期订货处理状态，配送（送货）时发生的短缺，配送延迟，产品替换，运输线路的更改
交易后要素	实际配送（送货）日期，退货与更换调整

目前，我国配送中心的服务水平与世界同类企业相比还有一定的差距，许多企业都缺乏有效稳定的顾客服务策略，管理层也缺乏行之有效的手段。但是，随着配送领域里越来越多的世界知名企业参与竞争，我国企业必须采用多种方式提高顾客服务水平和质量。

（2）运输绩效管理。运输作为配送活动的一个重要环节，主要完成配送商品从供应商到客户间的移动。进行运输绩效评价与分析，有利于提高运输效率和效益。现代运输的各种方式的效能和特点不同，配送中心必须结合配送商品的特性、运输条件和市场需求，合理地选择使用，实现及时、准确、安全、经济的商品配送，取得较好的运输绩效。

配送中心进行运输绩效量化考核的指标如下。

①商品运输量。考核商品运输量可以从实物件数或运输金额两方面进行。

②运输损失。主要指按运输收入或按商品价值计算的损失率。

③运输费用水平。

④运输费用效益。

⑤合理运输评价指标。包括商品待运期和货损货差率。

⑥消耗评价指标。包括实际油耗和保修费。

⑦安全评价指标。包括事故频率及安全间隔里程。

⑧运输效率和效益评价指标。主要有车船完好率、车船利用率、车船实载率、吨位产量、吨公里成本及单车船经济效益。

⑨运输质量评价指标。包括准时运输率和车船满载率。

（3）配送绩效管理。配送是按客户的订货要求，在配送中心进行分货、配货工作，并将配好的货物送交收货人的活动，它是流通加工、整理、拣选、分类、配货、装载、运送等一系列活动的集合。通过配送，物流活动才能得以最终实现。配送活动增加了产品的价值，提高了企业的竞争力。但是，完成配送活动需要付出一定的配送成本。对配送成本的绩效管理就是在一定的顾客服务水平下使配送成本最小、在一定的配送成本水平下尽量提高顾客的服务水平。

①弄清配送成本的构成。配送成本是指产品在空间（含静止）过程中所耗费的各种活劳动和物化劳动的货币表现。由于配送活动贯穿于企业活动的全过程，因此，备货、拣货、包装、装卸搬运、储存、流通加工等各项活动中的费用都应计作配送成本，如图5-5所示。

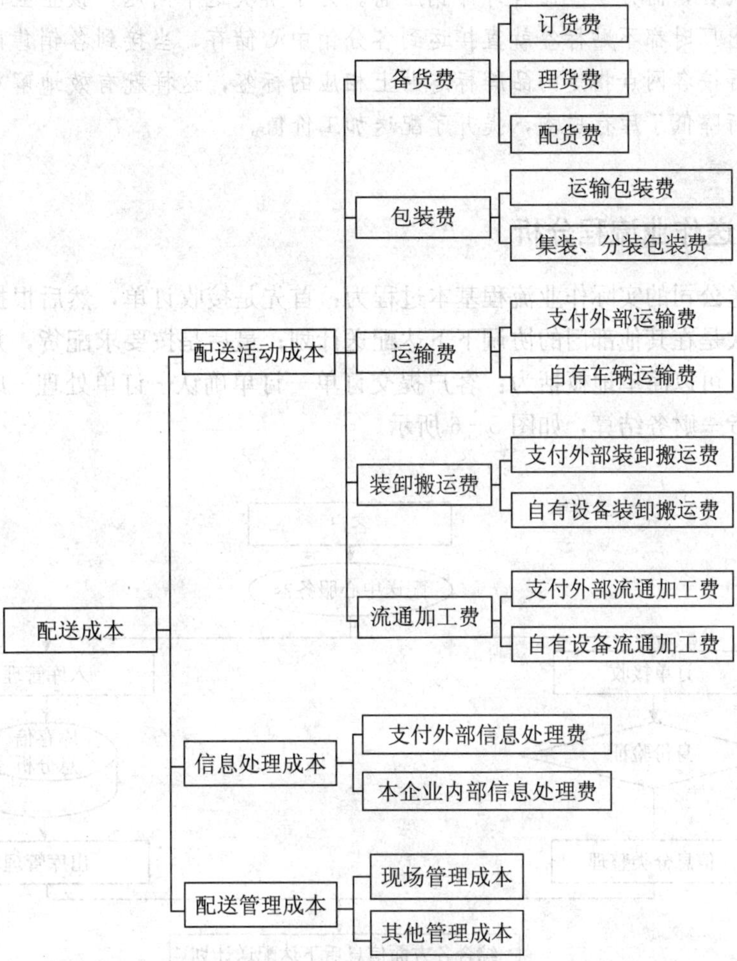

图5-5　配送成本构成

②降低配送成本的策略。配送成本的绩效管理主要是提高配送资金的利用率，降低各业务环节的物料和人工耗费。配送成本降低的有效策略有：混合策略、差异化策略、合并策略（一是配送方法上的合并，另一个则是共同配送）、延迟策略（形成延迟和时间延迟）。

知识链接

金枪鱼罐头的配送延迟策略

美国一家生产金枪鱼罐头的企业就通过采用延迟策略改变配送方式，降低了库存水平。以前这家企业为提高市场占有率，曾针对不同的市场设计了几种标签，产品生产出来后运到各地的分销仓储存起来。由于顾客偏好不一，几种品牌的同一产品经常出现某种品牌畅销缺货，而另一些品牌却滞销压仓。为了解决这个问题，该企业改变以往的做法，在产品出厂时都不贴标签就直接运到各分销中心储存，当接到各销售网点的具体订货要求后，再按各网点指定的品牌标志贴上相应的标签，这样就有效地解决了此缺彼滞的矛盾，从而降低了库存成本，提升了配送加工价值。

二、配送作业流程分析

物流配送公司的实际作业流程基本过程为：首先是接收订单，然后根据订单拟定配送计划；其次是在其他部门的协调下下达配送计划；最后是按要求配货，并将货物送到指定的地点。可以简单地概括为：客户提交订单—订单确认—订单处理—库存管理—配货处理—送货—财务结算，如图 5-6 所示。

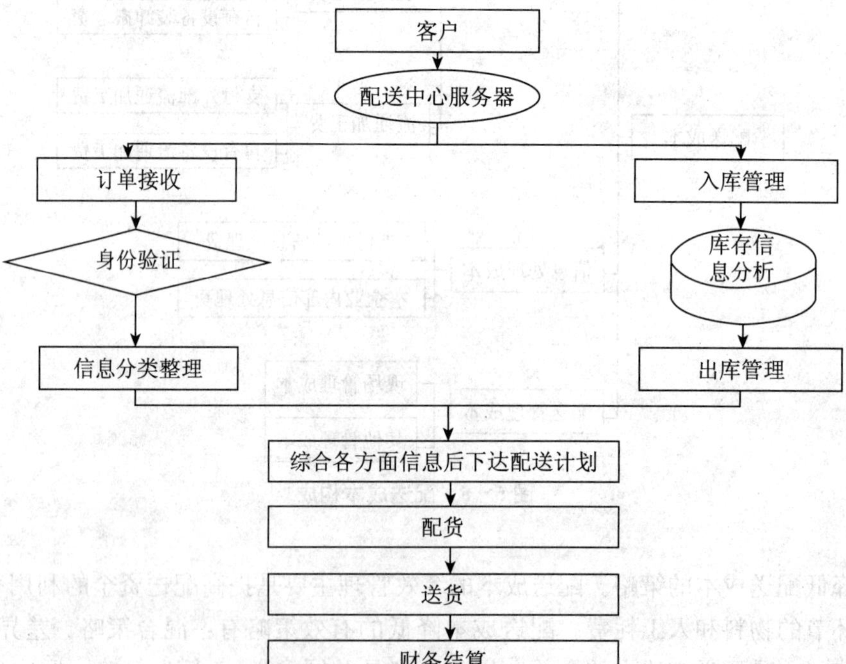

图 5-6　配送业务流程

1. 订单处理

订单处理不仅是整个配送中心业务的开始，而且是信息系统中数据的起点。高效的订单处理是整个信息系统成功的关键，订单业务贯穿于整个物流供应链的每个环节。配送中心只有在接收到客户的有效服务请求后，配送中心才能继续开展配送工作。订单的接收主要是通过 Web 系统来实现的，也可以通过电话、传真等其他手段来接收订单，在这种情况下，需要人工来录入订单信息。

2. 身份验证

在接收订单时，系统会对客户的身份进行验证，只有身份验证通过后，才能提供服务。否则需要与客户进一步的联系，让客户修正或注册。客户在通过配送中心的 Web 服务器注册登记时，必须提供一些有用的信息，例如公司的银行账号、联系电话、公司所在地。

3. 信息分类整理

由于客户的来源不同，它们对服务的要求也不同。对有的客户请求需要及时响应，而有的请求则可以适当的延迟；有的客户是会员，即长期的伙伴关系，有的则是第一次的合作伙伴。公司有时还要对配送的货物种类、数量、运输方式、付款方式等进行分类整理。

4. 库存管理

库存管理是为了对各个库存商品的现状进行跟踪调查和全面管理，包括入库管理、出库管理和库存盘点。需要说明的是：在物流配送系统的设计过程中，系统假设有若干个仓库分布在不同的区域，这些称为基本仓库；所有基本仓库的总和，称为虚拟总库。设立虚拟总库的目的是为了方便决策分析，因为决策分析不但要考虑每个配送点的库存情况，还要考虑整个配送中心的所有库存情况，从而做出最有利、经济的决策方案。

(1) 入库管理是对进入仓库的货物的信息进行采集（例如登记、分类），为今后的配货或出货做准备。

(2) 出库管理是结合配货处理来协同实现的，在接受订单和配货处理后，出库管理员根据订单上的要求来发放货物，并记录提货人、提货时间和货物去向等信息。

(3) 库存盘点是对库存商品的现状进行跟踪调查和全面管理，以便随时了解能否满足配送的需求。盘点管理还可以对在库的货物数量做出初步的预测，以便提前准备配货。

5. 配货处理

配货系统是对客户的订单进行系统的处理，它是介于订单处理和库存处理之间的一个处理系统。系统根据订单的要求，再结合库存的状况，进行配货处理，并对处理的结果进行相应的传递。配货的主要作业有：货物的清点、分类、整理、包装。

6. 送货处理

送货处理是一个复杂的系统处理，因为配送公司所面对的客户分布在不同的区域，因此，配送中心必须要掌握每个配送点的实时状况，然后通过决策系统的分析判断后，制订一个最可靠、经济的配送计划，并由相应的配送点来实施完成。

7. 财务结算

配送公司的财务结算与其他交易的计算方式一样，一般都是通过在银行设立专门的账户，配送中心定期凭借配送单据，通过网络或其他方式，将款项划至中心账户中。需要说明的是，这种结算方式是建立在双方诚信的基础之上的。

8. 决策分析

决策分析的目的是为了使企业以最小的成本来完成相应的配送任务，从而获取最大的利润。决策分析包括；配送站点的决策、库存量的决策、车辆调度。

9. 经营业绩管理

经营业绩管理是指高层管理人员通过各种考核评估来实现配送中心的效率管理，并制订恰当的经营决策方案。而经营管理和绩效管理是根据各种信息与报表，包括配送统计数据、客户对配送服务的反应报告、配送商品次数及所需时间报告、配送商品的失误率、库存情况、设备损坏及维修报告、设备成本分析、人力资源分析等来做出高层决策。

10. 系统管理

系统管理包括客户资料的跟踪管理、公司内部文档的管理、公司信息的对外和对内发布、公司内部员工的人事和工资管理等。

三、配送安全规则

配送安全规则是针对配送作业流程的安全管理办法，主要内容如下。

1. 落实安全教育，促进意识植入

强化员工安全教育，根据不同人员、不同时段和不同工作任务性质和特点，制订个性化安全教育方案，突出常见事故预防知识引导，强调突发性事故的教育以及警示教育，不断强化干部职工的安全生产意识。拓展安全教育学习方式，以学习事故快报、剖析典型事故案例、排查安全隐患等形式，从组织体系、制度建设、个人素质等多维度开展安全意识宣贯，并组织员工集中学习《安全生产法》，深刻认识安全生产的重要意义，提高员工安全意识，促进“安全第一”思想内化于心，营造仓储安全生产的浓厚氛围。

2. 创新流程体系，强化标准指导

结合仓库实际业务，全面梳理物资的入库、出库、盘点、配送、现场验收等流程，以及仓库综合管理、报废物资处置等关键业务流程，严明职责分工，匹配制度及绩效指标，规范仓库内部作业标准，形成物资仓储管理标准化工作手册，打通仓储配送与供应链各业务端口的有效对接，强化横向协同，充分发挥物资供应链的“链条式”特色优势。同时，编制特种设备操作手册、仓库运行准备方案等，以作业指导书为依据，明确现场各项活动的目标、工作程序与方法、活动间接口，做到有效的组织管理与过程管理。

3. 全过程风险梳理，提高风险认识

物资仓储及配送工作中涉及诸多风险因素，为确保安全准确地完成物资仓储配送工作，规避作业风险，以作业流程为主线，系统梳理物资入库、出库、盘点等流程作业风险点，开展流程全过程风险辨识，明确责任岗位，促进安全生产责任制充分落实到岗、到人，并制定行之有效的风险防范措施，系统辨识和防范作业过程中的事故风险，实现作业过程中事故风险的可控、能控、在控。

4. 全方位安全管控，保障安全管理

严格履行安全日查制度、监控室值班制度、库区日常巡视制度，定期对仓储设施设备、仓储业务开展检查、总结，对存在问题进行记录和改进。加强秋冬季节“特殊季节安全大检查”自查自检工作，明确大检查组织结构及责任分区，做到对仓库周边杂草异物的移除清理。针对夏季突发洪涝灾害的风险，编制仓库迎峰度夏防汛处置专项应急预案，定期检查防汛应急物资状况并组织开展防汛应急演练，提高应急物资及时供应的能力。严格落实仓库安全建设工作部署，全面、及时、准确地完成电力物资仓储及配送工作，实现“零事故”“零伤亡”。

5. 合理规范分区，实现风险可视

推行统一仓库现场标准，明确划分仓储点定位与规模以及立体化库存区、理货区、收发货暂存区、检测区、加工区、装卸区等功能区域，货架设置、物资堆码及仓储设备设施配置标准，合理配置空间区域，促进专业仓储点“管理标准化、设施现代化、作业规范化、运转集约化”。统一命名规则，设立车辆引导标、流程风险提示等标识标牌，建立流程手册与岗位手册上墙制度，实现业务流程及风险管理的可视化，确保风险防控措施落实到位，致力于提升员工风险意识，降低操作风险，提高仓库的安全管理与整体运作效率。

6. 多层次素质培养，促进能力双提升

一方面，严格落实新上岗员工及特殊岗位人员的技能培训工作，突出 RF 系统工作站操作、ERP 系统操作、物资调度平台系统操作、WMS 系统操作、WCS 系统操作、AGV 和堆垛机以及升降台的常规操作等业务操作培训，切实提升员工专业技能，提高安全生产意识和技能，保证物资仓储配送的安全运行，打造仓库“星级现场”。另一方面，充分发挥企业文化引领作用，以青年文化沙龙、青年职业生涯讲座、职业道德企业文化讲座、“道德讲堂”核心价值观宣讲等形式，促进企业文化落地，突出公司核心价值观践行，以卓越文化引领卓越实践，激发创新意识，促进综合素质提升。

补充阅读

华强物流：为何能占得淘宝网物流市场的三分天下

时下，电子商务炙手可热备受关注，凡是电商销售的商品都要经过物流之手，这一切将把物流业打造成又一个独具潜力的产业。在整个网购交易中，物流是执行好最后环节的关键，网购的物流不仅仅是递送，还包括对商品的集货、验货、分拣、包装、加工和库存等管理功能。

华强物流正是看到了 B2C 企业入网的需求，以及淘宝等网络平台速猛增长的趋势，组建了为不同地区商家提供“电子商务公共物流平台”的团队。将网购销售平台与物流平台整合，其覆盖广泛的仓储配送中心将取代社会上众多厂家的零散库存，集中社会资源使仓库资源集中化，配送服务集约化，达到降低社会物流成本的目标。

1. 一体化仓储解决网商困扰

华强物流在仓储和城市物流配送方面具有快运企业所不具备的优势，而这正好与电子商务行业对物流的需求相吻合。其专业的分拣配送中心为网商们提供了从接收订单到全程配送的优质物流服务，最值得一提的就是华强物流与淘宝网合作的淘宝华南区配送服务中心。

2. 协同监管准确发货

网购商品五花八门，品种繁多。华强物流对客户销售订单进行分类，针对不同客户的商品，为防止串货差错的产生，将商品进行多层次的分类，客户依据习惯不同，可按品牌、型号、配置、等级、花色、包装容量、单位、生产日期、保质期、用途、价格、产地等属性进行查询。同时每件商品都有唯一的 SKU 条码识别。这种对暂存区的商品按 SKU 进行分类的方式保证了只要进行条码扫描，出库商品如与订单商品码不符，出库时会被自动检索出来，不会出现发错商品的情况。华强物流在进行商品条码化管理的同时，将所有的商品信息直接提取，保存至物流应用系统内，当接收到商家销售订单时，系统自动作出拣货安排、发出指令，人工完成拣货并出库时，通过手持终端将商品条码、包装条码、快递条码信息同时反馈到华强物流系统，并同步传至商家，这样的多方同时审核机制，使得每票订单的实效性和准确性更具保证。

3. 责权明确保证客户权益

电商有它自身的特殊性与复杂性，多数情况下，商品还没有经商家验收就直接发往华强物流的仓库中，一旦出现问题很难说清责任。华强物流在处理入库商品时，都会对商品的外包装进行仔细验收，碰到外包装有问题的商品能及时与商家进行沟通。清晰的到货记录和及时与商家确认信息的流程，使到货阶段的物流责任得以区分。

如果碰到退回货品，华强物流会在监控设备下进行验收，并保存视频记录，在随后与商家的沟通中确认商品的实际状态，保证客户的权益。对于货物的存储安全，则向客户承诺“凡经验收合格的商品，其在库管理责任由华强物流负责。”华强物流非常注重仓库的保险级别，从消防喷淋设施到监控系统，都已经达到全覆盖、无盲区的标准。所有进入华强物流仓库的货物都已投保，保证了货物的安全。同时，制定严格的 KPI 考评标准，避免人为造成货损。

第四节 第三方物流企业订单作业

订单管理是物流信息管理的一部分，是现代企业运作的重要驱动力，通过对客户下达的订单进行全方位的跟踪管理，系统全面地掌控订单的处理情况，以提高物品在物流过程中的完成效率，实现节省成本的效果，提升 3PL 企业的市场竞争力。

一、订单管理内容

订单是 3PL 企业有效运作的核心驱动，通过采购、制造、销售等一系列工作程序来完成订单，订单管理是整个物流中心工作中的重中之重。订单处理得快慢直接关系整个企业利润与效益的高低，准确、高效的管理订单是影响整个物流活动成本与利润的关键所在。订单管理是企业根据自身特点、客户特征、经营性质以及业务流程设计的综合订单处理过程，可以系统、高效、准确地管理订货信息。订单管理的内容主要包括以下内容。

1. 客户资料建档与维护

订单信息中的客户资料基本包括：客户形态、负责人、客户信用等级、统一编号、联系地址与电话、交易限额、付款方式、发票与送货地址、上期结欠、销售业绩与备注、配送区域分类、收货时段、建档、交易时间等。此外，除了客户基本资料建档外，为了配合配送作业，要将客户信息分类整理。

2. 订单资料管理

订单资料管理主要进行以下工作：订单数据转换、自动报价、接收订单、信用核查、订单出货日期确认、订单价格确认、需求货品数量确认、订单出货优先顺序排列、库存查询以及依订单分配存货、拣货指派、流通加工需求指派、交货形式以及交货方式等。

3. 订单状态查询管理

订单状态查询管理可以使顾客随时了解订单状态，即所谓订单信息跟踪，如正在拣货、缺货、已完成出货等。客户可以从客户服务人员那里了解到货物的最新动态，以便做一些相应的调整与改变。此功能对提高顾客对企业的信任度和满意度有很好的效果。

4. 缺货管理

不同的缺货情况也有不同的处理方式，比如：①物流中心动管区库存不足，但是保管区还有存货。此时的缺货处理由库存储位处理，即由现场作业人员将所欠的货品种类及数量的信息送至保管区，保管区依指示进行补货。②物流中心已某品种存货。此时的缺货处理由采购处理，即将缺货的商品与订单资料上传至采购信息模块，由采购人员进行采购活动。并且此时应将缺货信息即时通知客户，依客户要求处理，如决定是先将现有库存货物交付并在交货单上注明缺货品种和数量，还是等补货到后再交货等。

5. 退货管理

如果所交付的商品因为物流中心或上游供应商的原因而没有满足客户要求导致客户退回的，应将退货信息一起发至物流中心，并按情况进行处理。例如，书籍或杂志的退货率非常高，达三成到四成，此时，一个完备的退货管理系统就显得非常重要了。

6. 拣货管理

每一张客户订单中都包含至少一样商品，拣货管理就是要指导拣货人员或系统如何正确且迅速地集合顾客所订的商品并取出。拣货信息的输出由打印拣货单据和输出拣货信息至拣货实体模块。拣货单据的主要信息就是货品出库指示资料，这是拣货执行的依据。拣货资料的类型需配合物流中心的拣货策略及作业方式来加以设计，以提供详细有效的拣货信息。

7. 分货或集货信息管理

拣货完成后，由于拣选作业方式的不同，就要进行分货或集货处理。如采用的是批量拣选，则必须按照订单要求的数量和品种进行分货。分货或集货管理要根据订单信息进行处理，打印出相应的分货单或集货单，然后将这些信息传至集货模块执行。

8. 流通加工信息管理

如果客户对商品有特殊包装或分装等要求，应将对应信息输入信息处理过程中，由信息处理后传至流通加工模块进行执行，以适应顾客的个性化要求。

9. 订单财务会计信息管理

订单财务会计信息管理主要记录和统计在各个订单业务中所涉及的以下信息：应收货款、已收货款、成本核算等，使公司可以及时了解运作情况。另外，由于一般物流中心很少随货收款，而是在一段时间内积累到一定数额后一起结账，这样订单财务会计信息模块还可以避免产生过多呆账。

二、订单作业流程

3PL 企业在服务客户的整个过程中，订单处理既是业务的开始，也是服务质量得以保障的根本。高效的订单管理是第三方物流高效运作和使客户满意的关键所在。订单业务的处理演变为各个环节的单证处理贯穿于整个物流供应链的各个环节，成为一条主线将各个环节有机地联系在一起，因此，订单的业务流程是整个物流供应的业务流程的反映。

托运人以纸质或网络传输的形式，向第三方物流服务商委托进行货物托运。通常情况下，物流公司进行货物托运的是发货人或收货人，或者其各自的代理商或代表。需要指出的一点是，3PL 企业接到任何一方订单之后的处理流程是大体一致的，不同的是从发货人处接到的订单信息是发货人的销售订单信息，而从收货人处接到的订单信息是收货人的采购订单信息。3PL 企业根据托运人所提供的货物描述及要求，合理安排服务计划。订单处理系统的当事人包括：托运人、物流公司、分包商和收货人。3PL 企业接到客户订单后，便开展下列一些工作：

（1）检查订单要求是否全部有效，确认订单信息是否完全；

（2）提请信用部门审查客户的资信情况；

（3）根据客户信用度情况，提请营销人员进行营销分析；

（4）提请会计人员记录有关往来账目；

（5）根据货物描述及客户要求，进行服务的合理策划与设计；

（6）货物托运信息与各个分包商联系，委派任务。

3PL 企业的订单业务流程如图 5－7 所示。

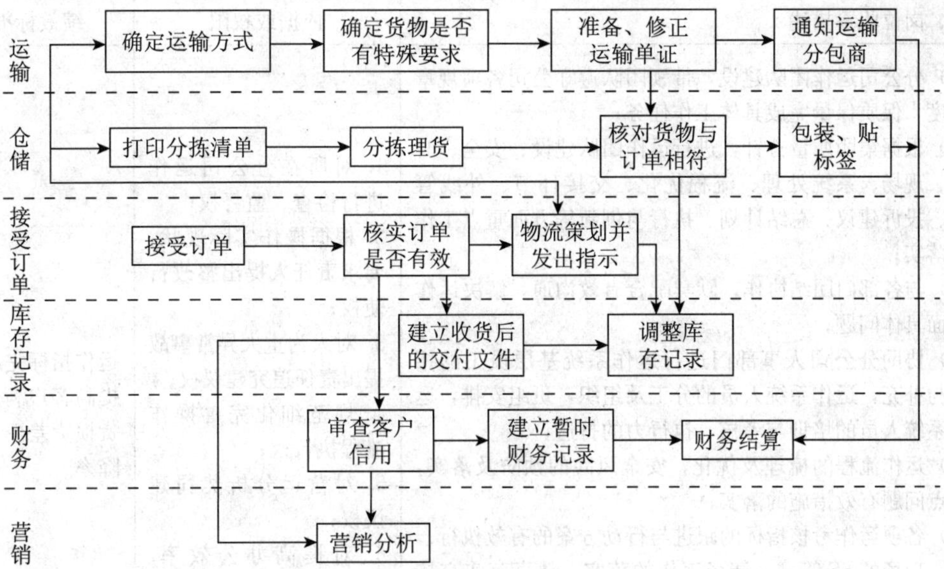

图 5－7　第三方物流订单业务流程

案例分析

请仔细阅读下面企业职位说明书，并总结 3PL 企业对运作经理有什么要求。

远成集团运作经理职位说明书

职位名称	运作经理	职位编码	
职务级别	经理级	薪酬等级范围	—
所在单位	分公司	所在部门	分公司
编制日期	2015 年 1 月 15 日	批准日期	

一、职务概要

全面负责分公司运作体系的管理工作，直接对上级分管运作的单位负责人或运作高级经理负责，能够认真执行公司运作系统的营运管理文件精神，带领分公司运作团队完成运作管理各项指标，切实保障运作流程的顺畅与稳定

二、主要工作关系

直接上级	分管运作单位负责人或高级经理	直接下级	运作专员、分公司运作副经理、操作员

续 表

三、岗位职责描述	依据或权限	绩效标准
(1) 分公司运作团队建设，带领团队遵守公司各项规章制度，保质保量完成具体工作任务； (2) 根据集团质量方针，进行运作团队建设、安全、时效、现场、系统处理、流程优化、交接环节、外线管控、投诉建议、总结计划、执行与创新等方面重点工作的落实； (3) 与各部门团结协作，默契配合有效沟通，解决运作方面具体问题； (4) 协助分公司人事部门进行运作系统基层员工的招聘与补充，运作系统人员的分工及组织，班组安排，运作系统人员的培训与考核，执行力的打造； (5) 运作流程的梳理及优化，安全风险的预防及落实，重点问题有效措施的落实； (6) 各项运作考核指标的跟进与行动方案的有效执行； (7) 现场的6S管理，清场工作的落实，认真落实交接环节中的货物清点及单据签字确认标准； (8) 加强外线、外车的管理工作，特别是车辆的配载、安全风险的预防、认真落实公司的安全文件； (9) 能够熟练使用办公及管理软件，业务技能全面精通，责任心强，能及时纠正团队人员的错误并加以改正	1. 对所在分公司运作进行检查、监督权； 2. 根据操作实际现状，要求责任人提出整改行使权； 3. 对人为重大异常事故提出责任追究建议权； 4. 规范细化完善操作流程执行权； 5. 对营运分析奖罚建议权； 6. 对提高办公效率，信息系统改进建议权； 7. 对分公司运作岗位人员人事建议权	运作指标完成率 提高客户满意度 货损货差控制下降率

四、任职资格要求	必备条件	特别要求
(1) 教育背景 (2) 从业经验 (3) 专业知识 (4) 专业技能 (5) 其他要求	(1) 大专及以上学历，物流管理及相关专业优先 (2) 有2年及以上物流供应商管理经验 (3) 现代物流管理知识，熟悉网络运维运行流程 (4) 沟通协调能力佳，有一定管理能力，原则性，责任心强 (5) 适应经常出差	具有一定的物流运作基础知识和技能的管理经验

基础练习

一、判断题

1. 第三方物流运输服务管理的目的是不计成本，较短的时间及时、准确、安全地将货物从其产地运至销地。(　　)

2. 物流保管服务管理是作为第三方物流仓储服务管理的重要内容，主要包括货物的入库管理、在库管理和出库管理三大块。(　　)

3. 由于客户和顾客都对配送服务质量提出较高的要求，所以配送与一般的运输相比，管理要求更高。(　　)

4. 配送在服务客户的整个过程中，订单处理既是开端，也是服务质量得以保障的根本。(　　)

5. 订单处理是第三方物流配送服务的一个核心业务流程，但订单处理并不是实现企业顾客服务目标的最主要的影响因素。(　　)

二、 选择题

1. 运输的一般业务流程是(　　)四个环节。

A. 接单、到站、发运和签收　　B. 发运、接单、到站和签收

C. 到站、接单、发运和签收　　D. 接单、发运、到站和签收

2. (　　)是商品储存业务的最后一个环节。

A. 商品入库业务　　B. 商品在库管理业务

C. 商品出库业务　　D. 商品安全保障

3. 从总体上看，配货是由(　　)三个基本环节组成的。

A. 备货、加工和搬运　　B. 备货、理货和搬运

C. 备货、理货和加工　　D. 备货、加工和搬运

4. (　　)是第三方物流配送服务的一个核心业务流程。

A. 拟订配送服务计划　　B. 订单处理

C. 配货处理　　D. 送货处理

5. (　　)是第三方物流仓储管理中的一项主要增值服务，也是第三方物流区别于传统仓储的主要服务内容之一。

A. 入库管理　　B. 出库管理

C. 库存管理　　D. 在库管理

三、 思考题

1. 简述第三方物流订单服务作业流程。

2. 第三方物流仓储服务的功能有哪些?

3. 简述第三方物流配送服务的基本作业流程。

4. 3PL 企业经理如何提高企业基本业务运行效率?

知识应用

请用“3PL 企业业务运作管理”相关知识，对本书模块一“物流聚焦”中的“解决企业现实问题”案例进行相关业务运作讨论，并给出可行的第三方物流最佳业务运作方案。

模块六　第三方物流企业信息管理

学习目标

知识目标

1. 了解第三方物流企业信息管理的内涵及特征。
2. 熟悉几种典型的第三方物流企业信息管理系统。
3. 掌握第三方物流企业信息系统设计的一般流程。
4. 拓展第三方物流企业信息社会化视野。

技术目标

1. 会根据第三方物流企业要求进行简单的信息系统开发流程设计。
2. 会利用物流信息管理系统辅助业务工作。

能力目标

1. 培养良好的职业道德，树立企业信息化管理的理念。
2. 初步具备优化第三方物流信息系统设计能力。

物流聚焦

宝供物流的信息化成长之路

广州宝供物流企业集团有限公司（简称宝供集团）成立于1999年，其前身是成立于1994年的广东宝供储运有限公司，经过20多年的发展，宝供已经成为中国第三方物流业的领先企业。目前宝供集团公司为全球500强中50多家企业及国内大型制造业提供物流服务。

宝供物流集团是业界比较著名的企业，其成功经验很重要的一条是信息化走了一条循序渐进、逐年完善之路。1997年开始建立信息系统时，主要解决通信问题，利用刚刚开始普及的互联网技术替代传统的电话与传真，既降低成本又减少重复录入带来的误差。1998年在原有系统上改进用户界面，实现信息与客户共享，扩大了用户群。1999年在系统中加入财务核算，渗透到所有环节，降低了成本，提高了效益。就这样一年干一件事，抓住一项成果，直接反映在经营效益中，扩大了业务，锻炼了队伍，在比较坚实的基础上实行了全面的ERP。参观过宝供信息系统的人都会有一个共同的感觉，系统本身的技术不复杂，甚至也算不上很先进，但是非常实用，有效率。

宝供物流企业集团有限公司是从一家从事传统储运业务的公司发展起来的，在其发展过程中，建立基于互联网构建综合物流信息系统，经过几年发展，使其成为国内著名的民营物流企业。宝供物流企业集团对电子化物流管理方面予以特别关注，在5年的时间里迈出了五大步：①1997年10月宝供物流在国内率先提出并实现了互联网上的物流信息系统架构；②1998年10月实现与客户共享物流信息资源；③1999年10月建立业务成本的核算系统；④2000年年底建立了基于VNP标准的电子数据交换平台，采用XML技术为客户提供个性化服务；⑤实现了物流、资金流、信息流一体化管理的电子化物流服务。

正是因为宝供的决策人员认识到信息化在物流管理中的重要性，宝供在短短四年里总业务量已增长了近10倍，全国网点增长近30个，客户由创建初期的10家增至50余家。

第一节 第三方物流企业信息化概要

一、物流与物流信息

信息是指反应事物各种活动内容的知识、资料、图像、数据、文件的总称。从狭义上看，物流信息是指与物流活动（如运输、仓储等）相关的信息。在物流活动过程中，货物的仓储、搬运、装卸、流通加工、运输，都需要详尽和准确的信息，物流信息对各种管理和各项活动起到了保障作用，从而用以全面管理、传递和交换物流信息。从广义上看，物流信息不仅与物流活动有关，而且包含其他流通活动有关的信息，如商品计划预测、动态分析、失常动态、商品交换信息等，包括买卖双方交易的过程等。从零售商、批发商或生产商到物流部门的配送信息，广义的物流信息包含流通活动相关的信息，它相当于整个供应链，是物流领域的神经网络，遍布物流系统的各个层次、各个方面，物流信息贯穿供应、生产、销售、回收和废弃物流的运输、仓储、搬运装卸、包装、流通加工等各个环节。

物流与信息流是流通过程中密不可分的两个职能。物流是信息流的基础，没有物流的信息流是不存在的；信息流是物流的反映，信息流及时地反馈物流变化的各种信息、情报、资料、指令等，在传送中形成经济价值；信息流是否及时、准确又制约着物流，对物流流量、流向的预测与决策有直接的影响。物流企业中物流与信息流如图6-1所示。

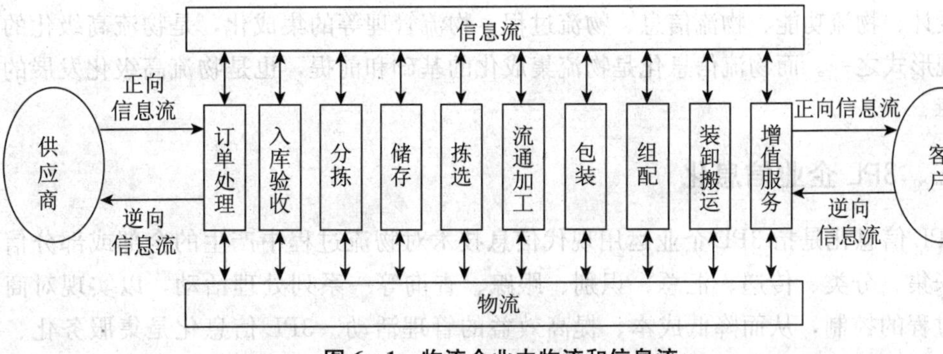

图6-1 物流企业中物流和信息流

二、信息化与物流信息化

信息化是指培育、发展以智能化工具为代表的新的生产力并使之造福于社会的历史过程。所谓智能工具一般是指必须具备信息获取、信息传递、信息处理、信息再生和信息利用的功能。完整的信息化内涵包括以下组成部分。

(1) 信息网络体系：它是大量信息资源、各种专用信息系统及其公用通信网络和信息平台的总称。

(2) 信息产业基础：信息科学技术的研究、开发、信息装备的制造，软件开发与利用，各类信息系统的集成及信息服务。

(3) 社会支持环境：现代工农业生产，以及管理体制、政策法律、规章制度、文化教育、道德观念等生产关系和上层建筑。

(4) 效用积累过程：劳动者素质、国家的现代化水平和人们生活质量不断得到提高，精神文明和物质文明不断获得进步。

信息化的来临为人们带来了一种新的生活方式和工作方式，这些新方式又导致了物流功能的改变。信息化使得那些在工业社会里的产品生产中心、商业贸易中心发挥的主导功能随着传统生产功能的转移而消失，物流不再仅仅传输产品，同时也在传输信息，各种信息被聚集在物流中心，经过加工、处理、再传播出去。传统的工业社会物流以物为对象，聚集扩散的是物；信息社会是以信息为对象，物流中心的聚散功能除实物之外，还要完成对各种信息的聚集和扩散。总之，信息社会使物流的功能更强大，并形成一个社会经济的综合服务中心，而物流的信息化是整个社会信息化的必然要求和重要组成部分。

物流信息化是指利用计算机网络技术、通信技术及各种信息技术，围绕采购、生产、储存、包装、运输、配送等物流活动的各个环节进行信息的采集、交换、传输和处理，使物流活动的各流程能够有效地相互协作和无缝连接，使物流活动达到最优化状态，从而构造出合理优化的物流供应链，提高企业的经济效益。物流信息化是由物流信息技术、计算机网络、管理方法集成形成的物流实务经济转向物流信息经济活动综合性的过程。物流信息化包括物流系统设计信息化、物流运作过程信息化、物流基础设施信息化、物流管理理念和手段信息化、物流信息技术产业化等内容。物流集成化涉及物流系统设计、物流功能、物流信息、物流过程、物流管理等的集成化，是物流高级化的重要表现形式之一。而物流信息化是物流集成化的基础和前提，也是物流高级化发展的基本保障。

三、3PL 企业信息化

3PL 信息化是指 3PL 企业运用现代信息技术对物流过程中产生的全部或部分信息进行采集、分类、传递、汇总、识别、跟踪、查询等一系列处理活动，以实现对商品流动过程的控制，从而降低成本、提高效益的管理活动。3PL 信息化是集服务化、智能化、柔性化、国际化于一体的高效率的信息系统，3PL 信息系统是以系统性为原则，以人为主导，以计算机和网络通信设施及其他相关设备为基础，进行物流信息的收集、传输、加工、存储、更新和维护，以物流企业战略竞优、提高效益和效率为目的，支持物流企业高层决策、中层控制、基层运作的集成化人机系统，3PL信息化对物流效率和效益的提高具有决定性作用，是实现物流网络化、虚拟化及国际化的重要基础。

（一）3PL信息化的特征

3PL信息化具有一般信息化的共同特点，如系统性、整体性、目的性、环境适应性等，同时，还具有以下基本特征。

(1) 物流信息更新快，动态性、时效性特别强，信息的价值衰减速度很快，这就对信息工作及时性要求较高。在物流信息化系统中，为了确保信息的及时性，应快速进行信息的收集、传输、加工和处理等过程。

(2) 由于物流是跨地域、跨时域的大系统，物流信息源分布于一个大范围内，信息源多、信息量大，如果在这个范围内不能实现统一管理或标准化，则信息便缺乏通用性。

(3) 物流信息种类多，不仅系统内部环节有不同种类的信息，而且不同系统之间需要进行大量的信息交换与传递，这就使物流信息的分类、研究、筛选等工作难度加大。

(4) 物流作业过程中大量的运筹和决策问题都可以借助专家系统、人工智能系统等相关技术加以解决，智能化是物流信息化的高层次应用。

计算机技术与网络技术的应用和发展为第三方物流信息化提供了强大的支持。第三方物流信息化表现为物流信息的商品化，物流信息收集的数据库化和代码化，物流信息处理的电子化和计算机化，物流信息传递的标准化和实时化，物流信息储存的数字化，物流信息管理的高技术化。

（二）3PL信息化的作用

3PL信息化是3PL企业改善管理、提高服务水平、适应市场和技术发展变化的重要举措，作用十分重大。

1. 促进3PL企业管理模式的变革

有效的管理离不开信息系统的支持，信息系统作用的充分发挥依赖于对管理模式和业务流程的改革。3PL企业在进行信息化规划和建设时，首先强调的是应用并行工程。3PL企业信息化下的企业管理模式和业务流程应具有简单化、平面化及并行化等特点，以满足信息系统的要求。

2. 有助于降低企业运作成本

3PL信息化使企业组织结构更加扁平化，既能节约人力资源成本，又能提高物流作业效率，而效率的提高又可加快资金的周转，从而节约运输成本、保管成本和管理成本等物流成本，交易活动环节的电子化又能极大地节约交易费用。

3. 提高企业管理效率

物流信息化使得3PL企业能够最大限度地利用运输和分销网络，有效地进行多式联运的货物追踪，进行电子交易，生成提高供应链管理效率所必需的报表和进行其他相关的增值服务。

4. 改善企业服务水平与库存量

3PL 企业需要将现有流程重新设计，利用实用信息技术把大量的运输、仓储、销售业务信息化，形成对生产企业、批发业、零售业等都有用的数据和信息管理系统，形成能够准时、有效地调配物流资源的控制力，就可以把顾客需求信息转化为对生产、运输、仓储与配送的指导，这样服务水平与库存量就可以同时改善。

随着我国经济的发展以及电子商务的普及，越来越多的物流企业开始关注自身物流管理系统的建设。然而，一个高效的物流管理系统最为关键的就是管理信息系统的建设。由于信息技术的存在，为 3PL 企业与其他企业之间互补共生、取长补短提供了有利条件，也消除了企业与市场之间的隔阂，拓展了国内、国际市场的业务，缩短了商品进入消费者手中的时间，有效地弥补了 3PL 企业的天生不足，为其提供了核心的竞争力，促进了 3PL 企业的长远发展。

物流信息化使得 3PL 企业更好地掌握成本的可控性及对物流信息的及时处理，物流信息化还为 3PL 企业节省了大量的人力、财力、物力，准确掌握物流综合管理的第一手信息资料。3PL 企业的信息化能加快对顾客订货的反应能力，加快订单处理速度，缩短从订货到交货的时间，进而提升顾客的满意度；产品的售后服务、送货上门、退货处理、废品回收等也可以通过 3PL 信息系统来完成，保证物流企业为顾客提供稳定、可靠的高水平服务。同时，物流信息化可以对大量的物流信息进行采集、分类、汇总和分析等，并快速从这些信息中获得对本企业日常管理和战略决策有价值的内容，以此保持和提升 3PL 企业的核心竞争优势。物流企业决策者可以根据这些信息的内容和基于这些信息内容的分析做出及时准确的判断和响应。

第二节　第三方物流企业信息管理系统

信息管理就是对信息的搜集、整理、存储、传播和利用的过程，也就是信息从分散到集中，从无序到有序，从产生、传播到利用的过程。同时对涉及信息活动的各种要素，如对人员、技术等进行管理，实现各种资源的合理配置，满足社会对信息的需求。

一、3PL 信息管理系统内容

3PL 企业物流信息系统应涵盖以下信息。

（一）静态信息管理

1. 客户

客户的静态信息包括客户信息的名称、代码、联系方法、主要业务负责人、主要产品类别等；产品信息的名称、代码、重量、规格等；用户信息的名称、代码、地址、联系方法等；客户租用仓库信息的面积、租期、费率等以及费率信息的费率项目、费率。通过维护这些静态信息，可以掌握客户所有相关物流业务的信息。

2. 物流中心

物流中心的静态信息包括物流中心信息的代码、名称、负责人等；业务员个人信息的姓名、客户代码、联系方法等；车辆信息的车辆牌照号、车型、载重量等；司机个人信息的姓名、身份证、驾照等。通过维护这些静态信息，可以掌握各物流中心所有相关物流业务的信息。

3. 仓库

仓库的静态信息包括仓库信息的代码、名称、负责人、联系方法、面积等；保管员信息的姓名、主要客户代码、联系方法等；货位信息的仓库代码、位置代码等。通过维护这些静态信息，可以掌握各仓库所有相关物流业务的信息。

（二）运输指令管理

运输指令管理主要有 4 种：调拨指令、配送指令、退换货指令、撤销指令。客户的指令管理功能主要是指令的发布和监督；物流中心的指令管理功能主要是接收指令、发运、接站、配送和签收；仓库的指令管理功能主要是接收指令、出入库、退换货和签收。

1. 调拨指令

（1）客户发布。客户根据其业务需要发布货运运输的主要内容及货物明细。

（2）接收指令。出货仓库、发运物流中心、收货物流中心、入库仓库方根据运输指令号接收指令、查看指令内容，并安排下一步的业务。

（3）出库。仓库根据运输指令的内容，安排出库。主要记录：运输指令号、出库单号、日期、业务操作员等。明细：客户代码、产品代码、数量。

（4）发运。发运物流中心根据运输指令的内容，安排发运。发运：运输指令号、调拨方式、日期、预计到达日期、里程等。

（5）入库。出货仓库根据运输指令的内容和到达货物的情况，安排入库，并记载破损货物代码和数量。

（6）签收。该指令指示直接将货物送到用户处，则要求用户签收。

2. 配送指令

（1）客户发布。客户根据其业务需要发布货物配送的主要内容及货物明细。

（2）接收。出货仓库、配送物流中心接收货物配送指令、查看指令内容，并安排下一步的业务。

（3）出库。出货仓库根据配送指令安排出库。

（4）配送。配送物流中心根据配送指令安排配送。

（5）签收。配送完成后，由用户签收。

3. 退换货指令

（1）客户发布。客户根据其业务需要发布退换要求及货物明细。

（2）接收。仓库、配送物流中心接收指令、查看内容，并做出安排。

（3）退换。无配送时退货人返修库，有配送时根据运输指令号、车辆牌照号和配送人，查找产品代码和数量。

（4）签收。退换货完成后，由用户签收。

4. 撤销指令

客户有权限可以在指令未完成的任何时候撤销某指令。

（三） 仓储管理

仓储管理主要是仓库管理员在系统运行初期调整库存记录和处理异常情况，正常的出入库在指令执行过程中即可完成，不需要启用这项功能。

1. 入库

添加入库单记录和入库明细记录。

2. 出库

添加出库单记录和出库明细记录。

3. 库存盘点

调整某客户的某种产品的库存量。

4. 退货库存盘点

调整某客户的某种产品的退货库存量。

5. 退货库存盘点

调整某客户的某种产品的退货库存量。

6. 退货库存转正常库存

将某客户的某种产品的退货库存转为正常库存。

（四） 查询、报表和台账

（1）客户可用的查询、统计报表和台账包括客户、产品、用户、仓库租用等信息的查询；入库、出库、总库存、退货入库、退货出库、退货库存等台账的查询；调拨、配送、退换货等指令及目前状态的查询；经公路、铁路等调拨货物的查询；配送货物和在途货物的查询。

（2）物流中心可用的查询、统计报表和台账包括物流中心、业务员、车辆、司机等信息的查询；被撤销指令、调拨货物的查询；配送货物和在途货物的查询；发运中心和收货中心有关车辆、运单的查询。

（3）仓库可用的查询、统计报表和台账包括仓库、货位、保管员、仓库租用等信息；入库、出库、库存、退货入库、退货出库、退货库存等台账的查询。

二、3PL 信息管理子系统

3PL 信息管理子系统与其他信息系统类似，是由许多功能各异的子系统组成的。按照各子系统业务功能的不同，本书中将常见的 3PL 信息管理子系统分为以下几类：订单管理系统（OMS）、运输管理系统（TMS）、仓储管理系统（WMS）、客户管理系统、财务管理系统、货物跟踪系统、电子订货系统、决策支持系统、其他子系统等。3PL 信息系统按 3PL 业务功能划分子系统如图 6－2 所示。

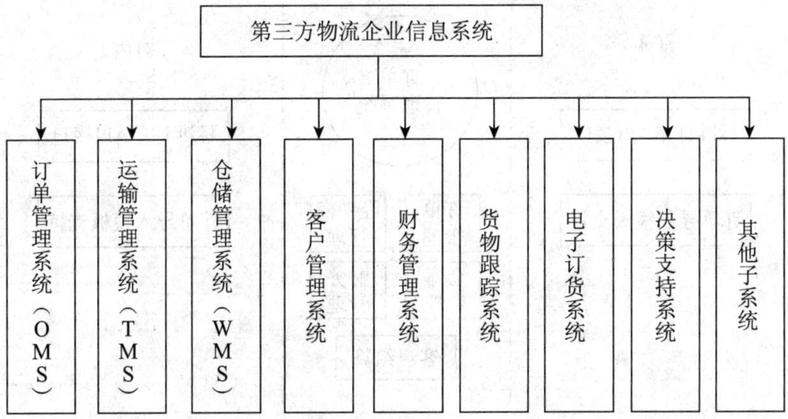

图 6-2　第三方物流信息系统分类

对于不同的 3PL 企业而言，各子系统的功能大相径庭，下面简要介绍各子系统的功能及组成。

（一）订单管理系统（Order Management System，OMS）

订单管理系统一般通过对客户下达的订单进行管理及跟踪，动态掌握订单的进展和完成情况，提升物流过程中的作业效率，从而节省运作时间和作业成本，提高物流企业的市场竞争力。

订单管理系统的主要功能是通过统一订单提供用户整合的一站式供应链服务，订单管理以及订单跟踪管理能够使用户的物流服务得到全程的满足。订单管理系统是物流管理链条中不可或缺的部分，通过对订单的管理和分配，使仓储管理和运输管理有机结合，稳定有效地实现物流管理中各个环节充分发挥作用，使仓储、运输、订单成为一个有机整体，满足物流系统信息化的需求。

订单管理是对商户下达的各种指令进行管理、查询、修改、打印等，同时将业务部门处理信息反馈给商户。订单管理系统一般包括：订单处理、订单确认、订单状态管理（包括取消、付款、发货等多种状态）、订单出库和订单查询等。一般而言，订单管理系统对内、对外的对接都是由标准的 API 接口来实现的，并且由订单导入模板作为支持。可实现对订单、经销商、仓库、销售费用、客户结算等多方面的管理。如图 6-3 所示。

1. 订单管理

系统可实现单次及批量订单，订单管理与库存管理相连接，并且在下订单时有库存预警及提示功能，订单管理同时与客户管理相连接，可查询历史订单情况以及订单的执行情况。

2. 经销商管理

系统以企业的销售渠道建设为重点，对供应链中的信息流、物流和资金流进行系统规划，全面实施和过程监控，加强企业与销售商之间业务的紧密合作，通过规范经销商内部的业务流程提高其资源管理方面的能力，同时向客户提供全方位的销售体验和服务。

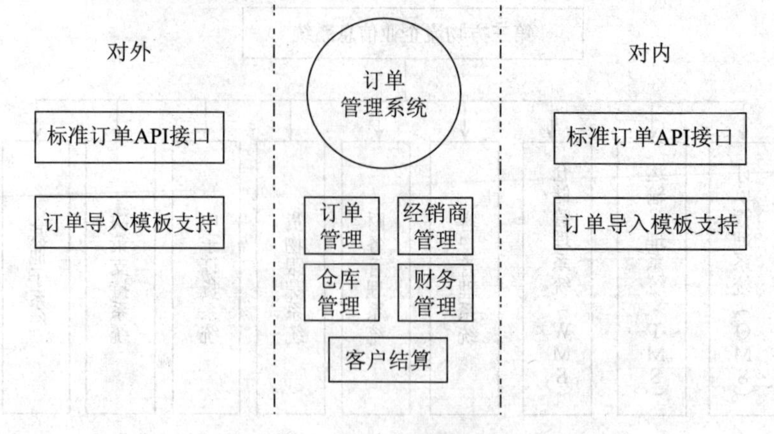

图 6-3 订单管理系统

3. 仓库管理

仓库管理以条码为数据源，使用数据采集终端扫描条码标识，进行数据采集。系统从级别、类别、货位、批次、单件等不同角度来管理库存物品的数量，以便企业可以及时了解和控制库存业务各方面的准情况，有效地进行产品物流监控。

4. 销售费用管理

销售费用都花到哪里去了？不少企业的市场负责人都在为这个问题苦恼，投入了大量经费用于渠道和终端建设，但是在市场上似乎感觉不到一点力度。销售费用管理就是要建立一套完善的销售费用管理体系，把费用控制在合理范围内。

5. 费用预算及考核

企业财务预算的监控就是在财务预算执行过程中对预算执行情况所进行的日常监督和控制。通过预算监控发现预算执行的偏差，对企业各责任中心预算执行结果的考核，是保证财务预算管理体制发挥作用的重要手段和环节。

6. 直供客户结算

统计报表和直供客户的对账单都可以自动生成 Excel 电子表格文件，避免了大量烦琐的计算和文件格式转换。对账单能够明确地反映每个直供客户的款项明细。

（二） 运输管理系统（Transportation Management System， TMS）

运输管理系统作为一种“供应链”分组下的操作软件，可以通过各种方法提高物流管理及其他相关业务，内容涉及十分广泛，包括：为客户提供运输方案的优化、处理货物索赔理赔工作、编制物流运输计划书等。

该系统是面向物流运输管理，集运输调度管理、智能配载管理、作业执行跟踪、路线管理、车辆与司机管理、计费与结算管理为一体的智能化运输管理系统。可以支持零担、整车、甩挂、多式联运以及化学品运输等特种运输服务业务。主要有以下特点。

（1）运输管理系统通过建立统一的调度管理平台，对运输车辆和驾驶员进行统一管理，配备智能调度提醒功能，避免驾驶员疲劳驾驶，实现人性化管理。

（2）系统能够快速准确地处理订单，按照订单信息进行车辆配载、最短路径设计，保证运输的高效性。

（3）利用GPS、GIS、GSM（全球移动通信系统）实现对车辆的实时跟踪管理，并将反馈的消息及时处理，方便客户查询。

订单管理系统主要服务于货物运输的全过程以及发运前端及收货后端，典型的业务流程如图6－4所示。

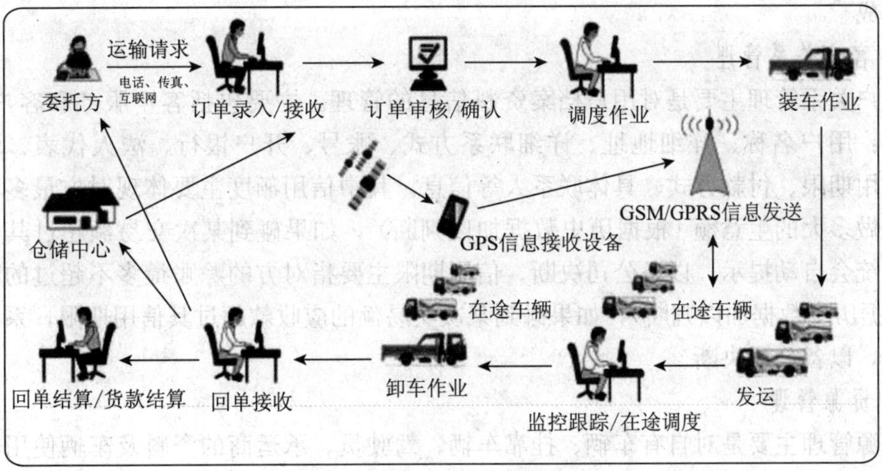

图6－4　运输管理的业务流程

根据系统的业务需求设计运输管理信息系统的功能模块结构如图6－5所示，它由五大部分组成，包括：计划调度、在途管理、客户关系管理、资源管理及系统管理等模块，系统的功能可进一步添加如成本核算、客户重要性分析、车辆自动匹配等。

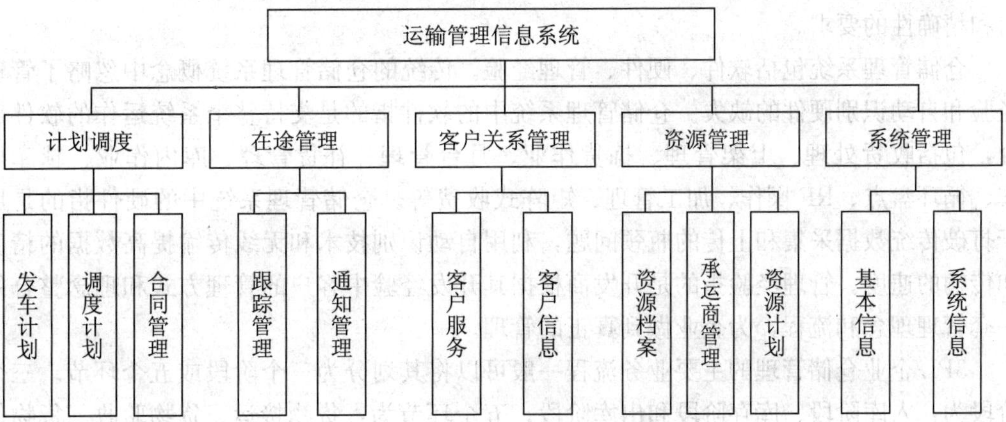

图6－5　运输管理信息系统功能

1. 计划调度

计划调度主要针对货物的发车计划、调度管理及与承运商的运输合同的管理。目的是做到运输资源合理配置及对线路进行优化、干线运输前的提货及送货管理、承运商合同的电子化管理。一般由发车计划、调度计划、合同管理三个部分组成。

2. 在途管理

在途管理主要是对货物在运输途中进行的跟踪管理及到货通知管理。做到对运输的透明化管理，便于协调运输计划及提高客户服务水平。一般由跟踪管理和通知管理两个部分组成。

3. 客户关系管理

客户关系管理主要是对用户档案资料信息的管理。主要包括客户服务和客户信息，具体为：用户名称、详细地址、详细联系方式、账号、开户银行、法人代表、信用额度、信用期限、付款方式、具体联系人等信息。其中信用额度主要体现对方最多可以和贵公司做多大的生意额（根据历史数据加以判断），如果碰到某次交易额超过其信用额度，系统会自动提示，以备公司决断。信用期限主要指对方的赊账最多不超过的时间长度（根据历史数据加以判断），如果碰到某次交易额的应收款超过其信用期限，系统会自动提示，以备公司决断。

4. 资源管理

资源管理主要是对自有车辆、挂靠车辆、驾驶员、承运商的资料及车辆使用状况进行管理，做到能及时查询资源的使用状况及信用档案。

5. 系统管理

系统管理是对基本信息的管理及权限设置、数据备份及历史查询的管理。

（三）仓储管理系统（Warehouse Management System，WMS）

仓储管理系统是一个实时的计算机软件系统，它能够按照运作的业务规则和运算法则，对信息、资源、行为、存货和分销运作进行更完美的管理，使其最大化满足有效产出和精确性的要求。

仓储管理系统包括软件、硬件、管理经验。传统的仓储管理系统概念中忽略了管理经验和自动识别硬件的缺失。仓储管理系统中的软件指的是支持整个系统运作的软件部分，包括收货处理、上架管理、拣货作业、月台管理、补货管理、库内作业、越库操作、循环盘点、RF操作、加工管理、矩阵式收费等。仓储管理系统中的硬件指的是用于打破传统数据采集和上传的瓶颈问题，利用自动识别技术和无线传输提高数据的精度和传输的速度。管理经验指的是开发商根据其开发经验中客户的管理方式和理念整合的一套管理理念和流程，为企业做到真正的管理。

3PL企业仓储管理的主要业务流程一般可以将其划分为三个阶段或五个环节。三个阶段为：入库阶段、库存阶段和出库阶段；五个环节为：货物接运、货物验收、货物保管、货物出库、货物发运。每个环节又包含若干个具体工作程序，它们共同组成了仓储作业的完整体系。仓储管理具体业务流程如图6-6所示。

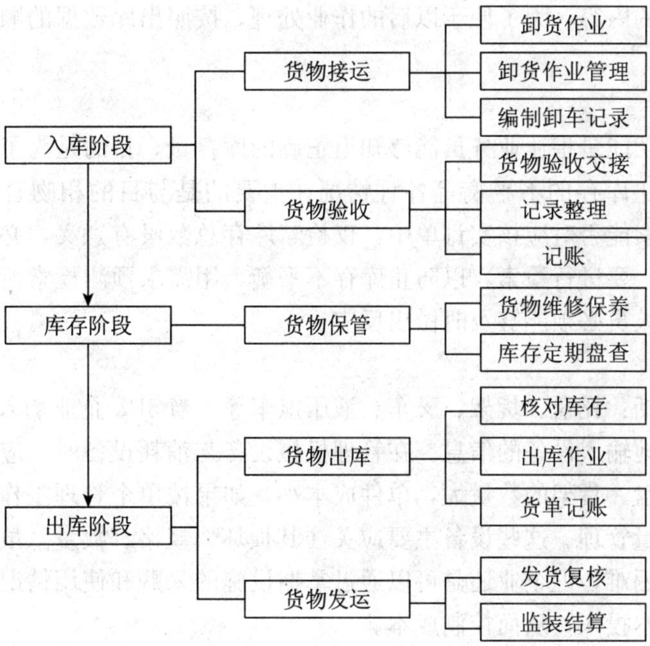

图 6-6　仓储作业业务流程

根据仓储作业的业务流程三阶段，可知仓储管理系统一般也是由这三个基本功能模块组成的。但通常一个完整的 3PL 企业仓储管理系统还包括设施管理及客户管理等模块。功能模块如图 6-7 所示。

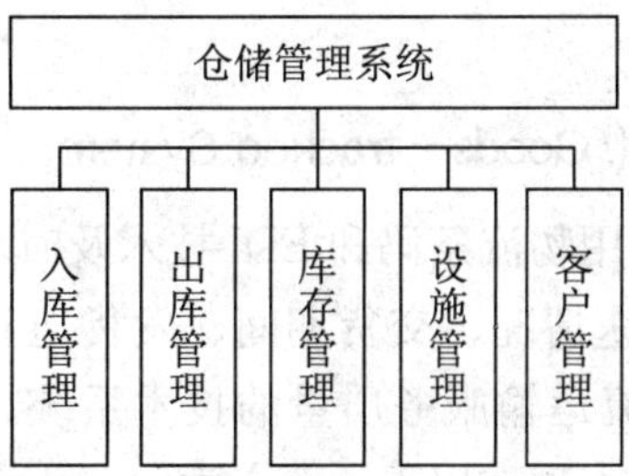

图 6-7　仓储管理系统功能模块

1. 入库管理

货车到达之后，为了顺利完成入库的接收作业，最好有计划地进行接收处理。因此需要事先掌握入库的数据，注意用尽可能少的处理完成入库。现在随着通信技术的发展，在货物还未到达目的地时，货物信息可以通过多种通信形式先行到达。例如，利用 EDI 技术从客户那里直接获得货物的详细信息。实际到货时，用条码表示到货单的到货编号，通过扫描读取该条码检索出到货单所对应的该商品信息，确认数量后就可以完成接收货物的作业。

2. 出库管理

出库准备结束之后，即对商品分配结束之后的订单，从仓储信息管理系统得到出库数据，确认数据的内容，为了便于以后的作业处理，按照出库数据的顺序进行排列替换并编辑有关内容。

3. 库存管理

检索库存的功能是指让业务员能够知道正确的库存量，目的是为了判断是否与订单相对应。为了防止库存的不平衡等各种情况，重要的是与目的相吻合，提供正确的信息。例如，在检索能否对应核实订单中，仅检索库存总数没有意义，必须知道能够分配的库存量。另外，要进行检索，以防止库存不平衡，用需求预测检索所得的支付数据和库存指标，业务人员必须能够及时做出反应。

4. 设施管理

仓储设施包括：托盘、货架、叉车、液压拖车等。当3PL企业购入这些设备时，操作人员应该及时地输入设备的信息。在管理机械设备与消耗设备时，应该采用不同的管理方法。由于托盘、货架的数量大，单件成本小，如果按单个管理工作量太大，可以采用按采购批次批量管理。这些设备主要应关注其损坏、规格、数量。虽然这些设施使用后的统计将十分困难，但企业还是可以通过掌握设施的采购和使用情况，了解企业在这些设施方面的成本投入，从而控制成本。

5. 客户管理

3PL企业总是要面对不同的客户，每个客户都有自己个性化的需求。系统应该增加客户管理模块，专门来管理客户的相关信息。比如3PL企业租赁仓储，就可以对不同的客户设置不同的定价策略和服务方式，这些可以用系统管理起来。企业经营者掌握这些信息就可以为新客户定价提供依据。

以上三类子系统是3PL企业信息系统中最为典型的信息系统，下面简要介绍其他几个子系统。

（四）货物跟踪系统（Goods－tracked System，GTS）

货物跟踪系统是指企业利用物流条码和EDI技术及时获取有关货物运输状态的信息(如货物品种、数量、货物在途情况、交货期间、发货地和到达地、货物的货主、送货责任车辆和人员等)，提高物流运输服务质量的技术系统。货物跟踪系统提高了物流运输企业的服务水平，具体作用表现在以下4个方面：

(1) 当客户需要对货物的状态进行查询时，只要输入货物的发票号码，马上就可以知道有关货物状态的信息。查询作业简便迅速，信息及时准确。

(2) 通过货物信息可以确认是否能将货物在规定的时间内送到客户手中，能及时发现没有在规定的时间内把货物交付给客户的情况，便于马上查明原因并及时改正，从而提高运送货物的准确性与及时性，提高客户服务水平。

(3) 作为获得竞争优势的手段，提高物流运输效率，提供差别化物流服务。

(4) 通过货物跟踪系统所得到的关于货物运送状态的信息丰富了供应链的信息分享源，有关货物运送状态信息的分享有利于客户预先做好接货以及后续工作的准备。

（五）电子自动订货系统（Electronic Order System，EOS）

电子自动订货系统是指企业间利用通信网络（VAN或互联网）和终端设备以在线

联结方式进行订货作业和订单信息交换的系统。电子自动订货系统按应用范围可分为企业内的 EOS（如连锁经营企业各连锁分店与总部之间建有的 EOS 系统）、零售商与批发商之间的 EOS 系统以及零售商、批发商和生产商之间的 EOS 系统。

对于传统的订货方式，如上门订货、邮寄订货、电话和传真订货等，EOS 系统可以缩短从接到订单到发货的时间，缩短订货商品的交货期，减少商品订单的出错率，节省人工费。对于生产厂家和批发商来说，通过分析零售商的商品订货信息，能准确地判断畅销商品和滞销商品，有利于企业调整商品生产和销售计划。

EOS 能够提高企业的库存管理效率和物流信息系统的效率，使各个业务信息于系统之间的数据交换更加便利和迅速，丰富企业的经营信息，在减少企业的库存水平的同时，防止商品缺货现象的出现。

（六） 决策支持系统（Decision Support System， DSS）

决策支持系统是为管理层提供的信息系统资源，是给决策过程提供所需要的信息、数据支持、方案选择支持。在非常规、非结构化决策时，该系统有很强的决策支持能力。

决策支持系统具有如下特点：可以提供有效的方案；可以灵活地处理问题；可以做更深入地信息分析。

三、第三方物流信息管理系统开发策略

第三方物流信息管理系统开发策略目前主要有 4 种。

1. 接收式的开发策略

经过调查分析，认为用户对信息需求是正确的、完全的和固定的，现有的信息处理过程和方式也是科学的，这时可采用接收式的开发策略，即根据用户需求和现有状况直接进行编程，并过渡到新系统。这种策略主要适用于系统规模不大、信息和处理过程结构化程度高、用户和开发者又都很有经验的场合。

2. 直接式的开发策略

直接式的开发策略是指经调查分析后，即可确定用户需求和处理过程。且以后不会有大的变化，则系统的开发工作就可以按照某一种开发方法的工作流程（如结构化系统开发方法中系统开发生命周期的流程等），按部就班地走下去，直至最后完成开发任务。这种策略对开发者和用户要求都很高，要求在系统开发之前就完全调查清楚实际问题的所有状况和需求。

3. 迭代式的开发策略

迭代式的开发策略是指当问题具有一定的复杂性和难度，一时不能完全确定的，就需要进行反复分析、反复设计，随时反馈信息，发现问题，修正开发过程的方法。这种策略一般花费较大，耗时较长，但对用户和开发者的要求较低。

4. 实验式的开发策略

实验式的开发策略是指当需求的不确定性很高，一时无法制订具体的开发计划时，则只能采用反复试验的方法来做。原形法就是这种开发策略的典型代表，这种策略一般需要较高级的软件支撑环境，且在使用上对大型项目有一定的局限性。

知识链接

物流信息系统

物流信息系统（Logistics Information System，LIS）是物流企业按照现代管理思想、理念，以信息技术为支撑所开发的信息系统。可以理解为用系统的观点、思想和方法，以电子计算机为基本信息处理手段，以现代通信设备为基本传输工具，通过对与物流相关信息的加工处理达到对物流、资金流的有效控制和管理；并为企业提供信息服务和决策支持的人机系统。物流信息系统以物流信息传递的标准化和实时化、存储的数字化、物流信息处理的计算机化等为基本内容。

第三节　第三方物流企业信息管理系统设计

物流信息系统是3PL企业的灵魂，竞争性的信息系统建立在交易系统的基础上，包括管理控制、决策分析、制订战略计划模块。物流信息系统是把各种物流活动与某个一体化过程连接在一起的通道。物流信息系统是硬件和软件的结合，从而实现对物流活动的各个环节进行管理、控制和衡量。物流信息系统的硬件包括计算机、输入/输出设备和存储媒体等。物流信息系统软件包括用于处理交易、管理控制、决策分析和制订战略计划的系统和应用程序。物流信息系统不仅是作为一种提供信息的工具，协助完成物流作业功能，为3PL企业和客户创造价值，系统本身也能够创造价值。一般来说，采用第三方物流服务的客户的第一利润来自于自身核心业务成本的节省；第二利润是通过3PL企业调整供应链为他们节省出来的成本，这种做法被证明非常有效；第三利润则是通过加强信息的流通来加快资金流转速度，这部分利润的获得，物流公司也是功不可没的。

一、第三方物流企业信息管理系统设计需求分析

作为专门从事物流业务的3PL企业，必须具备比客户企业自营物流更高的效率、更高的准确性、更低的成本，3PL企业物流信息系统要能够从客户企业的商流及由商流引发的物流中提取与物流相关的信息，进行存储、汇总、分析，从而得到客户企业和物流企业所需要的、经提炼的信息，为客户企业和物流企业的物流运作提供服务。建设高效的物流信息系统是3PL企业提供专业物流服务的基础和保证。

（一）　物流系统及时化的要求

物流系统及时化的要求主要体现在“5R”：在适当的时间（right time）将适当质量（right quality）的货物（right commodity）于适当的地点（right place）送达适当的客户（right customer）。为了实现该目的，需要对物流信息实行系统化管理，通过对各种物流业务的相关数据进行电子化储存与管理，应用科学的运筹学办法，实现对于物流业

务的协调运作，将各个部分和部门有效结合发挥综合效益，追求一种整体的、系统的最优化效果。也就是说，第三方物流信息系统应是各类物流业务的电子数据库的集成，能够实现对有关信息提取后，通过物流运筹分析仿真模型达到对物流服务计划的科学规划，同时应用快速反应（Quick Response，QR）及有效的客户反映（Effective Customer Response，ECR）、自动连续补货（ACEP）、不间断连续供货（SRP）等供应链管理策略对物流业务进行管理，从而实现对物资配送体系的调存运销一体化的供应链管理，对物流服务需求的变化即时做出反。

（二） 物流系统信息化的要求

物流系统信息化表现为物流商品的信息化、物流信息收集的数据库化和代码化、物流信息处理的电子化和计算机化、物流信息传递的标准化和实时化、物流信息存储的数字化等。为实现物流的信息化，首先用标准化的条码技术（bar code）完成商品数据录入和数据采集，再借助自动识别技术、数据库技术（database）、电子数据交换（EDI）等现代技术手段建立仓储、保管等各类与物流业务管理有关的基本数据库；应用射频技术（（Radio Frequency，RF）来进行物料跟踪、运载工具和货架识别等要求非接触数据采集、交换和需要频繁改变数据内容的场合，通过便携式数据终端（PDT）随时通过RF技术把客户产品清单、发票、发运标签、该地所存产品代码和数量等数据传送到计算机管理系统；应用全球卫星定位系统（Global Positioning System，GPS）技术，用于汽车自定位、跟踪调度、导航车辆，从而大大提高物流路网及其运营的透明度，提供更高质量的物流服务。

（三） 物流系统自动化、网络化的要求

自动化要求以信息化为基础，通过条码/语音/射频自动识别系统、自动分拣系统、自动存取系统、自动导向车、货物自动跟踪系统等实现以计算机技术作为媒介的、以机电一体化为核心的自动化，这就要求物流中心的信息系统要实现对商品有关信息的标准化操作，建立有关ID代码、条码或磁性标签等的参数体系，据此来实现对于商品配送的自动化控制。而网络化则要求物流中心通过电子自动订货系统（EOS）和电子数据交换技术（EDI）与供应商或制造商及下游顾客之间保持实时联系，通过信息的共享，实现对物流服务商的组织网络化（intranet），并在此基础上建立基于供应链管理角度的物流配送系统的虚拟增值网（Virtual Value－added Network，VVAN），从而简化物流交易流程，缩短物流环节，实现网络伙伴的一体化互动协作。

（四） 物流系统智能化的要求

依据对物流自动化、信息化的高层次应用，在物流作业过程中需要进行大量的运筹和决策，如库存水平的确定、运输（搬运）路径的选择、自动导向车的运行轨迹和作业控制、自动分拣机的运行、物流配送中心经营管理的决策支持等问题，来实现对于物流的智能化操作。因此物流智能化要求物流信息系统必须建立物流业务流程的物流分析系统来对物流进行运筹分析。具体而言，物流分析系统应包括以下模型：①车辆路线模型。用于解决一个起始点、多个终点的货物运输中如何降低物流作业费用，并保证服务质量的问题，包括决定使用多少辆车、每辆车的路线等。②网络物流模型。用于解决寻

求物流业务中最有效的分配货物路径问题。③分配集合模型。可以根据各要素的相似点把同一层上的所有或部分要素分为几个组，用于解决确定物流服务范围和销售市场范围等问题。④设施定位模型。用于确定物流中心应在何地设置一个或多个公共设施或辅助设施等问题。⑤全球定位系统模型。用于对物流业务在海陆空全方位进行实时三维导航与定位，解决对物流业务的合理整合与集成的问题以及对物流业务的跟踪问题。

（五） 物流企业未来发展的要求

物流信息系统建设是长期战略投资，影响企业的未来发展，要求信息系统的结构要具有开放性和扩张性。如要把现在的仓库改造为增值服务中心，则在IT系统的配置方面至少要有仓库管理系统和商务管理系统，还要配置条码印制系统和无线终端识别系统等。但一定要以企业的物流发展战略为依据，同时还要考虑有关信息技术的经济寿命。要防止为预留功能接口购进多余的设备造成资金沉淀。

二、第三方物流信息系统的功能设计

物流信息系统是把各种物流活动与某个一体化的过程联结在一起的通道。3PL企业的物流信息系统建立在4个功能层次上：基本交易、管理控制、决策分析及战略信息提供。

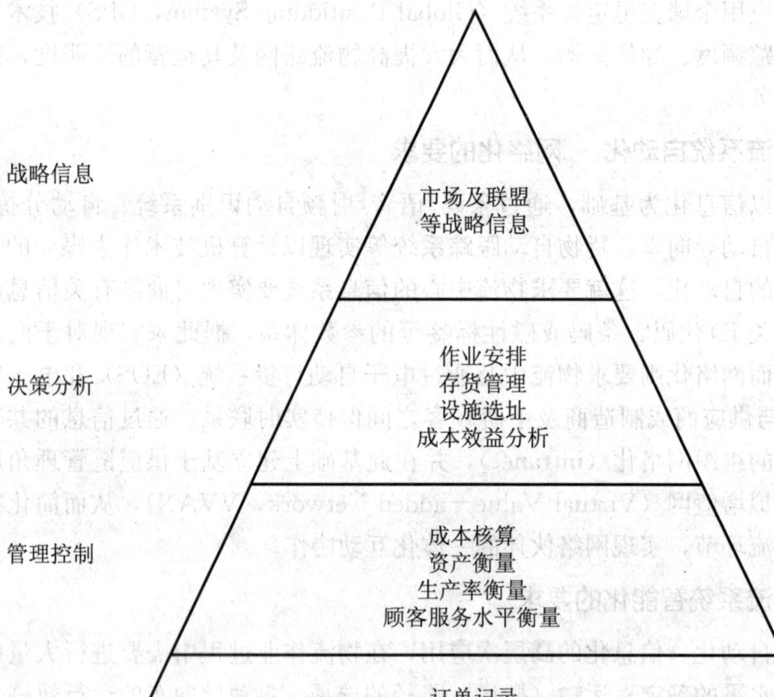

图6-8 第三方物流信息系统功能

（一）基本交易功能

基本交易功能通过基础信息系统实现，基础信息系统指物流信息系统接受客户指令或接受交易指令的系统。3PL 企业的基础信息系统需要与客户的信息系统集成，并与客户共享物流信息，获得物流运作的基础信息。这一系统是 3PL 企业物流信息系统启动物流活动的最基本的层次，它从客户系统获取订货内容、安排存货任务、选择作业程序、装货、搬运、开票及订单查询与处理等。

其处理过程是：

（1）先接受客户订单信息进入信息系统；

（2）按订单安排存货或安排采购；

（3）选择作业程序；

（4）指挥搬运、分拣、装货及按订单交货；

（5）打印并传送票据。

（二）管理控制功能

管理控制功能包括财务成本分析、顾客服务评价、作业衡量、质量指标等。功能衡量对第三方物流服务是非常重要的，一般客户都希望通过第三方物流服务，能对物流系统作综合性分析，提供更多的物流信息与客户共享，客户可以利用这些信息与自身的信息系统集成，为企业决策提供市场及物流信息。

第三方物流系统是否能够在物流系统运作中随时鉴别出异常情况也是很重要的。有超前活力的物流系统还应该有能力根据预测的需求与预期的入库数预测未来存货短缺情况。

某些管理控制的衡量方法，诸如成本有非常明确的定义；有些衡量方法，诸如顾客服务准则缺乏明确的定义，需要采用一些分析方法建立评价指标。

管理控制功能通过管理控制系统实现，要求把主要精力集中在功能衡量报告上。功能衡量对于提高物流服务水平和资源利用等管理信息反馈来说是必要的。因此，管理控制功能以可估价的、策略的、中期的焦点问题为特征，涉及评价过去的功能和鉴别各种可选择方案。

（三）决策分析功能

决策分析功能用以协助管理人员鉴别、评估和比较物流战略或策略上的可选方案，典型分析包括车辆日常工作计划、存货管理、设施选址、作业比较和成本效益评价。为实现这一功能，要求把主要精力集中在决策应用上。对于决策分析，物流信息系统必须包括数据维护、建模和软件分析。与管理控制不同的是，决策分析的主要精力集中在评估未来策略的可选方案，因此需要相对的零散模块和灵活性，以便于在较广的范围内选择。

（四）战略信息提供功能

随着市场竞争加剧和客户企业的要求不断提高，3PL 企业要想生存和发展，不能仅仅停留在按客户要求提供简单物流作业的层次上，必须深入到客户企业的供应链之中，能够从用户角度出发，为用户提供面向客户企业经营整体而不是某一具体物流环节的解决方案。为实现这一目的，要求其物流信息系统必须能够从长期积累的大量数据中分析提炼出有助于战略制定的信息，把主要精力集中在信息支持上，以期开发和提炼物流战略，评估 3PL 企业成为客户供应链的参与者甚至主导设计者、管理者的机会。这一过程通常更加松散、抽象，并且注重于长期。通过物流信息系统提供的战略信息，对诸如形成战略联盟、开发和提炼物流整体能力和市场机会等关系企业长期发展的战略问题进行评估。第三方物流信息系统的战略信息提供功能，必须把较低层次数据纳入范围很广的交易计划中，便于评估各种战略的概率和损益的决策模型。

三、第三方物流信息系统设计流程

（一） 确定系统目标

第三方物流信息系统通过动态和静态信息的有效收集、存储、分析，实现对全程物流信息的跟踪和控制，并为决策支持系统提供数据基础。进行信息系统设计的时候，对于新建立系统的设计、对原系统改造的设计以及改善系统的设计等不同层次和深度的设计，首先明确系统目标是非常重要的。因此，需要有效地进行决策层、管理层与现场的信息沟通，特别是设计人员与操作人员之间要保持密切的联系，要明确系统设计的目标，充分依靠在第一线工作的人员，要尽可能地理解所要设计的系统的现状和今后的发展目标。

系统的设计是从直接使用该系统的人员对今后所希望系统的想象，以及对这些想象的理解开始的。所以，要让现场操作人员、管理人员和决策人员明确系统的功能和内容，并且要明确系统的背景，还有明确在哪里、什么时候建立什么样的系统。明确这个系统的寿命、促进方法、责任人员等，这些包含了与其他公司的比较和现场调查等内容。

（二） 业务流程分析

3PL 企业的一般物流作业流程：

（1）委托商依据合同规定的形式向物流中心发出委托指令，中心接单并确认应收款项后，委托商向结算中心支付合同签订比例的预付款，代理运输保险事宜并支付约定比例的保险金。

（2）结算中心向物流中心确认收款后，中心由专人将指令录入系统，系统产生全程接运单，并由中心向提货地网点公司的终端打印机提交打印全程运单。

（3）提货地网点接到全程运单，派出车队执单前往指定仓库提货，指定仓库负责按单装卸出货，完成后签单。

（4）采取铁路或水运完成中间运输过程的，由车队运往最近的铁路、水运集运网点——分销商仓库，并办理相关发运手续。

（5）接货人收货并查收后，在运单上签字确认。到货地网点将完成的运单传真回物流中心，中心给予录入。

（6）接货地网点提供仓储和物流配送服务。

(7) 结算中心产生该笔业务的应收款清单，传递清单及运单复印件。

(8) 委托商接清单及运单复印件后，核实并按期向结算中心支付应付款余额。

(9) 委托商可通过其专项小组查阅部分系统运作资料，包括一段时期内的货运总量、各分销点到货量、运输代理费用的总额及明细等数据。

(三) 设计流程

第三方物流信息系统的建立有两条路径：一是量身定制的开发；二是集成系统的导入。物流工程 IT 系统量身定制开发的前提是企业物流运作流程的设计；集成系统的导入也往往要求企业改变现有的物流运作流程。所以，无论走哪条路，企业建立物流信息系统的前提都是要确定其物流运作流程。

物流运作流程设计或再造的依据有两方面：一是客户的物流服务需求；二是企业的物流管理模式。前者是系统目标，可能导致企业物流系统如配送中心的选址、布局和结构的变化，进而导致流程的变化。后者是服务手段，是企业为满足客户需求而配置物流服务资源的方法，如存货水平的控制、存货的布局和结构配置、存货可得性的优先度排序、不同运输方式的选择等。同一个企业当它采用不同的营销渠道结构，或分销、或直销、或分销与直销相结合的时候，当它采用不同的物流管理模式，或集中、或分散、或分级、或外包的时候，其物流运作的流程以及相应的物流工程 IT 系统——数据集中存放或数据分级存放是不一样的。

在客户需求确定以后，企业的物流管理模式将对流程设计起决定性的作用。这时，物流运作流程的设计问题实际上已经转化为客户服务需求和企业服务能力的匹配问题。

但必须指出的是，在实践中，人们往往只注意企业的物流管理模式而忽视客户具体的物流服务需求，使得物流信息系统的设计失去了最根本的依据。因此，往往不能建立有关信息与客户服务之间直接的支持关系。因此，建立的物流信息系统要么是过于理想化而不适用，要么是企业现有物流运作管理模式和台账的桌面化。电脑屏幕上充斥了大量不得要领的经营和统计数据，其实与提高服务水平和企业物流管理并没有什么直接的关系。事实上，企业物流运作过程的调节和控制还是要靠管理人员的经验，有时还要对有关信息进行二次或三次处理。

物流管理模式的选择决定于以满足客户需求为目标的企业竞争战略，或总成本领先、或差别化服务、或集中一点采取专门化攻略。企业的竞争战略则是由企业的发展战略决定的。竞争战略解决的是在既定市场中企业生存和发展的问题，而发展战略解决的是企业市场进退和发展方向的问题。物流 IT 系统的投资属于企业的长期战略投资，在设计和导入物流信息系统之前，应首先明确企业的发展战略规划，而这又是由市场即客户需求决定的。

归根结底，3PL 企业信息系统的设计必须以客户服务需求为基本依据。一般说来，物流信息系统的设计流程如图 6－9 所示。

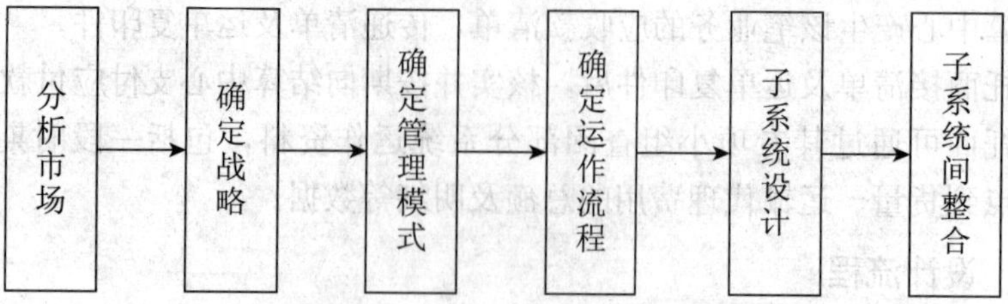

图 6-9　物流信息系统设计流程

（四） 子系统设计

3PL 企业物流信息系统从大的方面来看可以分成以下几个子系统。

1. 基础交易子系统

基础交易子系统是启动和记录物流活动的最基本层次。该系统包括单证传递、货物在线跟踪查询、电子数据交换、条码、电子订货、数据管理、全球卫星定位。需要达到的主要目标是：规范各物流中心和仓库的业务标准，优化配置运力和仓储资源，提高工作效率和质量。

基础交易子系统是第三方物流信息系统的基础，是信息系统功能实现的保证，实现信息的准确采集、传输、存储、共享。

2. 管理控制子系统

管理控制子系统需要达到的主要目标是：明确各环节的责任和义务，有效地管理各业务环节；通过管理信息系统组织和控制物流的全过程；对物流活动进行整体和分部门的绩效考核，增强系统控制功能。

3. 决策分析子系统

决策分析子系统需要强化决策应用，协助管理人员鉴别、评估和比较物流战略和策略上的可选方案。应当达到的主要目标是：快速反映市场状况，正确预测市场需求，有效调节供需矛盾，控制库存的适当化，提供实时的统计、汇总和查询，降低物流总成本，有效进行物流成本核算与控制，提出和调整经营战略。

第四节　社会化企业物流信息系统

在企业物流信息化建设过程中，很多企业由于自身实力等制约条件，很难单独完成信息化的建设工作。为了提升自身的信息化水平，改变原始的业务流程，企业物流信息化开始逐步向社会化过度，其主要途径有三条：第一，借助政府部门或行业协会建立的公共信息平台，实现运输、配送、订单管理等业务功能的信息化；第二，借助专门企业建立的整合货源信息、车源信息、仓储信息、货代报关信息的网上交易平台提升信息管理能力；第三，借助以流量计费的成熟物流信息管理软件来实现信息化管理。

一、社会化企业物流信息系统的内涵

社会化企业物流信息系统（Socialized Enterprise Logistics Information System,

SELIS）是一个既具有公共社会化、统一开放标准，又能充分考虑企业自身特性的物流信息系统。它能够有效集成国家层面、行业层面的物流信息，并提供物流管理与业务处理功能和有效地无缝集成企业的物流信息系统；能为企业提供物流信息的发布、信息检索、信息交换，为企业提供一条紧密连接的信息渠道，提高企业的物流与供应链管理水平，提升企业的物流服务水平和快速反应能力，使企业获得核心竞争力。

二、SELIS 的需求分析

社会化企业物流信息系统主要面向的对象是政府部门以及企业两大类，其对 SELIS 的需求是有区别的。

（1）就我国来说，目前物流业的主管部门国家层面是国家发展与改革委员会，具体到省、市、地区是省发改委、交委、经委和商委等。这些政府部门主要关注的是对宏观物流信息的总体把握，利用宏观层面的物流信息来进行政府层面的物流政策设计、物流基础设施建设、区域物流规划。

（2）企业主要包括物流企业以及制造类企业、流通类企业，它们对 SELIS 的需求主要有三个方面：第一，通过 SELIS 获取政策法规信息、物流市场信息、海关信息、航空信息、国际贸易信息、物流设施设备信息、报关信息、检疫检验信息等；第二，通过 SELIS 来进行物流交易、发布物流供需信息；第三，通过 SELIS 来实现在线支付、数据交换、信息共享、货物跟踪、车辆管理、运输调度等各项物流业务功能。

三、SELIS 的结构分析

（一）SELIS 的内部构成分析

SELIS 共包括三个平台和两个接口。

1. 三个平台

（1）国家物流信息平台：采集与物流有关的公用数据，主要包括：世界和国家的经济信息、发展情况、物流需求量、相关的交通信息及相关的物流法律、体制、制度、标准。

（2）物流行业公用信息平台：对本行业发展、需求、政策、标准等相关信息进行采集、分类、分析、储存、检索及共享。

（3）企业专用物流信息平台：对本企业不能公开的信息及交易进行存储，并对本企业的物流运作进行跟踪、监控与管理，有条件的大企业还可以建立自己的物流交易平台及数据采集与分析、交换、通信平台。

2. 两个接口

（1）国家物流信息平台与物流行业信息平台的接口，是一个单向通道的信息传输接口。主要用来把国家物流信息平台收集及分析的物流信息传递及共享给物流行业信息系统，供其进行分析、整理。

（2）物流行业信息平台与企业专用物流信息系统接口，是一个双向信息传输交换接口，不但要把物流行业信息平台收集、分析的信息及数据传输给用自己专用信息系统的企业，供企业进行决策使用，还要把没有专用信息系统但需把不予公开信息及数据储存系统的信息传输到中小企业专用信息系统中供中小企业决策使用。

（二）SELIS 的结构分析

1. SELIS 的总体体系结构

从 SELIS 的内部构成可以看出，其总体体系结构应该包括国家、行业两大信息平台以及企业物流信息系统。其总体结构如图 6－10 所示。

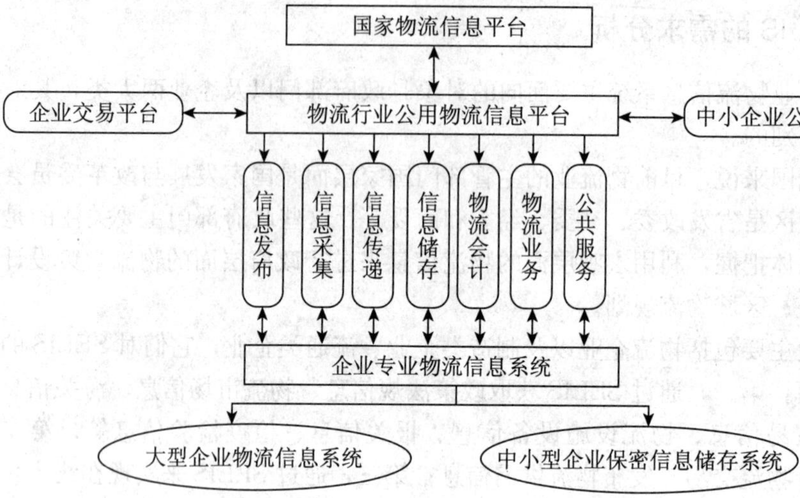

图 6－10　社会化企业物流信息系统总体结构

2. SELIS 的功能结构

结合前面对国家物流信息平台、物流行业公用信息平台、企业专用物流信息平台的相关分析，主要设置以下标准化功能：数据发布、数据采集、数据分类、数据交换、数据存储、数据查询。功能层次可以结合实际需要进行扩展以及更改，图 6－11 所示的其他功能则可以根据每个部门所需具备的作用来进行相应的考虑。

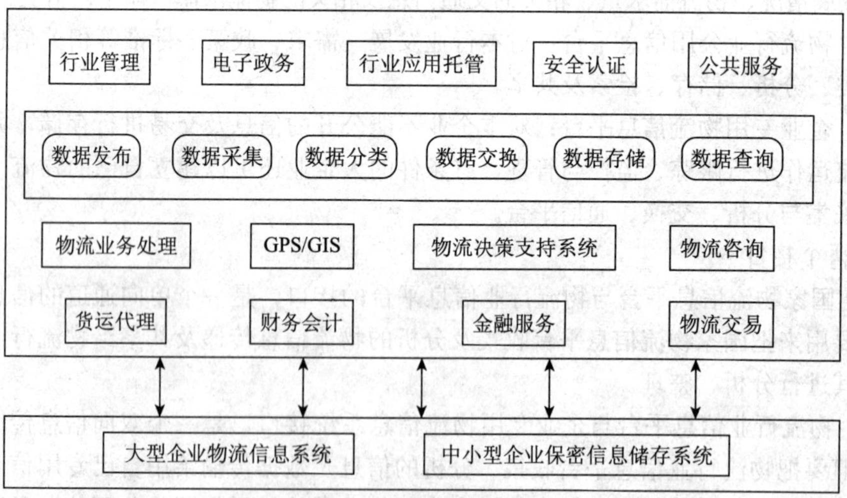

图 6－11　社会化企业物流信息系统功能结构

3. SELIS 构建的关键问题

由于社会化物流信息系统是一个涉及面很广、系统开发周期长、开发难度较大的大型项目，系统的建设组织是决定其能否成功的关键，建议由国家发展与改革委员会牵头，其他相关部委参加成立建设指导委员会，委托中国物流与采购联合会安排部署，对人员的组织与分工、三个层面建设工作的协调与分工、各个接口的划分、标准化等工作进行具体的组织。

社会化物流信息系统建设过程中，系统的选型也是一个十分重要的工作，具体包括采取的建设方式、开发平台与工具的选择等。系统选型需要在系统组织的基础上，组成物流专家组、高级技术人员、企业代表进行协商、解决，以保证系统的实用性与经济性。另外，资金的筹备问题也是关键问题之一，这是保障理论上可行的系统能够实际开展的关键，对于这个问题，除了国家财政给予支持外，还需要社会资金的大量投入，由于社会化物流信息系统是一个既具有公益性，又具备盈利性的大型项目，因此，应该大力推广其重大的社会价值与经济价值，以利于在进行资金筹措时能取得足够的开发资金。

补充阅读

物流公共信息平台

物流公共信息平台是指基于计算机通信网络技术，提供物流信息、技术、设备等资源共享服务的信息平台。具有整合供应链各环节物流信息、物流监管、物流技术和设备等资源，面向社会用户提供信息服务、管理服务、技术服务和交易服务的基本特征。

物流公共信息平台作为国务院《物流业调整和振兴规划》中提出的九大重点工程之一，是有效解决我国信息化水平程度偏低、供应链上下游企业之间沟通不畅等导致我国物流业发展水平低下，全社会物流成本偏高等关键问题的重要手段，是建立社会化、专业化、信息化的现代物流服务体系的基石，对促进产业结构调整、转变经济发展方式和增强国民经济竞争力具有重要作用。

我国政府及各省市都建设有自己的物流公共信息平台，主要内容包括：物流资讯、行业动态、政策法规、公示公告等。有兴趣的同学可以浏览、关注以下网址：

中国物流公共信息平台：http：//www. fala56. com/

四川省物流公共信息平台：http：//www. scswl. cn/

案例分析

综合物流信息系统使新科安达构筑了物流网络经营模式

新科安达于 1995 年由拓亚（2006 年胜科物流被澳洲 Toll 收购后，更名为拓亚）和招商局蛇口工业区有限公司共同出资组建，外方占 51%股份，是我国首批由交通部批准、拥有在全国范围内提供第三方物流服务资质的合资企业，也是中国第一家由外方控股管理的物流公司，位于深圳市蛇口。

新科安达第三方物流经营中的一条重要思路是跟品牌公司走，与大客户建立长期合作伙伴（物流联盟）关系，客户需要什么服务，就提供什么服务。新科安达是一家轻资产型的 3PL 企业，物流综合信息系统（ILIS）构筑物流运作网络，在国内建立了 30 个 RDC/DC，网络覆盖市镇超过 1300 个，自行管理超过 23 万平方米的仓库，形成全国区域配送中心体系。利用合同确定运输业务合作运输车队；新科安达能够提供整套的物流（后勤）服务，包括：收货、存货、发货、订单处理、质量控制、盘点、增值服务等。所谓增值服务主要包括支持捆绑销售的促销服务、贴标签、保存、回收服务（过期产品、退货、产品质量问题等）、代收货款、保险、其他咨询服务。

为保证服务出品的一致，所有 RDC/DC 均采用公司统一的信息系统、操作流程和管理制度。新科安达建立了综合物流信息系统、电子网络跟踪系统、电子物流系统等。综合物流信息系统（ILIS）原是在新加坡开发、应用，结合在中国经营实际情况进行修改的，包括仓库管理、运输调度、决策分析等 8 个功能模块；具有计算机辅助决策支持系统，可以利用计算机进行运输配载优化、物流流程优化。根据货物和客户要求，货物管理精细到批号管理，包括某一个批号货物发往何处。建立电脑化的仓储管理系统，实行保质期管理、成熟的接泊作业管理和药品物流管理等精细的要求都可以满足。建立自己的关键客户群：具有业务量大、长期合作、对企业的生存与发展有重要影响等特点。新科安达服务的客户主要是三资企业，服务的产品主要有快速消费品、日用品、食品、药品、石油化工产品等，配送范围达到全国 598 个城市。承接订单的方式是参与物流投标，中标后与客户签订 1～5 年长期合同。除了基本因素以外考虑的主要因素还有安全、健康和环保。其中主要城市配送服务水平如下表所示。

主要城市配送服务水平表

送达时间（小时）	≤24	≤48	≤72	≤72
城市数量（个）	163	171	168	45
所占比重（%）	29.8	31.28	30.71	8.23

其中，配送准时率≥97%，关键客户达到 100%；订单完成率≥79.8%，关键客户达到 99. 9%；破损盗窃率＜0.1%，库存准确率 99.9% 。

案例讨论：

请查阅相关资料，画出新科安达综合物流信息功能模块图。

基础练习

一、判断题

1. 物流信息化是指利用计算机网络技术、通信技术及各种信息技术，围绕采购、生产、储存、包装、运输、配送等物流活动的各个环节进行信息的采集、交换、传输和处理，使物流活动的各流程能够有效地相互协作和无缝连接，使物流活动达到最优化状态，从而构造出合理优化的物流供应链，提高企业的经济效益。（　　）

2. 物流信息系统软件包括用于处理交易、管理控制、存储媒体、决策分析和制订战略计划的系统和应用程序。（　　）

3. 社会化企业物流信息系统（Socialized Enterprise Logistics Information System，SELIS），是一个既具有公共社会化、统一开放标准，又能充分考虑企业自身特性的物流信息系统。（　　）

二、问答题

1. 应从物流系统的哪几个方面对 3PL 企业信息管理系统进行需求分析？
2. 简述 3PL 企业信息管理系统的主要内容。
3. 简述 3PL 企业信息管理系统开发的策略。

知识应用

请用“第三方物流企业信息管理”相关知识对模块一“物流聚焦”中的“解决企业现实问题”案例进行 3PL 企业的信息管理系统初步规划设计（不要求开发出信息系统）。

模块七　第三方物流企业客户服务

学习目标

知识目标

1. 了解物流服务的目的与本质规律。
2. 深刻理解第三方物流增值服务内涵。
3. 掌握提高第三方物流客户服务的能力与方法。
4. 认识以客户为中心的第三方物流战略开发阶段。

技术目标

1. 能将客户服务内容以文艺表演形式情境展现。
2. 会为企业设计以客户为中心的第三方物流战略开发方案。

能力目标

1. 培养良好的职业素养，树立客户至上服务理念。
2. 通过艺术表演形式培养学生团队合作及有效沟通能力。

物流聚焦

任务下达

距离年终还有2个月时间，××物流集团为了感谢长期支持他们的客户，准备元旦举行一台新春客户答谢晚会。总部给客户服务部下达任务，要求他们发动集团各分公司力量，利用业余时间组织一台120分钟的年终客户答谢晚会，各分公司根据自己企业客户服务情况采编1～2个节目集中展示，并提出以下要求：

(1) 团队参与，采用小品、情景剧、诗朗诵、舞蹈、合唱等表演形式；

(2) 每个部门选送的节目至少要体现一个物流客户服务相关内容。

请问，要完美完成以上任务将如何策划并实施这个集知识性与趣味性于一体的客户答谢晚会?

这需要我们对3PL企业客户服务相关知识进行深入的学习了解。

服务作为新的经济增长点已经不再是新鲜的话题，如今西方发达国家已全面进入服务型经济时代，现代服务业是国家经济增长最快的部分，其增加值超过了国民总产值一半以上的比例，在美国已达到70%以上，即有3/4的国民财富是由服务活动创造的。3PL企业在竞争激烈的市场上，应该树立市场导向的理念，以客户为中心，制定客户服务的经营战略，以服务的意识、服务的能力、服务的理念和服务的行为来经营企业，高质量地为客户提供基本服务和物流增值服务，提高客户满意度和忠诚度，以实现企业经营目标。实践证明，在当今的物流市场上，关注客户服务战略是企业提高核心竞争力并保持持续发展的正确选择。

第一节　第三方物流服务内涵

物流的本质是提供服务，它本身并不创造商品的形质效用，而是产生空间效用和时间效用，物流中的客户服务是物流企业的产出，是一个以成本最优化的方法为供应链提供显著附加值的过程，第三方物流的客户服务是 3PL 企业向客户提供贯穿于双方合作过程中的各种物流活动，它受许多因素的影响。

一、第三方物流服务的目的

物流服务水平是物流系统化的关键，总是以“尽可能低廉的价格，提供尽可能优良服务的机制”为目的，但在物流系统中，物流各部门和各功能之间存在“效益背反”，物流成本与物流服务水平之间也存在“效益背反”，所以高质量的第三方物流服务往往是辅以适当的成本而实现，研究物流服务的目的不得不关注物流服务与成本的关系。

1. 物流服务与成本的关系

一般来说，服务质量与成本是一种此消彼长的关系，物流服务质量提高，物流成本就会上升，成本与服务之间受“效益递减法则”的支配。如图 7－1 所示，提高物流服务，物流成本即上升，当物流服务如处于低水平阶段，追加成本 X，物流服务即可上升为 Y；如处于高水平阶段，同样追加 X，则服务水平只能上升至 Y'，Y' 总是小于 Y 的。当企业处于高水平的物流服务时，成本增加而物流服务水平并不能按比例相应地提高，所以企业试图一味地通过追加成本方式提高服务水平的想法值得商榷。

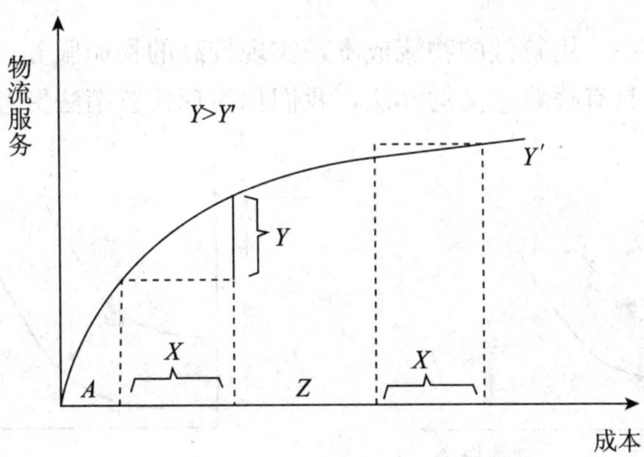

图 7－1　物流服务与成本

众所周知，1965—1974年，一般认为物流只是一种降低成本的手段。然而1973年石油危机以后，人们对物流的认识发生了变化，作为经营活动一环的物流管理，必须首先设定作为实现物流目标的物流服务水平，然后再以较低的成本构筑物流系统进行运作。美国市场权威人士P. 科特勒提出"物流目的必须引进投入与产出的系统效率概念，才能得出较好的定义"。决策层虽然可以提出降低物流成本的要求，但这时必须认真考虑物流成本下降与物流服务之间的关系。

2. 物流服务实施形态

一般来说，物流服务与成本的关系在实际企业运行中有下述四种状态。

（1）传统形态。在物流服务不变的前提下考虑降低成本，如图7-2所示。不改变服务水平的情况下，降低物流成本，这是一种尽可能降低成本来维持一定服务水平的办法，即追求效益的办法，称为传统形态。

（2）积极的传统形态。积极的物流成本对策，即在成本不变的前提下提高服务水平，如图7-3所示。在给定成本的条件下提高服务质量，这是一种追求效益的办法，也是一种有效地利用物流成本性能的办法，我们称为积极的传统形态。

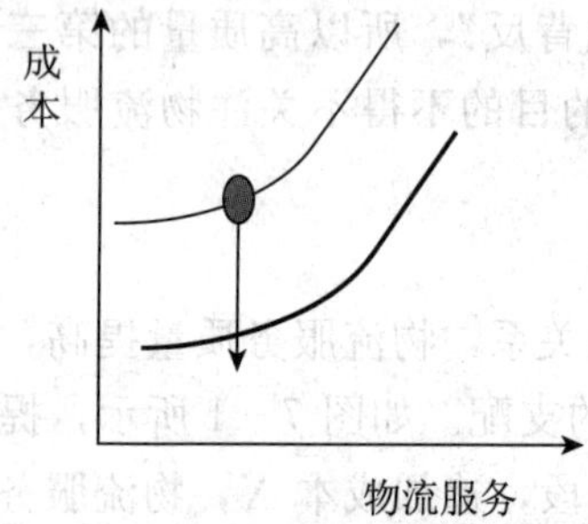

图7-2　传统形态

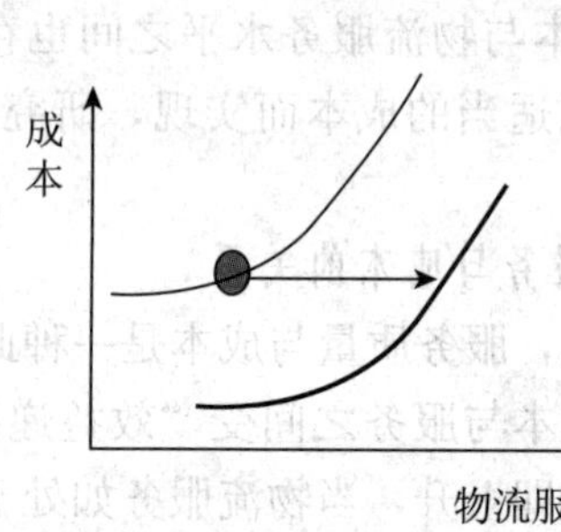

图7-3　积极传统形态

（3）竞争形态。为提高物流服务，不惜增加物流成本，如图7-4所示。这是许多企业提高物流服务的做法，是企业在特定客户或其特定商品面临竞争时，所采取的具有战略意义的办法。

（4）现代营销形态。用较低的物流成本，实现较高的物流服务，如图7-5所示。这是增加销售和效益，具有战略意义的办法，我们称为现代营销法形态。

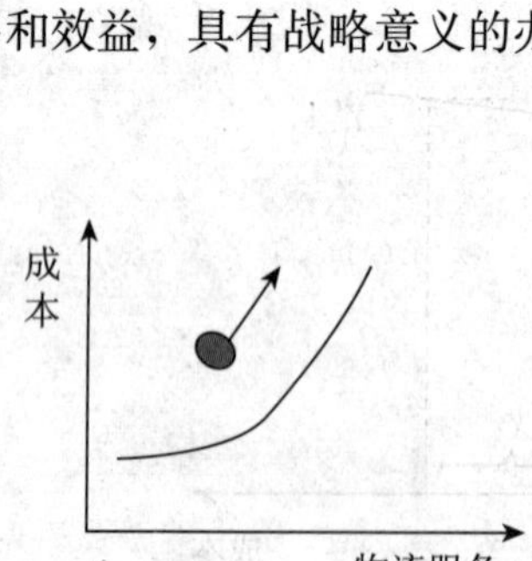

图7-4　竞争形态

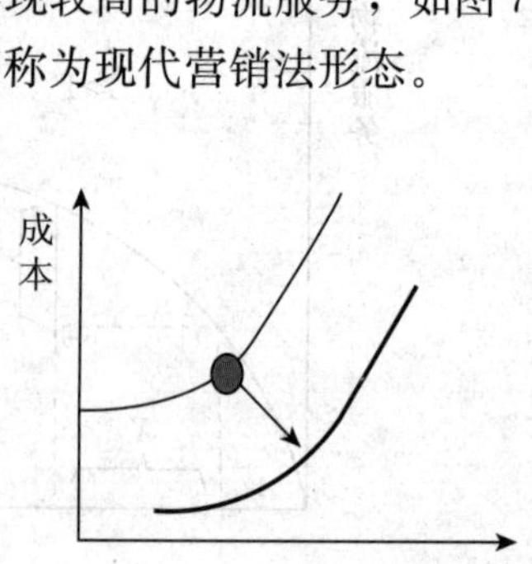

图7-5　现代营销法

以上四种服务形态实施中，物流服务管理的目的应表现于经传统形态和积极传统形态在改变竞争法的形态中最终实现向现代营销形态方向发展。

二、第三方物流服务本质

3PL 企业为了满足客户的物流需求，在客户与企业之间开展的一系列物流互动活动，其本身不产生形质效用，而产生空间和时间效用。它是一项工作（订单处理、退货处理、产品咨询、到货查询）、一整套业绩评价（送达准确率、正点率、满意度）、一种观念、一种对客户的承诺，本质是满足客户的需求：有客户需要的水平（有货保证）、可以在客户需要的时间内送达（送到保证）、达到客户要求的质量（质量保证），细则如图 7－6 所示。第三方物流服务就是要在实现"三个保证"的基础上提高客户的满意度和忠诚度。

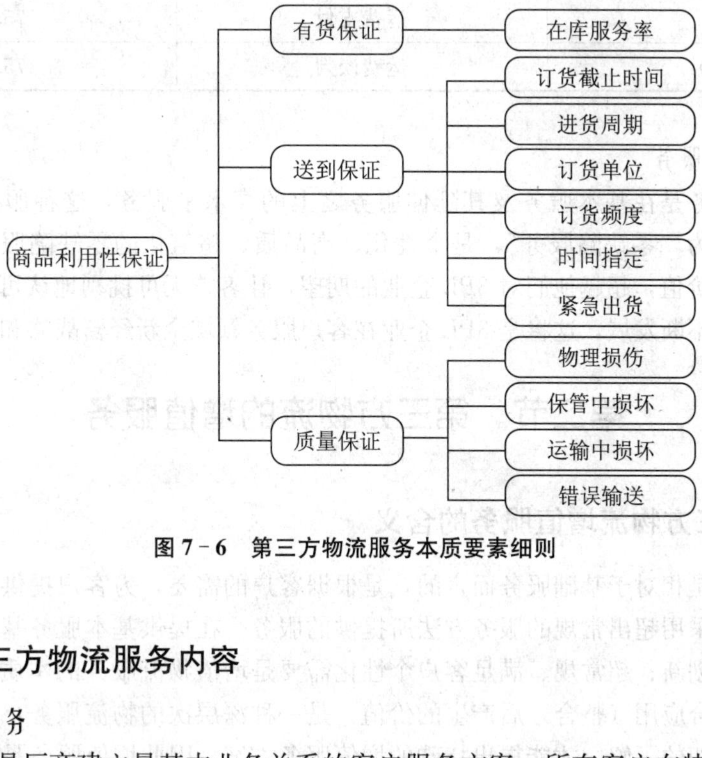

图 7－6　第三方物流服务本质要素细则

三、第三方物流服务内容

1. 基本服务

基本服务是厂商建立最基本业务关系的客户服务方案，所有客户在特定的层次同等对待，全面保持忠诚度。对 3PL 企业而言，基本服务包括仓储、运输、配送、搬运装卸、流通加工及物流信息等几大基本功能要素服务内容。

2. 增值服务

根据客户需要，为客户提供超出基础服务范围的延伸服务，第三方物流基本服务延伸的业务包括运输延伸服务、仓储延伸服务、配送延伸服务、信息的延伸服务等。

根据国外有关人员对 51 家领先的第三方物流服务提供者的调查，如表 7－1 所示，第三方物流服务内容不再集中于传统意义上的运输、仓储范畴之内，而是利用信息技术将这些单项的服务内容有机地结合起来提供物流的整体解决方案。

表 7-1　　第三方物流服务内容

序号	服务项目	服务提供者的百分比（%）
1	开发物流策略/系统	97.3
2	电子数据交换能力	91.9
3	管理表现汇报	89.2
4	货物集运	85.5
5	选择承运人、货代、海关代理	86.5
6	信息管理	81.1
7	仓储	81.1
8	咨询	78.4
9	运费支付	75.7
10	运费谈判	75.7

3. 精细化服务

精细化服务是在基本服务及其延伸服务之上的高水平服务，这种服务面向所有客户，可以规定为“零缺陷服务”，是个性化、高品质、超值化的零缺陷服务，让客户得到意料之外的价值，超越他们对 3PL 企业的期望，让客户无可挑剔地认可，从而在激烈的市场竞争中不断发展，这将是 3PL 企业在客户服务领域全新经营战略和成功的保障。

第二节　第三方物流的增值服务

一、第三方物流增值服务的含义

增值服务是相对于基础服务而言的，是根据客户的需要，为客户提供的超出常规的服务，或者是采用超出常规的服务方法所提供的服务。在提供基本服务基础上满足更多的客户期望，创新、超常规、满足客户个性化需要是增值物流服务的本质特征，它往往是各种要素综合应用（整合）后产生的价值，是一种深层次的物流服务，必须对客户的物流需求有深切的了解，才能提出特殊的增值服务方案，因此增值服务是对特定客户的特定要求提供的服务，是一种特殊服务方案。

在信息主导商业发展的今天，第三方物流增值服务主要是借助完善的信息系统和网络，通过发挥专业物流管理人才的经验和技能来实现的，依托的主要是 3PL 企业的 IT 基础，因此是技术和知识密集型的服务，可以提供信息效用和风险效用，这样的服务融入了更多的精神劳动，能够创造出新的价值，因而是增值的物流服务。

二、第三方物流增值服务的范围

增值服务的范围涉及大量刺激性的业务活动，我们可以将第三方物流的增值服务分为两大类：基本的增值服务和特定的增值服务。

1. 基本的增值服务

基本的增值服务是指除了承担仓储运输服务以外，3PL 企业还提供一系列附加的创新服务或独特的延伸服务，如物流方案设计、存货管理、订货处理、物流加工、报关报检等整个供应链服务项目，以支持客户的所有物流需求。

从物流增值服务的起源来看，增值服务主要是将物流的各项基本功能进行延伸，伴随着物流运作过程实施，将各环节有机衔接起来，实现便利、高效的物流运作。目前国内 3PL 企业已开展的几种增值服务如下。

(1) 仓储的延伸服务。拥有大型仓储设备的，可以提供以下服务：材料及零部件的到货检验、安装制造，库存查询、库存补充，提供全天候的收货发货窗口等，为满足客户销售需要提供成品标记服务，食品药品低温冷藏服务，原料质检及各种形式的流通加工服务等。

(2) 运输的延伸服务。包括选择国际、国内运输方式、运输路线、安排货运计划，为客户选择承运人，确定配载方法，订舱、租船、包机，货物运输过程中的监控、跟踪，“门到门”综合运输、报关、代垫运费、运费谈判、货款回收与结算，多式联运集运等。

(3) 配送的延伸服务。主要有集货、分拣包装、配套装配、条码生成、贴标签、自动补货等。

(4) 信息的延伸服务。以信息为优势的第三方物流服务商可以把信息技术融入物流作业安排中。如向供应商下订单、接受客户订单，并提供相应财务报告；利用数据的积累和整理，对客户的需求预测提供咨询支持，运用网络技术向客户提供在线数据查询和帮助服务。

实事上，第三方物流的增值服务类型较多，选择承运商、订单履行、订单处理、货物验收、仓库再包装和加工、库存、客户备用零件、产品安装和装配、代理货物保险、送货代收款、货物回收和替换、进出口等均是第三方物流的增值服务内容；较高级的第三方物流增值服务有物流计划、系统设计、库存分析报告、库存控制、物流信息系统，分销中心建立供应链的设计建议、物流咨询及教育培训等。增值服务需要有协调和利用其他物流企业资源的能力，以确保企业所承担的货物交付任务能以最合理的方式及尽可能小的成本来完成。

2. 特定的增值服务

特定的增值服务是指 3PL 企业为客户企业实现某种营销目的而提供的专项服务。根据在几个主要领域承担增值服务的情况将其分为以客户为核心的服务、以促销为核心的服务、以制造为核心的服务、以时间为核心的服务四类。

(1) 以客户为核心的服务。以客户为核心的增值服务向买卖双方提供利用第三方专业人员来配送产品的各种可供选择的方式。例如，美国 UPS 公司开发了独特的服务系统，专门递送纳贝斯克食品公司的“Planters Life Savers ”快餐产品到批发商店，而不是通过传统的烟糖配送商提供递送服务。又如，Exel 配送公司下属的一个部门创造性地建立了一种订货登记服务，为刚出世的婴儿安排将 P&G 公司的一次性尿布送货到家。对仓库来说，还有普遍流行的一种做法，即提供“精选→定价→重新包装”服务，以便于按仓库、俱乐部和便利店等要求独特配置，以配送制造厂商的标准产品。最后一个有关以客户为核心的服务例子就是如何来履行。履行由这样一些活动构成：处理客户向制造商的订货，直接送货到商店或客户家，按照零售店货架储备所需的明细货品规格持续提供递送服务。这类专门化的增值服务可以被有效地用来支持新产品的引入，以及利于当地市场的季节性配送。

(2) 以促销为核心的服务。以促销为核心的增值服务涉及独特的销售展销台的配置，以及旨在刺激销售的其他范围很广的各种服务。销售点展销可以包含来自不同的供应商的多种产品，组合成一个多节点的展销单元，以便于适合特定的零售商店。在有选择的情况下，以促销为核心的增值服务还对储备产品的样品提供特别介绍，甚至进行直接邮寄促销。许多以促销为核心的增值服务包括的礼品和奖励商品由专业服务机构来处理和托运。

(3) 以制造为核心的服务。顾名思义，以制造为核心的增值服务是通过独特的产品分类和递送来支持制造活动的。既然每一位客户的实际设施和制造装配都是独特的，那么，从理论上来说，递送和引入内向流动的材料和部件应进行客户定制化。例如，有一家仓储公司使用多达六种不同的纸箱重新包装一种普通消费者洗碗盘用的肥皂，以支持各种促销方案和各种等级的贸易要求。又如，有的厂商将外科手术的成套器具按需要进行装配，以满足特定医师的独特要求。此外，有仓储公司切割和安装各种长度和尺寸的软管，以适合个别客户所使用的不同规格的水泵。以上列举的几个有关增值服务的例子，它们在物流渠道中都由专业人员承担。这些专业人员能够把产品的最后定型一直推迟到接收客户定制化订单时止。虽然，雇用专业人员承担增值服务，与如果将这些活动结合进高速度的制造过程中成为其中一个组成部门相比，意味着单位成本将提高，但是，由专业人员提供增值服务能够大大减少与生产不正确产品有关的预期风险。因此，以制造为核心的服务，与其说是在预测基础上生产独特的产品，倒不如说是对基本产品进行了修正，以适应特定的客户需求，其结果是改善了服务。

(4) 以时间为核心的服务。以时间为核心的增值服务涉及专业人员在递送以前对存货进行分类、组合和排序。对以时间为核心的增值服务来说，其中的一种方式就是准时化（JIT）喂给仓库。在准时化概念下，供应商向位于装配工厂附近的 JIT 喂给仓库进行日常的递送；一旦某时某地产生了需要，喂给仓库就会对多家卖主的零部件进行精确的分类、排序，然后递送到装配线上去。其目的是要在总量上最低限度地减少在装配工厂的搬运次数和检验次数。例如，俄亥俄州马里斯维尔本田汽车公司就是使用这类 JIT 服务来支持其装配线的。又如，Exel 配送公司把食品制造商的产品混合起来，按 Shaw 公司的零售食品店要求进行精确的分类。虽然从概念上说，这个例子多少有点牵强附会，但这种按客户要求对产品重新进行分类组合的混合服务，可以使制造商和 Shaw 公司都排除或避免了大量的仓储。总之，以时间为核心的服务，主要的一个特征就是排除不必要的仓库设施和重复劳动，以期最大限度地提高服务速度。

三、3PL 增值服务途径

就客户方而言，基本的物流运作客户自己很容易承担，如果客户的物流业务不是全部的、总体的外包，而是将物流业务部分外包，客户当然选择将自己没有优势的精细服务及增值服务进行外包，因此，第三方物流主要应该做的是带有增值性的服务，以这种物流服务的形式取得利润。第三方物流如何进行增值服务，不能一概而论，每一个 3PL 公司都应当打造自己独特的优势，形成自己独特的增值物流运作模式，所以，客户在选择第三方物流时，首先应当判断该 3PL 企业在增值运作方面的优势。

1. 基本服务的增值

基本物流服务是最普通的，它只是向客户提供最低限度和通常服务，但服务的深度不够，因此各项基本服务都有增值的潜力。有时候基本服务与增值服务只有一步之遥，是很容易跨越的，有时客户可能出自于降低成本的考虑，或者对于增值服务的意义缺乏认识，有些物流企业没有采取增值服务方式，促使客户实现这一步的跨越是 3PL 企业的责任，3PL 企业可以引导客户从基本服务向增值方向延伸开始，方法很多（见表 7－2）。这是第三方物流服务增值服务的原始途径。

表 7－2　部分基本服务的增值延伸

基本服务	延伸基本服务所增加的因素	增值延伸的效果
一般包装	在一般包装的基础上注入更多的信息因素（例如商品和包装的简要说明、质量查询电话或网址）；注入更多的装潢因素（商品促销的装潢）	消费者放心购买、销量增加
一般的汽车货运	将发货点、到货点延伸到两端客户门口，变成了“门到门”的运输	加快速度，减少装卸搬运次数，降低费用，抢占销售时机从而获利
一般的装车服务	根据不同货物及不同包装重量和体积做出增加事前装车规划	增加装车数量及装车安全程度，降低成本
一般的卸车服务	增加每一件货物卸货之后的放置地点、按指定地点放置的货物事前规划	减少客户内部再装卸、再搬运环节，节省人力、时间、费用
一般仓库存货	增加向客户提供信息查询系统服务	准确的信息可以支持客户降低库存，节约成本
一般库存管理	增加与供需双方的沟通，提供供货信息	形成低库存甚至“零库存”，减少资金占用和货损

2. 合理化改造的增值

物流系统存在合理化改造的可能性，这种改造没有止境，即使现在的系统已经很完善了，但是，随着技术进步和管理的发展，又会出现很多可以进行合理化改造的空间。3PL 企业必须牢牢盯住一些可进行合理化改造的可能性，有专人分析、研究每个领域合理化改造的可行性，提出合理化解决方案。物流合理化办法很多（见表 7－3）。

表 7-3　　合理化改造的增值

原来的物流运作	实施合理化的做法	增值的效果
商品的通用包装	根据商品不同，有选择地把通用包装改造成有针对性的包装	增强了所需要的包装功能，从而获得增值
过分专用的包装	根据商品不同，有选择地把过分专用的包装改变成通用型的包装	利用通用包装，增加了包装材料的可获得性和再生性，降低了成本
利用配送方式向连锁店进行配送	整合若干个连锁商业系统，或者整合连锁商业系统与其他的物流需求，实行共同配送	减少了车辆的占用和交通拥堵，降低了配送成本
利用配送方式向连锁店进行配送	对需求量比较大的连锁商店，或者原来配送商品中的一部分数量较大的商品，从物流中心或者仓库直接送货到连锁店，实行越库配送	减少了配送中心环节，提高了配送速度，节省了配送系统的配送费用和管理费用
干线汽车物流	利用信息系统进行合理化改造，使干线物流的两个终端点有及时准确的车辆信息、货源信息，防止车辆回程无货空驶，降低车辆的空驶率	通过降低空驶率增加收入，降低成本
仓库存放货物的普通货架	用提高活性的办法进行合理化改造，对流动性能比较强的货物，改用重力式货架，提高被放货物的活性	提高了操作效率，减少了操作时间和人力占用

3. 一体化物流服务的增值

将若干独立物流活动实行一体化管理，统筹物流资源，减少无效活动，避免浪费，从而获得增值。

4. 供应链集成整合增值

进行更大范围的供应链整合，从而提高整个供应链的竞争能力，获得增值。

5. 管理增值

引入先进的管理模式，介入用户的物流管理，从而可以在不增加物流资源甚至精简物流资源的前提下获得增值。

四、第三方物流增值服务实施策略

1. 引导客户需求，实现客户增值新体验

在以客户为中心的市场经济条件下，任何 3PL 企业的立足、发展和壮大都要符合客户为主导的新经济模式。换言之，也就是说企业在实施任何新的服务策略之前，一定要明白客户到底需要什么服务，什么时候、什么环境下需要这种服务，而不能认为只要自己能提供什么样的增值服务，客户就会接受这种服务。服务策略必须要有很强的针对性，要对症下药，有的才能放矢，但是客户需求往往是千变万化的，不同的客户甚至同一客户在不同的情况下，往往也会有不同的服务需求。有时候甚至许多客户自己都不清楚到底需要什么服务，这时3PL企业就应该适时对客户需求进行适当的引导，为客户分析市场形势，提供量体裁衣式的增值物流服务，并努力让客户体验到物超所值的物流增值服务。只有服务对口了、到位了，满足了客户的物流服务需求，客户才能体会到服务增值的感受，自然也就提高了对3PL企业的信任度和认可度，才会放心接受其提供的其他增值服务，3PL企业的服务范围才能得到扩展，服务质量和企业的核心竞争力才能得到进一步提高，最终实现3PL企业与客户、服务与需求的良性互动循环。

值得注意的是，在3PL企业与客户的互动循环中，引导客户需求是至关重要的一步。3PL企业引导客户需求，不仅要对客户进行充分详尽的客户需求调研，而且要把提供增值服务与实现客户增值体验结合起来，要让客户知道自己得到的服务价值超过自己所支付的服务费用，这就需要3PL企业解决好两个问题：如何满足客户的个性化、多样化需求？如何实现物超所值的服务承诺？

2. 提供一体化的物流解决方案

我国物流企业发展的现状客观上要求物流企业，尤其是3PL企业应加快向一体化物流解决方案提供商的转变速度，国内的物流解决方案提供商大都与物流软件供应商合作，共同为客户提供物流解决方案。一般来说，物流解决方案提供商不需要硬件投资，如仓库设施、运输工具等，只需要提供物流运作思路和物流管理方案。相比之下，国内由传统储运企业转型而来的3PL企业不仅拥有成熟的配套硬件设施，而且积累了丰富的物流运作经验，相对其他物流解决方案提供商而言，在基础设施和运作经验上更具优势。3PL企业要适时向物流解决方案提供商转变，为客户提供个性化的增值服务，形成独特的商业模式，尽快开发出针对常见物流需求和物流问题的配套方案模型，包括物流信息系统解决方案、物流优化配送解决方案、物流供应链管理解决方案、一体化物流解决方案等。

3. 借助信息技术，实现增值服务承诺

信息技术在物流运作中的广泛应用，不仅打破了传统的运输、仓储、配送等物流各个环节各自为政的局面，使一体化物流运营成为可能，而且使3PL企业为客户提供增值服务提供了有力的技术保证。

在信息日显重要的商务活动中，3PL企业要实现物超所值的服务承诺，必须充分依靠信息技术，通过建立良好的信息系统，实现与客户的高效沟通。这是确保3PL企业与客户进行良好的交互活动、提供IT服务并提高服务质量的前提条件。通过建立物流管理信息系统，3PL企业可以运用先进的信息技术来管理物流业务运作，实现业务信息的一体化运营，提高信息层面的透明度，缩短物流运作时间，这样3PL企业才有可能实现服务承诺，为强化物流增值服务奠定基础。

信息技术的应用往往是双向的、互动的。3PL企业要想提高增值服务的水平，除了自身的信息系统建设外，还可以考虑为客户提供配套的物流信息服务，如运行系统的平台和技术支持，建立和客户的交互活动，提供服务信息的实时查询、浏览、在线货物的跟踪，联机实现配送路线的规划、物流资源调度、货物检查等。借助信息技术，为客户提供物流信息服务，不仅可以提高 3PL 企业与客户之间的沟通效率，还可以提高双方交易的反应速度，使客户真正体会到第三方物流增值服务所带来的超值感受。

五、第三方物流增值服务的发展

从国外来看，物流增值服务起源于竞争激烈的信件和包裹快递业务，现在则在整个物流行业全面展开。事实上，无论是海运、空运还是陆运，几乎所有和物流运输业有关的公司都在想方设法地提供增值服务。跨国快递公司中的中外运敦豪（DHL）、联邦快递（FedEx）和联合包裹（UPS）都已经开始为客户提供一站式服务，他们的服务涵盖了一件产品从采购到制造、仓储入库、外包装、配送、回返及再循环的全过程。由这些巨头们领跑的速递业已不再是简单的门到门、户到户的货件运送，而是集电子商务、物流、金融、保险、代理等于一身的综合性行业。再比如传统的物流企业——航运公司，不仅仅负责运输货物，还提供诸如打制商业发票、为货物托运方投买保险和管理全程的服务，事实上也就是要努力提供完整的供应链管理服务，使得客户可以在第一时间追踪到自己的货物方位、准确进程和实际费用等动态信息。这种以海上运输为基础而又大大超越了传统运输范畴的增值服务，原本是航运公司在他们的核心业务——集装箱业务下降时的应急措施，没想到却无心插柳柳成荫。这种微妙的变化却使物流业内的两个终端因此受益匪浅，客户端可以得到更全面的和个性化的服务，有利于集中精力去做自己的核心业务；物流服务端也会因为这种新颖而别致的服务获得更多订单。

从全球一体化物流和供应链集成的发展趋势来看，增值服务的范畴要广阔得多。基于一体化物流和供应链集成的增值服务是向客户端延伸的服务，通过参与、介入客户的供应管理及物流系统来提供服务，这种服务能够帮助客户提高其物流管理水平和控制能力，优化客户自身的物流系统，加快响应速度，为企业提供制造、销售及决策等方面的支持，他们更需要较高级的第三方物流增值服务：物流计划、系统设计、库存分析报告、库存控制、物流信息系统、分销中心建立供应链的设计建议、物流咨询及教育培训等，这种建立在双方充分合作信任基础上的高层次增值服务往往要企业发挥更大的主动性去挖掘客户的潜在需求，需要更多的专业技能、经验、创新性和增值性，更是拥有高技术高素质的人才服务做支撑的增值服务。

第三节　提高第三方物流企业客户服务能力

客户服务是 3PL 企业所有活动的产物，是衡量 3PL 企业服务客户的时间、空间等效用能力的尺度，客户服务水平决定了 3PL 企业能否留住现有客户及吸引新客户的能力，直接影响其市场份额和物流总成本，并最终影响盈利能力。客户服务是企业为支持其核心产品提供的服务，通常包括回答问题、订单事务处理、服务咨询、技术培训、投诉处理、日程安排等，只要是满足货主需求、保障供给的事务，均是客户服务范围。3PL 企业服务满足客户分为“量”上的满足，主要表现在适量性、多批次、广泛性方面；“质”上的满足，主要表现在安全、准确、迅速、经济方面。其服务可以安排在现场进行，也可以通过电话或互联网进行，它既是一项提高客户满意度的特殊工作活动，也是一整套业绩评价活动。

一、建立3PL企业客户服务质量标杆

3PL企业要提高客户服务质量，最基本最有效的方式是建立质量标杆，建立物流服务质量指标体系。有了先进的物流服务质量指标体系，3PL企业就能找到差距和不足并努力寻求改进的措施，创造出适应3PL企业自身特点和客户需求的服务方式。积极借鉴和吸收国内外物流企业的成功经验，尽可能多地将3PL企业运行的各方面、各环节纳入服务质量指标体系，与国际认证体系接轨。

1. 运输服务指标体系

（1）运输需求满足率。指客户企业的运输需求能够及时满足的比率，可用需求得到满足的次数占总需求次数的百分比来表示。

（2）货物及时发送率。可用一定时期内3PL企业接到客户订单后，按指定的或协议的日期及时将货物发送出去的次数占总订单次数的百分比来表示。

（3）货物准时送达率。准时送达是指在客户要求的、指定的或协议的日期将货物交付到接收地点。该指标可用一定时期内准时送达次数占总送货次数的百分比来表示。

（4）货物完好送达率。完好送达是指按照客户的要求将指定的产品无损坏地送达客户指定的目的地。该指标可用一定时期内货物无损坏的送达次数占总送货次数的百分比来表示，客户对这个指标的要求是很高的，应该达到100%。

（5）运输信息及时跟踪率。指每一笔货物运输出去以后，3PL企业向客户反馈运输信息的比率。客户将物流业务交给3PL企业后，对物流信息的掌握很大程度上就是依靠3PL企业来提供了。这样，客户企业对运输信息反馈与跟踪的要求就提高了。该指标可用一定时期内跟踪运输信息的次数占总订单次数的百分比来表示，对这个指标要求也比较高，应该是100%。

2. 库存管理指标体系

（1）库存完好率。指某段时间内仓库货物保存完好的比率，可用一定时期内完好库存数占总库存数的百分比表示。客户企业对这一指标的要求一般为：与其相对应的库存破损率＝1－库存完好率，应减小为0。

（2）库存周报表准确率。在T时间段内，库存报告的准确次数除以总的库存报告次数就是库存周报表准确率。

（3）存货准确率。存货定期盘点且账物相符的数量占定期盘点并核对的存货的百分比，这一指标应每月由作业地点汇报。

（4）发货准确率。指仓管人员根据订单准确发货的比率。具体计算为：发货准确率＝1－在T时间段内错误的发货次数占间段内的发货总数。与其相对应的一个指标是入库准确率。

3. 客户服务过程的评价指标

（1）客户投诉率。指在时间段内，某一客户企业向3PL企业投诉的比率。这是体现客户服务水平高低和质量好坏的重要指标，可用客户投诉次数与总的物流服务次数之比来表示。

(2) 客户投诉处理时间。每次客户投诉后，3PL企业应及时处理问题，并且保证以后此类问题不再出现。该投诉处理时间一般为2小时，可以根据行业情形适当调节。但如果客户重复投诉，则此指标的权重应该加大。

(3) 回单返回及时率。指在完成每笔物流业务后，运输单据及时返回客户企业的比率。一般客户企业会每月收回一次运输单据以备查。

除了以上三类主要评价指标外，3PL企业客户服务指标体系还应包括费用结算评价指标（费用结算及时率、准确率），数据录入评价指标（数据录入及时性、准确性），进出口业务评价指标（报关及时性、订单处理及时率和准确率），如表7-4所示。

表7-4　　3PL企业客户服务指标体系

运输服务指标体系	库存管理指标体系	客户服务过程的评价指标	费用结算评价指标体系	数据录入评价指标	进出口业务评价指标
运输需求满足率、货物及时发送率、货物准时送达率、货物完好送达率、运输信息及时跟踪率	库存完好率、库存周报表准确率、发货准确率、存货准确率	客户投诉率、客户投诉处理时间、回单返回及时率	费用结算及时率、费用结算准确率	数据录入及时性、数据录入准确性	报关及时性、订单处理及时率、订单处理准确率

应当指出的是，企业评价体系不是一次就能完成的，是在初步建立起来之后，经过试运行，然后收集各方面人员意见，对所建立的关键绩效指标体系进行补充、修改，使其不断完善，并最终确立高效可行的关键绩效指标体系。

二、提高3PL企业客户满意度

客户满意是企业效益的源泉，让客户感动的理念是驱动企业服务创新的动力，因此，在给客户提供各种物流服务的同时，必须重视客户的满意度。

1. 客户满意度要素

客户满意是客户服务的终极目标，客户的满意和忠诚是实现企业价值的保证，提升用户满意度是留住客户和防止客户流失的有效手段，客户是价值最大化的追求者，企业的使命就是为客户提供“物美价廉”的服务。客户满意度是企业所提供的产品或服务令客户满意的程度，它是企业经营“质量”的衡量方式，它代表了企业在其所服务的市场中的所有购买和消费的实际和预期的总体评价，实际上，提升客户满意度即是研究客户服务价值，“物美价廉”可为客户服务状况实现客服价值最大化。

客户服务价值是客户总价值与客户总成本之间的差额。客户总价值是客户购买某一产品与服务所期望获得的所有利益，包括产品价值、服务价值、人员价值、形象价值；客户总成本是在评估、获得和使用该产品或服务时引起的客户预计费用，包括货币成本、时间成本、精力成本、心理成本。即：

客户服务价值＝客户满意度

＝客户总价值－客户总成本

＝所提供（感受到）的服务－所期望的服务

客户服务价值、客户总价值、客户总成本之间的关系，如图 7－7 所示。

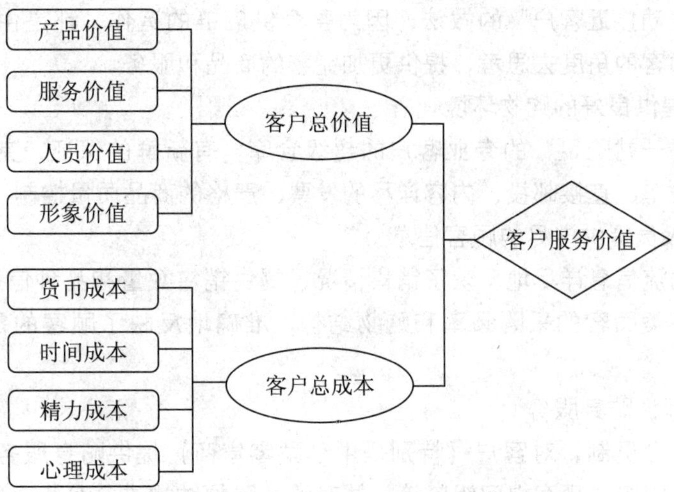

图 7－7　客服服务价值组成要素关系

对客户来说，客户服务价值就是企业所提供的使其感到满意的价值。在购买商品时，客户总是希望把相关成本降到最低限度，同时又希望获得更多利益，即“物美价廉”，以使自己的需要得到最大的满足，因此，客户往往从价值和成本两方面进行比较，选择对自己来说价值最大的产品或服务；对企业来说，为客户服务，就是为客户创造的实物价值和服务效用的价值超过其成本，实现客户服务价值最大化。所以，提高 3PL 企业客户满意度就是要尽量提高客户总价值即提供更多服务（感受更多服务），包括提供高质量的物流产品、高大的企业形象、高素质的物流人员，尽力降低客户总成本。

补充阅读

向麦德龙学提高客户满意度

有竞争力的企业总是把目光放在顾客身上而不是竞争对手身上。德国麦德龙(Metro) 是一家世界著名的零售业集团，它以低价格吸引客户，同时以会员制、现购自运配售制、供应链管理、一定的本土化、创造积极的社会形象、建立强大的销售网点等手段相配合，来提高客户的满意度，赢得客户忠诚。其提高客户满意度的一些策略值得 3PL 企业学习和借鉴。

1. 顾客限定

麦德龙更愿意服务集团采购的顾客群。如果麦德龙不限定客户，让所有人都进来，那么运营成本就要增加，管理难度也加大。限定了顾客就可以更容易地分析顾客的特定需求，增加其喜欢的商品，移去他们不需要的商品。麦德龙只关注目标顾客，知道他们需要什么，就可以控制货物品种数目，提高顾客满意度。

2. 主动接近顾客

麦德龙认为无论做什么，都不要忘了供应链的另一端是顾客，这是最重要的。麦德龙一贯坚持“主动接近客户”的做法，因为整个供应链的运作，都是由顾客来推动的。因此它能站在顾客的角度去思考，提供更加完善的商品和服务。

3. 为顾客提供良好的购物环境

麦德龙是“一站购足”的专业客户的超级仓库，有新鲜的保证、完善的售后服务、专业的大型手推车、直接邮投、内容详尽的发票、严格的商品质量控制、长时间营业。

4. 为经营人员提供详尽的顾客信息

麦德龙的物流信息详尽地反映了销售情况，提供销售数量和品种信息。麦德龙的物流信息记录了各类顾客的采购频率和购物结构，准确地反映了顾客的需求动态和发展趋势。

5. 为顾客提供贴身服务

麦德龙采取会员制，对客户（特别是中小型零售商）提供贴身服务，如咨询服务、定期发送资料、组织“顾客提问组”等，并对顾客购物结构进行分析，同主要顾客进行讨论，帮助客户做好生意。

6. 设立专门的客户咨询员

在中国的麦德龙零售商店有多个顾客咨询员，他们每天都跑出去拜访客户，了解顾客需求与满意度。麦德龙按照顾客离商店的路程远近、满意程度的高低，将客户进行分类，对他们进行重点分析和研究。

2. 重视感动服务

随着社会的进步和生产力的迅猛发展，物流企业的数量和规模都在急剧增加，不同企业之间的竞争也在加剧，那种单纯满足基础需求的产品已开始难以在市场中找到立足之地。现代企业已经不满足于“让客户满意”，而是“让客户惊喜”“让客户感动”，用超值服务的理念营销自己的产品，使客户对企业的服务感到意外，超越他们对企业的期望，让客户真正认可。超值服务理念往往表现为7个方面，即超越客户的心理期待、超越常规、超越产品的价值、超越时间界限、超越内外界限、超越部门界限和超越经济界限。3PL企业在寻找新的市场和利润增长点、关注客户满意度时，还应更多地研究客户的超值服务价值。

在实践中最常见的超值服务就是感动服务和次感动服务。感动服务是建立在满意服务基础上一对一的人性化互动服务，企业以服务为舞台、以商品为道具，围绕着消费者创造出值得消费者回味的活动，触及客户的心灵共鸣，其中商品是有形的，服务是无形的，新创造出的服务过程体验是顾客难忘的。感动服务是以精益思想为指导，更加注重服务的每一过程，追求的是尽善尽美的最高境界，是因人而异，因情景而异，以人为本的无止境的创新服务。感动是无标准的，靠自身感悟，正如道家所讲“道可道，非常道”，这也正是感动服务区别于其他服务的根本所在，是其竞争者无法简单模仿和替代的。

做好感动服务最重要的就是深刻理解感动的内涵。市场就是舞台，我们与客户就是这个舞台上的演员，服务过程就是一部即兴小品，小品是否感人，重要的是演员对剧情的把握。从理论上分析，满意过程分为三个部分：满意服务、次感动服务、感动服务，如图 7-8 所示。

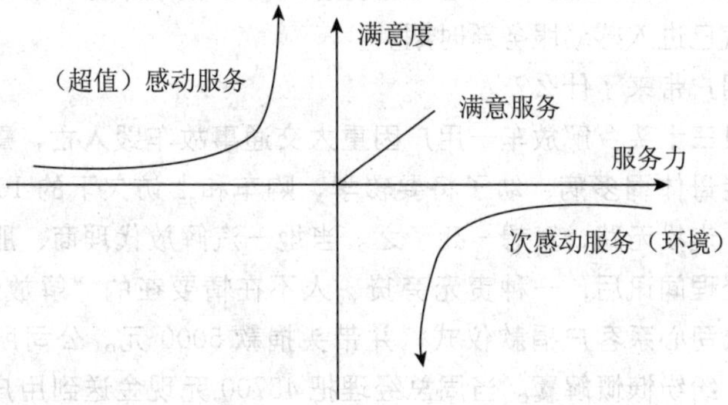

图 7-8 客户满意度与企业服务力关系

(1) 满意服务。正常情况下，客户满意度随着服务力的提高而提升，呈正相关关系，处于第一象限，提供给客户的服务力越强，则客户得到自己想要的越多，就会越满意。

(2) 次感动服务。企业的服务力总是在特定环境中进行，企业环境带来的满意我们称为次感动服务，负向地影响客户满意度，处于第四象限。它是一条曲线，而且从不高过横轴，这意味着即使客户所有假定要求都得到满足，他们达到的满意程度最多也只是中性的，但如果无法满足客户这类要求，他们的满意程度就会大打折扣。例如，服务收货网点的环境形象建设的优劣、服务人员的服饰和礼仪等均对客户产生影响。

(3) 感动服务。感动服务并不在客户的要求范围内，甚至可能不是客户的需要，因此如果没有这项服务，客户的满意度也不会降低，所以这条曲线永远也不会低于横轴，处于第二象限。但如果企业采用“让客户惊喜”的感动服务，客户的满意程度会直线上升，曲线向上弯曲，由此产生的效果是不同凡响的，会倍增满意度。

所以，用户感觉度＝客户体验－客户期望。

当其值＜0 时，客户不满意；当其值＝0 时，用户满意；当其值＞0 时，用户感动。

因此做好感动服务可以从三个方面考虑：没想到的，我们能为用户想到、做到；用户认为我们做不到的，我们却为客户做到了；用户认为我们已经做得很好了，我们要做得更好。

所以，通过增加 3PL 企业服务来提升客户满意度时，还可以采用增加感动服务、次感动服务这些超值服务方式大幅度提升客户满意度，减少对满意度的负向影响，发挥 3PL 企业客户服务的最大效能。

补充阅读

一汽在“感动”中超越“满意”

中国一汽的售后服务是伴随着第一辆解放牌汽车的诞生而孕育发展起来的，至今已有60年的历史。它确保了解放产品的市场保有量、独占中国卡车市场半壁江山，并创立中重型卡车世界第一的销量。它的售后服务曾经历了被动服务、主动服务到满意服务等阶段，今天一汽已进入感动服务新时期。

感动服务为用户带来了什么?

安徽省长丰县三十头乡解放车一用户因重大交通事故车毁人亡，肇事者逃逸。面对丈夫突然离去、老母体弱多病、幼子将要辍学，购车和上访欠下的10多万元债务，用户妻子痛不欲生、走投无路，真想一死了之。当地一汽解放代理商、服务商亚夏实业股份有限公司周总经理闻讯后，一种责无旁贷、人不在情要在的“解放情结”油然而生。他亲自主持亚夏公司心系客户捐款仪式，并带头捐款5000元。公司所有员工在“爱的奉献”歌曲声中，纷纷慷慨解囊。当周总经理把45700元现金送到用户妻子手中时，她惊喜万分，紧紧地抱着儿子感慨地说，等我小孩儿长大我还要他继承父业开汽解放车，继续做亚夏的忠诚客户。当地的父老乡亲不敢相信眼前发生的一切，过去解放人对用户买车贷款，主动服务上门就很让人知足了，如今解放人为死去的用户无偿捐款，真是做梦都想不到的事。深知内情的乡长掏心窝子说了句话：乡亲们，一汽人对用户有情有义，信我的话，以后买车都要买解放车。

我们能为用户做什么?

感动服务在一汽不仅仅是口号和理论，更落实于行动。而一汽对各地方机构的行动要求是必须创造故事，创造那些能令用户感动也能激励一汽内部上下更加奋进的故事。在上门服务过程中，一汽宁国服务站实行三级联访：第一批人下去普查，随后一批对重点用户实行跟踪服务，第三批对服务过的用户进行回访。在运输淡季，他们设立的物流公司专门为用户提供货源，让用户淡季不淡，在拉货的车出故障不能短时间排除时，他们负责免费提供备用车，负责组织装卸货。当用户出现交通事故修车或处理事故缺钱时，他们无偿贷款；当用户消费贷款过程中，遇到临时困难时，他们可替用户垫付10%、20%费用，或找到银行担保贷款，把风险留给自己，把方便让给用户。在他们的461家服务站里，正是感动服务构筑起一座攻不破的铁壁铜墙，他们深深地体会到，服务是一种态度，需要热情；服务是一种感觉，需要真情。设想一下，如果每一个一汽服务工作者在自己为用户服务的经历中，都能发生几件感动用户的故事，那么，一汽的服务就会形成客户口碑，感动服务就能发扬光大，就会在激烈的市场竞争中无往而不胜。

一汽的每一个人在工作中都不断地提醒自己：我能为用户做些什么，直至满意?我还能为用户做些什么，直至感动?

3. 正确处理客户抱怨与投诉

即使有“不停送货”物流系统即高效率的配送中心、迅速的运输系统和先进的信息支持系统的物流服务，也不能完全保证让所有的客户满意。在客户有较多的不满意时，就会对 3PL 企业抱怨或投诉，如果这些抱怨和投诉得不到妥善处理，客户的不满意就会持续和扩散，对 3PL 企业的形象造成不利影响。因此，3PL 企业必须有一套有效的客户投诉处理体系来解决这个问题。制定客户服务投诉处理体系，历来是物流管理中的难题。因为这个问题需要制定一套专用的、全面的服务目标体系。3PL 企业所建立的客户服务投诉处理体系，同时也应当是其客户所认同的客户服务评价标准。

(1) 了解客户投诉处理流程。被客户投诉的事件，企业相关部门负责人应立即组织处理，主动向客户道歉，并及时将情况报告上级，按照公司的规定对当事人进行处理。超出部门权限的投诉问题，直接作业部门需上报上级领导，若有费用支付，处理部门应按照公司规定支付赔款。一般情况下，客户投诉处理流程可用图 7-9 表示。

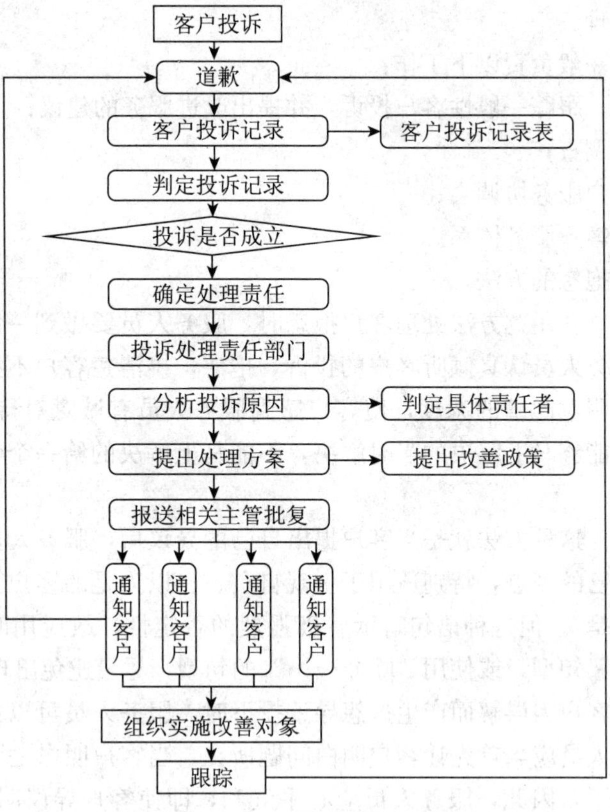

图 7-9　客户投诉处理流程

①投诉受理。在“客户投诉登记表”上，登记受理时间、投诉事项。

②投诉调查。在客户投诉发生后，即刻对投诉进行调查，填写“客户投诉处理表”，写明客户投诉的事项和初步调查原因。

③处理意见。一般性投诉，由客户服务经理在“客户投诉处理表”上填写处理意见；对于引起严重后果的投诉，将填写好的“客户投诉处理表”交给项目经理，填写处理意见。处理意见一般包括消除影响的各种补救措施。填写完毕后，交相关的人员

办理。

④处理结果。在跟踪处理过程的基础上，在“客户投诉处理表”上填写事故的处理结果。

⑤客户反馈。客户投诉处理完毕后，通过电话或现场走访的方式，调查客户对处理结果的意见，并如实填写“客户投诉处理表”上的客户反馈栏。

⑥项目经理签字。投诉处理完毕，交项目经理审核“客户投诉处理表”，填写对处理结果的意见，意见必须对处理结果是否达到要求作出明确的评价。此意见结合客户的反馈意见，将作为对客户服务经理绩效进行考核的基础。

（2）明确客户服务部门的职责。在第三方物流的服务过程中，差错和意外是不可避免的，对这些差错和意外的管理水平，有时候比正常的服务更能反映出一个公司的能力和素质。为了处理物流服务中的“意外”，一般物流公司都设有专门的客户服务部门，对意外情况进行处理。

客户服务部门一般负责以下工作：

①记录、处理、跟踪一般性客户投诉，并提出改进服务的建议；

②客户满意度调查；

③组织召开客户服务协调会；

④建立并完善客户服务体系。

（3）处理客户抱怨的方法。

①平抑怒气法。在用此方法处理客户抱怨时，服务人员要做到一倾听、二表态和三承诺。一倾听是服务人员认真倾听客户的投诉、抱怨，搞清楚客户不满的要点所在；二表态是服务人员表明对此事的态度，使客户感到服务人员有诚意对待他的投诉或抱怨；三承诺是服务人员能够马上解决的当时解决，不能马上解决的给一个明确的承诺，直到客户感到满意为止。

②委婉否定法。这种方法就是当客户提出自己的异议后，服务人员先肯定对方的异议，然后再陈述自己的观点，特别适用于主观自负、自以为是的客户。这种方法的表达句型是“是的，但是”。但这种语句暗示着极强烈的否定性，故应用时可将其改为委婉的“是……而……”句型，或使用“除非……”的句型，尽量避免出现“但是”。

③转化法。当客户因误解而产生抱怨导致投诉时，服务人员可以采用此方法。处理这种抱怨时，服务人员应当首先让客户明白问题所在，当客户明白是因为误解导致争议时，问题也就解决了，因此，服务人员应心平气和，即使客户异议明显缺乏事实根据，也不能当面驳斥，而应察言观色，旁敲侧击去疏导、启发和暗示，适时、巧妙地将客户误解转化。

④承认错误法。如果产品有瑕疵或服务质量不能令客户满意，服务人员就应承认错误，并争取客户谅解，而不能推卸责任或者寻找借口。服务人员在明确承诺的基础上应迅速解决问题，不能拖延时间。在事发的第一时间解决问题成本会最低，客户最可能认可。

⑤转移法。有时客户提出异议本身就是无事生非或者无端生事，或者比较荒谬，这时最好不予理睬，而应当迅速地转移话题，让客户感到你不想与他加剧矛盾。服务人员

对客户无关紧要的异议可以不予理睬，但应显得若无其事，不要让客户看出破绽，以免使客户产生被冷落的想法。当服务人员认为客户异议已经不存在时，应适时、自然地转入另一个话题。客户再度提起异议，服务人员就不能不理会了，应运用其他方法转化和消除客户的异议。

综上所述，提高第三方物流客户服务能力，首先是在建立客户服务质量标杆——关键绩效指标基础上提高客户总价值，降低客户总成本，通过更多地创造第三方物流增值服务及精细服务（“零缺陷服务”），再施予企业超值服务（感动服务、次感动服务），以提升客户满意度的直线井喷效果。

第四节　以客户为中心的第三方物流战略开发

一般来讲，3PL 企业管理战略框架分为四个层次，如图 7－10 所示，呈金字塔形：塔底为基础性规划，主要是指为保证物流系统的正常运行提供基础性保障，其内容包括组织系统管理、信息系统管理、政策与策略和基础设施管理；其次为功能性战略，包括物料管理、仓库管理和运输管理三个方面，主要内容：运输工具的使用与调度、采购与供应的方法与策略、库存控制以及仓库作业管理，其目的是实现物流过程的适时、适量、适地的高效运作；塔中上部为结构性战略，包括渠道设计和网络分析两个方面，其核心是进行企业的供应链体系设计；塔尖为全局性战略——客户服务，由于物流管理的最终目标是满足客户需求，因此客户服务成为全局性的战略目标，通过良好的客户服务，不仅可以提高企业的信誉，增加企业对客户的亲和力并留住客户，而且可以通过客户服务获得第一手的市场信息和用户信息，为企业的下一步发展打下基础。3PL 企业管理战略的最高层面目标就是关注实现客户服务的战略目标。

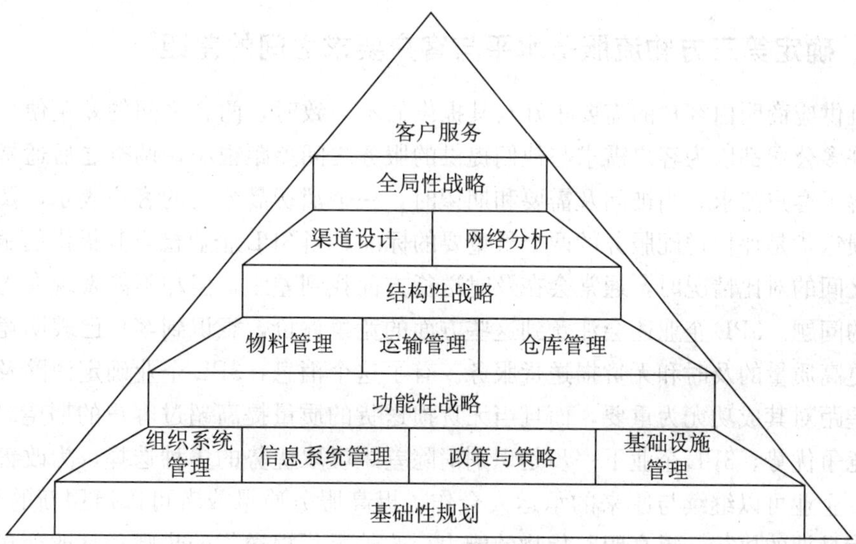

图 7－10　3PL 企业管理战略框架

全局性战略的客户服务目标决定了企业的整体发展方向，以客户为中心的物流战略是竞争性优势的源泉，进行有效的以客户为中心的第三方物流战略开发具有重要的企业发展战略意义，开发需要经过以下 5 个阶段。

一、理解客户需求

竞争的加剧、客户需求的不断变化和不断提高质量的压力意味着客户需求在不断变化，供应商必须预期这些改变并对此做出积极反应，不断地调整业务目标。随着需求的改变，物流过程必须适应这种改变以保持客户满意。当制订一项客户导向的物流战略时，物流配送人员要确切了解客户对于配送的需求和期望，不同客户有不同的需求和期望。例如，客户对于配送的每个环节的需求可能包括适时和可靠的送货、良好的沟通、准时送货、高频率送货、订单状态信息的可得性、高效的反馈过程、紧急情况的及时处理、货物的完好率、礼貌地进行索赔、精确和适时的结账、对咨询的答复等。定义客户需求的过程很复杂，许多公司业务管理人员对此并不熟悉，我们可以通过三个步骤来确定客户需求：理解客户的业务、买方和用户；鉴明客户需求和期望；与客户探讨需求和期望的变更性，测定客户对支付服务的愿望。

二、评价当前的服务水平和能力

当理解了客户的想法，供应商必须找出他们当前的服务能力和实际要求之间的差距，包括采取什么步骤来满足专门的服务目标和鉴别当前由竞争对手提供的服务。这有助于决定哪种服务是每个厂商都能预期得到的。如果 EDI 是一项增值的客户服务，并且仅由一个供应商提供，那么该公司就拥有一项竞争性优势。评价 3PL 企业的服务水平和能力包含三方面内容：理解 3PL 企业自身服务水平和能力；理解竞争者服务水平和能力；分析双方的核心竞争力。

三、确定第三方物流服务水平与客户要求之间的差距

一旦供应商明白客户的需要正好与其提供的不一致时，两者之间的差距便可以分析出来。许多公司都以为客户需求与他们提供的服务之间差距很小，调查之后通常会发现自己曲解了客户需求。当被问及需要和期望时，一个消费品公司的客户表示，及时送货及无货损送货是评价送配服务的两个最重要的标准。当 3PL 企业检查其提供的服务与客户所需之间的对比情况时，通常会在及时送货方面找到差距，但却不能发现在无货损送货方面的问题。3PL 企业还会注意到这些方面的竞争评价，意识到客户已表明竞争会加速带来更高质量的及时和无货损送货服务。有了这个消息，3PL 企业确定消除及时送货方面的差距对其成功尤为重要，而且当无货损送货的质量提高超过客户的期望时，就带来新的竞争优势。3PL 企业下一步是识别消除差距赢取优势的多种选择。为改善及时送货，3PL 企业可以继续与原来的承运人合作，提高服务质量或者可以启用新的承运人，监督送货日期的执行，提高跟踪货物的能力。改善无货损送货的步骤包括改变包装、改善装卸技术、加强在产品处理中的员工培训。

当改善的选择已经确定时，3PL 企业必须分析与消除差距有关的均衡点、利益、成

本以及风险。消除差距的某些利益包括提高服务水准的利益，但有一种途径是在改进过程中定期进行调查以了解客户满意评价，另一些利益可能包括收入增加、客户忠诚、竞争优势，避免由于服务质量差而失去的业务也是利益之一。在这些分析的基础上，3PL企业必须确定利益超过成本，当然，这些标准随着客户或市场划分的不同而不同，而且在每个特定情况下都需要详细的分析。

总之，在实施第三方物流服务改善措施之前，确定第三方物流服务水平与客户要求之间的差距应包括：确定第三方物流服务改善的目标和方向；确定第三方物流服务改善的措施和步骤；评估第三方物流服务改善的成本和效益风险。

四、提供个性化的第三方物流增值服务

当供应商询问客户，什么对他们最重要并且分析结果时，很显然，不同的客户群需要不同的服务及服务水准。为了让尽可能多的客户满意，3PL 企业应该把有相似要求和期望的客户分类。许多 3PL 企业按产业、产品类型、销售量和利润来细分客户群，但现在通行的标准是需求的相似性。例如，以“隔夜或第二日送货”为标准划分比按“商业类型——零售/批发”划分更有意义，一些客户希望收到的产品以稻草包装，另一些却喜欢以薄纸夹衬，通过调查这些自然而分的客户群，供应商可以更好地提供针对性服务。

为了满足客户需求，超出他们的期望值，供应商不仅必须满足客户的需要，提供针对性的服务，而且还应提供增值服务。当竞争者开始把客户满意作为竞争优势时，供应商正着眼于客户对价值的认识，他们致力于将满足客户最低的要求作为客户满意的开端，如果无法满足，将得到客户的否定评价；如果满意了，也不会得到客户的称赞，因为这是客户希望的。只有当供应商超出客户最低要求时才会让客户满足，达到增加价值的目的，这些增值的特征恰好是创造竞争优势的区别因素，即：满足客户最低要求能保证公司处于竞争之中，但无法帮助它成功。

五、评估跟踪和持续改进

评估满意过程对于激励员工相当重要。定量情况评估在改进工作中占重要地位，但是，客户的反馈是真正满意的唯一正确指标。因为这是 3PL 企业在满足客户需求方面的成功。客户满意指数是定量评估整个满意水平的一种方式，衡量所有产品的贡献是很重要的，因为满意是以客户的整个经历为基础的。客户满意指数用以评估供应商在客户眼中的地位，运用相关的从 1～10 的标准变动范围。

当 3PL 企业使用客户满意指数时，必须全面理解客户的要求和希望。继而这些要求和期望会扩展成为一个标准。然后通过达到或者超过这个标准以满足需求和超出客户的期望。例如，邮购支持系统在很多商业活动中都是普遍的增值服务。提供邮购支持的标准因产业类型而异，但应该包括反应的时间期限、服务便利承诺、解决问题期限和员工的文明礼貌。

客户满意指数应该在监控之下用以评估 3PL 企业在有关满意标准方面的表现，也可评估一段时间内的执行和改进情况。客户满意必须是一个不断进行的过程，因为客户要

求随生产过程、产品和客户基础的变化而变化，为了保持客户满意的水准，3PL 企业必须跟上这些变化的要求。一般认为频繁的接触是必要的，与客户接触的方式各有不同，但可以分为三类：原始信息收集、周期性调整、持续性接触。

(1) 原始信息收集是对客户需要和满意程度的第一次正式接触。这种接触可以分为面谈、集中小组会谈、信件或电话调查等。这些活动的目的是衡量客户对 3PL 企业在各种不同因素、不同细分客户群基础上的行动的评价，以及决定初步改进。

(2) 一旦 3PL 企业明白客户最初的要求和期望，就必须周期性检查满足客户要求的能力，以及初次接触后客户要求的变化，由于客户对服务的认识是客户满意的最重要因素，所以只有客户才能辨明服务是否改进。周期性接触为 3PL 企业提供了其在满足客户要求方面的表现信息，通常调查结果中的下降趋势表明客户需求正在变化，新的需求没有被满足。客户需求的变化由众多原因引起，包括新产品、新分销渠道、新竞争对手、新客户的需求。通过信件和电话、网络调查，面谈甚至小组会议进行的周期性接触有助于 3PL 企业满足客户需求，避免在满足程度方面落后。如 XEROX 公司每年对每位客户至少接触两次，以测试满意水平；联邦快递则对其细分客户实行季度调查。

(3) 持续的、专门的客户交流对主要客户很重要。关于满意程度、客户拜访及其他交流方式的讨论为评估客户满意提供了迅速的反馈信息，使 3PL 企业在变化及发生问题前预先察觉，客户和 3PL 企业通过设计执行的改进计划都能受益，例如：BOSE 公司的主要 3PL 企业把货代设置在 BOSE 公司里，以保证它的要求不断被调整和满足。

案例分析

远成集团提升客户服务小康计划

客户满意度计划

远成集团作为一家 5A 级综合型物流企业，客户满意度和忠诚度是其生存之本，也是物流服务的核心，只有客户满意度提高了，服务质量才算得到了提升。提高客户满意度是硬道理，远成集团着力“两手抓”，既要抓对外的客户服务，更要抓影响客户满意度的员工服务管理。

一、企业内部的员工服务管理

远成集团各公司就所有接触客户的岗位进行礼貌礼仪、服务意识培训，强化每个岗位的服务要求。每位接触客户的岗位都要有一个服务满意度打分表（见下表），每次为客户服务后，都要请客户打分，对客户的建设性建议及时汇总，每周在主管协调会上通报，并将汇总情况于周六提交市场营销部，作为考评依据。

服务质量反馈表

服务人员：________　　　　　　　　时间段：________

1. 第一次服务

A. 服务对象：________________________________

B. 服务内容：________________________________

C. 服务满意情况：a. 很满意　　　b. 满意　　　c. 不满意

不满意的原因是：________________________________

2. 第二次服务

A. 服务对象：________________________________

B. 服务内容：________________________________

C. 服务满意情况：a. 很满意　　　b. 满意　　　c. 不满意

不满意的原因是：________________________________

3. 第三次服务

A. 服务对象：________________________________

B. 服务内容：________________________________

C. 服务满意情况：a. 很满意　　　b. 满意　　　c. 不满意

不满意的原因是：________________________________

4. 第四次服务

A. 服务对象：________________________________

B. 服务内容：________________________________

C. 服务满意情况：a. 很满意　　　b. 满意　　　c. 不满意

不满意的原因是：________________________________

二、企业内部部门间的监督管理

对外服务很重要，对内服务也非常重要，兄弟公司之间良好沟通、顺畅的协调是整个公司营运质量提高的保证。各分公司在活动期间每周给有业务往来的兄弟公司就几项指标打分，活动结束后提交市场营销部，作为考评依据（见兄弟公司服务满意度反馈表）。

兄弟公司服务满意度反馈表

序号	公司地址	中转及时率	分理及时率	返单及时率	查货反馈及时率	查货服务满意度	站点调查及时准确率	总分
1	西安							
2	海口							
3	昆明							
4	南昌							
5	银川							

续 表

序号	公司地址	中转及时率	分理及时率	返单及时率	查货反馈及时率	查货服务满意度	站点调查及时准确率	总分
6	宁波							
7	石家庄							
8	上海							
9	长沙							
10	内蒙古							
11	哈尔滨							
12	武汉							
13	南京							
14	杭州							
15	广州							
16	长春							
17	北京							
18	南宁							
19	郑州							
20	合肥							
21	天津							
22	成都							
23	重庆							
24	贵阳							
25	济南							
26	太原							
27	无锡							
28	兰州							

备注：

1. 以上考评分分三个等级：每项满分 10 分；非常满意 8～10 分；满意 6～8 分；不满意 6 分以下。
2. 以上评分认真负责，禁止出现敷衍，填表情况与实际严重不符的，将予以重罚。

感动福利计划

远成对客户的感动服务举不胜举，在此基础之上，他们更加注重对企业员工的感动服务提升——感动福利。感动福利包括亲情回馈、互助基金、生日祝贺和生病探望等。

亲情回馈：根据个人意愿，员工转正次月，公司每月按员工工资 5%，个人提取 5% 的标准，每季度汇款给员工的亲属（首选父母）。

互助基金：为了发扬公司员工团结友爱、互助互惠的精神，在员工遭受困难，如：天灾人祸、员工、直系亲属伤病亡、子女升学、首次购房等，均可按工龄、级别从互助基金里得到定额帮扶，以解决员工后顾之忧，增强企业的凝聚力和向心力，远成每年互助基金帮扶近百万元。

生日祝贺、生病探望：在员工及其家属生日、生病时都及时送上生日礼品和问候，让员工感受集体的温暖，感到企业最贴心的关怀和帮助，因而心情舒畅，提高工作效率，进一步认可公司。对副总级以上管理干部，董事长特别安排生日蛋糕和礼品。

正因为企业注重员工的感受，员工满意了客户才满意，如此良性循环，螺旋式上升，不断提高企业的客户满意度，形成良好的企业文化理念：远成为家、团结致上、信誉为本、开拓为志。

案例讨论：

1. 在仔细阅读案例资料的基础上，在小组内讨论以下问题（35 分钟）。

(1) 远成物流是如何做企业的感动服务的?

(2) 在提高企业客户满意度上远成物流做了哪些企业内部提升服务?

2. 全班讨论，各小组之间分享观点。

基础练习

一、 选择题（ 1～3 单选， 4、 5 多选 ）

1.（　　）是物流与市场营销的重要连接面。

A. 产品价格　　　　B. 客户服务

C. 营销渠道　　　　D. 物流作用

2.（　　）是第三方物流服务的最终目的。

A. 灵活性　　　　B. 客户满意

C. 订单的正确性　　　　D. 安全交货

3. 一般来说，物流企业服务质量与成本是相关联的，物流服务质量提高，物流成本就会上升，成本与服务之间受（　　）的支配。

A. 成本冰山理论　　　　B. 水库理论

C. ABC 法则　　　　D. 效益递减法则

4. 提高第三方物流客户服务能力的方法是（　　）

A. 提高企业形象　　　　B. 提升客户满意度

C. 正确处理客户投诉　　　　D. 做好企业质量标杆体系

5. 物流服务的本质是满足客户的（　　）需求。

A. 保证有货　　　　B. 保证送到

C. 保证质量　　　　D. 保证安全

二、 思考题

1. 什么是第三方物流增值服务？增值服务类型有哪些？

2. 第三方物流服务与成本关系在企业实施发展过程中表现为哪些形态？
3. 如何处理客户抱怨与投诉问题？
4. 简述以客户为中心的第三方物流战略开发步骤。

知识应用

请对本模块“物流聚焦”的任务进行集知识性与趣味性于一体的新春客户答谢晚会设计，并在课程结束时组织安排情景剧模拟演出，晚会节目内容要体现客户投诉处理、感动服务、增值服务等客户服务知识点。

模块八　第三方物流人力资源开发与管理

学习目标

知识目标

1. 了解人力资源管理的基本原则和规划实施方法。
2. 掌握 3PL 企业招聘、薪酬、绩效、员工关系管理理念及实施方法。
3. 理解企业培训各个流程中的效果掌控方法。

技术目标

1. 能够对 3PL 企业的人力资源规划工作作出评估及改进建议。
2. 能合理分析 3PL 企业的培训需求，制订切实可行的培训方案。

能力目标

1. 树立以人为本的管理理念，培养在管理活动中选拔人、培养人的意识。
2. 学会用人力资源管理理念为 3PL 企业管理增效。

物流聚焦

2014 年远成集团开始投资发展下属业务子集团“远成快运”，设立全国 7 大区域 46 家分公司，发展门店 6000 余家、转运分拨中心 210 余家，用两年时间铺完了全国的物流网络，为行业所瞩目，成为发展最快的物流企业。

在业务模式上，远成快运承接 0～30kg 的小件快递件，同时也承接 30～300kg 的快运件，甚至还操作 300kg 以上的大型货物和整车零担项目，差不多同一时期，德邦也开始了快递业务的发展，顺丰也从原来的小件快递向大件物流件发展，远成快运的快速发展，已经成为物流行业模式的变化和物流快递行业的高速发展的标杆。

在发展过程中如何满足日益增长的人才需求？如何将不同渠道汇聚的人才运用好，创造最大效益？这些问题已经成为困扰 3PL 企业人力资源管理最重要的问题。

一个组织的素质高低，在很大程度上是其所聘用和保有人员素质的一种总体反映。得到并留住能干的员工，对每一个组织的成功都至关重要，不论这一组织是刚建立的还是已运作了多年。因此，人力资源管理是每一个管理者在开展组织工作职能中的关键任务之一。近年来 3PL 企业处于高速发展时期，其中的人员规划、人才培养、人力成本控制更是成为 3PL 企业竞争成败的关键因素，越来越多的 3PL 公司开始把人力资源管理作为企业发展的核心战略规划。

“我们的员工是我们最重要的资产。”许多组织都用此话或类似的语言来表达员工在组织成功中所起的重要作用。这些组织还认识到，所有的管理者必须介入某些人力资源管理活动中，即便是在设立了专门的人力资源管理部门的大型组织中也是这样。这些管理者要对应聘者进行面试，引导上岗新员工，并评估员工的工作绩效。

第一节　第三方物流企业人力资源规划

不论组织是否决定推行高绩效工作实务，为了确保组织有合格的人员完成需履行的工作任务，人力资源管理活动必须得到落实，涉及人力资源管理的战略规划问题。

一、人力资源规划的含义

（一）人力资源规划的基本概念

人力资源规划（Human Resource Planning，HRP）是管理者为确保在适当的时候，为适当的职位配备适当数量和类型的工作人员，并使他们能够有效地完成所分派任务的一个过程。

人力资源规划定义中有三层含义：①管理者从组织战略目标出发，要求企业人力资源的质量、数量和结构符合其特定的要求；②在实现组织目标的同时，充分考虑个人的特点和需求；③保证人力资源与未来组织发展各阶段的动态适应。

（二）人力资源规划的基本原则

1. 充分考虑内部、外部环境的变化

人力资源规划只有充分地考虑了内外环境的变化，才能适应需要，真正做到为企业发展目标服务。内部变化主要指发展战略所带动的企业内部结构需求的变化，还有公司员工的流动变化等；外部变化指社会消费市场的变化、政府有关人力资源政策的变化、人才市场的变化等。为了更好地适应这些变化，在人力资源规划中应该对可能出现的情况做出预测，最好能有面对风险的应对策略。特别是在 3PL 企业这种高速发展中的行业，对企业人力资源规划应对市场变化提出了更高的要求。

2. 确保企业的人力资源保障

企业的人力资源保障问题是人力资源规划中应解决的核心问题，包括人员的流入预测、流出预测、人员的内部流动预测、社会人力资源供给状况分析、人员流动的损益分析等。只有有效地保证了对企业的人力资源供给，才可能进行更深层次的人力资源管理与开发。

3. 使企业和员工都得到长期的利益

人力资源规划不仅是面向企业的规划，也是面向员工的规划。企业的发展和员工的发展是互相依托、互相促进的关系。如果只考虑企业的发展需要，而忽视了员工的发展，则不利于企业发展目标的实现。优秀的人力资源规划，一定是能够使企业每个员工达到长期利益的计划，一定是能够使企业和员工共同发展的计划。

二、人力资源规划的过程

人力资源规划过程可以分为两大步骤：①评价现有的人力资源；②预估将来需要的

人力资源，并制订满足未来人力资源需要的行动方案。

（一） 当前评价

管理者在开展人力资源规划工作时，首先要对组织的现有人力资源状况作一考察。通常是以人力资源调查的方式进行的，让员工填写调查表，调查表中包括姓名、最高学历、所受培训、以前就业、所说语种、能力和专长等项目。尤其是有了先进的数据库技术后，这方面信息的获取和保存就相当容易。

当前评价的另一内容是职务分析（job analysis）。它定义了组织中的职务以及履行职务所需的行为。例如，在物流公司工作的初级采购专业人员，其职责是什么？其工作要取得合乎要求的绩效，最少需具备什么样的知识、技术与能力？对初级采购专业人员与对中级采购专业人员或者采购管理人员的要求，有些什么异同之处？职务分析中的有关信息，可通过以下方法取得：对该职位人员的工作进行直接观察或拍成录像；与员工逐个地或以小组形式面谈；让员工填写精心设计的调查问卷；请该项工作的“专家”（通常是管理人员）确定职务的具体特征；让员工们把每天的活动在日记或记事本上记录下来。

收集到职务分析的有关信息后，管理者就可以着手拟订或修订职务说明书和职务规范。职务说明书（job description）是对任职者需做些什么、怎么做和为什么要做的书面说明。它通常反映职务的内容、环境和从业条件。职务规范（job specification）指明任职者要成功地开展某项工作必须拥有何种最低限度可以接受的资格标准，具体包括知识、技能和态度等方面为有效地承担职务所必须具备的起码条件。职务说明书和职务规范是管理者开始招聘和甄选人员时应该持有的重要文件。

（二） 满足未来人力资源的需要

未来人力资源的需要是由组织的目标和战略决定的。人力资源需求是组织的产品或服务需求状况的一种反映。基于对总营业额的估计，管理者可能要争取为达到这一营业规模配备相应数量和结构的人员。在某些情况下，这种关系也可能相反。如当一些特殊的技能为必不可少而又供应紧张时，现有的符合要求的人力资源状况就会决定营业的规模。

在对现有能力和未来需要作全面评估后，管理者可以测算出人力资源的短缺程度——体现在数量及结构两方面，从中发现组织中将会出现人员不足或超员配置的领域。有了这些数据，管理者就可以进入人力资源管理的下一步骤。

在日常管理方面，3PL公司的人力资源规划涉及企业管理的方方面面，首先要根据公司的业务目标来设计相应的人力规划，进行合理配置；其次要在配置的基础上进行系列的人员培训，不断优化人员结构，保证企业在发展中的人力需求；最后在所有过程中要合理平衡好企业发展需要与人力成本控制关系。

三、3PL企业人力资源规划的特点

（一） 准确性

对于3PL企业而言，人力资源是物流企业投入占比最大的资源，且这种资源与其他资源的管理不同。第一，这种资源不可能随时获得，也不能长时间空缺，关系企业生产；第二，人力资源是物流行业投入占比最高的资源，对于人力资源规划的设计直接关系企业的利润盈亏；第三，人力资源相比其他资源其不稳定性因素更多，需要耗费更多的管理成本。归根结底来讲，目前物流行业还属于劳动密集型行业，因此其在人力资源规划方面的要求更加准确。

（二） 前瞻性

物流行业的技术和市场环境的变化速度很快，不断对物流行业的工作内容和人员提出新的要求。这就要求人力资源规划要有前瞻性以保证企业获得足够的合格人员，实现其生产经营目标。因此，人力资源规划是战略与运作之间的重要连接因素，其前瞻性一定是基于企业战略目标的前瞻性。

（三） 及时性

物流行业对人力资源规划的及时性要求主要来源于三个方面。

1. 技术革新的快速化

传统物流向现代物流的发展过程中，技术革新速度成为一大亮点，技术革新后对人力需求及人才需求都会发生相应变化，要求企业及时关注人力资源规划工作，不仅涉及技术推广，还涉及企业成本控制。

2. 经营模式的不断创新

传统物流向现代物流发展过程中，另外一个重要的变化就是经营模式的变化，直营、加盟、代收、合伙人，特别是互联网时代的新合作方式的推广，带动物流行业的经营模式变化，导致企业在不同发展阶段会采用不同的发展模式，其间所需要的人力资源支持不尽相同，这也要求人力资源规划能够具备更快的反应能力。

3. 市场需求的日新月异

第三方物流是一种服务行业，伴随着电商的高热发展和农村电商兴起等宏观环境的变化，市场对物流公司的服务模式提出了更新的要求，这种要求伴随着市场还在不断变化之中，也会导致企业对人力需求的改变。

总之，人力资源规划始终是与企业战略目标紧密联系在一起的，它所呈现的特性也与物流行业的特性密切相关，在进行人力资源规划工作时一定要以企业目标为前提。

阅读资料

XX物流集团公司与其战略目标相适应的人力资源规划之路

(1) 数百名中高层管理干部定期到日本进行研修考察学习；

(2) 自建成立物流培训学校，每年培训数万人次；

(3) 与高校合作，组建定向班，从高校开始进行人才培养；

(4) 与大专院校合作，开展成人教育，提高员工整体学历水平；

(5) 全集团近百人的专业培训队伍形成从集团总部延伸到业务子集团分公司的三级培训体系；

(6) 建立每年在各个分公司开展3～4期的“培训—晋升—培训—上岗”的储备管理人才培养机制。

四、3PL企业人力资源管理过程

不论组织是否决定推行高绩效工作实务，为了确保组织有合格的人员完成需履行的工作任务，人力资源管理活动必须得到落实，这些活动涵盖人力资源管理的全过程。

图8-1介绍了一个组织人力资源管理过程的主要构成要素。该过程所包含的八项活动或步骤是组织选配到合格的员工并使之保持高绩效水平所不可或缺的。其中，前三项活动可确保组织识别和选聘到有能力的员工；紧接着的两项活动使得员工的技能和知识不断得到更新；最后三项活动则保证组织能保有长期保持高绩效水平的杰出的员工。

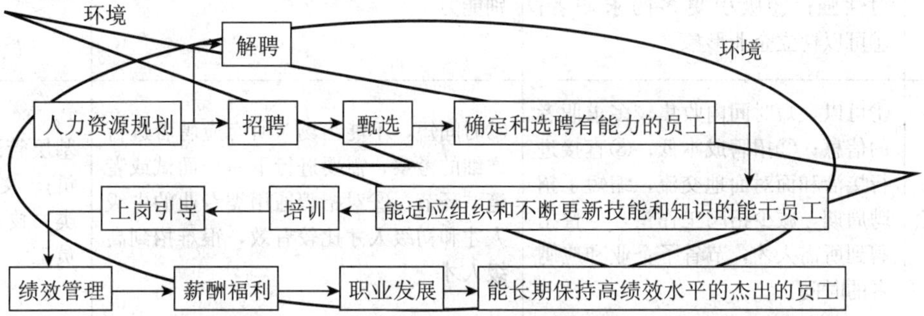

图8-1　人力资源管理过程

第二节　第三方物流企业人力资源常规管理

招聘、绩效考核、薪酬福利、员工关系是3PL企业人力资源管理常规工作的几个主要方面，它是保证人力资源规划实施的有力措施。

一、3PL企业招聘

所谓招聘（recruitment），就是安置、确定和吸引有能力的申请者的活动过程。管理者一旦了解了现有的人力资源状况和未来的需要，就可以着手针对现状与未来需要的偏差做计划。如果组织中存有一个或多个职位空缺，管理者可以根据职务分析得到的信息来指导招聘工作。

（一）招聘

1. 招聘渠道的选择

管理者可通过多种渠道（包括互联网）找到拟聘用的潜在候选人。表8-1具体说明了这些招聘渠道。使用哪种渠道，受三方面因素的影响：①当地劳动力市场。通常地，在大规模劳动力市场上招聘要比小规模市场来得容易。②所配置工作职位的类型或层级。可以说，一个职位所要求的技能或在组织中的地位越高，搜寻潜在候选人的努力就越需要扩展到地区或全国的范围。③组织的规模。一般地，组织越大，就越容易招聘到人员。

表 8－1 常见的招聘渠道及优缺点

招聘渠道	优点	缺点	适合岗位
网络招聘	①具有费用少、成本低，没有时间和空间的限制，信息覆盖面广、招聘周期长，联系方便快捷，信息收集及时、充分，缩短企业招聘时间等优点；②可选择的面也很广，针对性强；③吸引更多的求职者；④可以树立企业形象	①不能控制招聘人员数量和质量，招聘工作量大；②不能进行面对面的交流，增加了面试的不便。同时，信息的不真实性，需要企业招聘人员具有较强的识别能力	中基层管理人员；文职类人员；中高层人才
现场招聘会	①可以在短时间内收集较多求职者的信息；②招聘成本低；③直接进行接洽和面对面地交流，缩短了招聘周期，减少招聘工作量，尽快招聘到所需人才，节省了企业和应聘者的时间	①时间短，不能当场对所有应聘者进行详细的考察，需要进行下一个面试或者笔试环节；②对招聘通用类专业的中级人才和初级人才比较有效，很难招到高级人才	基层管理人员；文职类；技术类员工
户外广告	①招聘周期长，费用低，有针对性；②可以树立企业形象	①受区域影响，求职者数量不稳定；②对基层岗位招聘效果较好	基层岗位
猎头公司	①搜寻人才快且质量高，可以招聘到高级人才；②招聘到的人员素质有保障；③目标准确，服务专业	①成本高；②对于一些高端人才，招聘周期长；③猎头水平参差不齐；④针对性强，对于高级人才、尖端人才和紧缺人才更加有效	高端人才；技术人才
校园招聘	①校园招聘花费少，成本低，针对性强，主要招聘对象是优秀毕业生，企业能够找到足够数量的高素质人才；②能够极大地提高企业在高校圈的知名度，为企业储备人才、建立良好的校企合作关系奠定基础；③新毕业的学生可塑性强，学习愿望和学习能力一般也较强；④成本随招聘人数的上升而下降	①应聘者缺少实践工作经验，培训成本较高，这类人员，需要企业投入较多的精力进行系统完整的培训；②对工作往往有过于理想化的期待，对自身能力也有不现实的估计，容易产生对工作的不满意情绪；③应聘者的职业化水平（态度、专业技能、行为习惯等）不高，缺乏实际操作能力，稳定性差，流失率较高	基层岗位

续 表

招聘渠道	优点	缺点	适合岗位
劳务职业中介	①费用低，成本小，有些甚至是不花费用的；②针对性强，对招聘技工和操作工较为有效。由于中介机构把求职者推荐到企业去，减少了企业部分招聘的工作量	①中介的合法性和诚信度，导致求职者的质量和推荐的速度与企业需求不符的现象，增加了企业招聘的工作量，也可能造成用人的不足；②有些中介存在欺骗求职者、骗取求职者服务费的现象，给招聘单位带来一些负面影响。难以招聘到优秀的人才	技工和操作工
学生寒暑假工（实习）	①针对性强；②费用低	—	临时工；实习生
内部招聘晋升调岗轮岗	①员工熟悉本企业的情况，容易很快进入角色；②招聘和培训成本低；③激发员工的内在积极性	①缺少思想碰撞的火花，影响企业的活力和竞争力；②“近亲繁殖”影响企业的发展；③容易形成内部人员的板块结构	普通员工；专业技术人才；中基层管理人员；文职类人员
内部员工推荐	①招聘成本低、应聘人员素质高、可靠性强；②招聘成功率较高；③稳定性较高	①招聘的面窄，往往招不到很优秀的人才；②容易掺入人情关系，录用后难以辞退，这种招聘方式有可能产生集体跳槽事件；③企业内部容易形成帮派，互相拆台，导致很多管理工作无法开展	普通员工；专业人才；中高层管理人员
广播电视杂志报纸广告	①可以减少招聘的工作量；②广告覆盖面广，目标受众接受率高；③可提升企业知名度，有效宣传企业的业务，树立企业的形象	①在报纸、电视中刊登招聘广告费用较大，成本高，效果一般；广播电台播出招聘广告的费用小，但效果差，这种招聘渠道会吸引到很多不合格的应聘者，增加了人力资源部门简历筛选的工作量和难度，延长招聘的周期；②对于应聘的人数和应聘人的资格很难进行控制，无法知道应聘者的人数和质量，是否有合适的人才，增加了面试的工作量	普通员工；中高层管理人员

续 表

招聘渠道	优点	缺点	适合岗位
圈子招聘	①具有网络招聘方便、简捷、快速、覆盖面广的特点，企业可通过网络与对方及时、深入地沟通，也可以通过视频互动沟通；②圈子效应带来的高成功率。QQ、MSN上的联系人一般是同一个圈子的，刷微博、逛论坛的人也经常都是同行，不仅有从业经验，而且针对性强，命中率高	圈子招聘主要是借助博客、网络论坛和即时聊天工具，一旦求职者不上网或不在线，就无法收到招聘信息。因此，一般采取圈子招聘的企业，主要是一些IT公司、外企、媒体等与网络联系比较密切的企业	

是否某些招聘渠道会产生更优秀的人选？回答通常是肯定的。大多数研究发现，员工推荐一般会产生更好的候选人。首先，现职员工推荐的候选人已事先经过了这些员工的筛选，因为推荐者对于职务和所推荐人选都较为了解，他们自然倾向于推荐更适合该项职务的候选人。其次，现有员工通常觉得他们在组织中的声望和所做的推荐质量不无关系，因此，只有当他们自信该项推荐不会影响自己的名声时才会主动推荐其他人。

2. 3PL企业招聘渠道的选择

3PL企业有其人力需求特点，在人员招聘过程中首先考虑以下因素。

①所需人员的部门、职位。

②工作内容、责任、权限。

③需人数以及何种录用方式。

④人员基本情况（年龄性别）。

⑤要求的学历、经验。

⑥希望的技能、专长。

⑦其他需要说明的内容。

第三方物流的人员部分岗位比较具备共性，经常会出现同一岗位需求量较大的情况，此时对招聘渠道的把握就更要把握住行业特点，避免招聘成本居高不下。通常情况下，招聘渠道的选择要结合公司内部的人员需求数量、紧急程度和公司外部的人力市场情况进行分析后做出选择。

（二） 甄选

招聘过程吸引来一批申请者后，人力资源管理过程的下一步骤就是要确定谁是该职位最合格的人选。这一步骤称为甄选过程（selection process）。它是对申请者进行甄别、筛选，以确保最合适的候选人得到这一职位。

1. 什么是甄选

甄选是一种预测行为，它设法预见聘用哪一位申请者会确保工作成功。这里的“成功”意味着，按照组织用以评价人员绩效的标准来衡量，能把工作做好。例如，为一个销售职位配备人员，其甄选过程应当能够预见到哪位申请者会产生更大的销售额。而对一个网络管理职位而言，甄选过程应当能预见哪位申请者能有效地安装组织的计算机网络，并能排除故障，实施良好管理。

现在我们考虑甄选过程将会产生的四种可能结果。如图 8－2 所示，其中有两种结果表明该甄选决策正确，另外两种结果表明该甄选决策错误。

<table>
<tr><td colspan="4">人员甄选决策</td></tr>
<tr><td rowspan="3">后来工作绩效表现</td><td colspan="2">接受</td><td>拒绝</td></tr>
<tr><td>成功</td><td>正确的决策</td><td>错误的拒绝</td></tr>
<tr><td>不成功</td><td>错误的接受</td><td>正确的决策</td></tr>
</table>

图 8－2　甄选决策的结果

当选中的申请人被预见会取得成功并在日后的工作中被证实取得了成功，或者预见到某申请者将不会成功且如果聘用后也会有这样的表现时，我们说这一决策就是正确的。在前一种情况下，我们成功地接受了这个申请人；在后一种情况下，我们成功地拒绝了这位申请人。

要是我们错误地拒绝了一位将在后来工作中有成功表现的候选人（拒绝错误），或者错误地接受了后来表现极差的候选人（接受错误），那么甄选过程就出现了问题。这些问题绝不是无足轻重的。在当今人力资源方面的法律和条例约束之下，拒绝错误可能一方面导致组织要为找到可接受的候选人而花额外的选聘费用；另一方面，接受错误也给组织造成显著的成本费用，包括员工的培训费用、解聘费，以及随后的聘用和甄选新员工的费用等。因此，甄选活动的主要着眼点是，减少发生拒绝错误或接受错误的可能性，提高做出正确决策的概率。管理者可通过既有效度、又有信度的甄选程序保证正确的决策。

2. 甄选手段类别

管理者可以使用各种甄选手段来减少接受错误和拒绝错误的发生。常用的手段包括：应聘者申请表分析、笔试和绩效模拟测试、面谈、履历调查，以及某些情况下的体格检查等。下面就对各种甄选手段作一简要介绍。表 8－2 列示了各甄选手段的优缺点。

表 8-2 甄选手段

申请表
优点：• 与经历相关的、可证实的资料和事实已被证明为可作为某些工作的具有效度的衡量标尺 • 当申请表中各个项目被赋予的权重能确实反映与工作的关联时，该甄选手段被证明为可成为多种工作的有效度的预测手段
缺点：• 申请表中通常只有一些项目被证明具有效度，而且常常只对某些特定工作具有绩效预见功能 • 标明权重的申请表，无论设计还是使用的难度及费用都较大
笔试
优点：• 对智力能力、空间和机械能力、认知准确性和运动能力的测试，对工业组织中好多半熟练和非熟练的操作工作具有中等程度的效度 • 智力测验是监管职位的相当有力的工作预测器
缺点：• 智商及其他测试指标可能在一定程度上与工作的实际业绩没什么关系，因而效度降低
绩效模拟测试
优点：• 它是基于职务分析资料做出的，因而更能满足工作相关性的要求 • 已被证明是工作绩效的有效度的预测器
缺点：• 设计和使用的费用高
面谈
优点：• 如果设计和安排得好，面谈可成为工作绩效的有效预测器 • 面谈者如果能坚持通常的提问，可使面谈成为有效的预测器
缺点：• 面谈者必须把握某些问题的合法性 • 存在潜在的偏见，尤其是在面谈未经良好设计和标准化的情形下
履历调查
优点：• 履历资料的核实是人员甄选有关信息的一个有价值的来源
缺点：• 推荐信查询作为人员甄选手段，基本上价值不大
体格检查
优点：• 对某些有体力要求的职位具有一定的效度 • 主要是为健康保险的目的
缺点：• 需要确保体力方面的要求是与工作相关的，而不存有歧视

（1）申请表。几乎所有的组织都要求应聘者填写一份申请表。这可能只是一份让应聘者填上姓名、地址和电话号码的简表。也可能是一份综合性个人简历表，要求仔细地填写个人的活动、技能和成就。

（2）笔试。典型的笔试包括有关智商、悟性、能力和兴趣等方面的内容。这些测试早就被作为一种甄别手段得到使用，尽管其流行强度也出现过周期性的变化。在当今，企业界已相当流行个性、行为和悟性方面的测试。但管理者在运用时应当小心，因为如果测试与工作并不相关，或者纯粹是为了获得诸如性别、种族、年龄或其他受平等就业机会法律保护的有关信息，这样的测试就会带来法律方面的问题，这方面的起诉有很多是成功的。

管理者日益清醒地认识到，不良的选聘决策代价很大，希望妥当设计的测试能使决策错误发生的可能性大大降低。同时，对某项工作职务组织书面测试，其试卷设计和效度验证的费用也有明显降低。

（3）绩效模拟测试。有什么更好的办法能在申请者被实际交付这项工作前就发现他是否具备需要的能力，比如向三菱公司申请技术文件写作职位的人是否能编写公司的技术手册？绩效模拟测试就是测验人的实际工作行为。最有名的绩效模拟测试方法有工作样本试验和测评中心两种。

（4）面谈。面谈与申请表一样，几乎是普遍得到使用的一种人员甄选手段。我们中的许多人，并不是没有经过一次或多次面谈而得到一份工作的。富有讽刺意味的是，面谈作为一种甄选手段的价值，一直成为相当多的人辩论的主题。如果遵循以下面谈的建议，管理者将能使面谈成为一种既有效度又有信度的甄选工具。

①对所有应聘者设计一些固定的问题。

②取得对应聘者面谈工作有关的更详细信息。

③尽量减少对应聘者履历、经验、兴趣、测试成绩或其他方面的先前认识。

④多提问那些要求应聘者对实际做法给予详尽描述的行为问题。

⑤采用标准的评价格式。

⑥面谈中作简要笔记。

⑦避免短时间面谈，防止过早形成决策。

（5）履历调查。履历调查有两种形式：申请资料核实和推荐信查询。前一种形式已被证明是获取人员甄选有关信息的一个有价值的渠道。但后一种形式基本上无多大价值，因为应聘者的推荐人通常说的都是好话，谁会去找一个可能说出不良评语的人写推荐信呢？

（6）体格检查。这一甄选手段只对少量具有特定体力要求的职位有用。在绝大多数情况下，体格检查成为组织为健康保险目的而做的，因为组织都想确保本次雇用行为不致带来为员工受雇前的受伤或疾病而支付保险费用。

3. 何种甄选手段在何时最有效

许多甄选手段对于管理者做出人员选聘决策只有相对有限的价值。表 8-3 概括地列示了每一种甄选手段对特定类型工作的效度。管理者应当选用那些对特定工作具有良好预见功能的甄选手段。

表 8-3　各种甄选手段作为绩效预测器的功用

甄选手段	职位高层管理	职位中低层管理	职位复杂的非管理工作	职位常规的作业
申请表	2	2	2	2
笔试	1	1	2	3
工作样本	—	—	4	4
评价中心	5	5	—	—
面谈	4	3	2	2
申请资料核实	3	3	3	3
推荐信查询	1	1	1	1
体格检查	1	1	1	2

注：表中效度值按 5 分制给分，5 表示效度最高；1 表示效度最低；—表示无数据。

需要指出，管理者如果将员工的招聘和雇用看作是申请者为获得该职位而推销自己，并且组织也只能将好的特质展现给应聘者，那么，他们聘用来的员工会很容易出现不满，由此会产生高的离职流动率。

在聘用过程中，每一个职位申请者都对他接受面谈的公司和工作有一系列的期望。如果申请者所得到的信息被过分粉饰，很可能会发生一些事情使公司受到不利的影响。首先，不符合的申请者很难在甄选过程中被剔出。其次，因为被粉饰过的信息给了应聘者不切实际的期望，新员工上班后很可能很快会产生不满，从而离开公司。最后，新员工容易感到幻想破灭，不会全身心投入到组织中，尤其当他们面临工作中没有预料到的艰难处境时。在许多情况下，这些员工会觉得自己在应聘过程中上当受骗了，从而成为问题者。

为提高员工的工作满意度、减少离职流动率，管理者可考虑提供真实工作预览（realistic job preview）。其中包括关于工作和公司的有利和不利两方面的信息。例如，除了在面谈中通常要陈述公司好的一面外，还要告诉职位应聘者诸如工作时间内将很少有机会和同事交谈、提升机会少、工作时间无定律、可能要在通常的休息时间（如晚上和周末）上班，等等。研究表明，得到真实工作预览的申请者，会对他们要承担的职务产生合乎实际的、更为现实的工作期望，从而比得到那些经粉饰的信息的申请者对工作中可能的挫折有更强的应对能力。结果是新员工预期外的辞职得以减少。

（三）上岗引导

你入校时是否参加过一些有组织的“学校生活介绍”活动？要是有的话，你可能会从中了解学校的规章条例，申请财政资助、兑换支票、课堂注册等工作的程序，你还会见到学校的某些行政管理人员。一个人得到了一项新工作，他也需要类似的对其工作岗位和组织的入门介绍。这一介绍称作上岗引导（orientation）。

有两种类型的上岗引导。对工作单位的上岗引导，使新员工了解工作单位的目标，使之清楚他的职务是如何为单位目标的实现做出贡献的，同时也将他介绍给现在的同事们。对组织的上岗引导，可使新员工了解组织的目标、历史、经营宗旨和程序规则等，其中应当包括有关的人事政策和福利，如工作时间、付酬程序、加班费用、福利待遇等。另外，让新员工参观组织的工作设施，也常常是对组织上岗引导的一个内容。

许多组织，尤其是大型组织，制订有正式的上岗引导方案。这一方案可能包括安排新员工参观办公楼或厂房，观看描述组织历史的影片，与人力资源部门的代表进行短时间的座谈以了解组织的薪酬政策等。其他一些组织则使用非正式的上岗引导方案，如由管理者将新员工委托给单位中资格较老的一位同事，让他将新员工介绍给周围的同事，并带他参观复印室、咖啡部、休息室、餐厅及其他设施。

管理者有义务使新员工尽可能无顾虑地顺利融入组织之中。因而管理者需要坦诚地与新员工谈论有关组织与员工双方的义务。使新员工尽快地了解情况、熟悉工作，无论对组织还是个人都是有极大好处的。成功的上岗引导，不管是正式的还是非正式的，会使新员工在外来者向内部人转换过程中感到舒适和易于适应，以降低日后发生不良绩效表现的可能，并避免新员工在工作的头一两个星期就令人吃惊地提出辞职要求。

二、3PL 企业员工绩效管理

管理者需要知道员工是否在有效地完成工作，是否存在改进的必要。评估员工的绩效是绩效管理系统的一部分。所谓绩效管理系统是指建立绩效标准，据以评价员工的绩效，以便形成客观公正的人力资源决策并提供支持这些决策的文件的过程。绩效评估是绩效管理系统的一个重要部分。让我们先来考察绩效评估的一些主要方法。

（一） 绩效评估方法

有七种绩效评估方法可供管理者选用，各种方法的优缺点如表 8－4 所示。

表 8－4 各种绩效评估法的优缺点

方法	优点	缺点
书面描述法	简单易行	与其说是评价员工的实际绩效水平，不如说是在衡量考评者的写作能力
关键事件法	事例丰富，以行为为依据	耗时，无法量化
评分表法	提供定量的数据，时间耗费较少	不能提供工作行为评价方面的详细信息
行为定位评分法	侧重于具体而可衡量的工作行为	耗时，使用难度大
多人比较法	将员工与其他人作比较	员工数量大时，操作不便
目标管理法	侧重于目标，结果导向	耗时
360°反馈法	全面	耗时

（1）书面描述法。指考评者以书面形式描述一个员工的所长、所短、过去的绩效和潜能，并提出改进建议的一种绩效评估方法。

（2）关键事件法。考评者是将注意力集中在那些区分有效的和无效的工作绩效的关键行为方面。考评者记下一些细小但能说明员工所做的是特别有效果的或无效果的事件。这里的要点是，只述及具体的行为，而不笼统地评价一个人的个性特质。

（3）评分表法。评分表法（graphic rating scales）是一种最古老也最常用的绩效评估方法。它列出一系列绩效因素，如工作的数量与质量、职务知识、合作性、忠诚度、出勤、诚实和首创精神等，然后，考评者逐一针对表中的每一项，按增量尺度对员工进行评分。评分的尺度通常采用5分制，如对职务知识这一因素的评分可以是1分（对职务职责的了解很差）至5分（对职务的各方面有充分的了解）。

（4）行为定位评分法。行为定位评分法（Behaviorally Anchored Rating Scales，BARS）是近年来日益得到重视的一种绩效评估方法。这种方法综合了关键事件法和评分表法的主要成分：由考评者按序数值尺度对各项指标作出评分，不过，评分项目是以某人从事某项职务的具体行为事例，而不是一般的个人特质描述。

（5）多人比较法。多人比较法（multiperson comparisons）是将一个员工的工作绩效与一个或多个其他人作比较。这是一种相对的而不是绝对的衡量方法。该类方法最常用的三种形式是：分组排序法、个体排序法和配对比较法。分组排序法（group order ranking）要求评价者按特定的分组将员工编入诸如“前1/5”“次1/5”之类的次序中。个体排序法（individual ranking）要求考评者将员工按从高到低的顺序加以排列。而在配对比较法（paired comparison）下，每个员工都一一与比较组中的其他每一位员工结对进行比较，评出其中的“优者”和“劣者”。在所有的结对比较完成后，将每位员工得到的“优者”数累计起来，就可以排列出一个总的顺序。

（6）目标管理法。目标管理法是绩效评估的一种方法。事实上，它是对管理人员和专门职业人员进行绩效评估的首选方法。在目标管理法下，每个员工都确定有若干具体的指标，这些指标是其工作成功开展的关键目标，因此它们的完成情况可以作为评价员工的依据。

（7）360°反馈法。360°反馈法（360 degree feedback）是利用从上司、员工本人及其同事处得来的反馈意见进行绩效评估的一种方法。换句话说，这种考评使用了与管理者有互动关系的所有人员的反馈信息。这一方法使用中需注意，尽管它是职业指导的一种有效方法，能帮助管理者认清自己的长处和短处，但将它用于对其报酬、提升或辞退的决策将是不合适的。

（二）绩效评估的原则

（1）结构。绩效考评指标体系的功能结构是一个系统，评价指标体系包括“德”“能”“勤”“绩”“关键事件”五大子系统，是素质结构、能力结构、态度结构和业绩结构等子系统的有机结合。这些子系统中体现功能的各个评价要素指标，又反映了不同员工绩效的不同功能。如素质结构中的各项评价指标反映了员工的思想品质功能，能力结构反映了员工的实际能力或特殊能力的功能，业绩结构则反映了实际工作效果的功能等。

3PL公司在绩效评估的过程中要充分考虑地域、岗位、人群等不同因素对绩效评估的影响，其次还要规划好团体评估和个人评估相结合，避免“一刀切”，切忌为了评估而评估，因为评估的最终目的是为了绩效改进，打造高绩效的团队。

(2) 测量—评定原理。员工绩效考评是一个有机的整体，测量是它的基础，评定是它的关键环节。为了使测量更加公正客观，建立公司的“员工职能基准说明书”和“员工职务基准说明书”两份规范化文件，同时对“德”和“勤”评价子系统的各项指标也给予了较准确的界定，以保证员工绩效的评定更加科学合理。同时，员工绩效评价的实施，也可以为进一步补充和调整上述规范化文件，提供有价值的参考依据。测量和评定都是员工绩效考核的重要内容。两者相辅相成，互为补充。

3PL公司由于分子公司之间的地域跨度较大，对于测量和评定的工作基本下放给分子集团和业务公司管理人员进行。因此，制定可操作的测量方法和公正评估的方法，要对评定人员进行培训，培养绩效评定的专业能力，使之明确绩效考核的目的所在。

(3) 定性—定量原理。员工绩效考评方法，是一种兼有测量之长和评定之优，对所有员工的素质（德）、能力（能）、态度（勤）、业绩（绩）进行计量、鉴别的方法，是一种定性与定量相结合的方法。运用定性—定量原理，我们将人事管理的丰富经验与先进的考评方法有机结合起来，从而实现了测评标准和计量方法的有机统一。

绩效考核的量化是确保考核准确的基础，而绩效考核的指标设定除了参考企业目标、同行经验外，还要参考以往的绩效考核结果，不断进行修正、反馈和更新，许多公司会保留绩效面谈的资料，以备随时查看，使绩效考核形成一个闭环。

(4) 静态—动态原理。静态评价是指一定阶段内员工绩效评价诸要素的相对稳定状态。动态评价则是指一定的时间、空间和情景序列上员工绩效的变化状态。静态和动态相结合，既可以用绩效考核的方法保证组织目标的实现，也能够实施改进，推动员工的素质能力提升。

从根本上讲，员工的职务内容及绩效指标具有动态性和过程性。“员工职务基准说明书”是建立在相对稳定的职务说明书的基础上的。这样做，便于我们将评价要素在各项制约的条件下予以简化，并把评价的标准和尺度确定在相对稳定的条件下开展。当然，在建立相对稳定的评价要素系统和评价标准系统的基础上，我们还需要从一些关键行为和事件中考核员工的业绩和能力。因此，设计“月工作记录表”，用以记录哪些员工在职务说明书之外所做的创新性工作或关键事件的业绩，从而从动态评价的角度完善员工的工作业绩。

（三） 考评流程

人力资源部负责编制考评实施方案，设计考评工具，拟订考评计划，对各级考评者进行培训，并提出处理考评结果的应对措施，报经决策层选择决议，最终形成绩效考核的方法和实施模板。实施流程如下。

(1) 自评。各级主管组织员工撰写述职报告并进行自评。所有员工对本人在考评期间内的工作业绩及行为表现（工作态度、工作能力、星级服务）进行总结，核心是对照企业对自己的职责和目标要求以及团队中协作和服务进行自我评价。

(2) 复评。直属领导根据受评人日常工作目标完成程度、管理日志记录、考勤记录、统计资料、个人述职等，在对受评人各方面表现充分了解的基础上，负责进行客观、公正的考核评价，并指出对受评人的期望或工作建议，交部门上级主管审核。

(3) 终评。部门主管根据其直属领导的复评、员工工作任务完成情况、部门任务完成情况，进行最终评定，得出绩效分数。

（4）绩效面谈。主管负责与下属进行绩效面谈。针对员工绩效情况，部门主管要负责与员工进行绩效面谈，内容包括绩效考核环节中暴露的不足，以及提出改进的方法。员工若对自己的考评结果有疑问，有权向上级主管或考评委进行反映或申诉。

（5）资料收集。人力资源部负责收集、汇总所有考评结果，编制考评结果一览表，报公司审核。

（6）绩效档案。人力资源部负责整理最终考评结果，进行结果兑现，分类建立员工绩效考评档案。

（7）整体绩效评估。人力资源部对本次绩效考评成效进行总结分析，并对以后的绩效考评提出新的改进意见和方案，规划新的人力资源发展。

三、3PL企业薪酬与福利管理

（一）薪酬与福利的作用

你愿意在没有报酬和福利的条件下为某个组织每周工作40个小时（或更多）吗？人们在为社会福利机构工作时可能会考虑这样做。但是，大多数人还是希望从雇主那里得到某种薪酬。因此，制定一个有效的、合适的薪酬制度，是人力资源管理过程的一个重要内容。一个有效的、合适的薪酬制度，有助于吸引和保持有能力的、能干的员工，正是他们帮助组织实现使命和目标。组织的薪酬制度已被证实对战略绩效有重要的影响。

管理者制定的薪酬制度，必须能反映工作性质的变化以及工作的环境，这样才能调动员工的积极性。组织给予员工的薪酬可以包括多种不同的薪酬与福利，如基本工资和年薪、工资和加薪、激励性的薪酬，以及其他福利及服务。

（二）薪酬设计的影响因素

管理者应该如何决定员工的薪酬呢？组织对待不同员工的薪酬与福利方案的差异受几方面因素的影响。图8－3概括反映了这些影响因素。这些因素中有的是与职位相关的，有的是与企业或所属产业相关的。现在有许多组织还正使用另一种薪酬制度，称之为基于技能的薪酬方案。

员工的技能水平通常影响其工作的效率和效果。鉴于此，许多组织推行了基于技能的薪酬（skill－based pay）方案，即按员工所展示的工作技巧和能力确定报酬水平。在这样的薪酬制度下，一个员工的职务头衔并不决定其薪酬的高低，相反，薪酬是由该员工的技能决定的。比如说，在宝丽来公司（Polaroid Corporation）操作机器的工人，最高的薪酬为每小时14美元。然而，由于该公司采用的是基于技能的薪酬方案，如果这个工人具有多种的技能，在操作机器的同时承担了诸如材料清点、设备维护和质量检验这样的任务，他就可以多得10％的薪酬。基于技能的薪酬制度似乎与工作性质的多变以及当今的工作环境非常吻合。正如一位专家指出的那样，“我们正在缓慢但方向确定地变成一个以技能为基础的社会，在这个社会之中，你的市场价值是与你能做什么、你的技能密切联系的。在这个新的时代，技能和知识才是真正起作用的，把人们看作是职位担当者并没有意义。真正明智的做法是，把人们看作是有着特定技能的人，并按他们的技能支付报酬。”

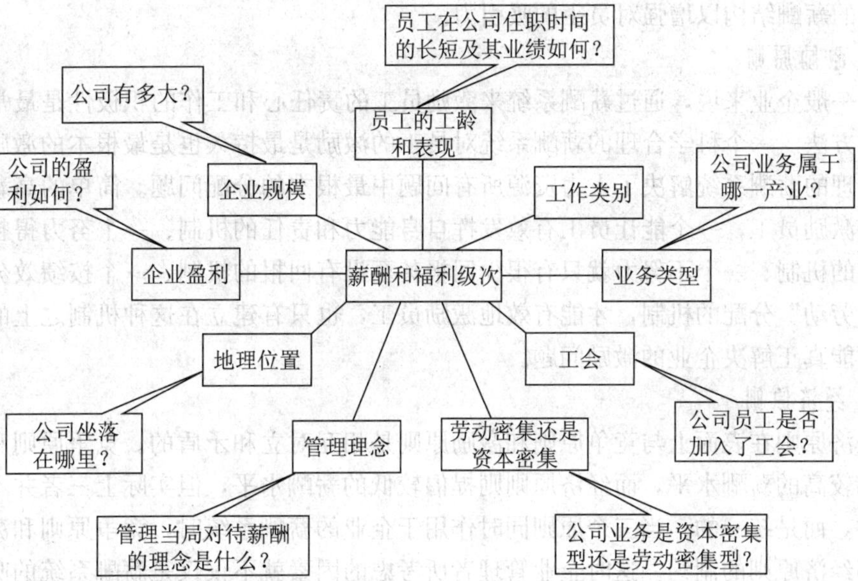

图 8-3　影响薪酬与福利的因素

正因为有很多因素影响组织薪酬制度的设计，因此，灵活性是一个最关键的考虑。传统的员工薪酬办法反映了工作稳定时代的特征，那时，一个员工的薪酬在相当程度上是由其资历和职位层级决定的。现在许多组织都面临一种动态的环境，它使员工技能成为对组织成功起绝对的关键性作用的因素，同时，员工技能会在短短几个月内发生变化，这种趋势导致薪酬制度必须具有更大的灵活性，并使薪酬级次数减少。不论管理者采取何种方案，他们都必须建立起一套公正、平等和具有激励作用的薪酬制度，以确保组织能招聘到并保持一支富有生产力的员工队伍。

（三）薪酬设计的原则

1. 公平原则

公平是薪酬设计的基础，只有在员工认为薪酬设计是公平的前提下，才可能产生认同感和满意度，才可能产生薪酬的激励作用。公平原则是制定薪酬体系首要考虑的一个重要原则，因为这是一个心理原则，也是一个感受原则。

员工对公平的感受通常包括五个方面的内容：第一是与外部其他类似企业（或类似岗位）比较所产生的感受；第二是员工对本企业薪酬体系分配机制和人才价值取向的感受；第三是将个人薪酬与公司其他类似职位（或类似工作量的人）的薪酬相比较所产生的感受；第四是对企业薪酬制度执行过程中的严格性、公正性和公开性所产生的感受；第五是对最终获得薪酬多少的感受。

2. 竞争原则

企业想要获得具有真正竞争力的优秀人才，必须要制定出一套对人才具有吸引力并在行业中具有竞争力的薪酬系统。如果企业制定的薪酬水平太低，那么在与其他企业的人才竞争中必然处于劣势地位，甚至本企业的优秀人才也会流失。在进行薪酬设计时，除了较高的薪酬水平和恰当的薪酬价值观外，企业应针对各类员工的自身特点制定灵活多元化的薪酬结构以增强对员工的吸引力。

3. 激励原则

对一般企业来说，通过薪酬系统来激励员工的责任心和工作的积极性是最常见和最常用的方法。一个科学合理的薪酬系统对员工的激励是最持久也是最根本的激励，因为科学合理的薪酬系统解决了人力资源所有问题中最根本的分配问题。简单的高薪并不能有效地激励员工，一个能让员工有效发挥自身能力和责任的机制、一个努力得越多回报就越多的机制、一个不努力就只有很少回报甚至没有回报的机制、一个按绩效分配而不是按“劳动”分配的机制，才能有效地激励员工，也只有建立在这种机制之上的薪酬系统，才能真正解决企业的激励问题。

4. 经济原则

经济原则在表面上与竞争原则和激励原则是相互对立和矛盾的。竞争原则和激励原则提倡较高的薪酬水平，而经济原则则提倡较低的薪酬水平，但实际上三者并不对立也不矛盾，而是统一的。当三个原则同时作用于企业的薪酬系统时，竞争原则和激励原则就受到经济原则的制约。这时企业管理者所考虑的因素就不仅仅是薪酬系统的吸引力和激励性了，还会考虑企业承受能力的大小、利润的合理积累等问题。

经济原则是要合理配置劳动力资源，当劳动力资源数量过剩或配置过高，都会导致企业薪酬的浪费。只有企业劳动力资源的数量需求与数量配置保持一致，学历、技能等的要求与配置大体相当时，资源利用才具有经济性。

5. 合法原则

薪酬系统的合法性是必不可少的，合法是建立在遵守国家相关政策、法律法规和企业一系列管理制度基础之上的合法。如果企业的薪酬系统与现行的国家政策和法律法规、企业管理制度不相符合，则企业应该迅速进行改进使其具有合法性。

6. 补偿性原则

薪酬应保证员工收入能足以补偿其付出的费用，不仅应该包括补偿与员工恢复工作精力所必要的衣食住行费用，而且还应补偿员工为开展工作所必须投入的用于学习知识、技能等的费用。

7. 战略导向性原则

合理的薪酬制度有助于企业发展战略的实现。企业在进行薪酬设计时，必须从企业的战略角度进行分析。要分析哪些因素相对重要，哪些因素相对次要，并赋予这些因素相应的权重，从而确定各岗位价值的大小。在此基础上进行薪酬制度设计，能较好地体现企业战略发展的要求。

四、3PL企业员工关系管理

（一） 员工关系的定义

员工关系管理是企业人力资源部门的重要职能之一，良好的员工关系可以使员工在心理上获得一种满足感，有利于提高其工作意愿和积极性，也在一定程度上保障企业战略和目标的有效执行。可以说，员工关系是影响员工行为态度、工作效率和执行能力的关键因素，值得企业管理者高度关注和重视。

员工关系管理从广义上讲，是在企业人力资源体系中，各级管理人员和人力资源职能管理人员，通过拟定和实施各项人力资源政策和管理行为，以及其他的管理沟通手段调节企业和员工、员工与员工之间的相互联系和影响，从而实现组织的目标并确保为员工、社会增值。从狭义上讲，员工关系管理就是企业和员工的沟通管理，这种沟通更多采用柔性的、激励性的、非强制的手段，从而提高员工满意度，支持组织其他管理目标的实现。其主要职责是：协调员工与管理者、员工与员工之间的关系，引导建立积极向上的工作环境。

（二）员工关系的基本内容

从广义的概念上看，员工关系管理的内容涉及整个企业文化和人力资源管理体系的构建，包括企业愿景和价值观确立、内部沟通渠道的建设和应用、组织的设计和调整、人力资源政策的制定和实施等。所有涉及企业与员工、员工与员工之间的联系和影响的方面，都是员工关系管理体系的内容。

从管理职责来看，员工关系管理主要有九个方面。

(1) 劳动关系管理。劳动争议处理，员工上岗离岗面谈及手续办理，处理员工申诉、人事纠纷和意外事件。

(2) 员工纪律管理。引导员工遵守公司的各项规章制度、劳动纪律，提高员工的组织纪律性，在某种程度上对员工行为规范起约束作用。

(3) 员工人际关系管理。引导员工建立良好的工作关系，创建利于员工建立正式人际关系的环境。

(4) 沟通管理。保证沟通渠道的畅通，引导公司上下及时双向沟通，完善员工建议制度。

(5) 员工绩效管理。制定科学的考评标准和体系，执行合理的考评程序，考评工作既能真实反映员工的工作成绩，又能促进员工工作积极性的发挥。

(6) 员工情况管理。组织员工心态、满意度调查，谣言、怠工的预防、检测及处理，解决员工关心的问题。

(7) 企业文化建设。建设积极有效、健康向上的企业文化，引导员工价值观，维护公司的良好形象。

(8) 服务与支持。为员工提供有关国家法律、法规、公司政策、个人身心等方面的咨询服务，协助员工平衡工作与生活。

(9) 员工关系管理培训。组织员工进行人际交往、沟通技巧等方面的培训。

（三）员工关系管理的目标

1. 员工关系管理的起点是让员工认同企业的远景

企业所有利益相关者的利益都是通过企业共同远景的实现来达成的。因此，员工关系管理的起点是让员工认同企业的远景。没有共同的远景，缺乏共同的信念，就没有利益相关的前提。但凡优秀的企业，都是通过确立共同的远景，整合各类资源，当然包括人力资源，牵引整个组织不断发展和壮大，牵引成员通过组织目标的实现，实现个体的目标。

企业的价值观规定了人们的基本思维模式和行为模式，或者说是习以为常的东西，是一种不需要思考就能够表现出来的东西，是一旦违背了它就感到不舒服的东西。因此，可以说是企业的价值观，是企业的伦理基准，是企业成员对事物共同的判定标准和共同的行为准则，是组织规范的基础。有了共同价值观，对某种行为或结果，组织成员都能够站在组织的立场做出一致的评价。这种一致的价值观既是组织特色，也是组织成员相互区分的思想和行为标识。

所以，认同共同的企业远景和价值观，是建设和完善企业员工关系管理体系的前提和基础。

2. 完善激励约束机制保障企业目标的实现

企业有多种利益相关者，但其创立和存在的核心目标在于追求经济价值，而不是为了单纯满足员工个体利益需求。因此，了解企业组织的目标和其所处的竞争状况，并建立企业与员工同生存、共发展的命运共同体，是处理员工关系的根本出发点。如何完善激励约束机制，建立科学合理的薪酬制度包括晋升机制等，合理利用利益关系就成了员工关系管理的根本。

3. 心理契约是员工关系管理的核心部分

20 世纪 70 年代，美国心理学家施恩提出了心理契约的概念。虽然心理契约不是有形的，但却发挥着有形契约的作用。企业清楚地了解每个员工的需求和发展愿望，并尽量予以满足；而员工也为企业的发展全力奉献，因为他们相信企业能满足他们的需求与愿望。

心理契约是由员工需求、企业激励方式、员工自我定位以及相应的工作行为四个方面的循环构建而成的，并且这四个方面有着理性的决定关系。心理契约给员工关系管理带来的思考是：企业在构建心理契约时，要以自身的人力资源和个人需求结构为基础，用一定的激励方法和管理手段来满足、对应和引导员工的心理需求，促使员工以相应的工作行为作为回报，并根据员工的反应在激励上做出适当的调整；员工则依据个人期望和企业的愿景目标，调整自己的心理需求，确定自己对企业的关系定位，结合企业发展目标和自身特点设定自己的职业生涯规划，并因此决定自己的工作绩效和达成与企业的共识：个人成长必须依附企业平台，离开企业这个平台谈员工个人目标的实现只能是一句空话，好比大海与溪水的关系，企业是海，个人是水，离开大海，溪水是会干枯的。这就是现代人力资源管理的心理契约循环过程，也是企业员工关系管理的核心部分。

4. 各部门负责人把员工关系当作一项重要工作

在企业员工关系管理系统中，职能部门负责人和人力资源部门处于联结企业和员工的中心环节。他们相互支持和配合，通过各种方式，一方面协调企业利益和员工需求之间的矛盾，提高组织的活力和产出效率；另一方面他们通过协调员工之间的关系，提高组织的凝聚力，从而保证企业目标的实现。因此，职能部门负责人和人力资源部门是员工关系管理的关键，是实施员工关系管理的首要责任人，他们的工作方式和效果是企业员工关系管理水平和效果的直接体现。

综上所述，员工关系管理的问题最终是人的问题，主要是管理者的问题。所以，管理者特别是中高层管理者的观念和行为起着至关重要的作用。在员工关系管理和企业文化建设中，管理者应是企业利益的代表者，应是群体利益最终的责任者，应是下属发展的培养者，应是新观念的开拓者，应是规则执行的督导者。在员工关系管理中，每一位管理者能否把握好自身的管理角色，实现自我定位、自我约束、自我实现乃至自我超越，关系到员工关系管理的成败和水平，更关系到一个优秀的企业文化建设的成败。

第三节　第三方物流企业人力资源培训与开发

一项职务的要求变化了，员工的技能也要跟着改变和更新。据统计，在美国，单是工商企业每年就投入了540亿美元用于提高工人技能的正规课程教育和培训。员工需要何种类型的培训？何时需要培训？以何种方式进行培训？这些自然是由管理当局决定的。

3PL企业正处于高速发展之中，且行业企业林立，竞争激烈，如何能够培养适合企业要求的人才，成为3PL企业人力资源管理中心最为关注的问题之一。

一、技能分类

员工的技能可以区分为三种类别：技术技能、人际关系技能和解决问题技能。绝大多数员工培训活动都着眼于改变其中一项或多项技能。

许多培训是设计改进和提高员工的技术技能的，既包括最基本的技能——阅读、写作和进行数学计算的能力，也包括与特定职务相关的能力。与10年前或20年前相比，当今的绝大部分工作都已变得更加复杂化。自动化工厂与自动化办公室、数控机床及其他类型复杂技术的使用，要求员工具有数学、阅读和计算机方面的技能。举例来说，要是员工不能做基本的数学计算或者读懂厚厚的一本操作手册，他们怎么能掌握过程控制的统计方法，或者对柔性制造系统频繁的工具变换进行仔细的测量和自我检查呢？同样，办公室职员如果不具备一定的能力掌握文字处理、数据库管理和电子邮件系统，那他们又怎么能有效地开展工作呢？几乎每一个员工都从属于某个工作单位，从一定程度上讲，员工的工作绩效取决于他与同事和上司有效相处的能力。有些员工具有优秀的人际关系技能，其他的人则需要经过训练改进这方面的技能。人际关系技能培训通常包括学习如何做个好听众，如何更清晰地沟通自己的思想，如何减少摩擦冲突等。例如马萨诸塞州斯普林菲尔德的大Y食品公司（Big Y Foods）的员工们，通过基于经历的人际技能培训项目，学习如何增进合作、团队工作和增加相互的信任。

许多员工在工作中需要解决一系列的问题。特别是那些从事非常规性工作的员工更是如此。如果员工解决问题的技能不尽如人意，管理者就可能要通过培训改进他们的这种技能。具体培训方式是，让员工参加能提高以下方面能力的活动：逻辑、推理和确定问题；对因果关系作出评价；制订解决问题的可行方案；对方案进行分析评价；选定最终的解决办法。例如，纺织品供应商舒马赫公司（F. Sclllmacher）对管理人员进行了解决问题和冲突处理方案的技能培训。

3PL 公司内部员工之间的分工相较于其他公司来讲更加密切，因此在掌握较为全面的技能外还要有所侧重，因此 3PL 企业的培训往往呈现出按照岗位细分的特点。

二、培训分类

大多数的培训是以在职方式进行的，因为该培训方法简单易行且成本通常比较低，但是在职培训可能会扰乱工作的正常秩序，并导致工作失误的增加。另外，有些技能的培训相当复杂，难以边工作边学习。在这种情况下，培训就需要在工作场地以外进行。最常见的培训方法主要包括在职培训和脱产培训两大类。下面重点介绍企业内部的在职培训。

（一） 按岗位划分

人力资源在职培训按岗位培训分为战略管理培训、采购培训、生产培训、物流培训、企业文化培训、商务礼仪培训、市场营销培训、销售培训、员工职业化培训、责任体系培训、财务管理体系培训等。按岗位划分培训成为 3PL 企业培训最主要的培训方式。

（二） 按培训方式划分

可以分为公司培训、部门培训、岗位培训、自我学习、网络在线培训。

（1）公司培训：是管理部门根据培训总计划组织的全公司公共部分的培训，例如，公司培训中的 GMP（生产质量管理规范）基础知识、药事法规、微生物知识、6S 知识、QC（质量控制）活动知识、安全知识等。

（2）部门培训：是各部门根据公司培训总计划组织的，与本部门有关的各类知识的培训，例如，岗位职责、岗位操作法等培训。

（3）岗位培训：岗位对员工进行的实际操作技能的培训与岗位内的相互学习。

（4）自我学习：员工自己主动进行专业知识的再学习和操作技能的锻炼。

（5）网络在线培训：信息革命对社会各个领域产生了深刻的影响，社会的发展需要人们拥有更新的知识体系，更快地把握瞬息万变的时代变化。但是传统教育模式显然无法跟上知识更替和信息爆炸的步伐。世纪之初的教育正在向“终身化”方向发展。网络作为信息的天然载体，必将通过其在教育领域所特有的功能来回应信息化潮流。

（三） 按照培训职责划分

第一类：应岗培训，目的是为了让员工达到上岗的要求。

第二类：提高培训，提升岗位业绩。

第三类：发展培训，对员工进行职业生涯规划方面的培训。中国有一千万家企业，进行此类培训的公司不足千分之一。

第四类：人文培训，讲人文、音乐、亲子教育，讲服装搭配，不足万分之一。

第五类：拓展培训。拓展培训是企业更加喜欢和务实的一种类型。

拓展培训是一种户外体验式培训，体验式培训强调员工去“感受”学习，而不是仅仅在课堂上听讲。在体验式培训中，员工是过程的主宰，如果员工感到课程的进程由他们掌控，他们将更加注意活动的过程——没有人比自己更能走近自己的内心。企业发展离不开长期有效的培训，培训是批量制造企业所需人才的最好方法之一。

拓展培训糅合了高挑战及低挑战的元素，学员从中在个人和团队的层面，都可透过危机感、领导、沟通、面对逆境和辅导的培训而得到提升。研究资料表明，传统课堂式学习的吸收程度大约为25%，而要求学员参与实际操作的体验式学习吸收程度高达75%，能更加有效地将资讯传授给学员。拓展培训正是一种典型的户外体验式培训。以体验、经验分享为教学形式的拓展训练的出现，打破了传统的培训模式，它并不灌输某种知识或训练某种技巧，而是设定一个特殊的环境，让员工直接参与整个教学过程，在参与的同时完成一种体验，进行自我反思，获得某些感悟。它吸收了先进的经验，同时注意适应特定人群的心理特征与接受风格，将大部分课程放在户外，精心设置了系列新颖、刺激的情景，让学员主动地去体会，去解决问题，在参与、体验的过程中，心理受到挑战，思想得到启发，然后通过学员共同讨论总结，进行经验分享，感悟出种种具有丰富现代人文精神和管理内涵的道理。在特定的环境中去思考、去发现、去领悟，对自己、对同事、对团队重新认识、重新定位。

拓展培训这种形式既安全又有一定的趣味性，易于被学员接受。拓展培训的最终目的是让学员将培训活动中的所得应用到工作中去。如果缺乏专业培训师的指导及意见，则很难达到理想的效果。通过拓展培训整合团队，发掘每个人的最大潜力，这就是拓展培训的真正意义。

三、培训的实施流程

（一）　培训需求分析

培训需求是培训实施的起点，只有明确了公司的培训需求，培训才能够落到实处，培训才能够更加促进人岗匹配，成为打造高绩效团队的有效方法。培训需求的分析要结合公司的发展目标、人员整体素质等因素进行对比分析，越来越多的公司把培训工作相当大的精力放在研究培训需求上。

（二）　培训方案制订

培训方案制订涉及培训形式、费用预算、讲师安排、时间地点选择、内容确定等方面的内容，往往需要各部门进行讨论后才能得出具体的方案，在此过程中，公司决策人对于培训的态度也关系到培训方案中资源的利用。

（三）　培训方案实施

培训活动实施要做好充足的准备，确定好培训相关事项，安排拓展活动，及时纠正实施过程中的偏差，培训过程中应时时调动参训人员的积极性，保持与培训对象的交流沟通，及时发现不足，及时进行改进。

（四）　培训效果反馈

(1) 反应评估。反应评估是第一级评估，即在课程刚结束的时候，了解学员对培训项目的主观感觉和满意程度。

(2) 学习评估。主要是评价参加者通过培训对所学知识深度与广度的掌握程度，方式有书面测评、口头测试及实际操作测试等。

(3) 行为评估。评估学员在工作中的行为方式有多大程度的改变。采取观察、主管的评价、客户的评价、同事的评价等方式。

(4) 结果评估。其目标着眼于由培训项目引起的业务结果的变化情况。最为重要的评估内容是对投资净收益的确定。

四、职业发展

一个组织为什么需要关心员工的职业生涯？为什么管理当局要把时间花在员工的职业发展上？因为着眼于职业发展，将促使管理当局对组织的人力资源采取一种长远的眼光。一个有效的职业发展计划将确保组织拥有必要的人才，还能提高组织吸收和保留高素质人才的能力。

（一）职业发展含义

“职业”一词有多种含义，从最常用的意义上说，它可以指发展（例如职业生涯进展良好）、专业（例如选择了营销的职业）或终身工作的历程（例如职业历程包括了在6个不同组织中承担12种职务）。我们这里使用职业这一概念，是将它定义为一个人在其一生中所承担职务的相继历程。按照这一定义，很明显我们所有的人都有或者都将有自己的职业。

根据中国职业规划师协会的定义，职业发展是组织用来帮助员工获取目前及将来工作所需的技能、知识的一种规划。实际上，职业发展是组织对企业人力资源进行的知识、能力和技术的发展性培训、教育等活动。职业发展就是在自己选定的领域里，在自己能力所及的范围内，成为最好的专家。从组织的观点看，职业发展能降低员工流动带来的成本。如果企业帮助员工制订职业计划，这些计划可能与组织密切相连，因此，员工就不大可能离开。热心于员工的职业发展同样能鼓舞士气，提高生产率，并帮助组织变得更有效率。事实上组织对员工的职业发展感兴趣对员工也有积极的影响，在这种情况下员工认为企业把他们看作是整体计划的一部分而不仅仅是一些数字，重视职业发展对员工看待他们的工作和雇主的方式也有积极的影响。

（二）职业发展实施过程

1. 员工自我评估

员工自我评估指员工个人对自己的能力、兴趣、气质、性格以及自己职业发展的要求等进行分析和评价，以确定自己合适的职业生涯目标和职业生涯发展路线。

2. 组织评估

组织评估是要利用相应的信息对员工的能力和潜力做出客观公正的评估。这些信息主要来自对员工的绩效评估，也包括反映该员工的受教育状况和以前工作经历等信息的人员记录。组织对员工个人的评估通常应由人力资源人员和员工的直接管理者共同进行。

3. 职业信息传递

员工要确立现实的职业发展目标，就必须知道可以获得的职业选择和职业发展机会，并获得组织内有关职业选择、职业变动和空缺的工作岗位等方面的信息。组织要及时为员工提供有关组织发展和员工个人的信息，增进员工对组织的了解，包括职位升迁机会与条件限制、工作绩效评估结果、训练机会等的信息，帮助员工了解自己的职业发展通道。

4. 职业咨询

职业咨询是指整合职业规划过程中不同步骤的活动。它是伴随着整个职业生涯发展过程的多次或连续性咨询活动。在职业发展过程中，有可能出现许多员工无法预测或必须面对的难题，如职位升迁、跳槽、职能转换、人际关系等。职业咨询可以为员工解决职业发展中的困惑，为员工做出明智选择提供参考意见和决策支持。

5. 职业道路引导

职业道路引导可定义为一系列包括正式与非正式教育、培训及工作体验的开发活动，这些开发活动有助于员工能够从事更高一级的职位。职业道路引导指明了组织内员工可能的发展方向及发展机会，组织内每一个员工可能沿着本组织的职业道路变换工作岗位。

（三） 职业发展规划

多年来，职业发展一直是管理学课程中的一个重要的议题。不过，我们从中看到了这一概念的重大变化。职业发展方案以往通常是组织为帮助员工在这一特定组织中能使其职业生涯得到发展而设计的。职业发展方案的核心部分就是提供有关的信息、评估和培训，以帮助员工实现其职业目标。同时，职业发展也是组织吸引和保留住技能娴熟人才的一种手段。然而，在当今的工作环境中，这些目标正逐渐消失。范围越来越广的组织变革，已经导致了这一传统意义上的在特定组织内的职业发展概念面临极大的不确定性和混乱。减员、重组和其他组织调整措施，带给我们一个关于职业发展的重要的新结论：员工个人，而非组织，要对自己的职业生涯负责。员工个人必须准备好采取一些必要的措施发展自己的职业，必须承担起设计、指导和开发自身职业的责任，职业要由自己来管理，而不是由组织来管理。

组织和个人都要在观念上做出调整，树立新的理念：组织成员要为自己着想，变得更加自立。提升个人对自身职业发展的责任感，这一思想已被冠以一个新的概念“无边界职业”。这一概念是指员工职业的进展、对组织的忠诚度、重要技能的形成以及市场价值，是由个人而不是组织决定的。员工个人面临的挑战是，还没有什么标准和规则可以指导他们应对这种新的情形，与此同时，个人却要为自己的职业规划和制定职业目标以及教育和培训等负起主要的责任。

1. 职业选择

我们所要做的第一个关于职业的决定就是职业选择。理想化的职业选择，能使我们想要从生活中得到的以及个人的兴趣、能力等与市场的机会保持最佳的匹配。良好的职业选择应该能带来一连串的机会，让我们不断找到能很好表现自己的职位，从而使我们一心想保持自己所选的职业，并感受工作带给自己的高度满意感以及工作和私人生活之间的恰当平衡。一句话，匹配得当的职业是那种令人产生一种积极的自我概念，诱发自己去做认为很重要的工作，并使自己过上所渴望的那种生活的选择。

2. 职业生涯发展

一旦确定了所选择的职业，下一步就要开始找工作了。这里不再介绍工作搜寻、撰写简历或者成功面试的细节问题，尽管这些行为是很重要的。图 8－4 列示了作为管理者的职业生涯取得职业成功的一些建议。对自己的职业加以积极主动的管理，那么，工作生活将更加令人激奋、充满乐趣，使人倍感满意。

图 8－4　管理者职业成功要领

案例分析

请用“职业发展”的相关理论分析张某的职业晋升发展路径

表 8－5 是 XX 企业张某的职业晋升路径。在相伴企业的 12 年的岁月里，从一名实习生一直成长为企业所属业务集团的一名总经理，通过不断的努力和坚定不移的毅力才能跟随企业一同成长。

表 8-5　张某的职业晋升路径

序号	时间	岗位
1	2004 年 7 月	实习生入职
2	2005 年 5 月	北京分公司主管
3	2005 年	海口分公司负责人
4	2006 年 8 月	长春分公司负责人
5	2008 年 7 月	广州分公司高级经理
6	2008 年	山东分公司副总经理
7	2013 年	成都公司常务副总经理
8	2014 年	成都公司总经理/西南大区总经理
9	2016 年	快运集团华北大区总经理

基础练习

一、 选择题

1. 人力资源管理的过程最后一个环节也可以定义为人力资源管理的目的，其内容是（　　）。

A. 企业战略目标的达成　　B. 员工职业规划的建立

C. 能长期保持高绩效水平的员工　　D. 人力资源管理发挥重要作用

2. 以下关于人力资源管理概念定义解释不正确的一项是（　　）。

A. 人力资源管理是在企业目标的基础上保证人力资源的数量和质量

B. 在实现组织目标的同时要充分考虑人的因素

C. 要保障人力资源与组织目标的动态适应性

D. 人力资源管理的终极目标就是要做好组织人员的人员规划

3. 以下岗位中最适合使用网络招聘的岗位是（　　）。

A. 装卸工　　B. 业务集团总经理

C. 后厨　　D. 营业员

4. 以下关于人力资源规划说法错误的是（　　）。

A. 要充分考虑企业未来五年的规划及目标

B. 要依据企业未来季度的生产经营目标的人力资源需求

C. 要充分考虑员工个人的利益和员工个人规划

D. 企业和员工都能够在人力资源规划的工作下获得利益

二、 判断题

1. 员工关系管理是由人力资源部主导，根据不同情况确定部门负责人是否参与。（　　）

2. 人力资源规划过程可以归纳为两大步骤：评价现有资源；预估将来需求并制订满足方案。(　　)

3. 甄选是一种预测行为，它设法预见聘用哪一位申请者会确保工作成功。(　　)

4. 相对稳定的薪酬方式更有利于员工的稳定性。(　　)

5. 培训方式的选择主要是要考虑培训受众接受能力。(　　)

三、 问答题

1. 试列举当前形势下 3PL 公司需要考虑的影响人力资源规划的社会因素。

2. 请分别列举装卸工、业务员的招聘渠道及不同操作方式。

3. 请说出三种绩效考核的方法，并列举其适合的岗位类型。

4. 简述组织进行员工培训时要提高的三类技能。

5. 人们对待职业发展的观念发生了什么变化?

知识应用

请用“3PL 企业人力资源管理”相关知识，对本书模块一“物流聚焦”中的“解决企业现实问题”案例进行 3PL 企业的普通员工绩效考核目标设计。

模块九　第三方物流服务质量监控

学习目标

知识目标

1. 了解质量管理的相关概念和 ISO 质量认证体系理论。
2. 掌握现代物流企业质量体系认证流程及国家物流企业评级标准类型。
3. 熟悉 3PL 企业质量监控项目内容。

技术目标

会用第三方物流客户分级管理方法建立企业服务质量监控体系。

能力目标

1. 培养良好的职业素养，树立质量至上理念。
2. 强化 3PL 企业的服务管控意识。

物流聚焦

JC PENNEY 公司质量管理创新

一、配送中心的基本情况

JC PENNEY 公司位于俄亥俄州哥伦布的配送中心，每年要处理 900 万种订货或每天 25000 笔订货。该中心为 264 家地区零售店装运货物，无论是零售商还是消费者的家，该配送中心都能做到 48 小时之内把货物送到所需的地点。哥伦布的配送中心有 200 万平方米设施，雇用了 1300 名全日制员工，旺季时有 500 名兼职雇员。JC 公司接着在其位于密苏里州的堪萨城、内华达州的雷诺以及康涅狄格州的曼彻斯特的其他两个配送中心成功实施了质量创新活动，能够连续 24 小时为全国 90%的地区提供服务。

二、质量管理创新

JC 公司感到真正的竞争优势在于优质的服务，管理部门认为，这种服务的优势应归功于 20 世纪 90 年代中期该公司所采取的三项创新活动：质量循环、精确至上以及激光扫描技术。

（一）质量循环：小改革解决大问题

1992 年，JC 公司首先启动了质量循环活动，以维持和改善服务水准。管理部门担心，质量服务的想法会导致管理人员企图简单地花点钱来“解决问题”。然而，取代这些担心的是经过慎重考虑后提出一个小改革，解决了工作场所中存在的一些主要问题，其中包括工人们建议创建的中央工具库，用以提高工作效率和工具的可获得性。

（二）精确至上：小精确消除物流过程的浪费

精确至上的创新活动旨在通过排除收取、提取和装运活动中存在的缺陷，以提高服务的精确性。因此，提供精确的顾客信息和完成订货承诺被视为头等大事。显然，在该层次上讲求服务的精确性，意味着该公司随时可以说出来某个产品项目是否有现货，并且当有电话订货时，便可以告知对方何时送货上门。该公司需要提高的另一个精确性与在卖主处提取产品有关。为了确保产品在质量和数量上的正确，JC 公司针对每次装运中的某个项目，进行质量控制和实际点数检查。如果存在着差异，将对订货进行 100%的检查，与此同时将对 25%的装运进行审计。订货承诺的完成需要把主要精力放在提高精确性上，为此该公司的配送中心经理说道："我们曾一直在犯错误，想在商品预付给顾客之前就能进行精确的检查"，但问题是，在质量循环中是否已找到了解决办法，或者能够对过程进行自动化管理。对此，该经理感觉到："只有依赖计算机系统，人们才有能力精确的检查。"于是，该公司开始利用计算机系统进行协调，把订购商品转移到"转送提取"区域，以减少订货提取者的步行时间。

（三）激光扫描技术：用科技改进质量管理

第三项质量管理创新活动是应用激光扫描技术，以 99.9%的精确性来跟踪 23000 个存货单位的存货。JC 公司最初的密尔沃基的配送中心是用手工来处理各种产品项目的储存和跟踪的，接着便开始用计算机键盘操作替代手工操作，这一举动使产品项目的精确性接近了 100%。而扫描技术则被看作是既提高记录精度，又提高记录速度的手段。但是，刚开始启动扫描技术时的结果并不理想，因为一系列的扫描过程需要精确地读取每个包装盒子上的信息。然而，在某些情况下，往往需要扫描四次才获得一次读取信息。看来，JC 公司需要一种系统，能够按每秒两次的速度，从任何角度读取各种包装尺寸的产品信息。于是，公司内部的系统支持小组优化了硬件和软件来满足这一目标。其结果是，该配送中心四个扫描站耗资 12000 美元，削减了每个扫捕站所需的 16 个键盘操作人员。

质量管理创新需要协调员工与技术的关系。看来，"加重工作"的质量循环与"减轻工作"的技术应用之间，会产生一种有趣的现象。JC 公司需要在引进扫描技术的同时，还要保持其既得利益和改进成果。然而，该公司在时间上的选择却是完美的。因为公司在大举扩张的同时将需要增加雇员。于是，该公司便告诉其雇员，技术进步将不会导致裁员。

JC 公司的竞争优势归功于优质的服务：质量循环、精确至上以及激光技术。质量管理成为企业获胜的法宝。

第一节　物流企业质量管理体系

在竞争日益加剧的市场环境中，质量是企业在竞争中获取优势的一个重要手段，这一点已被众多企业广泛认可。然而，对于质量的认识，人们经历了一个不断发展和深化的过程，在不同的文献和书籍中，存在着大量关于质量概念的定义，在此，我们以国际标准化（ISO）所给出的定义为依据对与质量体系相关的一些其他基本概念进行讨论。

一、质量的定义

质量：一组固有特性满足要求的程度。这一定义看上去高度抽象而概括，但只要把握了“特性”和“要求”这两个关键词就很容易理解。这一定义是从“特性”和“要求”这两者之间关系的角度来描述质量的，也即某种事物的“特性”满足某个群体“要求”的程度，满足的程度越高，就可以说这种事物的质量越高或是越好；反之，则认为该事物的质量低或差。

上述定义中的“特性”的载体，即质量概念所描述的对象，早期只是局限于产品，以后又逐渐延伸至服务，现今不仅包括产品和服务，而且还扩展到了过程、活动、组织乃至它们的结合。这里的特性指的是“可区分的特征”，ISO 的质量定义中特别强调了用于描述事物质量的特性是“固有特性”，就是指某事或某物中本来就有的，尤其是那种永久的特性。“固有”的反义是“赋予”或外在，事物的“赋予”特性如“价格”等，不属于质量的范畴。

通常地讲，质量特性可以区分为以下几类。

（1）技术或理化方面的特性。这些特性可以用理化检测仪器精确测定。例如机械零件的刚性、弹性、耐磨性；汽车的速度、牵引力、耗油量、废气排放量；手表的防水、防震、防磁等。科学技术的进步使得许多原来无法测定的特性可以进行精确的测定，从而使得人们对质量进行更加客观的判断成为可能。

（2）心理方面的特性。例如服装的式样、食品的味道、汽车象征的地位和气派等。这些特性反映了顾客的心理感觉和审美价值，一般很难用准确的技术指标加以衡量。

（3）时间方面的特性。例如耐用品的可靠性、可维修性、精度保持性，产品使用过程中的及时性、可靠性、可维修性以及使用费用等都极大地影响顾客的质量评价。

（4）安全方面的特性。产品的使用不仅要可靠、及时，更加重要的是不能给顾客造成伤害和事故，因此，产品必须有保证条款，有各种安全措施。

（5）社会方面的特性。仅仅考虑对应顾客需要是不充分的，还必须考虑法律、法规、环保以及社会伦理等有关社会整体利益方面的要求。

上述质量定义中的“要求”是由各种不同的相关方，即与组织的业绩或成就有利益关系的个人或团体，如顾客、股东、雇员、供应商、银行、工会、合作伙伴或社会等所提出的。“要求”反映了人们对于质量概念所描述的对象的需要或期望。这些“要求”有时是明确规定的，如产品购销合同中对于产品性能的规定；也可以是隐含的或不言而喻的，如银行对客户存款的保密性，即使人们没有特别提出，也是必须保证的；还可以是由法律法规等强制规定的，如食品的卫生、电器的安全等。

与质量概念密切相关而又常常引起混淆的一个概念是对于“等级”的认识。当人们在习惯上用质量这一术语来表述卓越程度时，例如将五星级酒店同街道小旅馆相比较时，有时会引起歧义。在这种场合下，使用档次这一概念将有助于避免分歧。档次反映了同一用途或功能的事物为了满足不同层次的需要而对质量要求所做的有意识的区分。

不同的档次意味着不同的购买能力或消费层次。质量的比较只有针对同一档次时才是有意义的。从这个意义上而言，酒店的星级并不等同于服务质量的卓越，小旅馆同样也可以提供非常优质的服务。

二、质量管理

（一） 质量管理的定义

质量管理就是为了实现组织的质量目标而进行的计划、组织、领导与控制的活动。

ISO 9000 标准中定义的质量管理（Quality Management ，QM）：在质量方面指挥和控制组织协调一致的活动，包括制订质量计划和质量目标，以及质量策划、质量控制、质量保证和质量改进，这里的质量策划致力于制定质量目标并规定必要的运行过程和相关资源，实现质量目标；质量控制致力于满足质量要求；质量保证致力于提高质量要求会得到满足的信任；质量改进致力于增强满足质量要求的能力。

世界著名的质量管理专家朱兰认为：“要获得质量，最好从建立组织的‘愿景’以及方针和目标开始。目标向成果的转化（使质量得以实现）是通过管理过程来进行的，过程也就是产生预期成果的一系列活动。在质量管理活动中频繁地应用三个这样的管理过程，即质量计划、质量控制和质量改进。这些过程被称为‘朱兰三部曲’。”这也就是说，质量计划、质量控制和质量改进这三个管理过程构成了质量管理的主要内容。

质量计划旨在明确组织的质量方针和质量目标，并对实现这些目标所必需的各种行动进行规划和部署的过程。质量控制也就是实现质量目标、落实质量措施的过程，广泛应用统计方法来解决质量问题是质量控制的主要特征之一。质量改进是指实现前所未有的质量水平的过程。

在质量管理的“三部曲”中，质量计划明确了质量管理所要达到的目标以及实现这些目标的途径，是质量管理的前提和基础；质量控制确保组织的活动按照计划的方式进行，是实现质量目标的保障；质量改进则意味着质量水准的飞跃，标志着质量活动是以一种螺旋式上升的方式不断攀登和提高。朱兰三部曲的具体内容如表 9－1 所示。

表 9－1　　质量管理的三个过程

质量计划	质量控制	质量改进
①设定质量目标 ②辨识客户 ③确定顾客的需要 ④开发应对顾客需要的产品特征 ⑤开发能够生产这种产品特征的过程 ⑥建立过程控制措施，将计划转入实施阶段	①评价实际绩效 ②将实际绩效与质量目标对比 ③对差异采取措施	①提出改进的必要性 ②做好改进的基础工作 ③确定改进项目 ④建立项目小组 ⑤为小组提供资源、培训和激励，以便诊断原因、设想纠正措施 ⑥建立控制措施以巩固成果

（二）全面质量管理方法——PDCA 循环

1. PDCA 循环的基本内容

全面质量管理采用一套科学的、合乎认识论的办事程序，即 PDCA 循环法。PDCA 由英文的计划（Plan）、执行（Do）、检查（Check）、处理（Action）几个词的第一个字母组成，反映了质量管理必须遵循的四个阶段。

第一阶段为 P 阶段。即要适应顾客的要求，并以取得经济效益为目标，通过调查、设计、试制，制定技术经济指标、质量目标，以及达到这些目标的具体措施和方法。这就是计划阶段。

第二阶段为 D 阶段。即要按照所制订的计划和措施去实施。这是执行阶段。

第三阶段为 C 阶段。即对照计划，检查执行的情况和效果，及时发现和总结计划实施过程中的经验和问题。这是检查阶段。

第四阶段为 A 阶段。即根据检查的结果采取措施，巩固成绩，吸取教训，以利再干。这是总结处理阶段。

2. PDCA 循环法的八个步骤

第一步，调查研究，分析现状，找出存在的质量问题。

第二步，根据存在的问题，分析产生质量问题的各种影响因素，并对这些因素逐个加以分析。

第三步，找出影响质量的主要因素，并从主要影响因素中着手解决质量问题。

第四步，针对影响质量的主要因素，制订计划和活动措施。计划和措施应尽量做到明确具体。

以上四个步骤就是 P 阶段的具体化。

第五步，按照既定计划执行，即 D 阶段。

第六步，根据计划的要求，检查实际执行结果，即 C 阶段。

第七步，根据检查结果进行总结，把成功的经验和失败的教训总结出来，对原有的制度、标准进行修正，巩固已取得的成绩，同时防止重蹈覆辙。

第八步，提出这一次循环尚未解决的遗留问题，并将其转到下一次 PDCA 循环中去。

以上第七、第八步是 A 阶段的具体化。

3. PDCA 循环的特点

（1）大环套小环，互相促进。PDCA 循环不仅适用于整个企业，而且也适用于各个车间、科室、班组和个人。根据企业总的方针目标，各部门都要有自己的目标和 PDCA 循环。这样就形成了大环套小环，小环里边又套有更小的环的情况。整个企业就是一个大的 PDCA 循环，各部门又都有各自的 PDCA 循环，依次又有更小的 PDCA 循环，具体落实到每一个人。上一级的 PDCA 循环是下一级 PDCA 循环的依据，下一级 PDCA 循环又是上一级 PDCA 循环的贯彻落实和具体化。通过循环把企业各项工作有机地联系起来，彼此协同，互相促进，如图 9-1 所示。

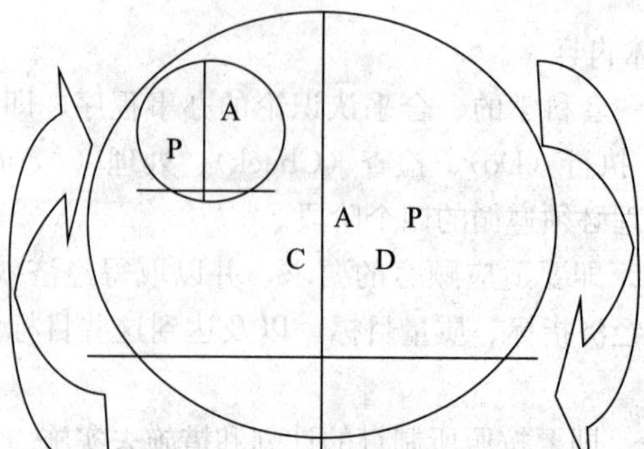

图 9－1　多层次 PDCA

（2）不断循环上升。四个阶段要周而复始地循环，而每一次循环都有新的内容和目标，因而就会前进一步，解决一批问题，质量水平就会有新的提高。就如上楼梯一样，每经过一次循环，就登上一级新台阶，这样一步一步地不断上升、提高。如图 9－2 所示。

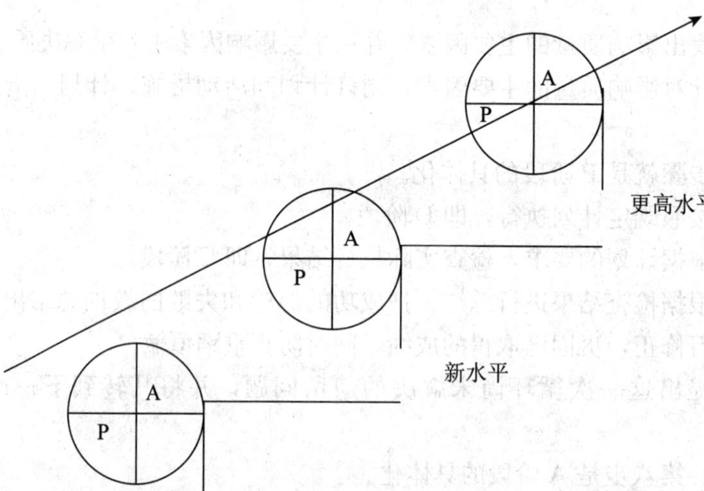

图 9－2　循环改进示意

4. 推动 PDCA 循环关键在于 A 阶段

所谓总结，就是总结经验，肯定成绩，纠正错误，提出新的问题以利再干。这是 PDCA 循环之所以能上升、前进的关键。如果只有前三个阶段，没有将成功经验和失败教训纳入有关标准、制度和规定中，就不能巩固成绩，吸取教训，也就不能防止同类问题的再度发生。因此，推动 PDCA 循环，一定要抓好总结这个阶段。

三、质量管理体系概述

质量管理体系（Quality Management System，QMS）是指确定质量方针、目标和职责，并通过质量体系中的质量策划、控制、保证和改进使其实现的全部活动，EMBA、MBA 等主流商管教育均对质量管理及其实施方法有所介绍。

国际标准化组织（International Organization for Standardization，ISO），是目前世界上最大、最有权威性的国际标准化专门机构。1946 年 10 月 14 日至 26 日，中、美、法、苏等 25 个国家的 64 名代表集会于伦敦，正式表决通过建立国际标准化组织。1947 年经过 15 个国家标准化组织的审定，ISO 章程通过了审核，标志着国际标准化组织的成立，即我们熟悉的 ISO 组织。ISO 组织的主要职责是制定国际通用的质量标准，统筹协调各国的标准制定工作，组织各个成员国进行质量标准的研讨交流，以及与其他组织协作研究修改标准制定。经过半个多世纪的发展壮大，现在 ISO 组织机构设置已趋于完善，共成立专业技术组织近 200 个，技术组织分委会 600 多个。其中，ISO 9000 族标准是国际标准化组织 ISO/TC 176 技术委员会制定的国际标准，其核心标准是 ISO 9001 质量管理体系标准。ISO 9000 不是指一个具体标准，而是一组标准的统称。该标准可帮助组织实施并有效运行质量管理体系，是质量管理体系通用的要求和指南。我国在 20 世纪 90 年代将 ISO 9000 系列标准转化为国家标准，随后各行业也将 ISO 9000 系列标准转化为行业标准。随着国际贸易发展的需要和标准实施中出现的问题，特别是服务业在世界经济的比重所占的比例越来越大，ISO/TC176 分别于 1994 年、2000 年对 ISO 9000 质量管理标准进行了两次全面的修订。由于该标准吸收国际先进的质量管理理念，采用 PDCA 循环的质量哲学思想，对于产品和服务的供需双方具有很强的实践性和指导性。所以，标准一经问世，立即得到世界各国普遍欢迎，到目前为止全世界已有 70 多个国家直接采用或转为相应国家标准，有 50 多个国家建立质量体系认证和注册机构，形成了世界范围内的贯标和认证“热”。全球已有几十万家工厂企业、政府机构、服务组织及其他各类组织导入 ISO 9000 并获得第三方认证。ISO 9000 族标准自 1986 年第一项标准《质量管理和质量保证标准术语》面世以来，已经对国际贸易和标准体系产生了巨大影响。1994 年发布修订版本的时候，该组织的技术委员会提出了“ISO 9000 族”的概念，包括由该委员会制定的所有国际标准，2000 年 12 月，该委员会又正式颁布了 2000 版 ISO 9000 族标准。对 2000 版 ISO 9001 标准，我国也给予了等同采用（关于我国制定的等同于 ISO 9000 族标准及 ISO 9001 标准，又称为 GB/T 19000—2000，GB/T 19001—2000 的具体条款）。

ISO 质量认证体系的编号规格一般按以下标准执行：ISO＋标准号＋冒号＋发布年号，例如 ISO 9000：2000。

四、ISO 9000 族标准体系简介

建立质量管理体系是以鼓励组织分析顾客的要求，使组织始终提供满足顾客需求的产品。向顾客及相关方提供信任，为组织提供持续改进的框架并改进组织的业绩，为组织的质量管理提供系统的方法。ISO 9000 族标准主要包括核心标准和支持性标准两个部分。其中，核心标准又包括四个标准。表 9－2 简要介绍了这四项标准。

表 9-2　　ISO 9000 族核心标准

序号	标准名称	标准介绍
1	ISO 9000：2005 《质量管理体系基础和术语》	该标准在总结了质量管理经验的基础上，明确了质量管理体系应遵循的八大原则，并规定质量管理体系术语，它是 ISO 9000 族标准的基础标准
2	ISO 9001：2008 《质量管理体系要求》	本标准规定了质量管理体系要求，用于证实组织具有提供满足顾客要求和适用的法律法规要求的产品的能力，该标准是用于企业进行认证的依据
3	ISO 9004：2009 《组织机构可持续成功的管理 —种质量管理方法》	本标准于 2009 年 11 月由国际标准化组织 ISO 正式发布实施。 本版标准是在 ISO 9001：2008 版改版的基础上，规定了一个组织的总体业绩，是效率和效益不断提升和改进的指导方针。更加注重监视和分析组织所处的环境，强调合理配置、优化各种资源，建立关键绩效指标，从而为企业在不断变化环境下追求持续成功提供方法指南
4	ISO 19011：2011 《审核管理体系的指南》	本标准是 2011 年新改版的，对审核管理体系提供了指南，内容主要包括审核的原则、审核方案的管理和实施管理体系审核，以及在审核过程中对相关人员能力的评价。 本标准适用于所有需要进行内部或外部管理体系审核或管理审核方案的组织

支持性标准主要有 7 项，表 9-3 简要介绍了这 7 项标准。

表 9-3　　ISO 9000 族支持性标准

序号	标准号	标准名称
1	ISO 08012	测量控制系统
2	ISO/TR 08006	质量管理——项目管理质量指南
3	ISO/TR 08007	质量管理——技术状态管理指南
4	ISO/TR 08013	质量管理体系文件指南
5	ISO/TR 08014	质量经济性管理指南
6	ISO/TR 08015	质量管理——培训指南
7	ISO/TR 08017	统计技术指南 质量管理原则 选择和使用指南 小型企业的应用

五、ISO 9000 认证系列功能和特点

ISO 9000 系列标准作为百年工业化进程中质量管理经验的科学总结，主要功能可以归纳为以下三个方面：①实行规范化管理。通过规范组织内部各部门和机构职责，变定性的人治为定量的法制，职责明确，运转有序，工作效率提高；采取目标式管理，明确各部门的质量目标，规范工作流程；通过全员参与的过程，帮助企业的中高层人员理顺管理思路；改善观念，树立“以顾客为中心”的意识，提高个人工作质量；通过贯彻“基于事实的决策”思想，提高企业新产品开发成功率，降低经营风险。②产品和服务实行标准化管理。ISO 9000 质量管理标准是由国际标准化组织颁布的全球通行的质量管理标准，是世界各国贸易交往中需求方对供方质量保证能力的评价依据。③提高产品竞争力，保护消费者（需方）的利益。

2000 版 ISO 9000 族标准有以下特点：①更好地适用于不同产品类别、不同规模和各种类型的组织，特别是服务业；②与组织目前普遍进行的管理实践更适应，进一步体现了“以顾客为中心”“过程方法”“持续改进”等现代管理原则；③便于企业针对自身的业务流程，注重实效开展质量工作，以应对世界经济一体化所带来的挑战；④更加突出信息技术在质量管理中地位和作用；⑤进一步增强了与其他管理体系标准的兼容性。

ISO 9001 标准是国际上应用的最为广泛的标准之一，不同于 ISO 9000 族标准及其他标准的主要特点主要体现以下几个方面：①新增以顾客为关注焦点这一准则，将持续改进贯穿始终；②强化了最高管理者的管理职责；③强化了过程的测量与监控；④质量方针与目标要细化、要分解落实；⑤增加了数据分析机制；⑥强化了内外沟通机制。

补充阅读

狩野纪昭教授的质量管理

狩野纪昭，博士，出生于 1940 年，日本东京大学主修应用化学。在著名的质量大师石川馨博士的指导下，分别于 1966 年和 1970 年获得东京大学的工程硕士与工程博士学位。1970 年任教于电气通信大学，讲师、副教授，1982 年转任教于东京理科大学，教授，并于 1998—2000 年担任该校工学部第二部学部长。

狩野教授在日本国内的相关质量活动相当活跃，例如参与日本科学技术联盟（曾经担任 JUSE 的理事）、为日本标准协会规划国际质量课程、参与戴明奖委员会（目前是戴明奖委员会的委员，2004—2005 年为日本戴明奖实施奖小委员会的委员长）、参与日本质量管理学会（2000 年 10 月至 2002 年 9 月担任该学会的会长）等。除此之外，狩野教授具有许多参与国际活动的经验，包括在数十国家中担任顾问并进行授课（例如 ASQ、EOQ）。狩野教授是国际质量学会（IAQ）院士以及美国质量学会院士，1998—2000 年担任亚洲质量网（Asian Network for Quality）的理事长。

狩野教授投入很多时间进行质量理论的研究，出版了很多与质量管理相关的论文（超过 300 篇）和书籍（包括 TQM 与 QC Story 等）。狩野教授获得过许多奖项，曾经获得六次日经质量管理文献奖（Quality Control Literature Prize）（1977—1997 年）。

狩野教授喜欢将品管的做法分为三个不同的层次：①质量控制（quality control），讲究符合规格；②质量管理（quality management），讲求顾客满意；③魅力质量的创造（attractive quality creation），即希望创造顾客所意想不到的质量，使顾客喜悦。

第二节　现代物流企业质量认证

一、质量认证定义

质量认证也称合格认证（Conformity Certification），它是独立于买方和卖方的第三方机构根据一定的标准、规范对产品、服务和管理体系，有计划、有程序地开展的一系列外部质量评定活动，并在评定合格后，给予书面证明。质量认证根据认证的对象不同，可以分为产品认证和管理体系认证，产品认证包括强制性产品认证和自愿性产品认证，管理体系认证通常是自愿性的。

认证有效性泛指企业按照国际惯例开展认证活动的效果，主要包括：一是认证工作的有效性，是指认证机构对企业的认证是否按照国家相关规范进行，并做出公平、公正的评价结果，本质上是认证机构自身质量管理体系有效性，表现在标准管理和认证审核的有效性。二是管理体系有效性，是指企业按照相关标准建立的管理体系是否有效，主要从企业利益方面考虑。三是认证证书的有效性，表现为认证证书能否被国际认可。

（一）产品质量认证

产品认证是由产品认证机构依据产品标准和相应的技术要求，对某一产品或服务符合有关规定的标准和要求进行评定，合格后通过颁发认证证书和认证标志予以书面证明。产品认证的对象是特定产品，其认证标志可用于获准认证的产品上。

强制性产品认证由国家制定专门的安全标准，并通过国家法令规定，对涉及人类或动植物健康、安全的产品实施强制性产品认证，未获得认证的产品，不得进口、销售和使用。

自愿性产品认证，是依据自愿性标准而进行的认证。例如为描述产品的全部性能制定相应的技术要求和标准，实施的产品认证。自愿性产品认证主要是为了提高企业产品质量和市场竞争力。企业可以自由选择具有认证资格的认证机构进行自愿性产品认证。

（二）管理体系认证

管理体系是用系统的方法管理组织。现代的风险管理理论认为管理体系作为管理的一部分，本质上是管理不同方面的风险。如质量管理体系管理的是质量方面的风险，生产过程或服务过程的不确定和波动对质量的影响。在 ISO 9000：2000 中定义的管理体系是指建立方针和目标并实现这些目标的体系。

管理体系认证是指由认证机构根据有关管理体系标准对组织的管理体系进行合格评定，合格后，颁发认证证书，并予以公布和定期监督审核。我国的管理体系认证主要包括：以 ISO 9001 标准为基础开展的质量管理体系认证；以 ISO 14001 标准为依据开展的环境管理体系认证；以英国标准协会、挪威船级社等 13 个组织联合制定的 OHSAS 18001、OHSAS 18002 标准为依据开展的职业健康安全管理体系认证；以及危险分析和关键控制点认证或称为食物安全管理体系认证，是国际上通行的关于食品安全管理的认证制度，目前还没有统一的国际标准。

二、认证认可工作组织机构

为提高我国整体产品质量和质量管理水平，完善社会主义认证市场体制，转变政府职能，国家职能部门按照《认证认可条例》的有关规定，组建国家质检总局，成立由国务院授权、国家质检总局归口管理的国家认证认可监督管理委员会（简称国家认监委），建立统一的认证认可体系。目前，我国根据“统一管理、共同实施”认证工作体制建立的认证认可体系如图 9－3 所示。

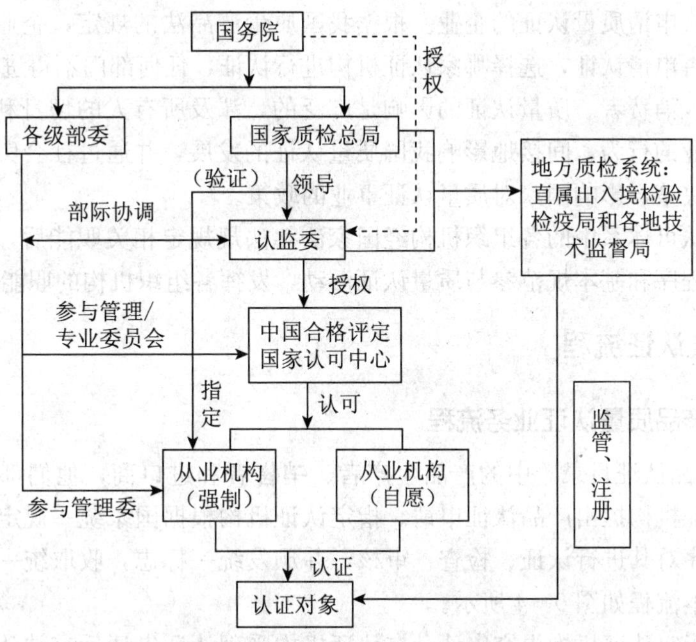

图 9－3　我国质量认证认可体系

我国认证认可监督管理组织机构根据性质可以分为三类，一是国家的监督管理，主要包括国家认监委对全国质量认证认可工作的统一监督、管理、协调，国家质检总局以及地方质检系统对质量认证工作的领导、监督。二是认可机构的监督管理。我国认可机构通过认监委的授权，对认证从业机构进行认证认可，并监督管理认证的从业机构是否按照规章进行认证活动。三是质量认证市场的自律，认证机构、企业等在经济活动中自发形成的认证市场和认证市场制度。

整个质量认证体系的组织机构又可以分为以下五个层次。

第一层次，国家监督管理部门。国家认监委是国务院授权，履行行政管理职能，统一管理、监督和综合协调全国认证认可工作的主管部门。其主要职责是制定、发布并组织实施认证认可及其监管管理制度与规定；审批设立与监督认证机构、培训机构、咨询机构以及外国驻华认证代表机构；委托各地方质检系统对认证咨询机构的设立进行审查；授权国家认可机构对认证从业机构实施认可；公布批准设立的认证机构、审核机构等的有关信息；受理对认证机构等的投诉并组织查处和对外公告。

第二层次，认可机构。认可机构是对认证从业机构实施认可的具体执行机构，对认证从业机构的能力实施认可与注册以及以后的监督，确保质量认证实施的有效性。根据国家实行统一认可制度的要求，由国家认监委授权和管理的中国合格评定国家认可中心成为我国管理认可工作的最高机构。

第三层次，质量认证从业机构。主要包括认证机构、检测机构、咨询机构等。它们是按照法定程序设立、具有独立法律地位、具体实施质量认证相关职能的专业机构。其中认证机构在授权业务范围内对企业进行认证，检测机构为认证机构提供产品检测报告，咨询机构和培训机构对企业的质量认证提供指导或是培训。

第四层次，申请质量认证的企业。根据我国质量产品法的规定，企业法人可以独立地决定自己是否申请认证，选择哪家认证机构进行认证，任何部门不得进行行政干预。

第五层次，消费者。质量认证的影响是广泛的，涉及所有人的切身利益。消费者通过市场影响企业的行为，间接地影响我国质量认证的发展，并通过社会舆论和人民代表来影响政府的决策，影响国家对质量认证事业的政策。

质量认证认可体系中的各组织机构经国家法律法规规定相关职能后，根据国家或自身制定的相关程序和基本规范参与质量认证活动，发挥各组织机构的职能。

三、质量认证流程

（一） 产品质量认证业务流程

《强制性产品认证目录》中的产品生产者、销售者和进口商，他们都可以向国家认监委指定的认证机构提出产品认证申请。指定认证机构根据国家统一规定的技术规范要求、标准和程序对其进行认证、检查、审核，并颁发统一标志，收取统一费用。强制性产品认证的基本流程如图 9-4 所示。

申请人向指定认证机构提交申请，在认证机构受理认证申请后交纳认证费用，认证机构收费后，组织对工厂审查、产品抽样检测和型式试验，做出认证结果评价，向通过认证的产品颁发认证证书和批准使用认证标准，并在认证后实施监督。

自愿性产品认证与强制性产品认证流程相似，只是企业可以向任何获得认可的认证机构申请认证，各认证机构可以制定各自的认证流程、收费标准。基本流程如下。

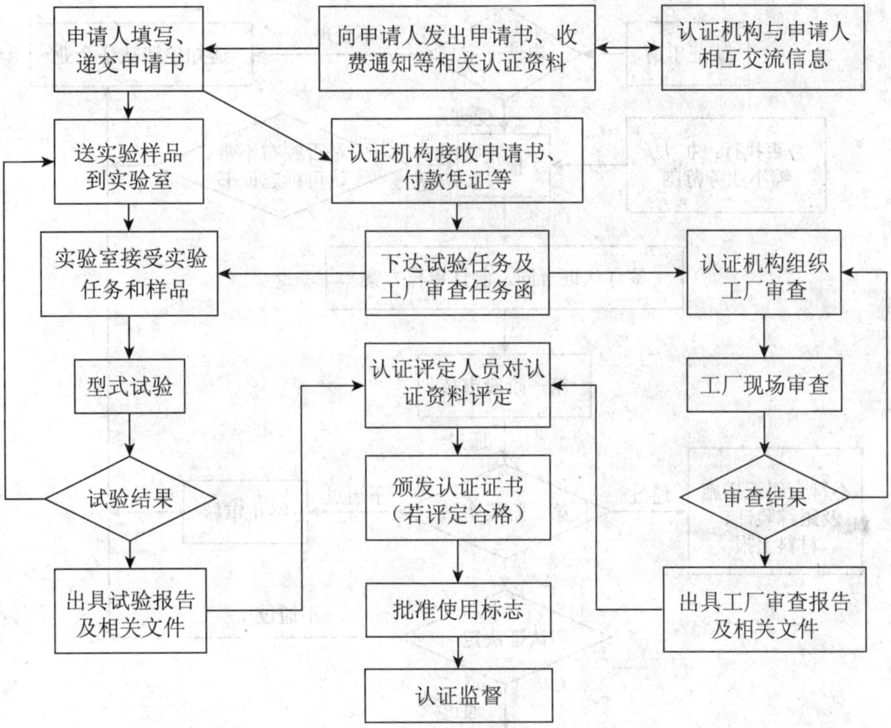

图 9－4　强制性产品质量认证流程

（1）产品认证申请。企业向认证机构提出认证申请，并提交有关资料；认证机构对申请资料评审合格后，发出“认证收费通知”和“送样通知”，确认企业交费后，向实验室等下达测试任务；企业接到“送样通知”后，及时将样品送交指定的实验室；实验室确认样品后，通报认证机构并按照认证时限开始计时。

（2）产品型式试验。实验室按照产品依据的标准及技术要求对样品进行检测试验，合格后，按规定格式出具型式试验报告，交认证机构评定。

（3）工厂审查。对初次申请认证企业，认证机构收到产品合格试验报告后，向企业发出工厂检查通知，检查人员根据有关要求对企业进行现场检查，并抽取一定的样品检测结果的一致性。合格后，检查人员按规定的格式出具报告，送交认证机构评定。

（4）认证结果评定及认证证书使用。认证机构合格评定人员根据产品型式试验报告和工厂检查报告以及其他要求做出评定结果，领导根据评定结果签发认证证书。获取认证的企业办理认证标志使用许可后，即可按照规定使用认证标志。

（5）获证后的监督。认证机构对获证企业每年至少进行一次监督，评定合格企业可否继续保持认证证书。

（二） 管理体系认证流程

质量管理体系认证流程基本如图 9－5 所示。

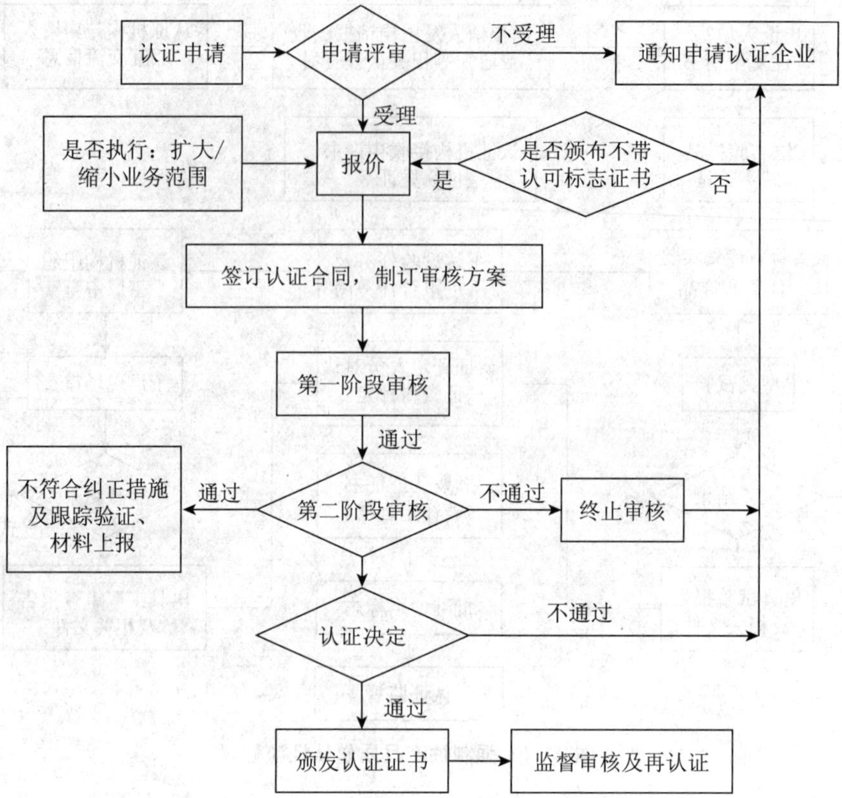

图 9－5　质量管理体系认证流程

（1）认证申请与受理。企业提出申请，认证机构受理后，根据是否扩大或缩小业务范围、是否带认可标志等向申请认证企业报价，企业交纳认证费用，双方签订认证合同。

（2）审核准备和实施。指定审核组长及审核组成员，下达审核任务。审核组长编制审核计划，并得到企业的认同。对管理体系的审核包括三个方面：首先是文件审核，审核组审查企业管理手册和部分程序文件，评价其符合性。企业按照审核组提交的文件审查报告要求修改文件。其次是第一阶段审核，主要为进一步了解企业组织机构、产品/服务/过程方式、质量指标、关键过程控制点、管理方针、体系文件、内审、目标指标，审核组向企业出具第一阶段问题点和审核报告，并与企业商定第二阶段审核安排。再次是第二阶段审核，审核组依据适用的认证准则在确定的范围内对企业的管理体系进行评定，对不符合规定要求的终止审核；通过审核的，审核组对不符合事项提出纠正措施要求并跟踪验证。最后，审核组将所有材料上报。

（3）认证决定与证书颁发。根据认证审核信息及其他信息，评定人员做出认证决定，并经领导批准。认证决定与现场审核结论不符的，向企业说明原因。认证评定通过的，颁发认证证书，公布获证企业名称。

（4）获证后的监督审核及再认证。管理体系认证有效期一般为三年，认证机构在认证有效期内，至少每年对获证企业进行一次监督审核，如果有其他需要重新认证的情况发生，需及时对获证企业进行再认证。

四、国家物流企业评级标准

国家标准《物流企业分类与评估指标》（GB/T 19680—2005）2005 年 3 月 2 日由国家质量监督检验检疫总局和国家标准化管理委员会批准发布，5 月 1 日起实施。标准发布后，在社会上引起了较大反响，物流企业界和学术界有关人士纷纷从不同的角度发表了对该标准的认识、理解与看法。这说明，我国物流标准化以及物流企业的标准化和规范化问题正在日益受到人们的广泛关注。一项普通的推荐性国标引起人们如此普遍的重视，对于物流标准化工作来说，无疑具有十分重要的推动意义，这也是标准化工作更加贴近市场、贴近企业和社会需求的明显反映。

全国物流标准化技术委员会是《物流企业分类与评估指标》国家标准的提出和归口单位，并负责组织该标准的全过程起草。起草、制定和实施国家标准是一件十分严肃、慎重的事情。这个标准酝酿期长达 3～4 年，从 2003 年 10 月开始起草，到正式公布历时约一年半左右。其间，先后召开了 5 次标准制定论证会，我国 30 多家大中型物流骨干企业参与了标准的起草，100 多家物流企业参与了标准（草案）的修改，参与论证的我国物流业界的专家、学者前后达 200 人次。标准在起草过程中，自始至终得到了国家标准委、国家发改委、商务部、铁道部、交通部等国务院标准化和物流主管部门的密切关注与支持。

该标准将物流企业划分为 3 种类型：运输型、仓储型和综合服务型，并规定了每种类型物流企业的特点和基本要求。对于具备一定综合水平的 3 种类型的物流企业，按照不同评估指标分为 AAAAA、AAAA、AAA、AA、A 共 5 个等级。AAAAA 级最高，依次降低。中国物流与采购联合会将依据《物流企业分类与评估指标》国家标准具体实施评估工作。表 9 - 4、表 9 - 5、表 9 - 6 分别是不同类型的物流企业分类与评估指标。

表 9 - 4　运输型物流企业评价指标

<table>
<tr><th colspan="2">级别
评价指标</th><th>AAAAA 级</th><th>AAAA 级</th><th>AAA 级</th><th>AA 级</th><th>A 级</th></tr>
<tr><td rowspan="3">经营状况</td><td>年总营业收入（元）</td><td>10 亿以上</td><td>2 亿以上</td><td>4000 万以上</td><td>800 万以上</td><td>300 万以上</td></tr>
<tr><td>年货运业务收入（元）</td><td>6 亿以上</td><td>1.2 亿以上</td><td>2400 万以上</td><td>480 万以上</td><td>180 万以上</td></tr>
<tr><td>企业营业时间</td><td>3 年以上</td><td colspan="2">2 年以上</td><td colspan="2">1 年以上</td></tr>
<tr><td rowspan="2">资产</td><td>企业资产总额（元）</td><td>10 亿以上</td><td>2 亿以上</td><td>4000 万以上</td><td>800 万以上</td><td>300 万以上</td></tr>
<tr><td>资产负债率</td><td colspan="5">不高于 60%</td></tr>
</table>

续 表

评价指标 \ 级别		AAAAA 级	AAAA 级	AAA 级	AA 级	A 级
设施设备	自有运输车辆（辆）	500 以上	300 以上	100 以上	50 以上	20 以上
	运营网点（个）	50 以上	30 以上	15 以上	10 以上	5 以上
管理及服务	管理制度	有健全的经营、财务、统计、安全、技术等机构和相应的管理制度				
	质量管理	通过 ISO 9001—2000 质量管理体系认证				
	业务辐射面	全球范围	全国范围	跨省区	省内范围	
	客户投诉率	小于 0.05%	小于 0.1%		小于 0.5%	
人员素质	中高层管理人员	80%以上具有本科或相当于本科以上学历	60%以上具有本科或相当于本科以上的学历		40%以上具有本科或相当于本科以上的学历	
	业务人员	60%以上具有相关专业知识和专业资格	50%以上具有相关专业知识和专业资格		30%以上具有相关专业知识和专业资格	
信息化水平	网站功能	实现电子商务交易	实现电子商务交易	实现电子交互、信息发布	实现电子交互、信息发布	静态页面
	电子单证管理	90%以上	70%以上		50%以上	
	货物跟踪	90%以上	70%以上		50%以上	
	客户查询	联网图形实时数据自动语音	联网图形实时数据自动语音	联网图形实时数据半自动语音	录入数据手工语音	手工语音查询

表 9-5　　仓储型物流企业评价指标

评价指标 \ 级别		AAAAA 级	AAAA 级	AAA 级	AA 级	A 级
经营状况	年总营业收入（元）	8 亿以上	1.6 亿以上	3200 万以上	600 万以上	200 万以上
	年仓储配送业务收入（元）	4.8 亿以上	9600 亿以上	1920 万以上	360 万以上	120 万以上
	企业营业时间	3 年以上	2 年以上		1 年以上	
资产	企业资产总额（元）	10 亿以上	2 亿以上	4000 万以上	800 万以上	200 万以上
	资产负债率	不高于 60%				

续　表

<table>
<tr><th colspan="2">级别
评价指标</th><th>AAAAA 级</th><th>AAAA 级</th><th>AAA 级</th><th>AA 级</th><th>A 级</th></tr>
<tr><td rowspan="3">设施设备</td><td>自有仓库面积（m^2）</td><td>10 万以上</td><td>5 万以上</td><td>1 万以上</td><td>3000 以上</td><td>1000 以上</td></tr>
<tr><td>可控运输车辆（辆）</td><td>200 以上</td><td>100 以上</td><td>50 以上</td><td>30 以上</td><td>10 以上</td></tr>
<tr><td>配送供应点（个）</td><td>400 以上</td><td>300 以上</td><td>200 以上</td><td>100 以上</td><td>50 以上</td></tr>
<tr><td rowspan="4">管理及服务</td><td>管理制度</td><td colspan="5">有健全的经营、财务、统计、安全、技术等机构和相应管理制度</td></tr>
<tr><td>质量管理</td><td colspan="5">通过 ISO 9001—2000 质量管理体系认证</td></tr>
<tr><td>业务辐射面</td><td>全球范围</td><td>全国范围</td><td>跨省区</td><td colspan="2">省内范围</td></tr>
<tr><td>客户投诉率</td><td>小于 0.05%</td><td colspan="2">小于 0.1%</td><td colspan="2">小于 0.5%</td></tr>
<tr><td rowspan="2">人员素质</td><td>中高层管理人员</td><td>80%以上具有本科或相当于本科以上的学历</td><td colspan="2">60%以上具有本科或相当于本科以上的学历</td><td colspan="2">40%以上具有本科或相当于本科以上的学历</td></tr>
<tr><td>业务人员</td><td>60%以上具有相关专业知识和资格</td><td colspan="2">50%以上具有相关专业知识和专业资格</td><td colspan="2">30%以上具有相关专业知识和专业资格</td></tr>
<tr><td rowspan="4">信息化水平</td><td>网站功能</td><td>实现电子商务交易</td><td>实现电子商务交易</td><td>实现电子交互、信息发布</td><td>实现电子交互、信息发布</td><td>静态页面</td></tr>
<tr><td>电子单证管理</td><td>90%以上</td><td colspan="2">70%以上</td><td colspan="2">50%以上</td></tr>
<tr><td>货物跟踪</td><td>90%以上</td><td colspan="2">70%以上</td><td colspan="2">50%以上</td></tr>
<tr><td>客户查询</td><td>联网图形实时数据自动语音</td><td>联网图形实时数据自动语音</td><td>联网图形实时数据半自动语音</td><td>录入数据手工语音</td><td>手工语音查询</td></tr>
</table>

表 9-6　综合服务型物流企业评价指标

<table>
<tr><th colspan="2">级别
评价指标</th><th>AAAAA 级</th><th>AAAA 级</th><th>AAA 级</th><th>AA 级</th><th>A 级</th></tr>
<tr><td rowspan="3">经营状况</td><td>年总营业收入（元）</td><td>10 亿以上</td><td>2 亿以上</td><td>4000 万以上</td><td>800 万以上</td><td>300 万以上</td></tr>
<tr><td>年一体化物流业务收入（元）</td><td>2 亿以上</td><td>6000 亿以上</td><td>1600 万以上</td><td>400 万以上</td><td>150 万以上</td></tr>
<tr><td>企业营业时间</td><td>3 年以上</td><td colspan="2">2 年以上</td><td colspan="2">1 年以上</td></tr>
</table>

续 表

<table>
<tr><th colspan="2">级别
评价指标</th><th>AAAAA 级</th><th>AAAA 级</th><th>AAA 级</th><th>AA 级</th><th>A 级</th></tr>
<tr><td rowspan="2">资产</td><td>企业资产总额（元）</td><td>5 亿以上</td><td>1 亿以上</td><td>2000 万以上</td><td>600 万以上</td><td>200 万以上</td></tr>
<tr><td>资产负债率</td><td colspan="5">不高于 75%</td></tr>
<tr><td rowspan="3">设施设备</td><td>可控仓储面积（m^2）</td><td>10 万以上</td><td>5 万以上</td><td>1 万以上</td><td>3000 以上</td><td>1000 以上</td></tr>
<tr><td>可控运输车辆（辆）</td><td>500 以上</td><td>400 以上</td><td>300 以上</td><td>200 以上</td><td>100 以上</td></tr>
<tr><td>营运网点（个）</td><td>100 以上</td><td>50 以上</td><td>30 以上</td><td>10 以上</td><td>5 以上</td></tr>
<tr><td rowspan="5">管理及服务</td><td>管理制度</td><td colspan="5">有健全的经营、财务、统计、安全、技术等机构和相应的管理制度</td></tr>
<tr><td>质量管理</td><td colspan="5">通过 ISO 9001—2000 质量管理体系认证</td></tr>
<tr><td>业务辐射面</td><td>全球范围</td><td>全国范围</td><td>跨省区</td><td colspan="2">省内范围</td></tr>
<tr><td>咨询服务</td><td colspan="3">提供物流规划、资源整合、方案设计、业务流程重组、供应链优化、物流信息化等方面的服务</td><td colspan="2">提供物流整合资源、方案设计等方面的咨询服务</td></tr>
<tr><td>客户投诉率</td><td>小于 0.05%</td><td colspan="2">小于 0.1%</td><td colspan="2">小于 0.5%</td></tr>
<tr><td rowspan="2">人员素质</td><td>中高层管理人员</td><td>80%以上具有本科或相当于本科以上学历</td><td colspan="2">70%以上具有本科或相当于本科以上的学历</td><td colspan="2">60%以上具有本科或相当于本科以上的学历</td></tr>
<tr><td>业务人员</td><td>60%以上具有相关专业知识和专业资格</td><td colspan="2">50%以上具有相关专业知识和专业资格</td><td colspan="2">40%以上具有相关专业知识和专业资格</td></tr>
<tr><td rowspan="4">信息化水平</td><td>网站功能</td><td>实现电子商务交易</td><td>实现电子商务交易</td><td>实现电子交互、信息发布</td><td>实现电子交互、信息发布</td><td>静态页面</td></tr>
<tr><td>电子单证管理</td><td>100%以上</td><td colspan="2">80%以上</td><td colspan="2">60%以上</td></tr>
<tr><td>货物跟踪</td><td>90%以上</td><td colspan="2">70%以上</td><td colspan="2">50%以上</td></tr>
<tr><td>客户查询</td><td>联网图形
实时数据
自动语音</td><td>联网图形
实时数据
自动语音</td><td>联网图形
实时数据
半自动语音</td><td>录入数据
手工语音</td><td>手工语音
查询</td></tr>
</table>

补充阅读

物流企业分类与评估指标（GB/T 19680—2005）

本标准是在对我国物流企业的运作模式、业务种类、经营规模、资产状况和信息化程度等内容进行了广泛调查研究并经广泛征求意见，充分讨论、分析论证的基础上制定的，对物流企业及其类型给予了初步界定，对物流企业的现状与发展方向提出了评估指标。

由以下六个部分组成：范围；规范性引用文件《物流术语》(GB/T 18354)；术语和定义；分类原则、方法；物流企业类型；物流企业评估指标。

第三节 第三方物流企业质量监控

3PL 企业质量管理应注重项目流程中的客户服务监控、成本与生产效率监控、仓库运输和存货监控的相关内容。

一、概述

（一） 监控的目标

物流服务项目的监控是以正确的成本与效益的衡量为基础的。对物流管理服务的提供者来说，监控的目标包括以下三个方面。

（1）物流配送系统必须以精确的时间、精确的地点以及精确的服务方式满足客户的要求。客户服务是物流配送系统的关键，优质的客户服务有利于使被服务的企业获取竞争优势。

（2）物流配送系统的运作必须以不断降低存货水平为前提，而计划、生产、物流的重新组合可以减少周转时间，从而降低存货水平，也就是说要用信息替代存货，同时要加快信息处理速度。

（3）迫于竞争的需要，必须以低成本和高效率运作完成物流配送。精确的运作已成为最佳物流配送系统的衡量标准。

因此，第三方物流服务提供者对物流配送系统的合理监控对被服务企业的物流管理非常重要。监控系统必须建立衡量客户服务满意度、存货可得性以及成本控制三方面的标准。

（二） 对物流配送系统监控必须注意的问题

（1）现代企业管理中最主要的问题是繁多的数据引起的。现代信息与通信设备（条码扫描器、自动收款机、电子数据交换系统、无线电射频系统等）为收集大量数据提供了捷径，而电子计算机则能快速准确地处理这些数据。然而，如果没有监控与管理系统把重要信息从大量的信息中提取出来，管理与监控人员就很难有效地进行管理。

因此，物流配送系统管理的第一个问题就是要把重点放在重要数据上，而不要浪费时间整理那些琐碎无用的资料。监控的核心是集中，因此，应把精力集中于那些能说明系统是如何工作的，以及问题源于何处的关键点。这样，有用的数据将有助于发现并纠正监控系统中尚未发现的问题。

例如，在客户服务中，要衡量哪些是客户最易感受到的服务，比如订单完成量、客户实际的订单循环（周期）时间、完整订单完成率、电话不通的概率等。在仓储中，最关心的问题是人员和设备的配备及效率，如每工时的分拣量。

（2）物流配送系统监控的第二个重要问题是确定适当的报告周期。理想的情况是把时间间隔或报告周期建立在可控活动的基础上。如果系统要监管的是花费在公用仓库上的费用，适当的报告周期应为30天，因为周期再短就难以核算出实际的费用支出。若3PL公司要监控物流配送中心劳动力的利用情况，就必须要以小时和天为单位时间报告结果，如果按月度报告结果就不能及时发现问题，从而严重影响提高整个系统的效率。

有关时间间隔和频率方面的建议如下。

1. 客户服务方面

（1）客户满意度：以月度为单位，每年做一次满意度调查。

（2）订单完成率：以周为单位，做出月度报告。

（3）总的订单周转时间：以月为单位。

（4）电话接通率：以天为单位，做出月度报告。

2. 存货方面

（1）库存单位（SKU）数、批量和存放位置必须实时控制。

（2）对比预算情况的报告应按与补货系统同样的周期来编写，如按周或有时按日编写。

3. 劳动力利用情况

（1）仓库监控可以作为计算机仓库管理系统的一部分实时进行。报告应以日、周或月按设施或部门总结其结果。

（2）在人工控制仓库，记录频率起码应是每天的，每周应写出一份管理报告。

4. 精确性

（1）存货数量和准确的位置最好是连续循环地进行监控。货物的监控频率是由ABC分类来决定的，即对高价或快速周转的货物进行较高频率的监控。

（2）订单准确性由采用扫描器与条码的系统来把握。这样监控的频率是实时的，而报告则按日和周做出，每月做一个总结。

很难用一个例子说明监控和报告的间隔频率，这是因为每一个衡量要素的合适的报告间隔取决于要素本身和所使用的控制系统。

二、客户服务的监控

（一）客户服务监控系统需要测量的两大类变量

对综合（整合）的、管理型的物流服务提供者来说，他们对企业各要素（运输、仓储等）的协调负有基本责任，即应使物流配送系统有效地运作，以精确的时间、精确的地点把产品送给客户。物流配送服务的目标是使客户满意，因此，客户服务监控系统需要测量两大类变量。

（1）产品交货过程中的客户满意。这是一个“软”数据的领域，即并非很精确，且主观性较强的数据。然而这个变量是非常重要的。

（2）内部统计数据。它们是对客户满意度最具影响的度量。这些数据的内容随时间与行业不同而有区别，客户最常关心的是：产品的可得性、交货周期、信息和通信系统的反应速度等。这些方面的表现水平都是可以测量的。但必须记住，不同时间、不同行业对不同的指标可以有不同的重视程度。

（二） 保证指标设计与应用的合理性步骤

(1) 进行客户调查：客户调查可以确定客户的需要、竞争对手的能力和表现水平，以及由于当前服务水平的改变而引起的经济上的得失。

(2) 内部的审计：审计有助于确定当前的服务、取得当前服务水平的成本、需要改进的服务方面的问题及较好的（或较差的）服务对成本的影响。

(3) 确定服务目标：每一个服务变量的目标都必须以客户需求、竞争对手的服务水平以及公司内部的能力和经济性为基础。

(4) 设计监控系统以衡量每一个服务变量。量度常以实时方式进行，它以交易行为过程系统中的统计数据积累为手段。

(5) 设计报告系统：每一服务要素都应以定期的管理报告给出，通常报告按月制作并递交，而负责的部门应以天与周来检查详细的数据。表 9－7 是一个典型的内部服务测量的报告，这个报告测量了 4 个主要的服务项目，并进行打分。

表 9－7　　客户服务测量报告（内部）

<table>
<tr><td rowspan="2"></td><td colspan="5">仓库</td></tr>
<tr><td colspan="2">地点 1</td><td colspan="2">地点 2</td><td>总计</td></tr>
<tr><td>订单完成率</td><td colspan="2"></td><td colspan="2"></td><td></td></tr>
<tr><td>目标完成数</td><td colspan="2"></td><td colspan="2"></td><td></td></tr>
<tr><td>表现（%）</td><td colspan="2"></td><td colspan="2"></td><td></td></tr>
<tr><td>订单周期</td><td>1～7 天</td><td>8～14 天</td><td>15～21 天</td><td>22～28 天</td><td>28 天以上</td></tr>
<tr><td>地点 1</td><td></td><td></td><td></td><td></td><td></td></tr>
<tr><td>地点 2</td><td></td><td></td><td></td><td></td><td></td></tr>
<tr><td>地点 3</td><td></td><td></td><td></td><td></td><td></td></tr>
<tr><td>地点 4</td><td></td><td></td><td></td><td></td><td></td></tr>
<tr><td>地点 5</td><td></td><td></td><td></td><td></td><td></td></tr>
<tr><td>总计</td><td></td><td></td><td></td><td></td><td></td></tr>
<tr><td>准时（%）</td><td></td><td></td><td></td><td></td><td></td></tr>
<tr><td>出错率</td><td colspan="2">No.</td><td colspan="2">No.</td><td>No.</td></tr>
<tr><td>订单下达</td><td colspan="2"></td><td colspan="2"></td><td></td></tr>
<tr><td>仓库</td><td colspan="2"></td><td colspan="2"></td><td></td></tr>
<tr><td>运输</td><td colspan="2"></td><td colspan="2"></td><td></td></tr>
<tr><td>票据</td><td colspan="2"></td><td colspan="2"></td><td></td></tr>
<tr><td>其他</td><td colspan="2"></td><td colspan="2"></td><td></td></tr>
</table>

续 表

	仓库		
	地点 1	地点 2	总计
总计			
目标			
投诉			
收到次数			
所占比率（%）			
订单处理总数			
货物处理总数			
总数			
总体表现（%）			

为了确定客户对服务水平的满意度，进行客户服务调查是必要的。调查中要考虑三个关键的问题：用什么方式联系客户？哪些客户服务要素需要调查？需要调查多少客户？

（三） 联系方式

客户满意度调查是从市场研究的方法中派生出来的，对客户的调查有多种方法，常用的方法有以下四种。

（1）小组会议：从市场销售部、订单或客户服务部、配送中心操作部及计算机支持系统部门选出 4～5 人组成代表小组，代表相应的部门亲自到大客户的对应部门登门拜访，一般只选 4～5 个大客户。调查前，需要做大量的准备，包括相应的演示材料、会议设施，小组组长准备的一份书面报告，接下来的议程是保证能对客户需求有最快速的反应。

（2）个人采访：由经过培训的采访人员从许多客户中选择其中的几个代表进行采访，就事先准备好的一些问题提问，部分目的是为了获得有关数据，但主要的目的是为了获知客户对主要服务方面的感受和关心之处。采访的一个重要问题是对竞争对手能力与表现的认识。

（3）电话采访：许多顾客不愿接受个人采访（太浪费时间），电话采访正好弥补了这一点。电话采访获得的结果一般是定量的，背景信息却少之又少。但这种采访方式成本较低。

（4）问题调查：提供物流配送的第三方也可以采取此法。这种方式都随函附上回寄的邮票的信封，然后寄到顾客手中。这种方法能获取的信息一般是定量的，顾客意见和想法的信息非常有限，比较竞争对手的资料也能找到，但是很难得到细节性的资料。

（四） 调查表的设计

调查表的设计通常以概括性地提出要解决的问题展开。设计中要考虑两个主要问题：服务的重要性；影响顾客对供应商评定等级的因素。

问题一般有1～5个，由被调查者自由发挥，诸如服务重要性、是否完全满意以及需要改进的地方，但问卷主体会包括一系列服务要素（订货周期时间、货损）。表9－8是这种问卷调查的一个例子，请根据服务质量重要性、服务水平与竞争对手比较打分。

表9－8　问卷调查示例

服务要素	服务质量的重要性			目前服务水平			竞争对手的表现		
	无关	中等重要	重要	不能满足要求	基本满足要求	完全满足要求	不同	相同	强
1. 订单周期（送货速度）									
2. 产品可得性									
3. 按时选货									
4. 存货、开单、送货时间等的信息									
5. 订单下达的程序									
6. 纠正程序									
7. 处理投诉的程序									
8. 现场人员									
9. 客户服务代表的态度									
10. 发票准确度									
11. 运输准确度									
12. 应急反应能力									
13. 退货程序									
14. 产品包装（收货时状态）									
15. 标志方面									
16. 仓库远近									

三、成本与生产效率的监控

对物流系统成本的监控（以配送为例）是3PL企业可以为客户服务的一项重要活动。对成本监控的讨论应从两个方面展开：按主要功能（运输、仓储等）设备成本来划分的总成本；生产效率，即描述一次作业、一个人或一台机器效率的投入产出比。

（一）　物流成本的监控

公司的成本管理体系一般是建立在每一成本发生的分类账户基础之上的。成本一般与产品、计算时期有关。一般情况下，劳动力或材料成本可分别计入一个特定的订单中，而有些成本，如租金或折旧，是与时间有关的，它们可计入同期所生产的产品中。

在成本计算系统中，这两大类费用被计入功能活动和设备之中，并在部门会计时期（一般为月度）中报告。

因此，物流配送系统的成本可以从每一设施的月度要素成本中得到。物流配送部门将知道以活动、设施和成本中心计算的物流配送成本。发生的每项成本通常在月末、年末进行分析，并与年度执行计划或预算及前一执行年度相比较。

物流配送中心的成本一般细分为以下方面：管理费用、劳动力成本、补贴、租金（建筑物折旧）、电、热、动力、电话、税、设备租金或折旧及其他。

成本可以计入下列项目之一：进货物流费用；出货物流费用；内部设施之间的物流费用。

由其他公司支付的运费可以减去，每一公司都有如何计入运输成本的不同习惯，然而，总成本是一致的。

虽然成本的细分可以给出一些供监控用的信息，但用以监控成本还需作进一步的分析。因为每日、每周和每季节的量是不同的、绝对值很难说明问题，所以一般物流项目经理对设备的控制要用一些成本的相对数，经常使用下列两个成本比率。

（1）成本占收入的比例。大部分公司预算是按销售额做出的，这样，仓库功能将根据历年货运成本与销售额的比例来分配费用。仓库费用额是很大的，可能占销售额的2%。

（2）成本占重量的比例。这一比例常用于由第三方或公共仓库来进行存储与发运的货物。类似的，比例也可以根据订单处理数、处理箱数等来确定。

其他方面，如订单的下达、客户服务和配送网络管理等也可用类似的方法。

运输成本是会计期间的累积成本乘以运输的重量或周期销售收入。

这些有用的比率数字形成了最基本的物流配送成本监控系统，一般需要用微机和有关软件来处理大量的数据。

（二）物流系统生产率的监控

以上介绍的成本监控方法已采用多年。这些技术具有灵活性，可以监控许多设施和产品流。然而成本监控需要更详细的比率，并且要接近成本发生时间，而利用这些比率与成本发生时间的比率进行监控，就称为生产率的监控。从技术上说，任何生产率的监控都需要计算出一个比率，用以表明在给定的时间或给定的投入所产生的产出量。例如，在监控仓库时，成本与收益的比率，或成本与所发送货物重量的比率。生产率主要用来与历史的表现或竞争对手的表现作对比。在评估生产成本时，需要更详细的信息，以便能对每一个具体操作做出评估。

在仓储中常用的产出单位是订单、货物种类、箱、公斤、单位容器、托盘等。投入的单位是工时或时间（分钟）、工时费用等。

对比的对象可以通过换算来规范，以便使它们之间具有可比性。例如，在家具仓库，假设以一把椅子加上一张沙发就应换算成5个单位的产出。

同样，劳动力的投入也可以换算成工时费用。以便计算出不同的工资水平和加班费或不同班次的差别。

用以上的方法，我们来看一个例子。

假定仓库本月发运 2000 个订单，每一订单平均有 5 种产品。因此仓库发运总共 10000 个单位，这就是产出。

投入以工时来表示，假如仓库有 6 个雇员，如果都以正常月来衡量（即 168 小时），总共投入 2688 小时。本月的生产率可以用几种方式来表示，如：0.74 订单/工时、3.72 单位/工时、1.34 小时/订单、0.26 小时/单位。

（三）生产率的测量

通过应用以上方法，对顾客服务可以计算出类似的数据。所有仓储设施，也可以对生产率进行测量，以便进行纵向或横向的比较。然而，作为一个有实际用处的工具，测量系统对每一个人和各个不同的工作组（如分拣、订包、装货）应分别报告其生产率。许多公司采用这种方法，如以个人、功能、总计的生产率分别测算，用于监控物流配送系统的效率。

类似的建立生产率测量系统程序如下。

1. 列出所有在仓库中所需进行的工作

需要列出的工作可以在管理人员会议上讨论确定，或通过研究决定。开始的工作类别可包括下列项目：接收、存储、补货、订单分拣、订单组合和打包、运输与装货、退货处理。

需要注意的是，因为每一类别应有足够的工作，以提供一定时间或人员之间的平均统计数据，所以所列项目不可以太长或太详细。

2. 分析每一项工作，确定基本工作内容，对其表现建立一个测量方法

这类分析可以通过一个详细的工程方法研究，也可以通过简单的管理人员讨论会对每一项工作确立一系列的、关键的、必须完成的事项以及最佳表现的衡量。例如，下列工作内容可以用于订单分拣。

工作内容：分拣订单、取托盘、取出储货箱、挑拣在订单中规定的货物、在分拣区放置完整的订单。

衡量：挑拣货物的种类数、挑拣的订单数、加上货物种类数。

3. 确定总时间（按每日或每周的生产和生产率）

生产率控制人员应完成计算和工作表格表示的所有的本周工作功能。采用计算机工作表软件可以计算出每个人的生产率和所有劳动力的平均生产率。

4. 确定工作标准

确定工作标准虽然是在生产率量度以外的一个工作步骤，但也是控制人员成本的重要步骤。工作标准的方法有很多，在此只作简单的讨论。

(1) 积累一段时间的数据，比较过去与当前的表现水平。计算进货卸货时所用的时间，计算收货的数量，然后对收货小组的个人和平均表现进行计算。一般情况下，标准是按照去掉所有的平均表现差的数据，然后计算平均数，这就是历史标准。

(2) 在不同设施间进行生产率比较时，每工时卸货的单位数可以与所有设施的平均数相比较，它可以作为标准，这个标准称为比较标准。

(3) 进行时间研究，以便对每一个活动分配合理的表现水平。用秒表记录最好的叉车司机的卸货时间，用这个时间作为卸货标准。这就是工程标准。

(4) 最后一种方法为现在许多配送部门所采用。利用这种方法时，分析人员需要做好以下工作：

①对作为一项标准所需的任务进行细分，使其成为在内容上有一定通用性的一系列活动。

②在标准时间的数据库中，找出每一项基本活动的时间。

③对整个操作中的每一个要素或活动求出累积的时间。

④增加缓冲因素以考虑个人方便的时间，疲劳和无法预测的中断和延期时间(PF&D)。

基于简单叉车的例子如表 9-9 表示，表中得到的工作标准可以用来评估叉车操作员一天的表现。

表 9-9　　工作标准

组成部分	所需时间（分钟/托盘）
开至托盘	0.10
叉入托盘	0.05
提开叉子	0.10
开至 100ft 的堆放区	0.40
放下托盘	0.15
开至起始位置	0.40
小计	1.20
PF&D	0.18
总计	1.38

监控报告可以比较操作者的表现水平，确定每个人的效率和小组的总体表现。

现实中，对大部分仓储活动建立一套生产标准是可行的，它可以确定总的表现水平和工人的效率。如果计算出这些标准，它们可以被用于：

(1) 确定对每一业务量水平设施的合理人员水平；

(2) 把设施每天的效率和预定的目标进行比较，而不是与其他不同的设施相比；

(3) 通过对每一操作人员提供足量的任务以改进生产率。

四、仓库的监控

从概念上说，通过分包合同运作的 3PL 企业的监控与以资产为基础的公司自己运作设施是非常相似的，它们以收入和量为基础监控合同方的成本，即销售时的成本百分比或重量的成本百分比。

总数可以扩展包括合同中规定的基本处理单位，通常以箱、订单等表示，因此，第三方对仓库的监控系统包括：

（1）每时期的成本：装卸、储存、附加服务、特殊服务、总计；

（2）以订单、箱或重量表示的产出：进货、出货、存储；

（3）投入产出比率。

通常，第三方合同也规定服务水平和生产率目标，这与公司自己运作类似。显然，日常和每时每刻的控制由第三方负责，对被服务的公司来说，不需进行短期成本控制。公司物流部的长期控制是由合同条款和竞争性招标来控制的。

五、运输的监控

从生产地到消费者之间的运输成本一般是很大的，发达国家典型的物流配送系统中运输成本平均占销售收入的4%。因此，尽量减少运输开支并提供与费用相对应的服务水平是很重要的。

一般物流配送监控系统对运输的监控有两个层次。

第一，整车或大批量的原材料供应给大客户：这些货物可以是包装或托盘化的，也可以是干散货或液体散货；运输方式可以是铁路、公路、水运或航空。

第二，从物流配送系统中心向客户的小批量配送：可以采用所有的运输方式。

物流监控系统应记录所有发运的货物、客户服务水平、发生的成本等。监控是在两个相关但分开的系统中进行的（货物流与资金流）。

1. 货物跟踪

现代的服务敏感性物流配送系统必须提供货物的实时信息，包括提供货物的位置与状态。这些信息提供给服务与销售人员和客户以确保有效率地运作。现代货物跟踪系统较为昂贵，但由于服务的改进，提供的竞争优势是显著的。

2. 运费账单审计与以合同运价方式支付公共承运人的运费

运价考虑到了起始点的位置、货物类别、货物体积和重量、运输距离、包装形式和地域。运费账单必须审计后支付。运输账单处理系统通常包括接受、审计、支付账单和提供控制系统详细数据。

系统可以用手工操作，也可以计算机化。现在发达的系统由条码和其他扫描系统及高级处理软件组成。发达国家典型的物流配送部门把这些服务分包给一个或多个第三方，由它们负责运作。许多公司由三个独立的第三方公司运作。

（1）一个或多个网络运输公司，在配送中心提货和发送产品给收货人。承运人制作运费账单，并送到运费支付服务公司。

（2）由一个运输服务公司通过比较托送人的发货通知和商定的运价，审计运费账单。然后由服务公司代表托送人支付正确的账单，或把审计过的账单交给另一个应支付的公司。

（3）货物运动和交付的跟踪系统。以电子数据交换（EDI）为特点的网络，它可以由供应链中包括货主、收货人、承运人、配送中心运作者或外部网络提供者的任何一方来运作。

六、存货的监控

存储和保持产品存货的成本是物流配送系统设计一个需要考虑的重要方面，这是因为：

(1) 存货在任何一个公司资本投资中都占很大的比例。例如，在美国的制造业，货物平均每年周转 4 次，而存货成本通常占销售额的 50%。因此，每 100 单位的销售中，有 12.5 单位是投资于存货的。

(2) 保持存货的成本可以很大，不但包括利率成本，还包括产品老化、损坏、保险等成本。

大部分的存货存在于物流配送系统中，通常配送订单是根据制造厂和基于对销售量和配送要求而产生的。监控投资和保证货物的安全是配送系统的主要功能。

从功能上说，对物流配送监控系统的要求是方便获得有关存货的数据。因此，必须能精确地知道有多少库存单位存在和目前存放在何处。

在较小的和老式仓库中，汇总的存货记录一般集中在存货文件中，而在仓库中的有效位置的记录则在另一个文件中。现在的做法是使用较为复杂的仓库管理系统，把两者(数量和位置)结合起来。

存货信息是以实时形式（即与交易同时发生）或根据批量每小时或每天更新。最新的方法是通过条码和扫描系统准确地记录存货的产品和位置。

尽管如此，出错也是难免的。为了尽量减少错误，最好的方法是定期盘点。这种监控方法需要一个人或一个小组对产品及位置进行盘点，然后把结果输入电脑终端，电脑系统可以显示被盘点到的货物。在另外的系统中，存货盘点人员可以周期性地对所有地点的货物进行盘点。

通常，每月汇报存货的准确性被视为物流配送系统质量保证计划的一部分：典型的无条码化仓库的准确性是 95%～98%，即每次盘点有两个可能的错误（数量和位置），总的货物盘点正确率不应低于95%。在条码系统中，准确性大于99%是常事。如发生错误，一般是系统相关的错误而非仓库的错误，除非遭窃或货物损坏。

案例分析

某企业设计的问卷调查表

为了调查了解客户对物流服务的认知，企业一般可以设计一份问卷调查表来了解客户物流服务调查时需要做的工作，如某企业设计的问卷调查如下所示。

1. 调查项目

×××物流公司物流服务质量问卷调查表

受访公司：

受访人：　　　　　　　受访人职位：

受访人电话：　　　　　　　　　　　记录人：

物流服务问卷调查表

调查项目	重要性	本企业得分	竞争对手得分	加权后本企业得分	加权后竞争对手得分	差异
订单处理快捷度						
配送员工服务态度						
货物查询方便						
客服服务态度						
送货前电话预约						
送货无损坏货物						
提供绿色通道物流服务						
根据需要提供附加物流服务						

2. 除上述物流服务外，您还需要什么样的物流服务?

3. 同竞争对手相比，您觉得我们的物流服务水平差在哪里? 哪些方面是比较优秀的?

案例讨论：

根据以上问卷调查表的内容，请填写表中内容并根据 3PL 企业质量监控内容，继续补充完善物流服务质量问卷调查表。

基础练习

一、 名词解释

ISO 9000、质量认证

二、 单选题

1. 对客户的调查方法有很多，对大客户一般采用（　　）方法。

A. 个人采访　　　　B. 电话采访

C. 问卷调查　　　　D. 小组会议

2. PDCA 循环法中最重要的是（　　）。

A. P 阶段　　　　B. D 阶段

C. C 阶段　　　　D. A 阶段

3. 监控投资和保证货物的安全是（　　）系统的主要功能。

A. 配送　　　　B. 信息

C. 运输　　　　D. 装卸搬运

4. 第三方物流服务对仓库的监控系统不包括（　　）。

A. 每时期的成本　　B. 以订单、箱或重量表示的产出
C. 投入产出比　　D. 服务水平

5. 对运输的监控是在两个相关但分开的系统中进行的，这两个系统是（　　）。
A. 信息流　　B. 货物流
C. 资金流　　D. 人才流

三、 问答题

1. 质量管理基础工作包括哪些方面？
2. 简述 PDCA 循环的要点及意义。
3. 简述建立生产率测量系统的程序。
4. 简述国家物流企业评级标准内容。
5. 3PL 企业质量监控包含哪些内容？

四、 论述题

1. 分析物流客户服务调查的程序及方法。
2. 请详细描述质量管理体系认证流程。

知识应用

请用“第三方物流企业质量管理”相关知识对模块一“物流聚焦”中的“解决企业现实问题”案例进行 3PL 企业的服务质量评级建议及质量监控管理设计。

模块十　第三方物流运营绩效管理

学习目标

知识目标

1. 了解企业绩效评价的含义与特点。
2. 理解3PL企业绩效评价体系建立视角。
3. 掌握第三方物流核心服务绩效体系框架。
4. 熟知平衡计分法、关键绩效指标法、SCOR模型方法含义。

技术目标

1. 会根据实情用平衡记分卡法初步构建3PL企业绩效评价体系。
2. 会根据实情用关键绩效指标法初步构建3PL企业绩效评价体系。

能力目标

1. 培养良好的职业操守，树立服务绩效管理理念。
2. 提高企业管理绩效，培养实时反馈习惯。

物流聚焦

乐事薯片公司的绩效控制

背景：乐事薯片公司是底特律的第五大薯片加工厂，公司成立于1922年，在经历了一次失败的全球战略以后，目前主要侧重于地区性经营。公司现在主要为三种零售企业客户（食品杂货店、杂货店、大商店）提供一系列的薯片产品。它供应的杂货店有39家（年总值18000销售单位，占公司总销售量的27%），供应的大商店只有一家（Buy 4 Less，有三个分店，年总值22000销售单位，占公司总销售量的22%）。所有的分销过程都是直接的仓储到仓储，送货人员要处理所有过期货物和搬运工作。

存在的问题：温德尔是乐事薯片公司的物流成本分析师，物流部门总经理哈罗德转交给他一封来自Buy 4 Less公司的来信，信中抱怨乐事公司的运作绩效问题。主要抱怨的问题有：频繁缺货；客户服务响应性差；产品价格太高。Buy 4 Less公司提出，如果乐事公司要继续与其合作，乐事公司就必须在以下方面做出改进：①每周提供4次直接仓储交货（以前为3次）以减少缺货现象；②建立一套自动订货处理系统（价值10000美元）以提高客户服务响应性；③降低产品价格（5%）。

绩效评价：温德尔最近刚刚参加了一个关于作业成本法（ABC）的研讨会，他希望能够通过应用这种方法来分析目前的状况。首先他获得了乐事公司的收入数据和针对不同类型客户的成本数据；食品杂货店的送货是每周两次，杂货店的送货是每周一次，对大商店的送货是每周三次。乐事公司为了及时获得反馈信息，通过设在食品杂货店和大商店的扫描终端设备读取数据，需要在每个点花费年总成本1000美元。杂货店则依靠手持扫描设备获得销售数据。送货成本取决于运输卡车的不同，食品杂货店和一般杂货店采用一般的卡车，大商店则采用加长的卡车。乐事公司对不同零售企业的产品价格是不一样的，食品杂货店为1.90美元，杂货店为2.30美元，大商店为1.50美元。

问题：

1. 根据以上数据，温德尔应该如何对乐事公司目前的绩效进行分析？
2. 根据分析结果，该公司应该采取什么样的策略进行绩效控制？

无论我们从事任何工作、开展任何活动，都要对该项工作所产生的相关活动进行度量和评价，以此判断这项工作的绩效及其存在的价值。同样，在3PL企业经营管理中，要让企业健康、高效发展，全面分析评价其管理绩效就成为一个非常重要的问题。

第一节　第三方物流绩效管理概况

在发达国家，物流的绩效研究起步较早。欧美等物流产业发达国家和地区，绩效评价与管理正逐步成为企业管理的一项重要内容，其受重视的程度早已超过了一般人的想象。ABI（American Business Intelligence）通信数据库的统计资料表明，在1994—1996年三年间，就有3615篇关于绩效评价的文章发表。1996年仅在美国每两个星期就有一本关于绩效评价的学术著作问世。日本结合自身经济发展和物流行业的特点，以整体物流成本最小化、顾客服务最适化、企业利益最大化为目标，将物流绩效评价的重点放在了不断降低运作成本上，积累了一套行之有效的成本物流管理学说。美国早在1978年就开始在民航业有限放松管制，1982年又放松了对卡车运输业的管制，从而使物流企业更加自主地适应市场，依靠市场力量来调节和决定物流服务的发展。1982年科尔尼（A. T. Kearney）就曾指出，进行了有效的综合绩效衡量的公司，经济产出可提高总产量的14%~20%。美国国家绩效评估中的绩效衡量小组把绩效管理定义为“利用绩效信息协助设定统一的目标计划，进行资源配置与优先顺序的安排，以告知管理者维持或改变既定目标计划，并报告成功符合目标的管理过程”。这就充分体现了物流绩效评价在国外受到的重视程度。物流作为提高经济竞争力的重要因素，要想使其健康发展，必须对物流企业的计划、顾客服务、运输、存货等物流活动进行绩效评价与分析。

发达国家的物流实证分析表明，只有独立的第三方物流占物流总量的50%时，现代物流业才能形成，2003年我国第三方物流市场的规模已超过600亿元，摩根士丹利预测，中国第三方物流市场到2020年年增长率将达到20%~30%。据IDC（国际数据公司）的调查结果表明，45%的企业将在未来一两年内选择新的物流服务提供商，其中，75%的企业将选择新型物流企业，而不是原来的以提供仓储运输服务为主的企业，并且64%的企业将把所有的综合物流业务外包给新型的物流企业，这几个数据反映出第三方物流的市场需求相当可观。

相对于其他发达国家，我国第三方物流的发展水平还处于发展的初级阶段，第三方物流涉及的服务范围很广，很多物流服务商甚至难以对自己的整体水平做出一个客观的评判，只有对物流绩效进行准确的评价与分析，才能够正确判断企业的实际经营水平，找到企业物流环节中存在的弊病，提高企业的经营能力，进而增加企业运营的经济效益和社会效益。如果在建立物流系统的同时，及时地进行有效的绩效评价，不断完善和提高物流管理水平，使其成为企业的“第三利润源泉”具有非常重要的意义。因此，如何科学、全面地分析和评价企业的绩效，已成为3PL企业迫切需要解决的课题。

物流活动具有参与的多方性（原料或产品供应方、货物采购方、物流服务提供方等）、过程的复杂性（采购、运输、存储、保管及供应等）和形式的多样性等特点，众多3PL企业绩效评价往往存在以下几个方面的缺陷：

(1) 侧重于单个职能部门的评价，不注重企业整体绩效的衡量；

(2) 数据往往来源于财务报表，在时间上略为滞后，不能反映企业动态运营情况，导致企业只注重短期利益，损害企业长远发展潜力；

(3) 侧重于对事件结果的事后评价，不能对企业的业务流程进行实时评价分析，使得企业不能及时地纠正经营过程出现的偏差；

(4) 只注重企业内部评估，不重视企业与外部利益相关者的关系。

因此，在第三方物流迅速发展的今天，研究一套弥补上述缺陷的、适应企业发展的绩效评价体系，对提高3PL企业的运营效益显得尤为重要。

第二节　第三方物流绩效评价体系

一、绩效评价的含义与特点

企业绩效评价作为一种有效的监管制度在西方国家企业已经得到广泛的应用。“绩”是指企业经营者的业绩，“效”是指企业经营效益。企业绩效评价体系指运用评价指标、评价标准和评价方法三要素，通过定量和定性分析，科学揭示企业经营期内经营者业绩和经营效益。简单地说，评价内容主要包括企业的财务状况、人才开发、学习创新、客户满意、企业发展五个方面。

绩效管理顾名思义是解决让无形资产有效地创造价值的问题，它针对的是知识、技能和人的管理。绩效管理既是企业典型的人力资源管理问题，又是企业战略管理（strategic management）的一个非常重要的有机组成部分。绩效管理强调的是对过程的监控，通过对行动过程中各项指标的观察与评估，保证战略目标的实现。它不是基于目标的管理（Management－by－Objective，MBO），而是基于事实的管理（Management－by－Fact，MBF）。

绩效评价，就是指运用科学、适当的方法，对企业在一定期间内的生产经营状况、财务运营效益、经营者业绩等进行定量与定性的考核、分析、评价其优劣、评估其绩效，并在企业的管理中通过建立事前的预算、事中的动态考核再到事后的财务指标分析的一套评价体系。它可以使企业的生产和财务通过统计数据紧密地联系在一起，选取关键的、实用的财务指标，计算并与同行业公开资料进行比较，从而分析该企业在同行业中所处水平以及相对于同行的竞争优势及其弱点，对管理层的管理起到了明确改进工作方向的作用。

目前，绩效评价已经成为企业管理的一项重要内容。长期以来，各国学者从不同的研究角度建立了不同的企业绩效评价模型。其中包括卡普兰（Kaplan）和诺顿（Norton）1992年提出的平衡记分卡、评价指标家族、绩效改进度量方法等。作为出现时间并不长的新型3PL企业组织形式，其绩效评价体系有不同于一般企业的特点。

首先，第三方物流企业为物流需求者提供的不是实实在在的产品，而是物流服务，因此对第三方物流企业的绩效评价的重点之一是其服务绩效。

其次，3PL企业在货物的实际物流链中并不是独立的参与者，而是代表生产经营企业来执行的，因此3PL企业与其合作伙伴之间是“双赢”的战略联盟关系，其相互依赖程度高，所以3PL企业与生产经营企业之间的合作关系也是绩效评价的关键环节。

最后，3PL企业的经营活动是建立在现代技术的基础上的，包括现代信息技术、车辆技术、配送技术以及其他与现代物流运作、管理有关的技术。因此，3PL企业的实力是通过其内部绩效来评价的。

二、3PL企业绩效评价体系的建立原则

在建立3PL企业绩效评价指标体系时，一般应遵循以下原则。

（1）系统性原则。3PL企业须针对内外的各种情况设立相应的指标，系统科学地反映3PL企业的全貌，达到对企业整体的科学评价。

（2）层次性原则。指标应分出评价层次，在每一层次的指标选取中应突出重点，要对关键的绩效指标进行重点分析。

（3）可比性原则。评价指标体系所涉及的经济内容、时空范围、计算口径和方法都应具有可比性，所以在建立体系的时候要参照国际和国内同行业的物流管理基准。

（4）通用性原则。评价指标体系在3PL企业应该普遍适用，同时应在理论和实践的发展变化中具有相对的稳定性。

（5）经济性原则。评价体系应当考虑操作时的成本收益，选择具有较强代表性且能综合反映3PL企业整体水平的指标，以期既减少工作量，减少误差，又能降低成本，提高效率。

（6）定量与定性结合的原则。由于3PL企业的绩效涉及的客户满意度等很难进行量化的因子，所以评价指标体系的建立除了要对物流管理的绩效进行量化外，还应当使用一些定性的指标对定量指标进行修正。

（7）动态长期原则。由于选择3PL企业后，货主方与物流供应商之间是战略伙伴的关系，所以对3PL企业的评价不应该只局限在目前的企业状况，而应考虑3PL企业的长远发展潜力和对企业的长期利益，要与企业的发展目标和战略规划相一致。

三、3PL企业绩效评价体系的构建维度

根据以上原则，本章建立3PL企业绩效评价体系主要从三个维度进行考量。

1. 功能性

功能指标反映的是 3PL 企业各个增值环节的功能实现情况，包括以下主要内容：

（1）库存功能：库存能力、库存周转率、收发货物能力、库存结构合理性、库存准确率、预测准确率；

（2）配送功能：配送安全性、配送成功控制、产品可得性、检货准确率；

（3）运输功能：运输能力、正点运输率、运输经济性、运输车辆满载率、运力利用率、在途时间、运输准确率、商品损坏率；

（4）流通加工功能：工艺合理性、技术先进性、流通加工程度、对消费的促进作用；

（5）采购功能：交付期、付款条件、订单处理、与供应商的关系。

2. 经营性

经营性指标反映的是 3PL 企业当前的经营状况，主要包括以下内容：

（1）管理水平：产品的残损率、物流系统纠错处理时间、供应计划实现率、设备时间利用率、业务流程规范化、管理人员比重；

（2）企业实力：财务投资能力、信息技术能力、设备先进水平、同行业影响力及业务范围、市场占有率、市场增长率、新用户开发成功率；

（3）信息化水平：硬件配备水平、软件先进程度、信息活动主体的水平、信息共享率、信息利用价值率、实时信息传输量、信息化投资、客户变动提前期、客户变动完成率、网络覆盖率、平均传输延迟、传输错误率；

（4）成本水平：单位产品的物流成本、物流成本占制造成本的比重、物流成本控制水平、每个顾客服务成本、订单反映成本、库存单位成本；

（5）盈利水平：净资产利润率、总资产利润率、资金周转率。

3. 稳定性

稳定性指标反映的是 3PL 企业的发展潜力，影响 3PL 企业的长期经营，并且与企业长期合作的可能性，主要包括以下内容：

（1）客户服务水平：缺货频率、送货出错率、顾客满意度、平均交货期、订单处理时间、准时送货率、交货柔性、订单完成稳定性、顾客保持率、每个顾客服务成本、信息沟通、事后顾客满意率；

（2）技术实力：技术人员比重、技术开发经费比重、开发创新能力、技术改造资产比重、专利拥有比例、设备技术领先程度、硬件设施稳定性；

（3）盈利能力：净资产利润率、总资产利润率、资金周转率；

（4）应变力：信息化系统水平、预测能力、集成度、外部沟通、流程再造与延迟物流；

（5）企业聚合力：领导层的团结进取力、职工的凝聚力、员工满意度；

（6）经验指标：行业服务时间、提供服务种类、成本节约比例、人才培养与培训、客户稳定性、供应商稳定性、历史合作情况、利益与风险共享性、核心能力、战略观念兼容性；

（7）企业形象：员工素质、经营理念、市场信誉、社会责任。

3PL 企业绩效评价体系构建维度如图 10－1 所示。

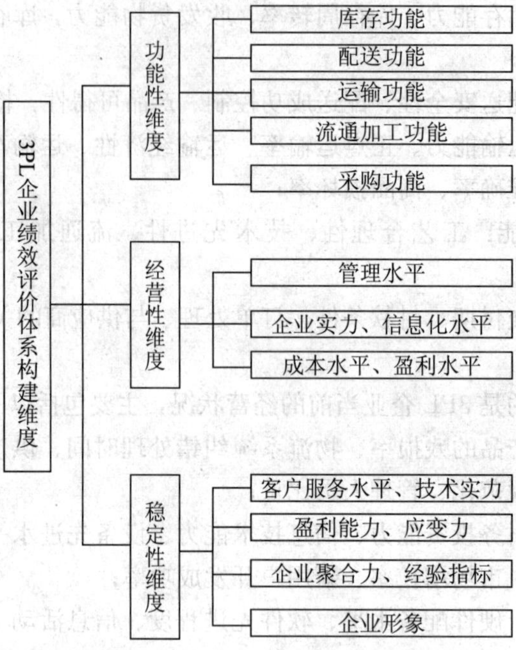

图 10－1　3PL 企业绩效评价体系构建维度

四、3PL 企业的绩效评价体系构建

通过对 3PL 企业的绩效评价构建的原则与维度的分析，可以从独具特色的 3PL 企业的服务绩效、关系绩效和内部绩效三个方面来建立完整的 3PL 企业绩效评价体系。

1. 3PL 企业服务绩效评价

采用 PZB（服务品质概念模式）中的质量差距模型，建立顾客感受到的物流服务质量模型。对顾客而言，预期的物流服务质量和感受到的物流服务质量的决定因素为：可靠性、反应性、保证性、关怀性和成本。图 10－2 可对此进行形象的描述。

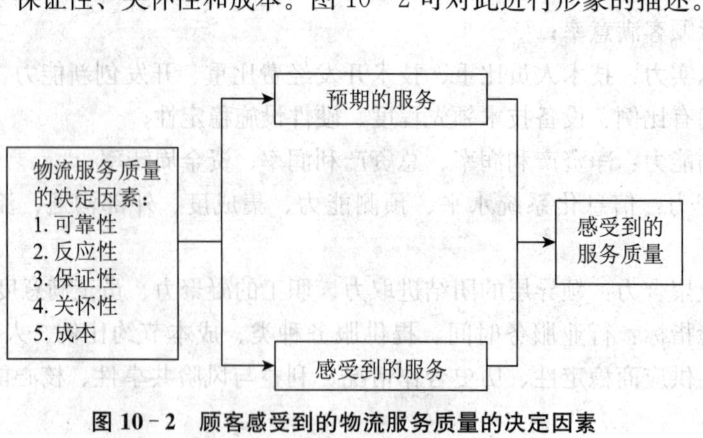

图 10－2　顾客感受到的物流服务质量的决定因素

可靠性是指企业准确无误地完成所承诺的服务，反映可靠的真实的绩效，包括业绩的一贯性和可依靠，还包括公司能第一次即表现良好、能遵守诺言。其指标体系主要反映在：订货周期的稳定率、订单处理准确率、结算正确率、货物完好送达率。

反应性是指企业随时准备愿意为顾客提供快捷、有效的服务，反映了迅速程度和有益性，包括服务的准时性。其指标体系主要反映在：及时处理顾客投诉率、及时处理顾客索赔率、急单完成率。

保证性是指具有能胜任提供服务的能力和信用，能增强顾客对企业的服务质量的信心和安全感，它反映能力、礼仪、可信度和安全性。其指标体系主要反映在订单满足率。

关怀性是指企业要真诚地关心顾客，了解他们的实际需要，使整个服务过程富有"人情味"，它反映容易接近、良好的沟通和对顾客的了解，这个指标体系主要采用定性化的指标来衡量。

成本构成应该从两方面来考虑。一方面是从物流服务提供方来看，物流成本的构成包括三个方面：第一，伴随着物资的物理性流通活动发生的费用以及从事这些活动所必需的设备、设施费用；第二，完成物流信息的传送和处理活动所发生的费用以及从事这些活动所必需的设备和设施费用；第三，对上述活动进行综合管理所发生的费用。另一方面，从物流服务客户来看，他们购买物流服务所需的物流成本，其指标体系主要反映在总成本、成本占销售额的百分比。

顾客能感受到对于 3PL 企业的服务绩效，主要表现为交货的可靠性和服务质量两个方面。

(1) 交货的可靠性。反映在 3PL 企业能准确、及时和有效地把产品交付到生产经营者所要求的地方。交货的可靠性通常可以用交货准确率、交货及时率和交货有效率三个指标进行评价。

①交货准确率：反映了销售商能把品种和数量都正确的货物送到顾客的手中。交货的准确必须满足三个条件：准确的产品、准确的数量和准确的地点。因此交货准确率即正确品种、数量和地点的交货次数占总交货次数的百分比。

②交货及时率：反映了 3PL 企业能够在正确的时间把产品送到目的地。该比率可以用准时交货次数占总交货次数的百分比来表示。

③交货有效率：反映了 3PL 企业能够保证产品在交货过程中的质量完好。交货有效率可以用有效交货次数占总交货次数的百分比表示。

(2) 服务质量。3PL 企业提供的是物流服务，因此其服务质量的好坏是评价 3PL 企业的关键指标。其服务质量可以用顾客满意度和顾客投诉率来评价。

①顾客满意度：是指顾客对第三方服务是否满意的程度。在买方市场上，顾客满意程度是企业能否保持并扩大其竞争优势的重要因素。

②顾客投诉率：从顾客不满意的角度体现了第三方物流的服务绩效。值得注意的是，一旦顾客对 3PL 企业的服务采取了投诉的解决方式后，势必将对该企业的信誉产生非常不良的影响。所以对于 3PL 企业来说，应该尽可能降低顾客投诉率。

2. 3PL 企业关系绩效评价

3PL 企业的关系绩效评价主要包括长期合同、信任度以及合作关系的发展三个指标。

（1）长期合同。3PL 企业与生产经营企业的关系体现在合作上，合作双方实施的是战略伙伴策略，也就意味着要形成长期的合作关系，而这种合作的关系在法律层面上需要通过合同进行约束，两者之间合同的长短是衡量第三方企业关系绩效评价的重要依据。

（2）信任度。一般情况下，合同和契约是法定的保持合作关系和合作双方互相监督的工具。但是合作双方彼此的信任能更加有效并且更节省成本。在 3PL 企业和产品经营企业经过一段时间的合作之后，会形成彼此的信任。其信任度的衡量可以根据以下层次来衡量：3PL 企业是完全值得信赖的；3PL 企业能兑现他们的承诺；3PL 企业能按照合同履行义务；3PL 企业不能完全履行承诺；3PL 企业不能完成合同。

（3）合作关系的发展。当 3PL 企业与产品经营企业的合作程度不断增加，两者之间必将形成战略合作的关系。因此，双方的合作上越长期的买卖关系越有利于双方的利益。双方合作关系的发展可以根据以下层次来衡量：产品经营方希望与 3PL 企业保持更密切的关系；产品经营方希望加强与 3PL 企业的联系；产品经营方考虑与 3PL 企业持续的合作。

3. 3PL 企业内部绩效评价

3PL 企业的内部绩效是企业持续发展的前提条件。主要包括其财务状况、学习创新能力和信息共享程度等方面。

（1）财务状况。企业的财务状况是衡量企业经济收益的客观数据和标准。对于 3PL 企业的财务状况，可以分别从流动比率、应收账款周转期、资产报酬率、资产负债率和总资产周转率五个方面进行评价。

①流动比率：用于衡量 3PL 企业是否有足够的渠道把流动资产变成现金来偿付流动负债。一般来说，这个比率要在 2.0 以上，否则可以预料企业很可能将无法按时偿还短期债务。流动比率小于 1.0 是一个警示信号。

②应收账款周转期：是指衡量企业应收账款管理效率水平的财务比率。企业的平均收账期及其实际的信贷条件可以从另一个侧面可以作为衡量企业信誉的财务标准之一。

③资产报酬率：指的是企业息税前利润和企业平均资产余额的比率，该指标从资产总额的角度衡量了企业的盈利能力。

④资产负债率：指的是企业负债总额和资产总额的比例关系，体现出企业长期偿债能力的强弱，能反映出企业的资本结构。

⑤总资产周转率：指的是销售收入与平均资产总额的比率。该指标反映资产总额的周转速度，周转越快，则销售能力越强，反之说明企业存在资产闲置或现有设备老化、陈旧。

（2）学习创新能力。3PL 企业的学习创新能力反映了企业不断创新并保持其竞争能力与未来的发展势头，以及不断成长的能力。企业只有不断发展新的技术和服务，才能保持并有效地扩大市场。企业不断学习和创新能持续为客户提供更多价值含量高的服务，减少运营成本，提高企业经营效率，保持企业成长。该能力可以通过企业内员工建议增长率、员工培训总人时增长率、新技术采用率、研究开发投资率四个指标加以考虑。

①员工建议增长率：是指一定时期内企业员工向公司提交的合理化建议数量与上一评价期相比的增长率。该指标值越高，说明企业内民主管理意识高、员工的学习能力强。

②员工培训总人时增长率：是指一定时期内企业员工接受各种内外培训的总人时数与上一评价期相比的增长率。对企业员工的不断学习，是企业远景战略目标、各种新兴管理理念、生产服务理念得以成功实施的根本保证。

③新技术采用率：是指新技术服务产值与企业总产值之间的比率。该比率反映了新技术对企业产品总值的贡献。比值越高，体现出新技术对企业的贡献越大。

④研究开发投资率：是指企业研究开发的费用占总销售额的比率。该比率反映了企业对研究开发的投入程度，而资金的投入是企业创新能力提高的基础。

（3）信息共享程度。3PL 企业是建立在信息技术的基础上的，其信息共享和信息处理能力甚至能直接影响整条供应链的绩效。3PL 企业的信息共享程度可以通过信息的准确性、信息的时效性和信息系统先进性来评价。

①信息的准确性：是指 3PL 企业向生产经营者传递的信息没有错误。3PL 企业在进行信息传递的过程中可能发生的错误有信息搜集的错误、信息输入的错误和信息分析的错误。信息的准确性可以采用数据正确传递的次数占总传递次数的百分比来表示。

②信息的时效性：是指数据及时传递的次数占总传递次数的百分比。在保证了信息的准确性之后，信息的时效性非常重要，生产经营企业的生产、销售计划与 3PL 企业的物流信息息息相关，因此 3PL 企业的信息及时传递有助于生产经营企业相应的做出生产、订货等决策。

③信息系统先进性：信息系统是信息共享的硬件基础，是信息传递的工具，在很大程度上决定着信息传递的时效性、有效性和正确性。但是，信息软硬件设备生命周期的短暂性也决定了信息系统更新的频繁性。我们可以采用一定时间内信息系统投入成本占总销售收入的百分比来评价信息系统的先进性。

综上所述，3PL 企业的绩效评价体系可以用图 10－3 表示。

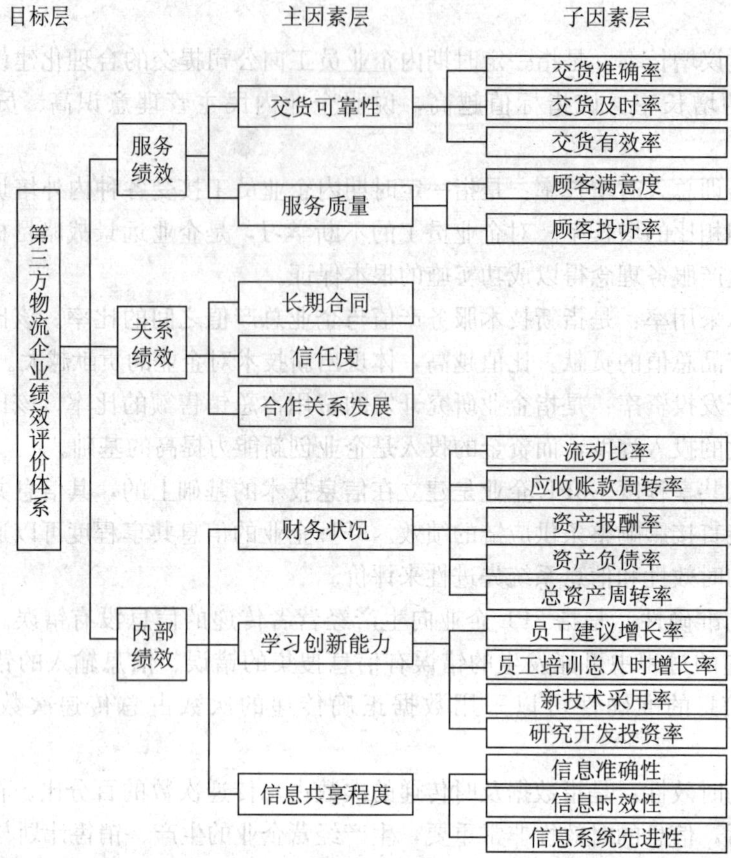

图 10-3　3PL 企业的绩效评价体系

五、第三方物流服务绩效评价指标体系构建

1. 第三方物流服务绩效体系框架

我们采用肖斯旦克的"视眼分界线"的概念来构建第三方物流服务体系框架。从图 10-4 中可以看出：物流运营服务体系、物流营销服务体系、物流质量服务体系均属于物流核心服务体系的范畴，而物流技术支持服务体系和物流制度保证服务体系属于辅助服务体系，对核心业务起支撑和保障作用。

（1）物流运营服务体系：它是物流服务的功能表现形式，物流服务成功地实现时间和地点效用就是基于物流运营服务体系有效地整合运作。物流运营服务体系主要反映在两个方面：业务运营能力和业务结构。物流业务运营能力直接影响顾客对物流服务质量的感知，而物流运营服务结构和物流业务运营能力又对顾客满意度形成直接的影响。

（2）物流营销服务体系：它使客户有一个比较满意的效果，并能带动销售与服务的双向调节。营销管理对物流运营服务体系、物流质量服务体系和顾客满意度都产生直接的影响和作用。一方面，通过营销活动企业对顾客物流服务的期望和需求取得真实和全面的认知，从而把这种客户的期望和需求转化成实际的物流服务运作方案来满足顾客的需求，所以营销活动对物流运营服务体系具有指导作用。另一方面，营销活动通过营销

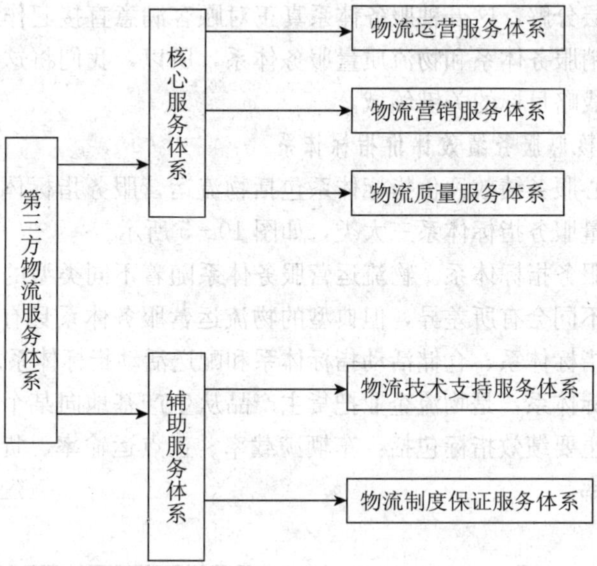

图 10-4　第三方物流服务绩效体系

策划，与客户进行整合沟通，向客户传递公司的业务运营能力、价格和客户服务等方面的信息，对顾客做出服务质量的承诺，使顾客对物流服务质量期望产生影响，即对物流质量服务体系产生影响。另外，物流服务营销的宗旨就是为了满足特定的物流客户需求，通过整合各种企业资源，向顾客传递比竞争者更多的价值，使顾客对本企业的物流服务感到满意甚至忠诚。所以物流营销服务体系的运作能够直接影响顾客满意度。

（3）物流质量服务体系：是顾客评价服务满意度的主要方面，由顾客的期望服务质量和顾客感知的服务质量所构成。而真正能让顾客感到满意并维持其忠诚度，保持持续购买行为，则需要使顾客对物流服务质量感知并意识到物流服务产品能够为其创造价值。所以物流质量服务体系对顾客满意度具有重要的影响力。

（4）物流技术支持服务体系：物流技术对于物流运营服务体系的支持作用主要表现在通过对各项业务活动运作方式和运营流程的改进，以改善各业务功能的运营效率及效果。在营销活动中，通过对“软技术”特别是信息技术的运用，达到营销的创新活动，使营销活动对客户需求的认知变得更加精确，对客户的需求反应更加迅速、有效，能够为顾客提供最符合其需求的物流服务产品，为其提供更多的价值。对物流质量服务体系的支持作用主要表现在“硬技术”方面，客户通过对企业有形设备的感知而增加物流服务质量。

（5）物流制度保证服务体系：对物流核心服务体系的有效运作提供支持作用。对物流运营服务体系、物流质量服务体系和物流营销服务体系的最大支持作用是通过建立一套有效的企业运营的内在能力和运转方式，能够使运作按照标准、以合理的方式展开，通过协调以减小衔接缝隙。

以上五个体系之间相互联系、相互作用，共同对提高顾客满意度做出贡献。

第三方物流服务指标体系的建立首先是寻找能够支持实现顾客满意的关键领域，对战略目标进行第一层分解，这五种服务体系真正对顾客满意直接起作用的只有物流运营服务体系、物流营销服务体系和物流质量服务体系，所以，我们将这三个服务体系作为支撑实现顾客满意战略目标的关键领域。

2. 第三方物流核心服务绩效评价指标体系

第三方物流核心服务绩效评价指标体系包括物流运营服务指标体系、物流营销服务指标体系、物流质量服务指标体系三大类，如图 10－5 所示。

（1）物流运营服务指标体系。物流运营服务体系随着不同类型的物流企业的货主从事的行业或性质的不同会有所差异，但典型的物流运营服务体系具有相似性，由三个环节组成：运输活动指标体系、仓储活动指标体系和配送活动指标体系。

①运输活动指标体系：是物流企业把货主产品从生产基地向某个区域市场的配送中心输送的过程。其主要绩效指标包括：车辆满载率、正点运输率、货物及时送达率、运输损失率、事故频率。

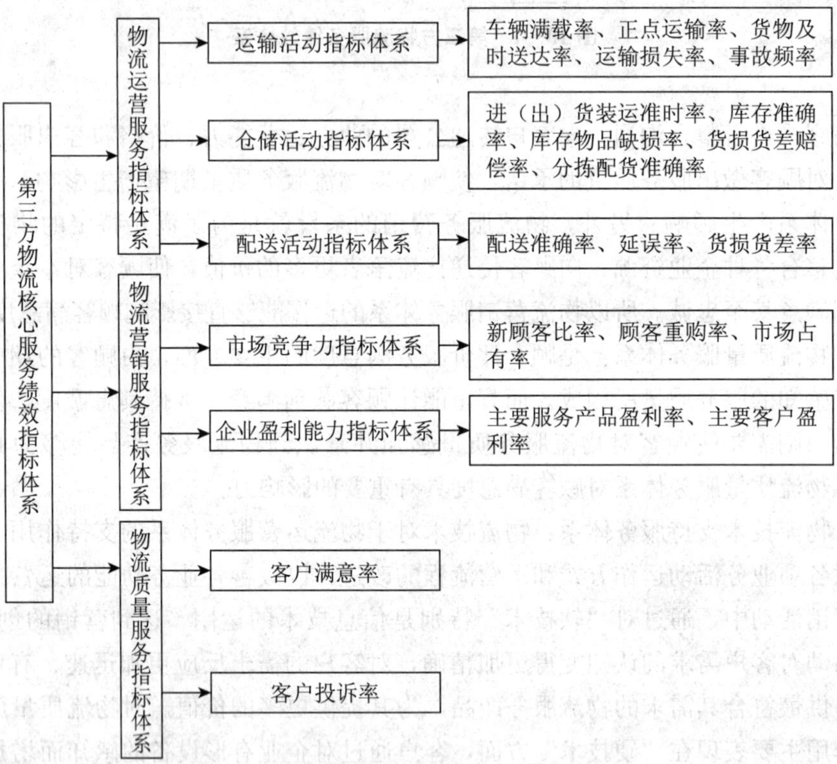

图 10－5　第三方物流核心服务绩效指标体系

②仓储活动指标体系：是指物流企业在配送中心通过接受、存储、装运和拣货四个阶段处理大多数产品的活动，为使货主的产品顺利转让给顾客做准备。其主要绩效指标包括：进（出）货装运准时率、库存准确率、库存物品缺损率、货损货差赔偿率、分拣配货准确率。

③配送活动指标体系：是货主与顾客实现商品交换以后，从配送中心将产品送达客户处的活动，一般是在企业某地区市场内的短途运输。其主要绩效指标包括：配送准确率、延误率、货损货差率。

（2）物流营销服务指标体系。营销活动都是开始于对市场的分析和研究，通过比竞争对手更好地满足顾客需求，来达到使企业盈利的目的，3PL 企业也不例外。所以，物流营销服务指标体系主要从物流营销开展后所形成的市场竞争力和企业盈利能力两方面来评价。

①市场竞争力指标体系：主要反映企业提供的物流服务产品比竞争对手更能满足顾客需求的能力，其指标主要反映在：新顾客比率、顾客重购率、市场占有率。

②企业盈利能力指标体系：是指 3PL 企业所提供的物流服务产品的盈利能力和其服务的客户盈利能力。其指标主要反映在：主要服务产品盈利率、主要客户盈利率。

（3）物流质量服务指标体系：第三方物流的质量服务体系包含顾客满意率、客户投诉率，在前面相关部分已有论述，此处就不再展开。

在第三方物流运营服务体系中，还有很多效率指标可以作为考核的要点，依据物流运营业务功能类型又可分为仓库管理评价指标、运输服务评价指标、数据录入工作评价指标、进出口业务评价指标和费用结算评价指标等，如表 10－1 所示。

表 10－1　　第三方物流企业运营服务体系指标汇总

指标类别	指标名称
仓库管理评价指标	库存准确率、入库准确率、出库准确率、仓库破损率
运输服务评价指标	发货及时率、到货及时率、返单及时率、客户投诉率、客户满意度、破损率、订单完成率、急单完成率
数据录入工作评价指标	数据录入及时率、数据录入准确率
进出口业务评价指标	报关及时率、单证处理及时率、订单处理正确率
费用结算评价指标	费用结算及时率、费用结算准确率

第三节　第三方物流绩效评价方法

目前，有关物流绩效评价指标的研究文献不少，所持观点也各不相同，各有侧重点，再加上评价对象不同，指标体系的选取更是灵活多样。总体来说，理想的评价指标应满足以下几项基本原则：能够反映企业自身的特点，能够反映顾客对企业产品或服务的要求，具有代表性和全面性，与企业的发展目标和战略规划相一致。

3PL 企业绩效评价方法很多，下面重点介绍国内外应用较为成熟、符合企业绩效评价原则的平衡记分卡法、关键绩效指标法、SCOR 模型三种方法。

一、平衡记分卡法

平衡记分卡（The Balanced Score Card，BSC）作为一种前沿的、全新的组织绩效管理手段和管理思想，在全世界各行各业得到广泛的运用。简单地说，平衡记分卡就是考核表，是指事先制定工作评估标准，写在“卡”上，它可以是表格、卡片、记录本、电子表格等；能根据“计分卡”中规定的检查时间，对已经发展的工作进行检查和测量，将评分或实际发生的情况记录下来，以便于对工作成果进行讨论比较、反思反馈及核算报酬等应用，这样一种可以附带系列行动的工作工具。所以，又将“平衡记分卡”译为“计分卡”“积分卡”“绩效看板”等。

（一） 平衡记分卡的来源

平衡计分卡源自于哈佛大学教授罗伯特·卡普兰（Robert Kaplan）与诺朗顿研究院（Nolan Norton Institute）的执行长大卫·诺顿（David Norton）在 1990 年所从事的“未来组织绩效衡量方法”研究计划，该计划的目的在于找出超越传统以财务会计量度为主的绩效衡量模式，以使组织的“策略”能够转变为“行动”。该研究的结论“平衡计分卡：驱动绩效的量度”发表在 1992 年《哈佛企业管理评论》1 月和 2 月号上。该研究指出：传统的财务会计模式只能衡量过去发生的事项（落后的结果因素），但无法评估企业前瞻性的投资（领先的驱动因素）。因此，必须改用一个将组织的远景转变为一组由四项观点组成的绩效指标架构来评价组织的绩效。这四项指标分别是：财务（financial）、顾客（customer）、企业内部流程（internal business processes）、学习与成长（learning and growth）。借助这四项指标的衡量，组织得以用明确和严谨的手法来诠释其策略，保留了传统上衡量过去绩效的财务指标，并且兼顾了促成财务目标的绩效因素之衡量；在支持组织追求业绩之余，也监督组织的行为应兼顾学习与成长的面向，并且透过一连串的互动因果关系，组织得以把产出（outcome）和绩效驱动因素（performance driver）串联起来，以衡量指标与其量度作为语言，把组织的使命和策略转变为一套前后连贯的系统绩效评核量度，把复杂而笼统的概念转化为精确的目标，借以寻求财务与非财务的衡量之间、短期与长期的目标之间、落后的与领先的指标之间，以及外部与内部绩效之间的平衡。

（二） 平衡记分卡的基本内容

平衡记分卡法认为应该从顾客、内部业务流程、学习与成长、财务四个角度来审视组织的业绩，从系统的角度反映战略的实施。

平衡记分卡法打破了传统的只注重财务指标的业绩管理方法，认为传统的财务会计模式只能衡量过去发生的事情。在工业时代，注重财务指标的管理方法还是有效的，但在信息社会里，传统的业绩管理方法并不全面。组织必须通过在客户、供应商、员工、组织流程、技术和革新等方面的投资，获得持续发展的动力。基于这种认识，平衡记分卡法认为，组织应从四个角度审视自身业绩：顾客、内部业务流程、学习与成长、财务，相互关系如图 10 - 6 所示。

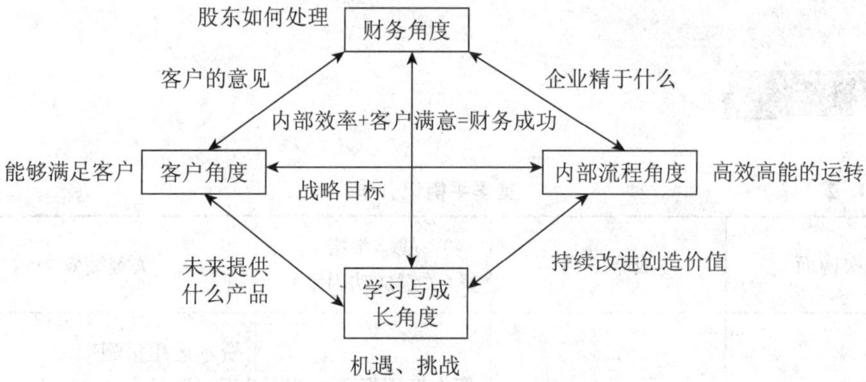

图 10-6　平衡记分卡法四个审视角度的关系

(1) 顾客角度：企业为了获得长远、出色的财务业绩，就必须创造出客户满意的产品和服务。平衡计分卡给出了两套绩效评价方法，一是企业在客户所期望达到的绩效而采用的评价指标，主要包括市场份额、客户保有率、客户获得率、客户满意度等；二是针对第一套指标分项细分，逐层细分，制定出评分表。

(2) 内部流程运作角度：是平衡计分卡突破传统绩效评价显著区别之一。传统绩效评价即使加入了生产提前期、产品质量回报率等评价，但是往往停留于单一部门绩效上，仅靠改造这些指标，虽能有助于组织生存，但不能形成组织独特的竞争优势，平衡计分卡从满足投资者和客户需要的角度出发，从价值链上针对内部的业务总流程进行分析。

(3) 学习与成长角度：为其他方面的绩效突破提供手段。平衡计分卡实施的目的和优势之一就是避免短期行为，强调未来投资的重要性。同时并不局限于传统的设备改造升级，更注重员工系统和业务流程的投资。平衡计分卡注重分析满足需求的能力和现有能力的差距，将注意力集中在内部技能和能力上，这些差距将通过员工培训、技术改造、产品服务得以弥补。指标包括新产品开发循环期、新产品销售比率、流程改进效率等。

(4) 财务角度：企业各个方面的改善只是实现目标的手段，而不是目标本身。企业所有的改善都应通向财务目标。平衡计分卡将财务方面作为所有目标评价的焦点。如果说每项评价方法是综合绩效评价制度这条纽带的一部分，那么因果链上的结果还是归于“提高财务绩效”。卡普兰（Kaplan）和诺顿（Norton）从产品和服务的生命周期的相关阶段选择评价指标，有成长期、持续期、收获期。成长期的指标包括销售量、新加盟客户及流程改进；持续期分析投资回收期、现金流、EVA；收获期则基于现金流分析，包括收益量等。

平衡记分卡中的目标和评估指标来源于组织战略，它把组织的使命和战略转化为有形的目标和衡量指标。平衡记分卡中的目标和衡量指标是相互联系的，这种联系不仅包括因果关系，而且包括结果的衡量和引起结果的过程衡量相结合，最终反映组织战略。

由于平衡计分卡法打破了传统绩效考评方法的限制，具有其先进性和科学性，因此，在现代企业管理中得到广泛应用，例如美孚公司使用的平衡记分卡，如表 10-2 所示。

资料链接

表 10－2　　美孚平衡记分卡

层次构面	战略主题	战略举措（关键成功因素）	关键绩效指标
财务构面（financial）	账务成长	资本运用报酬率 现有资产利用 获利 成本优势 获利成长	资本运用报酬率 现金流量 净毛利与竞争者相比较之排名 单位成本（与竞争者比较） 销售量成长（与竞争者比较） 高级品所占销售比例 非油类产品的营收与毛利
客户构面（customer）	让客户有愉悦的消费经验 双赢的经销商关系	使目标客户群有愉悦的构面经验 建立与经销商的双赢关系	目标市场的占有率 神秘访查评量 经销商毛利成长 经销商问卷调查
内部流程构面（internal）	建立经销优势 安全可靠 具竞争力的供应商品质 社区的好邻居	创新的产品与服务 业界最佳经销团队 炼油厂绩效 库存管理 成本优势 符合规格与交期 提升工作环境的安全卫生	新产品的投资报酬率 新产品被市场接受的比率 经销商品质评鉴 良品率落差 非计划性的停工 存货水准 缺货率 活动成本（与竞争者比较） 零缺失订单 环境意外事件发生次数 工时数
学习与成长构面（learning & growth）	训练有素且士气高昂的工作团队	利于行动的组织气候 员工核心能力与技术 策略性资讯的获取	员工满意度调查 完成个人记分卡的比率（%） 策略性员工技能 策略性资讯的完备性

二、关键绩效指标法

关键绩效指标（Key Performance Indicator，KPI），是通过对组织内部某一流程的输入端、输出端的关键参数进行设置、取样、计算、分析，对企业的运作项目的关键成功要素进行提炼和归纳，并衡量流程绩效的一种目标式量化管理指标，是把企业的战略目标分解为可运作的远景目标的工具，是企业绩效管理系统的基础。KPI 是现代企业中受到普遍重视的业绩考评方法。KPI 可以使部门主管明确部门的主要责任，并以此为基础，明确部门人员的业绩衡量指标，使业绩考评建立在量化的基础之上。建立明确的切实可行的 KPI 指标体系是做好绩效管理的关键。KPI 考评体系是一整套覆盖各项职能和各个层级的 KPI 考评指标管理系统，通过分析和计划、汇报和指导、考核三方面实现管理规范化，从而达到提高整体业绩的目的，其功能包括：分析和计划功能帮助分析工作问题，找到计划工作的重点；汇报和指导功能实现对向上汇报的重点、向下指导的方向；考核功能实现定量绩效考核，反映随时间进步的情况。

（一） 3PL 企业关键绩效指标的构建原则

3PL 企业在构建关键绩效指标体系时，一般应该遵循以下的原则。

（1）目标导向：KPI 必须依据企业目标、部门目标、职务目标等进行确定。

（2）注重工作质量：因为工作质量是企业竞争力的核心，但又难以衡量，因此，对工作质量建立指标进行控制特别重要。

（3）可操作性：关键业绩指标必须从技术上保证指标的可操作性，对每一指标都必须给予明确的定义，建立完善的信息收集渠道。

（4）强调输入和输出过程的控制：在设立 KPI 指标时，要优先考虑流程的输入和输出状况，将两者之间的过程视为一个整体，进行端点控制。

（5）SMART 原则：SMART 是 5 个英文单词首字母的缩写：S 代表具体（Specific），指绩效考核要切中特定的工作指标，不能笼统；M 代表可度量（Measurable），指绩效指标是数量化或者行为化的，验证这些绩效指标的数据或者信息是可以获得的；A 代表可实现（Attainable），指绩效指标在付出努力的情况下可以实现，避免设立过高或过低的目标；R 代表现实性（Realistic），指绩效指标是实实在在的，可以证明和观察；T 代表有时限（Time bound），注重完成绩效指标的特定期限。

（二） 确立关键绩效指标应把握的要点

（1）把个人和部门的目标与公司的整体战略目标联系起来，以全局的观念来思考问题。

（2）指标一般应当比较稳定，即如果业务流程基本未变，则关键指标的项目也不应有较大的变动。

（3）指标应当可控制，可以达到。

（4）关键指标应当简单明了，容易被执行者所接受和理解。

（5）对关键业绩指标要进行规范定义，可以对每一 KPI 指标建立“KPI 定义指标表”。

（三） 设定关键绩效指标的程序

建立 KPI 指标的要点在于流程性、计划性和系统性。首先，明确企业的战略目标，并利用头脑风暴法和鱼骨分析法找出企业的业务重点，也就是企业价值评估的重点。其次，再用头脑风暴法找出这些关键业务领域的关键业绩指标，即企业级 KPI。接下来，各部门的主管需要依据企业级KPI建立部门级KPI，并对相应部门的KPI进行分解，确定相关的要素目标，分析绩效驱动因数（技术、组织、人），确定实现目标的工作流程，分解出各部门级的KPI，以便确定评价指标体系。再次，各部门的主管和部门的KPI人员一起再将KPI进一步细分，分解为更细的KPI及各职位的业绩衡量指标。这种对KPI体系的建立和测评过程本身，就是企业战略目标的实现过程，也必将对各部门管理者的绩效管理工作起到很大的促进作用。指标体系确立之后，还需要设定评价标准。一般来说，指标指的是从哪些方面衡量或评价工作，解决“评价什么”的问题；而标准指的是在各个指标上分别应该达到什么样的水平，解决“被评价者怎样做，做多少”的问题。最后，必须对关键绩效指标进行审核。比如，审核这样一些问题：多个评价者对同一个绩效指标进行评价，结果是否能取得一致？这些指标的总和是否可以解释被评估者80%以上的工作目标的跟踪和监控？这些关键绩效指标是否可以操作？审核主要是为了确保这些关键绩效指标能够全面、客观地反映被评价对象的绩效，而且易于操作。关键绩效法的实施企业要上下同时落实，个人目标和企业的整体目标一致，会达到绩效管理效率的最大化。关键绩效指标法实施逻辑如图10-7所示。

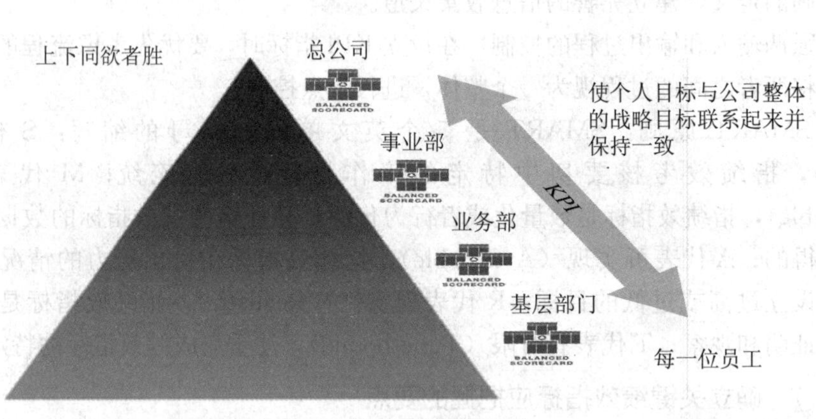

图10-7 KPI实施逻辑

（四）运用关键绩效进行绩效考核的难点

绩效管理最重要的是让职能部门（员工）明白企业对它（他们）的要求是什么，如何开展工作和改进工作，以及工作的报酬如何。绩效考核是绩效管理循环中的一个环节，绩效考核主要实现两个目的：一是绩效改进，二是价值评价。面向绩效改进的考核遵循PDCA循环模式，它的重点是问题的解决及方法的改进，从而实现绩效的改进，往往不和薪酬直接挂钩，但可以为价值评价提供依据。企业绩效评估经常遇到的一个很实际的问题就是，很难确定客观、量化的绩效指标，其实，对所有的绩效指标进行量化并不现实，也没有必要这么做。通过行为性的指标体系，也同样可以衡量企业绩效。

资料链接

KPI 与其他几个关键概念区别

我们在此把几个容易混淆的概念进行简单的区分，以方便大家学习和理解。

1. 关键结果领域（Key Result Area，KRA）

关键结果领域是企业为实现整体目标不可或缺的，必须取得满意结果的领域，是企业关键成功要素的聚集地。

2. 关键行为指标（Key Behavior Indicator，KBI）

关键行为指标是考察各部门及各级员工在一定时间、一定空间和一定职责范围内关键工作行为履行状况的量化指标，是对各部门和各级员工工作行为管理的集中体现。部门 KBI 得分不仅取决于所属全体员工 KBI 得分的简单叠加，也取决于部门本身的组织结构和管理模式。科学、合理的组织结构和管理模式有助于所属全体员工 KBI 得分相同的情况下部门 KBI 成绩的大幅度提升。KBI 是企业绩效管理的新思路，它使企业的行为管理和文化管理真正步入量化和标准化管理的时代，使绩效管理的作用更加彰显、功能更加完备。随着中国企业绩效管理实践的不断深入和绩效管理总体水平的不断提升，KBI 管理必将展现出越来越广阔的实际应用景。

3. 关键胜任能力指标（Key Competency Index，KCI）

KCI 考核是指对考核对象的高绩效达成的关键胜任力的评定，通过工作行为评定把能力、个性、动机、态度等进行量化和定性，最终使得反映绩效的过程影响因素可控、可观察、可培养。企业在初步引入绩效考核管理中是以业绩为导向的，但是随着企业的发展、竞争的加剧，企业要可持续发展，企业主管人员需要提升员工的个人能力，做好员工的能力建设，同时要引入 KCI 的考评管理。

三、SCOR 模型方法

SCOR 模型即供应链运作参考模型（Supply－Chain Operations Reference－model，SCOR），是由国际供应链协会（Supply－Chain Council）开发支持，适合于不同工业领域的供应链运作参考模型。1996 年春，两个位于美国波士顿的咨询公司——Pittiglio Rabin Todd & McGrath（PRTM）和 AMR Research（AMR）为了帮助企业更好地实施有效的供应链，实现从基于职能管理到基于流程管理的转变，牵头成立了供应链协会（SCC），并于当年年底发布了供应链运作参考模型（SCOR）。

SCOR 是第一个标准的供应链流程参考模型，是供应链的诊断工具，涵盖了所有行业。SCOR 使企业间能够准确地交流供应链问题，客观地评测其性能，确定性能改进的目标，并影响今后供应链管理软件的开发。流程参考模型通常包括一整套流程定义、测量指标和比较基准，以帮助企业开发流程改进的策略。SCOR 不是第一个流程参考模型，但却是第一个标准的供应链参考模型。SCOR 模型主要由四个部分组成：供应链管理流程的一般定义、对应于流程性能的指标基准，供应链“最佳实施”（best practices）

的描述以及选择供应链软件产品的信息，如图 10－8 所示。

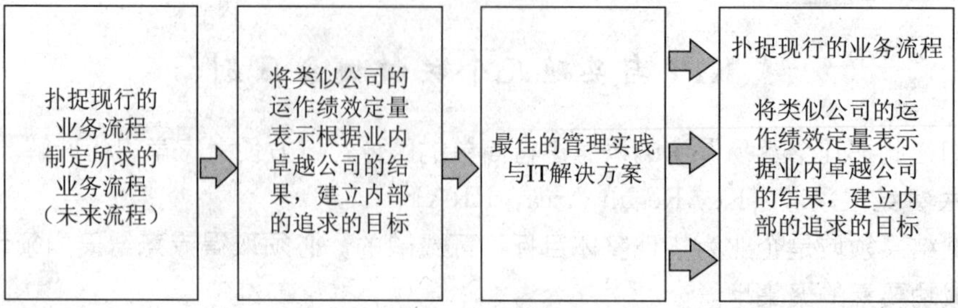

图 10－8　流程为核心的参考模式

SCOR 模型把业务流程重组、标杆比较和流程评测等著名的概念集成到一个跨功能的框架之中。SCOR 是一个为供应链伙伴之间有效沟通而设计的流程参考模型，是一个帮助管理者聚焦管理问题的标准语言。作为行业标准，SCOR 帮助管理者关注企业内部供应链。SCOR 用于描述、量度、评价供应链配置：规范的 SCOR 流程定义实际上允许任何供应链配置、量度；规范的 SCOR 尺度能使供应链绩效本衡量和标杆比较；供应链配置可以被评估以支持连续的改进和战略计划编制。

SCOR 模型按流程定义可分为三个层次，每一层都可用于分析企业供应链的运作，其中第一层描述五个基本流程：计划（plan）、采购（source）、生产（make）、配送（deliver）和退货（return），如图 10－9 所示。它定义了供应链运作参考模型的范围和内容，并确定了企业竞争性目标的基础。

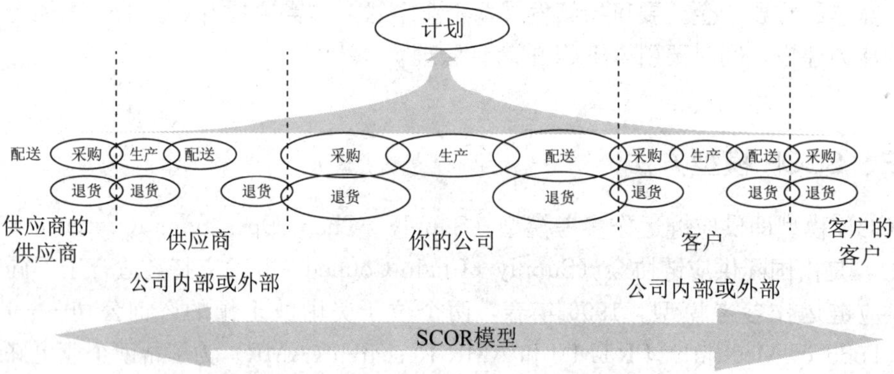

图 10－9　SCOR 模型的五个基本业务过程

第四节　第三方物流关键绩效评价指标应用

一、第三方物流企业关键绩效评价指标应用

关键绩效指标法的精髓是指企业业绩指标的设置必须与企业的战略挂钩，“关键”

两字的含义是指在某一阶段一个企业战略上需要解决的最主要的问题。例如处于超常增长状态的企业，业务迅速增长带来企业的组织结构迅速膨胀、员工队伍扩充、管理和技能短缺，流程和规范不健全成为制约企业有效应对高增长的主要问题，解决这些问题便成为该阶段对企业具有战略意义的关键所在，绩效管理体系必须针对这些问题的解决设计管理指标。根据赫兹伯格的“激励保健”理论，我们可以把现有的 KPI 指数分为协调与管控、激励两类。协调与管控部分指的是高层管理采用何种管理措施与部门直接互动（包括流程的严谨度、时间的分配、管理重点等），一般包括“人力资源计划/流程”“财务管控与计划/流程”“营运管控与计划/流程”，可以直接用考评结果衡量；“奖励”“机会”“价值观与信念”属于激励部分，指的是高层管理为激发整体管理团队所采取的激励政策与措施。

借鉴 KPI 方法，根据我国 3PL 企业的组织设置、目标定位及国外物流企业的最佳实践，第三方物流绩效的管理最好是在以物流能力为核心，以供应链成本和最终客户满意度的灵敏性分析为基础，3PL 企业与客户共同制定是最好的，双方应合作开发合理的关键绩效指标。进行企业物流业务的绩效考核，衡量体系可以由三个关键部分构成：第三方物流能力考核、物流成本考核及物流部门绩效考核。

（一） 第三方物流能力考核

第三方物流能力包括统一与协调供应链各环节作业及实现最终客户的满意，要求物流角色专一，利益分享，强调物流渠道的贯通。其中，信息技术是应用硬件、软件与网络以利于物流信息的改进，强调可变性、整合性。在物流和资金流的过程中，还伴随着信息流。信息流动通畅与否，就是要看信息分享达到了什么程度。信息分享在功能部分与供应链伙伴之间交换物流战略与战术数据的愿望，强调物流、财务信息分享的形式与比例。此外，各环节之间的相互联系也是交换和应用信息的能力。接口标准化是不断寻找物流实践在组织之间共同应用的能力，要求与行业标准相符。由于作业的繁杂性，还应该力求操作简化，这样才能减少物流过程和关系的复杂性。

（二） 物流成本考核

物流成本是指伴随着企业的物流活动而发生的各种费用，是物流活动中所消耗的物化劳动和活劳动的货币表现，由三部分构成：伴随着货物的物理性位移发生的费用以及从事这些活动所必需的设备、设施的费用；物流信息的传送和处理活动发生的费用以及从事这些活动所必需的设备和设施的费用；对上述活动进行综合管理的费用。

1. 物流成本率

物流成本率＝年物流成本总额÷年销售额

这里的物流成本是完成特定物流活动所发生的真实成本。企业统计的物流成本是运输成本和配送中心的运营成本，由于没有标准的统计和成本划分，很多隐性的物流成本被划入生产成本和销售成本。科学的物流成本应该是以物流活动为基础的，所有与完成物流功能有关的成本都应该包括在以活动为基础的成本分类中。

2. 库存周转率

库存周转率＝年销售量÷平均库存水平

库存周转率数值越高则反映运营情况越好，库存占压资金越少。以食品企业为例，根据调查得到的国内食品企业 2012 年销量数据和库存数据，目前企业的库存周转率在 50%左右，取得了较高的周转水平。在未来的组织中库存周转率主要考核的对象应该是产品事业部。

3. 客户服务水平

客户服务水平＝成功满足客户需求的次数÷总的服务提供次数

第三方物流顾客服务可定义为是 3PL 企业向顾客提供的贯穿于双方合作过程中的各种活动。物流活动从本质上说就是一种服务。现代物流管理的实质就是在顾客满意的前提下，在权衡服务成本的基础上，向物流需求方（顾客）提供高效、迅速的物流服务。第三方物流作为物流专业化、社会化的重要形式，在与物流需求方的合作过程中，为顾客提供服务的好坏直接影响双方合作的效率和持久性。

具体来说，顾客服务水平可以量化为以下几个指标。

（1）无误交货率。

无误交货率＝单位时间内准确按照顾客订单发货次数÷此段时期内发货总次数

成功地满足订单要求并及时交货，是物流企业中最重要的因素，主要的作业指标就是无误交货率。

在实际物流运作中，我们应该保证能够正确地按照客户的订单来交货。其实顾客最关心的也是这一点，若没有按照顾客的订单发货，给企业的服务形象造成的损害是最大的。因此在发货前必须根据顾客的订单反复审核所发货物是否符合顾客的要求。从这个角度上说，企业在配送中心设立订单管理员这个职位非常有必要，有专人从源头来跟踪和保证订单的传输和准确，降低订单的出错概率将极大提高 3PL 企业的服务质量与水平。

（2）交货的及时率。

交货的及时率＝当月准时送达车数÷当月送货总车数

目前，很多货物的交货时间可以达到短途次日交货。解决方案是通过设立区域配送中心进行针对重点城市和地区的有能力接整车的一级批发商和二级批发商进行直运，在大区内其他省份设立二次分拨中心来支持县、乡、镇地区开展的深度分销策略，进行更小批量的配送。

（3）货物的破损率。

货物破损率＝当月破损商品价值÷当月发送商品总价值

这个指标用来衡量在向顾客配送过程中货物的破损率，一般最高限额是 5%，破损情况很多是在货物的装卸过程中发生的。在出货高峰期，由于没有足够的装卸力量导致发货速度慢和较高的破损率，建议的解决方式是在销售旺季的出货高峰期，配送中心租用叉车来降低破损率、提高装卸速度。

（4）投诉次数。

承运商帮助企业将货物送达给客户，所以承运商在和顾客进行货物交接的过程代表着企业的服务形象，在这一过程中提供尽可能多的服务将提高顾客对企业的忠诚度，但配送中心反映顾客投诉最多的还是承运商在和顾客交接过程中服务没有完全到位。针对客户的投诉，3PL 企业应该细化和承运商的服务协议，在协议中明确提出帮助卸货、到货前通知顾客，以及代收退货等基本服务和可能实施的代收货款。

（三）　物流部门绩效考核

作为一个利润中心，物流部门的绩效考核主要是在一定的物流费用率下的物流销售收益和客户服务水平的考核。虽然物流企业是一个利润中心，其利润贡献的最直接衡量指标是销售收益，但为了达到降低物流成本的目的，物流销售收益必须是一定物流费用率下的收益，超过规定物流费用率，部门收益需要打折扣（这里的物流费用只包括运输费用、仓储费用、管理费用，不包括存货成本等）。如果实际物流费用率比标准费用率高出很多，超过权重上限，则部门收益为零，甚至为负数。物流费用率标准的制定采用目标期望法，为达到费用率逐年降低的目标，可依据上一年度的物流费用率为本年度物流费用率，同时排除能源、劳动力的价格波动及交通法规等变化的影响。

1. 物流毛收益

物流毛收益＝年物流服务收入总额÷年物流服务支出总额

2. 物流费用率

物流费用率＝年物流费用总额÷年销售额

3. 物流部门收益

物流部门收益＝（物流毛收益－管理费用）÷ 物流费用率权重参数÷物流费用率权重修正系数

物流费用率权重系数：权重系数＝目标费用率÷实际费用率（根据实际情况设置权重系数上限）

物流费用率权重修正系数：修正系数＝物流费用率权重系数÷（能源、劳动力价格）权重÷（其他）权重

能源劳动力价格修正系数：修正系数＝考核期内平均价格水平÷考核期初价格水平

4. 物流效用增长率

物流效用增长率＝（物流费用比上一年增长率）÷（销售额比上一年增长率）

物流效用增长率合理的比率应该小于 1，如果比率大于 1，考核物流费用控制具有降低的空间。物流部与产品事业部的物流费用结算，初期按照实际发生的物流费用计量，在形成一个稳定的产品运距预算后，物流费用的按照产品运距计量。

5. 物流运营费用比率

物流运营费用比率＝（仓库租金＋汽运铁路运费）÷支出总额

该指标可以作为物流部门考核指标，也可作为物流部考核配送中心的指标。

表 10－3 是为某 3PL 企业为一个物流项目制定的运输管理 KPI。内容包括准时交货指标、货运单签收及回单完成指标、货物安全性、运输损害报告反馈指标。在考核相关指标时首先要进行明确的定义，然后确定达成的标准。要注意标准既不能定得太高，脱离现实达不到，起不到应用的作用，若太低，达不到应有的水平，客户满意度会下降。对处罚措施也要制定得当，处罚太重企业会放弃，太轻不利于促进第三方物流保持一定服务标准，并且对超出标准的表现可以适当给予奖励。

表 10-3 运输管理 KPI 指标及处罚措施

类别	序号	KPI	定义	目标值	处罚措施	完成情况	复评
运输	1	准时交货指标	合同送货订单数占可添加订单总数的百分比	95%	每1%的差距扣1%的总运费		
	2	货运单签收及回单完成指标	规定时间返单	90%	每1%的差距扣0.5%的运费		
	3	货物安全性	安全送达次数比例	97%	每1%的差距扣0.5%的运费		
	4	运输损害报告指标	规定时间内反馈	24小时	每出现一次执行不到位的，扣3分		

综上所述，第三方物流运营绩效管理越来越受重视，但又不容易做好，涉及要素是多方面的。首先，3PL 企业是否真正明确第三方物流运营绩效管理的目的；其次，绩效管理体系包含的一切内容是否真正都是为这个目的服务；最后，3PL 企业在实施第三方物流运营绩效管理体系的时候是否真正一直坚持这个目的。另外，就第三方物流运营绩效管理体系本身而言，所涉及的层面也非常广泛，比如第三方物流运营绩效管理体系与3PL 企业内部其他管理体系之间的关系，绩效管理体系本身内部各个层面的关系是否平衡和协调。绩效管理是一项长期渐进的艰苦工作，只有牢牢把握绩效管理目标和核心这两个关键因素，然后再找到与这个目的和核心配套的办法和措施，也许就是“做正确的事情和正确地做事”的诠释吧。

二、SCOR 模型应用

（一） 基于 SCOR 模型的 3PL 企业营运与管理评价指标体系设计理念和依据

SCOR 模型作为一种描述和优化供应链过程的工具，是一种值得参考和借鉴的绩效评价方法，能指导企业进行流程梳理和绩效评价。它综合了多家顶级企业的绩效管理与评价的实践成果，提供的参考指标已得到广泛认可。SCOR 模型第二层结构定义的基本流程体现的是具备所有物流功能的企业进行全部供应链环节的过程，如图 10-10 所示。3PL 企业选择何种绩效评价方法取决于业务流程和经营特点。现代综合服务型 3PL 企业提供更加完善的物流服务能力，其业务流程如图 10-11 所示。企业根据客户的需求，提供收货、存储、送货一体化的服务。比较两图，不难发现 SCOR 模型和现代综合服务型 3PL 企业在业务流程上具有很强的相似性。因此，构建 3PL 企业绩效评价体系，必须立足 SCOR 模型的基本思想，将 SCOR 模型定义的基本流程与实际业务特征联系起来，并以此作为营运与管理评价指标体系的设计依据。

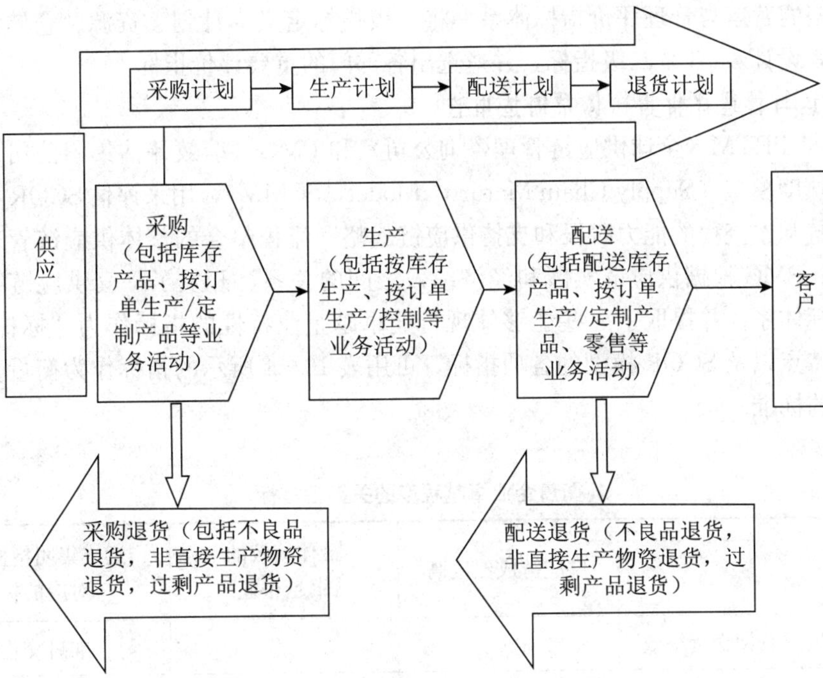

图 10－10　SCOR 模型对应的供应链业务流程

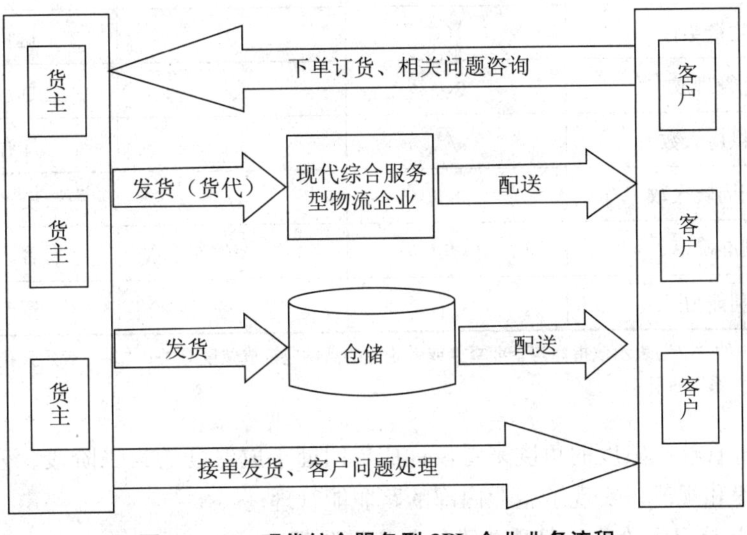

图 10－11　现代综合服务型 3PL 企业业务流程

（二）　实证研究：基于 SCOR 模型的远成集团营运与管理评价指标体系的构建

1. 营运与管理评价指标的确定

百强物流企业远成集团首批荣获我国“5A”级综合服务型物流企业资质，是“中国物流改革开放 30 年旗帜企业”。为反映集团营运与管理的实际以及战略目标，遵照指标与目标相适应、全面性、高效性、定性与定量分析相结合的原则，本书建立了基于

SCOR模型的营运与管理评价指标体系，将一级指标定义为计划、资源、仓储、配送和客户服务，设计了73个二级指标，并遴选出各部门的重要评价指标。

2. 营运与管理评价指标体系的适用性

2000年PRTM（全球供应链管理咨询公司）和PMG（绩效评估集团公司）提出了供应链成熟度模型（Supply Chain Maturity Model，SCMM），用来评估SCOR模型所定义的供应链基本流程的能力阶段和支持供应链战略和流程整合的整体供应链管理实践的能力阶段。PMG根据供应链实践和经济绩效之间的关系，开发了一套供应链绩效的整体评价指标体系，并提取了一些能够体现行业卓越企业特性的指标作为"标杆"。结合3PL企业特点以及SCOR模型的各项指标，可用表10-4所示的指标作为衡量企业是否达到卓越的标准。

表10-4　衡量企业卓越程度的关键性指标

	供应链成熟度高	最佳绩效的卓越企业	远成集团指标体系对应的指标
按照客户要求日期交货绩效	√	√	准时交货率
按照承诺期交货绩效	√	√	订单完美履行率
订单完成率	√	×	订单完成率
上游生产柔性	×	√	送货准确率
供应链管理成本	×	√	供应链总成本
库存供应天数	√	√	库存周转率
净资产周转次数	×	√	资产周转率
预测准确率	√	√	客户满意度
盈利能力	√	√	资产回报率

注：表格中的"√"表示该指标与企业卓越或者企业的高供应链成熟度有关；"×"表示该指标与企业卓越或高供应链成熟度关系不明显。

从供应链管理成熟度的角度来看，远成集团处于成熟度的第二阶段。公司制定了统一的操作流程和规范，实现了企业内部的跨职能管理。

3. 营运与管理评价指标权重的确定与应用分析

在选择营运与管理指标体系的评价方法时，需重点考虑指标权重的影响。

(1) 应用主观赋权法中的层次分析法确定指标体系权重。1971年美国匹兹堡大学萨蒂（Saaty）教授创立层次分析法，他用指标间的相对重要程度两两比较建立判别矩阵，再求得该矩阵的特征向量，其分量即为各指标的相对权重。通过对远成集团管理层的问卷调查，得到了关于计划、资源、仓储、配送、客户服务的比较判断矩阵，用AHP法确定一级指标（见表10-5）和二级指标的权重，设其为A（见表10-6、表10-7、表10-8、表10-9中层次分析权重一栏）。

(2) 应用客观赋权法中的主成分分析法确定指标体系权重。主成分分析法是研究如何将多指标问题转化为较少综合指标的一种重要统计方法，它能将高维空间问题转化到低维空间去处理，使问题变得比较简单、直观，而且这些综合指标之间互不相关，又能提供原有指标的绝大部分信息。使用主成分分析法的步骤包括：指标数据标准化（SPSS软件自动执行）、计算相关系数矩阵、计算特征值与特征向量、计算主成分贡献率及累计贡献率、计算主成分载荷和各主成分的得分。通过收集远成集团近两年的相关数据，经计算得到相应流程中的各二级指标值，用主成分分析法确定指标权重，设其为 B（见表 10-6、表 10-7、表 10-8、表 10-9 中主成分分析法权重一栏）。

(3) 应用综合分析法确定指标权重。由于层次分析法得到的权重较分散，而用主成分分析法得到的各指标权重又较为平均，为提高权重确定的精度和可信度，则运用综合赋权法综合以上两种方法的结果，得到综合权重。

假设用 AHP 法和主成分分析法得到的权重分别为 W_1、W_2，综合权重模型公式为：

$$W=\alpha \cdot W_1+\beta \cdot W_2\ (\alpha+\beta=1)$$

取线性综合评价模型得各时期综合指标评价值为：

$$u_i=W \cdot r_i$$

其中，$R_i=r_i$ 为标准化决策矩阵 R 的第 i（$i=1, 2, \cdots, m$）行。若记 $Y=(u_1, u_2, \cdots, u_m)$，为使各评价期的综合评价值之间的差异尽可能拉大以利于排序，考虑 Y 的方差：

$$s^2=\frac{1}{m}\sum_{i=1}^{m}(u_i-\bar{u})^2$$

其中，$\bar{u}$ 是所有备选方案的综合评价值的平均值。

若求得的权重值，可使 ms^2 达到最大，则 m 个待评时期方案的综合评价值之间的离差 s^2 达到最大，有利于不同时期综合指标的排序。

根据这个准则可建立非线性规划问题求得权重系数 α、β 如下：

$$\max\sum_{i=1}^{m}(\alpha \cdot W_1+\beta \cdot W_2) \cdot r_i-\frac{1}{m}[(\alpha \cdot W_1+\beta \cdot W_2) \cdot r_i]^2$$

$$\text{s. t. } \alpha+\beta=1$$

运用 lingo 软件得到权重系数如表 10-5 所示。

表 10-5　　评价指标权重系数

	α	β	一级指标权重
计划中二级指标权重系数	0.9512	0.0488	0.1041
资源中二级指标权重系数	0.6325	0.3675	0.1054
仓储中二级指标权重系数	0.9743	0.0256	0.2437
配送中二级指标权重系数	0.2526	0.7474	0.5018
客服中二级指标权重系数	0.0137	0.9863	0.045

设通过综合分析法得到的最终二级指标综合权重为 C，设加入一级指标后的最终权重为 D（D=一级指标权重×相应二级指标权重）。

表 10-6　　计划指标最终权重

指标名称	层次分析法得到的权重 A	主成分分析法得到的权重 B	综合分析法得到的权重 C	最终权重 D
送货准确率	0.2781	0.1178	0.2703	0.0318
订单完美履行率	0.1132	0.0897	0.1121	0.0132
供应链总成本	0.1766	0.1734	0.1764	0.0208
人员流失率	0.0723	0.1212	0.0747	0.0088
管理幅度	0.0329	0.1207	0.0372	0.0044
增值生产率	0.2781	0.1933	0.2740	0.0323
资产周转率	0.0481	0.1829	0.0547	0.0064

表 10-7　　仓储指标最终权重

指标名称	层次分析法得到的权重 A	主成分分析法得到的权重 B	综合分析法得到的权重 C	最终权重 D
仓库面积利用率	0.2812	0.1673	0.2783	0.0733
仓库作业与管理效率	0.0311	0.1544	0.0343	0.0090
准时发货率	0.0476	0.1425	0.0500	0.0132
仓位准确率	0.0723	0.1204	0.0735	0.0194
库存周转率	0.1747	0.1365	0.1737	0.0458
进、出库准确率	0.2812	0.1307	0.2773	0.0730
单位仓储成本	0.1120	0.1482	0.1129	0.0297

表 10-8　　配送指标最终权重

指标名称	层次分析法得到的权重 A	主成分分析法得到的权重 B	综合分析法得到的权重 C	最终权重 D
残损短少率	0.0818	0.2136	0.1803	0.1204
破损换箱率	0.1333	0.0509	0.0717	0.0287
运输正点率	0.2278	0.0103	0.0652	0.0058
送货分理及时率	0.2278	0.0103	0.0652	0.0058
中转及时率	0.2278	0.2167	0.2195	0.1222
返票及时率	0.0507	0.2478	0.1980	0.1397
返票合格率	0.0507	0.2478	0.1980	0.1397

表 10-9　　客服指标最终权重

指标名称	层次分析法得到的权重 A	主成分分析法得到的权重 B	综合分析法得到的权重 C	最终权重 D
业务下单及时率	0.1787	0.0747	0.0761	0.0041
客户投诉率	0.1605	0.1456	0.1458	0.0080
客户满意率	0.1787	0.2202	0.2196	0.0121
订货满足率	0.143	0.1239	0.1242	0.0068
客户贡献率	0.1787	0.2342	0.2334	0.0129
准时交货率	0.1605	0.2014	0.2008	0.0111

引入标准的供应链流程参考模型，比较分析了 SCOR 模型所对应的业务流程和现代综合服务型 3PL 企业的业务流程，结合 3PL 业务流程的特点，建立了远成集团营运与管理评价指标体系，有助于 3PL 企业实现从职能管理到基于流程管理的转变。同时，引入供应链成熟度模型，说明了评价指标体系的适用性；分别采用主客观赋权法和综合赋权法来确定指标权重，提高了权重确定的精度和可信度；并结合远成综合信息管理系统进行应用分析，为 3PL 企业的绩效评价提供了有益借鉴。

案例分析

佐川急便成功运营经验

佐川急便株式会社是日本著名的综合性 3PL 企业，全球 100 强物流企业之一，成立于 1957 年，2002 年的营业收入折合人民币约为 500 亿元，居日本物流行业第二位。公司在日本拥有 300 多个营业网点、2 万余辆汽车和 3 万余名职工。公司每年货物运量约为 11 亿个标准箱（标准运输单元，体积约 0.0264m^3）。2002 年 8 月，公司总部、全体分公司及营业店均获得 ISO 9001 认证，公司总部还获得 ISO 14001 认证。佐川急便株式会社的业务范围覆盖中国、中国香港、美国、新加坡、越南、菲律宾、马来西亚等国家和地区，在中国的北京、上海、西安、深圳等市已陆续设立国际货运代理或仓储公司，并已决定在近几年内以保利佐川物流有限公司为控股公司，逐步在中国设立几十个物流网点，以实现网络化物流服务。

佐川急便一方面业务迅速增长，另一方面能够做到多方（佐川急便、佐川急便的客户、佐川急便客户的客户、佐川急便客户的供应商）“共赢”，绝大多数情况下，是因为遵循着一种为顾客创造价值的经营理念，一套科学的运营模式、一种与客户及客户的客户保持良好的物流服务关系、一种高效的专业化服务等综合物流服务能力。

（1）透彻理解顾客物流服务需求，为顾客创造满意价值：佐川急便能够针对不同行业的客户需求提供灵活、高效的物流服务，提供 365 天 24 小时运作的全方位服务体制。佐川物流中心是一种不同行业能够利用的复合型物流中心，它能够适应每个季节的业务增减，灵活地调整有关物流经费（包括物流加工空间和员工）。这种柔性反应可以使客户为了有效控制繁忙期间的有关成本而随时增减其作业面积。佐川物流中心还可以根据客户所需要的业务内容，每天灵活地安排所需要的人员。在实际操作上，能够有效并及时地调节“空间”和“人员”。

（2）拥有完备的物流网络、先进的物流运营经验和管理体系：佐川急便经过近半个世纪的发展和开拓，在日本国内形成星罗棋布的物流网点，可保证随时根据客户的要求快捷、准确地将各类货物运达任何地点。通过过去几十年经验的不断积累，改进运营和作业方法，形成一套综合性第三方物流业务流程和运营经验，并形成相应的现代物流企业管理制度。在轻工、纺织和电子行业拥有广泛的客户群，并拥有丰富的现代物流经营管理经验和具有国际先进水平的计算机物流信息管理系统。

（3）拥有先进的物流技术手段和设备：随着现代物流产业向着网络化供应链式物流服务发展，佐川急便结合自己积累的物流实务经验，研发了拥有完全自主知识产权并具有国际先进水平的“E—Global”计算机物流信息管理系统，可保证对物流业务实行全程化跟踪管理、EDI 和电子结算等服务，充分满足客户的相关需求，并大大提高物流运作效率和可靠性，同时通过信息系统网和遍布日本的物流基地构成完备的物流体系，为顾客提供全面支援和服务，使顾客能随时掌握商品和原料的库存量，从而控制从订货到出库的流程。

此外，还根据客户的需求，研发了其他先进的物流技术和设备，比如：CTI 系统(Computer Telehpony Infoermatopnn)：实时自动高速处理顾客委托电话以及货物受理员与配送车辆之间的联系、发送和打印委托内容数据的系统；货物送达信息自动发送系统：为了提高货物行踪报告服务质量，佐川的所有配送车辆均装备专用通信系统，在货物送达后，该系统即刻自动向主电脑发出送达信息，由此可以实时向顾客提供配送状态信息。

（4）完善的业务流程：佐川急便可以在分析客户运作现状的基础上，定制个性化方案，设计的物流系统可以在较短时间内同客户系统相连接。佐川急便与日本冻餐行业的“老大”Nichirei（日本冷冻食品）融为一体，以快速、准确的速度与 Nichirei 设在日本各地的冷藏保温存储网络一道，为客户提供一流的冷藏运输服务，该物流公司在东京有 320 个固定的顾客。2006 年由于业务量的迅猛提升，该公司在总共提供的 10000 次服务中，受限于工作能力，产生了 1%的客户服务未满足率，并流失了这部分客户。平均每流失一个顾客，营业收入就损失 40000 美元。

案例讨论：

1. 对于以佐川急便为代表的仓储配送型 3PL 企业，应该建立怎样的绩效考核指标？

2. 如果你是佐川急便的领导，你将如何改进客户服务，以满足不断增长的业务需求？

基础练习

一、 判断题

1. 我们从事任何工作，都要通过该活动所产生的相关活动进行度量和评价，以此判断这项工作的绩效及其存在的价值。(　　)

2. 目前众多 3PL 企业绩效评价非常完美，没有缺陷。(　　)

3. 绩效管理顾名思义是解决让无形资产有效地创造价值的问题，它针对的是知识、技能和人的管理。(　　)

4. 第三方物流核心服务绩效体系包括物流运营服务体系、物流营销服务体系、物流技术支持服务体系。(　　)

5. 在信息时代，第三方物流企业主要用平衡记分卡、关键绩效指标、SCOR 模型等方法进行绩效评价管理。(　　)

二、 思考题

1. 建立 3PL 企业评价指标体系一般应遵循哪些原则?

2. 什么是平衡记分卡法? 它从几个方面确保组织从系统观的角度反映战略的实施?

3. 具体来说，3PL 企业运营服务水平可以量化为哪些指标?

4. 关键业绩指标法（KPI）的含义是什么? 请用 KPI 方法分析构建 3PL 企业的绩效衡量体系。

知识应用

请用“第三方物流绩效管理管理”相关知识，对本书模块一“物流聚焦”中的“解决企业现实问题”案例进行 3PL 企业某项业务运行的 KPI 指标制定。

模块十一　第三方物流虚拟资源协同集成

学习目标

知识目标

1. 深刻理解 3PL 企业虚拟资源协同集成内涵。
2. 掌握虚拟库存管理、协同配送、资源集成对第三方物流运营的作用。
3. 掌握集成承运商的主要指标和评价方法。
4. 理解层次分析法在物流需求方对第三方物流供应商集成中的应用。

技术目标

1. 会根据企业的现实条件做出自建或外包物流的正确决策。
2. 会为第三方物流企业选择合适的承运商。

能力目标

1. 培养供应链的管理思想，树立外包和合作的经营理念。
2. 树立资源集成理念，培养进行物流资源集成优化的能力。

物流聚焦

新时期戴尔的成功秘诀

戴尔公司可以说是虚拟经营的杰出典范。有人说，戴尔的效率来源于它的“虚拟”本性。其虚拟集成模式和网上销售的成功让人们更贴切地领会了虚拟经营的妙不可言。

1984 年迈克尔·戴尔凭借“按照用户的要求制造电脑，避开中间商直接把电脑销售给用户”这样一条简单的经营理念，开始了他的创业之旅。这一经营模式解决了中间商谋取高额利润的现象及因高库存带来的成本和风险问题。人们称这种销售方式为直销，它给戴尔公司带来了巨大的成本优势。戴尔对这种全新经营方式的解释是：“以客户为中心，与供应商建立伙伴关系，多种批量订购，即订即产。”

1. 全新的经营模式

材料、零配件—仓库—装配、制造—仓库—客户，这是传统的经营模式，周期一般 2～3 个月。而戴尔的虚拟集成是装配、制造—客户，周期短，为 2～5 天，最长 11 天，制造商与材料、配件供应商、客户之间是虚拟关系，没有产品和成品积压，没有应收账款。戴尔公司充分运用技术和信息打破了供应商、制造商与用户之间的传统价值链中的界限，虚拟经营的优势在戴尔的发展历程中发挥得淋漓尽致。戴尔根据用户要求，按单生产，即订即产。在零部件供应方面，戴尔自己不制造零部件，而是挑选可靠的供应商并与之建立伙伴关系，并且将供应商的技术人员当作自己的技术人员，对客户投诉零部件问题，由供应商的技术人员到现场去处理，回来后再与戴尔研究改进质量的办法。这种与供应商的关系实现了买方和卖方信息价值共享。在客户方面，戴尔有的放矢，采取不同策略区别对待。对大客户派技术人员进驻帮助解决技术问题。

2. 知识经济的魔力

可以说，当今世界没有一个信息匮乏的国家可以富起来，也没有一个信息丰富的国家能够穷下去，企业也是如此。戴尔与供应商、客户之间直接交换信息，既准确把握了即时即刻的供求关系，又省去了花在中间商业环节上的费用，降低了库存的风险。这就是知识经济时代的生产特征，即：信息化、网络化、虚拟化、个性化、及时敏捷生产、用户直接指挥生产、厂家与用户合作设计、供应商与生产厂家一体化。

戴尔基本不占用自有的资金，名气作大之后更是如此，客户的订金到手，戴尔才去采购，充分利用信息，通过网络系统把信息分解到每一个员工。戴尔的速度可细分为：①快速了解供应商、客户的信息；②快速把最新技术介绍给用户，它的新产品面市一般比 IBM、康柏提前半年；③按单生产，制造速度快。

知识经济时代的重要特征是全球化，企业都在全球经济范围内考虑问题，跨国公司靠 A 国的智力去 B 国采购，再到 C 国去生产，最后面向全球销售。由于信息量的加大和信息流的加快，如果谁跟不上这个发展速度，谁就将被淘汰。

请思考：是什么让戴尔在激烈竞争环境中获胜？（这就是本章要重点研究的虚拟资源集成问题）

现代物流业作为一个新兴产业已经成为我国国民经济新的增长点，物流产业的发展水平在一定程度上反映国家的综合国力。现代物流发展过程就是物流资源集成化程度不断提高的过程，专业化、集约化、社会化是现代物流发展的主要趋势。集成是物流管理存在的基石，物流资源的协同集成能力是 3PL 企业核心竞争力之一。3PL 企业可以通过有效协同集成社会物流资源的途径，采用物流信息化手段对仓储、运力和物流信息等实体和虚拟物流资源进行协同集成，在为厂商和消费者提供一流的优质物流服务的同时，实现公平合理的协同运作成本分摊和协同效益分配，增强物流服务的供应能力，提升服务质量和水平，从而整体提高第三方物流的运作效率和社会效益。

第一节　第三方物流虚拟资源协同集成

一、物流企业资源整合

物流企业资源整合是实现物流企业的规模化与集约化的重要途径，可有效提高企业资源利用率，服务于社会，包括物流企业的客户资源、信息资源、物流流程、能力资源、组织资源等整合内容。物流企业的资源整合，对促进现代物流的发展、推动经济社会全面发展等方面有着积极的意义。

（一） 物流企业的客户资源整合

物流企业的客户广义上包括上游供应商和下游的需求方，狭义的客户专指下游需求方。现代物流的本质就是客户服务，就是在新的管理技术和现代服务理念基础上形成的客户服务。因此，客户资源整合是在现代物流的活动中，将客户资源集中在一个系统中进行统一设计和运用，根据客户价值为其提供差异化的产品和服务，提高客户的满意度，并把满意的客户转变成为忠诚客户，建立起长期合作的战略伙伴关系，从而最终实现客户服务成本最低化、客户服务效率和效益最大化的目标。由于物流企业的客户资产具有不可积累性、不可储存性，一旦物流企业的服务不再能满足客户的需求，以往的客户投资就会付之东流。因此，物流企业必须依据系统优化和供应链管理思想，采用各种客户资源整合的方法，对客户资源进行持续的整合，从而形成规模化、集成化和个性化的客户服务。

1. 留住老客户，发展新客户

物流企业的客户资源整合在操作层面上，就是为了争取客户，扩大市场份额。由于开发新客户的成本常常是留住老客户的5倍，所以客户资源整合的重点应该放在老客户方面，而老客户的示范效应对新客户的开发具有促进作用。留住老客户的最根本要领就是要把客户服务理念融于日常的物流管理活动中，具体来讲就是，一要经常开展对物流服务业务的管理评审，找出差距，持续改进；二要个性化，即随时跟踪主要客户和特定市场的发展。如若能实施全方位的物流服务将是留住老客户和发展新客户的最佳途径，也是一个拓展空间极大的服务创新理念。

2. 服务差异化，对不同层次的顾客提供不同层次的服务

一般来说，可根据客户对企业利润贡献的大小分为ABC三类：A类是对企业贡献最大的占5%的客户；B类是对企业贡献较大的占15%的客户；C类则是剩余80%的客户。针对A类客户提供VIP服务，就是要与他们保持最紧密的联系，如结成战略联盟、动态联盟等，要积极主动地服务，甚至有一些超前的服务设想和服务储备；对B类客户提供会员制服务，也要求与客户保持亲密的联系，尽可能地满足顾客的个性化需求；对C类客户主要提供标准化服务，即为客户提供行业最基本的服务。

3. 掌握客户知识，构建客户综合知识模型

客户服务是物流企业运作的核心要义所在，只有在全面掌握客户知识的基础上才能实施以顾客为导向的企业战略，并进行客户资源整合，才能充分发挥企业的核心竞争能力。为此，必须建立物流企业的综合客户知识模型。该模型主要由客户界定、客户沟通渠道、客户需求、客户交易行为、客户生命周期、客户关系等级和客户综合价值等子模型组成，它反映的不仅仅是简单的客户相关信息（属性）的集合，还包括对这些基本信息进行处理后产生的外延知识的汇集。综合客户知识模型为全面了解客户综合价值、客户关系的发展趋势提供详尽的信息，从而为实施有效的客户资源整合决策提供保障。

（二） 物流企业的能力资源整合

物流服务能力是指物流企业所具有的在尽可能低的总成本下提供有竞争优势的顾客服务的一种相对的评估。它是通过一系列的功能活动来实现的，而与这些功能领域有关

的工作相结合，便产生了实现物流需要的能力。

物流服务能力主要包括：①物流服务所需的有形的实体资源，如必须的运输设备、仓储设备、信息网络等；②物流服务所需的无形的技能资源，如网络设计、组织管理、货运组织方式、存货控制能力等；③物流服务所需的知识资源，如拥有丰富的物流管理知识、对具体产品的物流运作具有透彻的了解等；④有效的物流管理团队。能力资源整合就是要在互信和共赢机制作用下，通过对物流企业的无形资源和有形资源进行系统化的整合，以形成一个有机的资源整体，从而达到系统功能倍增的效果。

能力资源整合的途径主要有三种：①物流企业间的并购或参股；②建立广泛的战略联盟；③物流服务创新。

物流服务创新意味着 3PL 企业必须不断地推出新的物流服务产品来满足顾客的需求，即在基本服务的基础上延伸出许多相关的增值服务。具体说来，可从以下几方面入手：一是增加便利性的服务，如电子商务物流；二是加快反应速度的服务，如提高车辆运输速度；三是降低成本服务，以帮助顾客发掘第三利润源，降低物流成本；四是延伸服务，如 3PL 企业的服务范围可以向上延伸到市场调查与预测、采购及订单处理，向下可以延伸到配送、咨询等。

（三） 物流资源整合的特点

物流资源的整合与其他行业的资源整合相比有其特殊性。

第一是客户需求不断升级，客户个性化、差异化、专业化的要求，迫使物流企业参与到客户的采购、生产、运输等活动中，成为客户供应链中不可分割的组成部分。

第二是经营风险不断增加。时间和质量以及降低物流成本的要求，促使物流企业既要追求优质服务，又要不断降低运作成本，双重压力使物流企业的经营风险系数增加。

第三是市场竞争日益加剧，随着外资的大规模进入，市场竞争已经不是局部的，而是整体的、综合的。

第四是营销方式不断革新。销售方式的改变使物流方式相应地发生变化，要求物流服务必须更快捷，更省钱，同时提供更多的增值服务。

第五是信息技术不断进步。

现代物流的基础之一，是企业满足客户需要的前提，智能业务、远程业务、全程业务早已广泛应用。上述这些特点决定了当前以及未来能够适应客户需求的物流，应该是一种多环节活动，规模经营，具有网络化的特征。当前企业大量兼并重组的整合行为，正是它们追求这些特征的表现。

（四） 物流资源整合基本原则

在物流资源的整合操作中，应遵循一些原则才能实现效益最大化。

1. 目标导向原则

强调以顾客为导向。以顾客满意为企业经营的目标，要求企业物流资源整合必须紧扣顾客需求主题进行。以顾客为导向必须使企业各级人员都明确：企业生存和发展的基石是为顾客提供价值。顾客作为企业的重要“资产”，企业必须善待，必须创建并维护良好的顾客关系。将客户关系管理作为企业的长期发展战略，努力培养顾客对企业的忠诚度，这是企业物流资源整合得以成功的重要前提。

2. 规范化运作原则

这一原则指的是企业应按现代物流的要求，对物流整合的具体运作和物流作业流程再造进行规范，并确立科学合理的物流业绩评价标准，依此进行物流具体的运作组织和管理，以降低物流资源整合成本及损失，提高企业物流资源整合质量。现代物流需要对其所有的系统要素，围绕物流成本和物流客户服务之间的平衡进行系统优化。要想实现这一平衡，物流资源整合必须有完善的流程、作业规范体系和制度体系，这也是进行物流资源整合绩效评价的依据和标准。

3. 系统整体优化原则

这一原则就是指企业物流资源的整合要以实现企业物流系统的整体最优为目标，而不是系统内部的要素目标最优。因此，在实施这一原则并对企业物流资源进行整合时，需要确定一个系统边界，以便于整合运作的开展。最好以包含上下游企业和内部所有物流资源的供应链物流系统作为其系统边界。

4. 知识化战略管理原则

这一原则要求企业必须提高运用物流理论知识进行战略管理的能力。因为企业要想取得竞争的优势，只有不断创新，而创新的源泉主要是企业拥有的知识及其对知识管理运用的能力。因此，企业要想整合物流资源，再造物流流程，必须开展全方位的基于物流知识的战略管理，加大企业创新的广度和深度，真正形成以知识化战略管理为基础的核心竞争能力。这是企业物流资源整合能否成功的关键。

二、面向供应链的3PL虚拟资源集成现状

目前我国物流业的发展普遍存在着“小、散、弱”的特点，物流资源整合力差，服务水平有待提高；物流基础设施落后，物流要素条块分割、行业垄断严重；信息技术应用水平较低，物流信息化管理落后，不能满足需求；物流管理和技能人才短缺等。

针对发展中存在的问题，应该加快产权制度改革，激发企业活力；准确进行市场定位，选择合理主导区域，夯实物流网点建设；实施创新战略，培养核心竞争力，强化增值服务；加快物流信息化建设，推进信息技术应用，实现信息共享；营造良好发展环境，突破资金要素瓶颈；重视物流人才培养，创新物流人才培训和竞争机制，奠定企业发展的人才基础；倡导良好企业文化，以诚信为本，树立品牌形象。

从我国物流业的发展来看，物流资源的集成还处于刚刚起步阶段，供应链中信息常常被扭曲，企业之间缺乏合作，系统协调性较差；企业规模较小，运作能力较低，无法达到整个供应链的最优。具体分析如下。

（1）从仓储资源来看，我国的传统仓库面积可能已超过了市场需求量，但是分布不均，有的地区的仓储资源利用率还不高，造成大量闲置。

（2）从运输资源来看，我国铁路、公路、水路港口、机场，以及管道运输在内的各种运力的物流基础设施建设速度很快，但是各种运输方式之间的有效衔接不足，各种不合理运输现象时有发生。

（3）从信息资源来看，对信息化建设的投入体现在供应链体系、物流流程和企业的

信息化改造等方面，但是新技术被采用的很少，没有充分发挥信息技术在物流资源集成中的作用。多数企业仍主要采用手工操作，未能充分运用互联网、EDI等先进技术，及时准确处理不同地域的数据，将信息集成起来满足供应链管理的要求，库存控制决策没有与供应商联系起来，无法利用供应链资源。系统协调性差，无法建立对不确定性变化的跟踪与管理系统，不能响应市场需求，建立包括客户服务方面在内的SCM评价标准与激励机制。

三、第三方物流虚拟资源含义

（一） 虚拟企业

20世纪90年代以来，美国为了重塑制造业大国的形象，委托里海（Lehigh）大学建立较长期的制造技术规划基础结构课题进行专题研究，艾科卡（Iacocca）研究所的三位专家学者最终提交了一份名为《21世纪制造企业研究：一个工业主导的观点》的专题研究报告，他们认为在全球性竞争日益激烈、市场瞬息万变的环境下，仅仅整合单个企业的内部资源是无法满足快速变化的市场需求的，而应该以信誉度和竞争力为依据来选择合作伙伴，组成虚拟企业，提高企业整体的竞争力，最大限度地满足市场需求，即采取以虚拟企业为基础的敏捷制造模式。这份专题研究报告主要以制造业为研究背景，以“敏捷制造”为出发点和核心理念，于是，虚拟企业作为一种组织形态开始受到理论工作者的重视，关于虚拟企业的研究逐步成为理论研究的热点。威廉·戴维陶（Willian H. Davidow）等（1992）给虚拟企业进行了定义，他们认为虚拟企业是由一些独立的厂商和顾客通过信息技术联成的临时性网络组织，以实现信息共享、费用分摊和满足市场需求的目的。Apics（1995）认为虚拟企业是由许多企业集成在一起的系统，此系统就成为一种新的公司，它的供应商等好像不存在。在之后的几年中，专家学者们纷纷提出了自己的见解，虚拟企业引起了社会各界的重视。由于虚拟企业适应环境变化的特点、市场竞争需要，以及企业组织朝着网络化、敏捷化与竞争合作发展的趋势，于是可以使合作伙伴优势互补、风险和费用共担、资源和利益共享，迅速抓住市场机遇实现共赢。

虚拟企业的产生基于集成的思想，就是将分散在各个不同实体的资源集成起来，各成员企业为了共同利益只做自己擅长的工作，以使联盟以最短的反应时间和最少的投资，最大限度地满足市场需求。

尽管有关虚拟企业的定义与内涵还没有得到统一，不过一般从三个角度来理解：

（1）产品角度。具备生产虚拟产品（其主要特点是成本低廉、费时短、多地点供给、选择多样化）的、经过彻底改造的企业被称为虚拟企业。

（2）信息网络角度。组织结构无形化、通过信息网络加以联结的企业组织，其典型形态如网上商店、网上银行等。

（3）运行方式角度。指的是众多企业通过虚拟关系（如短期的、非固定的合同）形成的企业网络中的核心企业（如耐克），该网络的特点是功能特点专长化、存在形式离散化、运作方式合作化。因此，狭义的“虚拟企业”往往指的是网络企业，广义的“虚拟企业”指的是具有“虚拟经营”特征的企业。

虚拟企业具有复杂性、自组织性及模块化特性。模块化是协调虚拟企业复杂系统的有效方法；可以从系统科学角度分析虚拟企业协调的核心地位，通过虚拟企业协调与协调机制的概念界定，构建由决策层、运作层与信息层协调机制以及组织协调机制和协调保障机制组成的虚拟企业协调机制的结构模型。

（二） 虚拟经营

虚拟经营是指突破传统企业组织机构的有形界限，虽然具备设计、生产、营销、财务等功能，但是在企业内却没有设置完整地执行这些功能的组织机构。企业仅把专利权、品牌、营销渠道或研发能力等依赖性强的高增值部分掌握在自己手中，而把自己不擅长的、实力不够或没有优势的其他部分分化出去，也就是把其他功能虚拟化，通过各种方式借助外力进行整合弥补。在经济全球化、公平竞争白热化、市场加速变化、客户需求更加难以琢磨与满足、资源稀缺与配置不均同时存在的今天，虚拟经营已经成为企业维持生存的有效手段。

亨利·福特有一句名言："你可以没有资金，没有工厂，没有产品，甚至可以没有工人，但你不能没有品牌，有品牌就有市场，当然也会有其他。"另据一项国际调查显示，到 2020 年全球消费者将会把 50%的收入用于满足精神、文化之需，这意味着品牌经营将具有无限的市场潜力。虚拟经营并没有远离品牌运作，因为虚拟经营本质上是品牌运作的高级形式。一般来说，我们可以通过虚拟生产和虚拟营销这两条途径来实现品牌价值的升级。

经济全球化、信息和通信技术的快速发展促使企业组织形式发生深刻变化，在全球范围内掀起了企业组织的第五代创新热潮，诸如福特与日产、通用与丰田、微软与英特尔、联想与东芝、北大方正与 IBM，以及耐克、思科、戴尔、宏基等众多名企都成功运用了以企业联盟和虚拟企业为代表的网络化企业组织新形式。目前，理论界和实业界非常认同企业联盟和虚拟企业，认为代表未来企业组织的发展方向。

随着电子商务的发展，在市场、成本与服务三大外在压力的促使下，单凭一个企业的资源已难以把握住快速变化的市场机遇，于是很多企业开始将注意力转向寻找 3PL 企业进行资源的整合。3PL 企业利用先进的信息通信技术和强大的资源整合能力，打破了企业现有的价值链结构，使其应对多变的市场机遇。在这种环境下，虚拟物流企业应运而生，虚拟企业组织形式成为 3PL 企业的发展趋势之一。

（三） 虚拟物流

任何一种新的组织形式的提出都不是偶然的，都与内外环境变化密切相关。虚拟物流的提出也有其深刻的背景：3PL 企业市场竞争环境的变化、企业内部条件的变化以及信息技术的日新月异。市场竞争的加剧、物流业务的深入和专业化的发展以及客户需求的个性化，使得大部分 3PL 企业仅凭自身的实力已经无法满足客户的需求，这样越来越多的 3PL 企业之间通过联盟方式建立合作伙伴关系，共同承担物流业务，提供日益完善的物流增值服务来不断满足目标客户的个性化需求。而虚拟物流的出现正好顺应了现代物流的发展要求，并逐渐成为 3PL 企业未来的发展方向。

1996 年美国学者斯图尔特（Stuart）等人在阿肯色州大学物流协会报告中首先提出了虚拟物流的概念，该报告认为虚拟物流就是利用通信网络技术与手段，虚拟整合遍布全球的企业仓库，形成一个大型物流支持系统来完成快速、精确、稳定的物资保障任务，满足物流市场的小批量、多频度的订货需求。虚拟物流的出现是经济全球化的必然结果，它突破了传统实体物流组织结构的有形界限，有效集成企业内部资源和虚拟物流资源，实现了从生产商、供应商、物流客户甚至竞争对手所组成的供应链的整合，提供优质物流服务，快速响应市场需求。学术界还没有达成对虚拟物流的统一定义，麦尔斯（Miles）等人（1994）认为虚拟物流本质上是“即时制”在全球范围内的应用，是多频度、小批量物资配送，它使企业能够实现在全球各地低成本地获取物资以及跨国生产产品，赢得市场竞争优势。《物流术语》（GB/T 18354—2006）对虚拟物流（virtual logistics）作了如下定义：为实现企业间物流资源共享和优化配置，以减少实体物流方式，所进行的基于信息技术及网络技术所进行的物流运作与管理。

目前，对虚拟物流的研究主要集中在伙伴选择、核心能力识别、组织结构与运作模式、虚拟采购与库存、协同配送、网站建设、物流管理技术与方法等方面。

（四）　虚拟物流企业

虚拟物流企业作为虚拟物流的主体，承担着组织、运行与管理虚拟物流的功能。目前，专家学者对虚拟物流企业进行了一些研究，如：戴勇（2001）认为虚拟物流企业是整合物流各环节承担者而组成的共同体，具有利益共享、信息和运作一体化、功能合理分配等特征。汪贻生等（2005）认为虚拟物流企业应属于虚拟企业范畴，是依靠计算机网络和现代化通信技术，由相互独立的、能够快速响应市场机遇的、核心能力互补的、相互独立的实体企业组织构成的暂时动态联盟，具有暂时性、动态性、快速性、开放性、多赢性和核心能力互补性的特点。

3PL 企业谋求从整体上降低供应链的总成本，同时也强调供应链的系统性与统一性。虚拟企业是由若干独立企业通过信息网络而组成的一种临时性组织，它远离平衡态并具有自组织性。从系统科学角度分析，虚拟企业系统具有功能综合、结构复杂、变量众多、多元动态等特点，显然它是一个复杂系统。

基于此，我们可以从系统的角度来剖析虚拟物流企业的特点。

（1）虚拟物流企业是一个多目标的系统。3PL 企业发展虚拟物流旨在通过系统整体的协调来帮助生产企业快速地获得市场机遇，弥补本身资源的不足，缩短产品上市时间，及时开发满足顾客需要的产品，从而降低供应链的总成本，迅速实现规模经济等。

（2）虚拟物流企业是一个多层次的系统。它通过运用信息技术将分布在不同地域的不同类型的成员企业集结在一起，从拓扑结构上看，是一个网络结构。

（3）虚拟物流企业本身的组建和运作是一个复杂的系统。3PL 公司作为核心企业负责信息、知识和资源的集成，与链中其他节点企业之间有着复杂的委托代理关系、信任管理关系、利益分配关系、任务与协调关系。

（4）虚拟物流还是一个动态的系统与过程。由于外界环境的复杂性、多变性与不可预测性，导致虚拟物流企业之间必须做出动态的调整。虚拟物流企业本身是为了一个项目而成立，当项目完成则解散。

在全球经济一体化的背景下，虚拟物流企业的发展将更加偏重于供应链各环节之间的集成与资源的共享。对于虚拟物流企业组织的构建与运行管理将用各种物流管理技术和法规来保证正确地实施，虚拟物流企业的应用方面将更加得以重视。

四、第三方物流虚拟资源集成含义

（一） 协同学理论

"协同"一词最早来源于古希腊文，是协调合作的意思。"协同学"（synergetics）意指"协同工作之学"，即关于系统内部各子系统如何相互竞争、相互合作的科学，是安排有序的、自组织的集体行为的科学。协同学研究这些子系统如何协作，形成宏观尺度上的空间、时间或功能结构，特别是研究这些子系统如何通过自组织的方式形成这种结构。对"协同"研究最早的是德国斯图加特大学的理论物理学教授赫尔曼·哈肯（Hermann·Haken）和美国著名战略管理学家安索夫（H. L. Ansoff，对协同的研究具体到了管理层面）两位学者。

协同学理论认为系统内部各子系统或要素之间的协同作用决定了系统能否发挥协同效应，若协同得好，则系统的整体功能就好，就会产生 1+1>2 的协同效应。供应链作为一个系统，其竞争力的强弱是由其内部各要素协同的好坏决定的。协同学理论中还有一个重要的概念即序参量，它控制事物的演化，以及演化的最终结构和有序程度。不同的系统序参量的物理意义也不同。我们要找到供应链系统中的序参量，这样才能更准确地控制供应链的发展，提高其竞争力。我们可以将供应链系统的序参量定义为整个供应链的成本，成本控制好了，供应链的竞争力也就相应地得到增强。

（二） 集成含义

《现代汉语词典》将集成解释为同类著作的汇集。集成（integration）在英语中解释为融合、综合、成为整体、一体化等。随着集成电路、信息集成、系统集成、计算机集成制造等的出现，集成一词在自然科学、社会科学的许多学科中得到广泛使用。

最早将集成作为术语进行解释和运用的是约瑟夫·哈林顿博士，他在 1973 年提出计算机集成制造的概念，认为核心在于集成，必须从信息和功能上整合企业的各职能领域和业务流程，组成一个有机整体，快速响应市场机遇，实现企业效益的整体优化，但是这个概念缺乏一般性，对集成本质的解释也不够全面。戴汝为（1995）认为集成就是综合复杂事物的各方面，集其大成。海峰（2001）等人则从集成对象、结果等方面指出集成是组合两个或两个以上的集成单元、要素和系统。

在企业的实践中也可以发现集成思想的使用，如企业管理组织结构中的矩阵式组织结构项目小组，就是为了某个项目的完成将市场营销、生产制造、研究开发等各类人员有机地组织起来，项目完成则组织解散，类似于虚拟企业组织。同样在物流企业的运作中，也贯彻了集成思想，如制造资源计划就是将生产管理中的生产计划管理、生产能力管理、库存管理、采购计划等有机地集成在一起；成组单元、计算机集成制造系统（CIMS）和虚拟制造等都是以管理系统为对象进行的系统集成。此外，已经出现了将制造资源计划与准时制生产（Just in Time，JIT）这两种不同的生产管理理念集成在一起，降低供应链的总成本。也就是说从企业资源计划、纵向一体化到战略联盟，从扁平化、网络化组织到学习型组织，从技术、信息、过程、系统等的集成到综合集成，人类社会生产和生活的各个方面都离不开集成的思想。

虚拟集成在决策时应注意的问题，即是否能够增加产品价值、改善营销进程、强化运营管理、增强技术力量，要应用得当。

资料链接

虚拟集成的来源

虚拟集成的概念于20世纪90年代末提出。1998年戴尔电脑创始人迈克尔·戴尔在接受美国《哈佛商业评论》杂志的社会观察栏目编辑琼·马格利特（Joan Magretta）的访谈中，将戴尔电脑的成功归结为戴尔公司与供应商以及与顾客之间的虚拟集成，并指出“互联网促使传统市场集成的模式发生根本改变，以信息资产为核心的虚拟集成正在逐步取代实体资产的垂直集成”。迈克尔·哈默（2008）也提出，“事实上，现在垂直集成正被与其性质相反的对应物所替代，我将其称为‘虚拟集成’”。虚拟集成的企业不再追求对整个价值链的完全控制，而是将价值创造活动改为由若干个各具核心能力的独立企业共同完成，形成了新的价值创造分工体系。

第二节　第三方物流虚拟资源协同集成运作途径

供应链一体化环境下的现代物流范围已跨越企业的边界，以制造企业为主体，以3PL企业为主导，统一协调和管理供应链上下游的供应商和分销商，整合仓储和运力等资源，共享信息，消除货物在仓储配送过程中的浪费。作为第三方物流未来发展方向，虚拟资源集成运作将成为其主要应用手段。

一、虚拟物流和虚拟库存管理成为第三方物流发展趋势

库存管理作为物流与信息的交汇地，仓库的布局、数量与结构，以及库存控制策略的选择、库存量等都直接影响生产物流、供应物流、销售物流的管理方式。伴随虚拟物流逐渐成为现代物流发展的主流模式之一，虚拟库存管理随之成为企业获得竞争优势的不可或缺的条件。

城市化进程的加快导致交通压力增大，“低碳物流”理念的倡导和城市配送体系的建设急需整合仓储资源，建立货物中转场所。区域经济的发展使不同地区仓储资源的整合成为必然，城乡一体化建设需要完善的商贸服务体系配套：不同货物的位移、储存所要求的仓储环境和出入库服务是不同的，商业网点规划设计与仓库的布局互为依托。土地资源的稀缺性决定了仓库的数量和仓储面积的有限性，这就要求仓储基础设施建设必须向集约化方向发展，合理布局，整合闲置的仓储资源。

随着市场竞争的加剧，人力、土地等资源成本持续上升，物流业务深入和专业化的发展以及客户个性化的需求，使越来越多的3PL企业之间通过兼并重组方式组成战略联

盟，建立合作伙伴关系，共同承担物流业务，以满足客户日益复杂的个性化需求。如：美特斯·邦威采取“哑铃式结构”的虚拟经营模式，整个企业没有生产车间、没有仓库，而是将产品外包，产品销售交给加盟商，自己专注于设计产品与开拓市场。此外，近年来国内期货市场不少商品持续出现“现货升水”现象。在期货价格低于现货价格的情况下，部分拥有库存的现货企业并没有选择“清仓”，而是通过期货市场将部分库存“虚拟化”。也就是说，企业在现货市场出售手中暂时空闲的库存，同时通过期货市场买入相等数量的期货合约，真实库存就转化为“虚拟库存”，这样不但增加了企业的现金流，还节约了一部分仓储费用。

二、协同配送是3PL企业集成虚拟物流资源的有效方式

（一）协同配送

协同学理论提出了适应市场的反应能力与速度的方法，对共同目标的认可、对合作伙伴知识与能力的需求和学习机会的增多是虚拟企业自组织形成的动力要素。在合作伙伴相互竞争和协同过程中，产生了适应环境的新结构和相应的运作准则，即虚拟企业的序参量，它支配着虚拟企业系统达到协同状态。其中，协同配送就是3PL企业进行物流资源集成的有效方式之一。

协同配送，又叫共同配送、联合配送。按照日本国土交通运输省的定义，协同配送是指“在城市里，为使物流合理化，在几个有定期运货需求的货主合作下，由一个卡车运输业者，使用一个运输系统进行的配送”。也就是把过去按不同货主和商品分别进行的物流配送，改变为不区分货主和商品的集中送货，即实现“货物及配送的集约化”，把物品装入在同一条运输路线的货运卡车上，为更多的顾客提供快速、安全、准确的物流配送服务。因此，可以这样认为，协同配送就是几个物流企业或运输企业，通过现代通信技术，结成短暂的、动态的或长期的、稳定的联盟，充分共享信息和资源，对运输配送网络按客户的需求灵活地制定配送路线的一种合作运输方式。

协同配送中的“协同”可以从以下几方面来理解：一是供应链各环节的协调，例如库存、分配、运输环节之间的协调；二是供应链各节点的协调，例如需求方、供应方、配送中心节点之间的协调；三是目标之间的协调，例如成本和服务水平之间的协调等。

协同配送属于企业联盟的资源集成方式。企业之间以合同或者战略联盟形式，充分共享资源，整合彼此分散的运输资源，将对不同线路的客户配送整合到一辆车或几辆车上，从而充分地利用现有资源，减少浪费。构成协同配送这一资源集成方式的三要素分别是：一是存在两家或者两家以上有集成意向的3PL企业。二是愿意参与集成的企业都拥有运输资源（包括运输车辆和配送网络等），并且协同配送的资源有集成的“活性”——主要是指配送网络的重叠等。三是协同配送的资源集成手段就是“协同”。协同学理论认为协同最理想的状态是形成自组织结构，说明若参与协同配送这一资源集成活动的企业是自愿的或者是有强烈愿望的，那么，所进行集成的效果才是最好的。现在很多的整合活动并不是双方自愿的，或者说双方在整合过程中所处的地位、所起的作用都是不一样的，导致一方受制于另一方，达不到最佳状态。

（二）协同配送效益

协同配送作为3PL企业集成虚拟物流资源的一种有效方式，其实施会带来可观的社会效益和经济效益。首先，协同配送有利于实现宏观物流的效率化；可以优化装卸、搬运、仓储、加工、包装等环节，使物流活动能快速、高效地运作；有助于打破地区分割的流通格局，形成与社会化大生产相适应的社会化大流通格局，使物流体系趋于科学化；可以协同共用地区所有的物流设施与设备，物尽其用，减少城市交通堵塞和环境污染等社会问题。其次，协同配送统一指挥、调度运输车辆，优化配送路径，这样有利于提高车辆的使用率，降低运输成本，实现运输资源的优化配置。同时，充分体现协同配送在运输管理方面的优势。再次，实施协同配送的作业人员专业化，有利于长期维持服务品质，提供满足客户需求的高质量物流服务。企业服务的关键在于留住客户。协同配送采用横向联合方式，由同一卡车运输业者，使用一个运输系统完成多个用户的配送，节省了货物的储存成本，很好地满足了客户需求。最后，协同配送有利于增加物流企业的经营效率。协同配送能有效降低物流成本，提高物流效率，使企业获得多方面的好处。

三、资源集成是第三方物流虚拟资源协同效益发挥的基础

通常情况下提到的资源集成是指客户资源、能力资源和信息资源集成。具体来讲，从战略层面分析，资源集成是秉承系统论的思维，通过沟通、组织和协调，整合企业内部职能部门和外部合作的伙伴企业，形成一个为客户服务的有机系统，取得规模效益。从战术层面分析，集成是优化配置资源的有效手段，遵循企业发展战略，寻求客户需求与资源配置的最佳结合点，优化配置虚拟物流资源。资源集成的目的是要通过制度安排、管理运作来进行沟通、组织和协调，实现资源配置的帕累托最优，增强企业的竞争优势，提高客户服务水平，满足市场需求。可以说，通过资源集成，企业可以使外部和内部提供的服务实现无缝对接，同时能够对这些服务进行严密的控制，并不断地对其有效性进行评估。资源集成不是对外包的简单改进，而是一种创新，使企业不再局限于简单的消减经营成本，而是致力于增强自身的经营能力、全球化扩张能力、应变能力、盈利能力和竞争力。企业成功的关键在于制定与公司的整体经营战略保持一致的资源利用战略，并一直能够有效地控制公司的全局。

王之泰（2002）在分析了现有资源集成（整合）概念后，觉得存在局限性和片面性，认为集成是科学和艺术的集合体，并对资源集成做了如下的定义：根据利润、市场占有、垄断和系统优化等的需要，选择相关资源进行横向集聚，形成能够满足需求的新的资源组合。这个定义强调了横向积聚，而不是纵向的组合。他还进一步分析了资源集成的三个要素，即集成者、资源、集成手段。①集成者指的是资源集成的双方，虽然我们看到的很多资源集成的案例都是一方主导，一方集成另一方，但是这并非资源集成的初衷，资源集成的双方应该处于平等地位，资源互补、优势互补，达到“强强联合”的目的。满足集成的基本条件是当事人自己虽然缺乏整合与运作的能力，但是当事人拥有被整合的资源，并愿意参加集成。②资源要素包含资源有集成的“活性”和存在可以被集成的资源等两方面。资源之所以缺乏活性主要有三个原因：资源的垄断性（如铁路资

源）、资源的不可分割性（因各种因素形成的资源捆绑）、资源信息封闭；可以被集成的资源，一方面，由于计划经济体制分割和盲目建设导致的闲置或低效率的资源。另一方面，由于缺乏现存的资源，这些需要同构新建来取得，而非整合。③资源集成是一门智慧和艺术，不存在固定的集成手段，通常采用工作协议、企业联盟、企业集群和并购等集成方式。

物流资源集成就是为了适应不断变化的市场环境，转变物流产业增长方式，适合物流产业融合性的特点，提高物流产业的集中度，在科学合理的制度安排下，借助现代科技特别是计算机网络和通信技术，以顾客需求为导向，以实现物流系统整体最优和培养企业核心竞争力为主要目标，将企业有限的物流资源与社会分散的物流资源进行无缝化链接的一种动态管理运作体系。物流资源集成本身就是一个主动寻优的过程，通过竞争性的互补关系将各要素组合在一起，相互取长补短，集聚优势，协同放大，从而实现共同体整体功能的倍增。通过物流资源集成可以实现企业资源的合理配置，提高物流资源利用率，满足客户对物流服务的需求。

四、信息共享是3PL企业集成虚拟物流资源的有效手段

3PL企业的整体信息化不仅包含仓储、运输、配送等运营功能以及市场营销功能，还包括企业内部的行政管理、财务管理和人力资源管理等功能系统。

张阐军等（2008）指出在供应链物流管理模式下，信息技术在物流管理中的应用使传统库存管理的三要素——库存地址、库存保管者及库存所有者的界限变得模糊。信息技术可以建立虚拟的物流联盟，有效缓解“牛鞭效应”带来的危害。需求信息的共享使得供应链中订购数量的变化实现了明显改善，制造商和分销商等供应链的上游成员企业的改善程度明显好于零售商等供应链的下游成员企业。由于共享数据对供应链上游成员企业更为有利，加之零售商担心自己的商业信息的泄密，导致下游的许多零售商不愿意共享销售数据。因此，为了顺利实现供应链中的信息共享，从分摊成本、共享收益的角度出发，供应链上游的成员企业应该主动采用相应的激励政策来调动下游成员企业共享数据的积极性。

当前，国内专家学者在汲取国外研究成果的基础上，深化了信息共享激励机制的研究，如：常志平、蒋馥（2003）根据信息共享的内容、目的和功能，将供应链的信息共享分为作业信息层、管理信息层和战略信息层3个层次。供应链中的企业应依据上述因素，评估、选定符合自己的信息共享层级。信息共享可以简单理解为供应链中合作伙伴之间在一定范围内对信息的公开与交流。掌握足够（但绝不是越多越好）的信息有利于制定更合理的决策，适应复杂多变的市场环境要求。张子刚等（2004）提出运用价格杠杆来激励供应链中上下游企业参与共享信息，谋求形成规模效应。申悦等（2005）深入分析了Bertrand价格式寡头竞争下的零售商与供应商之间成本信息共享价值问题，认为某种条件下可以通过供应商向零售商支付一定的费用来实现完全的信息共享。王瑛（2005）认为一次性补贴和价格优惠可以使供应链伙伴都可以获得信息共享带来的好处，有利于提高伙伴成员之间的信任程度，实现信息共享。

此外，国内一些专家学者还运用委托—代理模型来研究信息共享激励机制问题。如

马新安等（2002）运用多任务委托—代理动态模型来研究供应链中的供应活动和信息共享活动的最优激励问题，认为在正常供应活动及信息共享的激励中供应商努力成本的边际替代率起着关键性的作用。

五、3PL企业虚拟资源集成运作策略

（一） 3PL企业虚拟资源集成运作目标

网络化目标，提高物流效率的最重要条件是构建现代化的物流网络体系，包括物流设施网络、信息网络和业务经营网络。在物流企业的兼并整合中，经营网络往往被视为最有效的优势资源。有关资料表明，全世界跨国公司控制了世界生产的50％、贸易量的60％～70％、对外直接投资的90％。跨国公司为了实现竞争优势和全球范围内优化配置资源，要求物流提供商也能提供网络化、国际化服务。

规模效益目标，一方面，物流业务需要使用专门的物流设备及快捷的信息系统，这就需要很高的固定资金投入，并导致固定成本中占很大比例。所以，只有随着规模的扩大，物流平均成本才会呈现出下降的趋势，具有规模经济性，达到盈利目的，保证物流企业的生存。另一方面，物流业务范围一般涉足全国甚至国际市场，要求3PL企业必须拥有一个遍布全国的网络体系，才能顺利完成每笔业务的收取、存储、分拣、运输和递送工作。

多环节活动目标，传统的物流企业根据业务分为水上运输企业、空运企业、储运企业和基于管理的物流企业。在整个物流系统中，这些企业基本上只提供单一环节的服务，或涉足的环节较少。随着竞争的加剧，市场分工更加明细，大量的制造企业把更多的资源用于增强其自身的核心业务，而要求其物流提供商能够提供有效的一体化综合物流服务。综合物流业务的开展需要实现海陆空等各种运输方式的一体化和各种物流功能的一体化，这就要求3PL企业进入物流系统的多个环节和领域。

（二） 3PL企业虚拟资源集成运作策略

3PL企业在提供增值性的服务过程中，应积极参与供应链建设，力求突破规模瓶颈，努力寻找合作伙伴，开展纵横联合，通过战略联盟等途径来实现共享信息、拓展市场、分享资源和运作能力。第三方物流资源集成不仅仅是对企业和社会原有的物流资源进行重新优化配置，更重要的是实现企业经营管理运作的根本性变革，促使企业的运作方式从由以职能为中心的传统运作方式向以优化资源配置为中心的现代企业运作方式进行根本性的转变。

1. 突破规模瓶颈

在西方发达国家，以第三方物流为主的“大物流”系统十分发达，企业对第三方物流的利用率超过了75％，而在中国尚不足30％。第三方物流业务要使用专门的物流设施、快速反应的信息系统，一般需要很高的固定资本投入，固定成本在总成本中占有很大的比例。对于许多中小企业来说，扩大规模、整合对手需要一笔大的资金投入，会给他们带来不小的风险。而固定成本的大额投入，又只能随着规模的扩大，物流平均成本才会呈现出下降的趋势，具有规模经济性。从市场竞争的要求看，第三方物流也只有拥

有一定的规模时，才能确保单位收益大于其平均成本，才可能盈利。因此一定的经营规模是 3PL 企业得以生存的必要条件。第三方物流由于规模大、现代化水平高，加之契约制度的完善，因而它能够有效地协调生产、流通和消费之间的物流活动，通过和企业的契约关系，利用信息化高科技手段、专业化的设备，才能把物流活动的各环节从点到面有机地串联起来，快速完成物流过程。

2. 建立物流战略联盟

3PL 企业通过战略联盟可以实现资源共享，开拓新市场等特定战略目标，可以分享约定的资源和能力。通过战略联盟，3PL 企业可以在未来进行大规模资本投入的情况下，利用伙伴企业的物流服务资源，增加物流服务品种，扩大物流服务的地域覆盖面，为客户提供一体化物流服务，提升市场份额和竞争能力。相同的文化背景和彼此相互依赖、有效而积极的信息沟通、共同的企业经营目标和凝聚力、技术上的互补能力、双方高层管理人员在管理方面的共同努力等，是物流企业战略联盟成功的关键因素。

3. 信息资源的有效整合

信息资源整合的关键就在于建立跨企业边界的信息共享机制。在一个多利益群体当中，如果没有较充分的信息共享，就很容易出现机会主义行为，难以合作成功。信息资源整合离不开 IT 系统的支持，包括网络技术、通信技术和软硬件技术支持。由于技术支持的保障，现代物流的协同可以实现企业之间、功能小组之间、人员之间以及与顾客之间的一对一、一对多、多对一、多对多等多形态的协同方式，从而更好地将各自的优势资源整合起来，共同为顾客提供优良、快捷的物流服务。

4. 发展第四方物流

20 世纪末，一些大型制造商开始认识到，要进一步改进物流绩效，需要针对整个供应链实施更加有效的方法，而不只是优化运输、分拨和仓储等单个功能的零星努力。与此同时，Mangistics Descartes 等软件商已可以提供成熟的软件来管理供应链信息，并对生产、客户关系管理、仓储、运输等以前孤立的功能进行整体优化。在这一背景下，出现了提供供应链管理服务的供应链创新商，称为第四方物流服务商（4PL）。第四方物流服务商通过整合和管理自身的以及其他服务提供商补充的资源、能力和技术，提供全面的供应链解决方案，远远超出 3PL 服务商的服务领域，提供给客户更大的功能整合和更广泛的运行自主。第四方物流服务作为与客户的唯一界面，通过团队伙伴或联盟的形式管理多个服务商，将自身的能力和最佳物流服务商相结合来提供解决方案，是整合物流资源的有效方式。

此外，按照顾客的个性化和多样化需求提供与竞争对手不同的增值服务，3PL 企业还可以实行差异化战略，延伸价值服务链，提高服务水平，实现单位服务成本和单位服务价格的下降，增强盈利能力，并极大提高 3PL 企业核心竞争力。

第三节　物流需求方对第三方物流企业选择

近年来，物流外包受到越来越多的关注，特别是《物流业调整和振兴规划》中对制造企业提出了“剥离或外包物流功能”“促进物流业务分离外包”等建议，使“物流外包”的供需出现了新的趋势和发展。

对于物流需求方而言，把自己不擅长的物流业务和物流管理委托给具有资质、条件和丰富经验的 3PL 企业来完成，可使其在实现专业化运作的同时，最大限度地减少库存和流动资金占用，从而节约成本；同时企业也能更专注于核心竞争能力的提高。

当然，并不是所有的物流需求方都要把物流业务和物流管理工作外包给 3PL 企业。因此，首先需要决策的是自营物流还是外包物流（采购物流服务）。

一、物流需求方的企业自营——外包物流决策

对于工商企业来说，其企业物流的运作模式有自营物流、租赁公共物流或者采购第三方物流服务，即外包物流。企业采取哪一种模式是合理的呢？传统的观点认为，如果企业自己有现成的物流设施设备，或者物流业务比重大，那么企业就自营。可见，企业的决策者对于采取哪一种企业物流模式，仅仅是从企业自身的资源条件出发，对于物流在企业战略中的作用和影响，还缺乏战略层面的认识。

因此，本书引入一个基于企业核心能力的三维决策标准，即在进行物流服务采购决策时，从物流服务功能在企业的战略地位出发，在考虑企业物流能力的基础上，进行成本评价。具体实施时，首先要考虑物流的战略重要性，如图 11-1 所示。

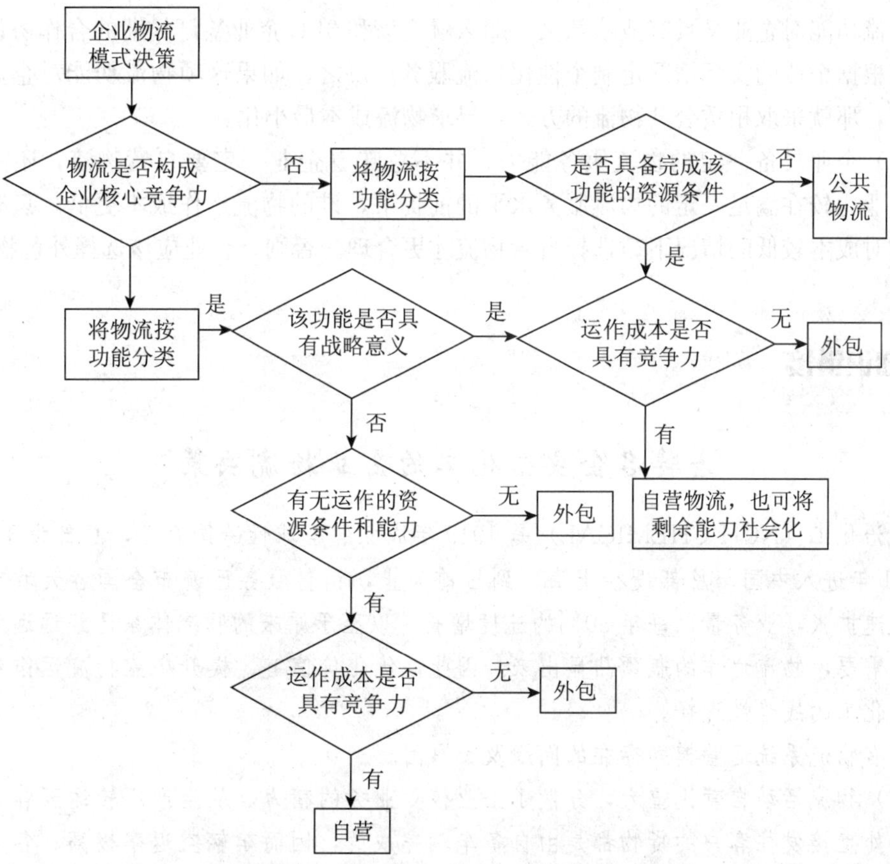

图 11-1 企业自营——外包物流决策

对企业自营——外包物流决策图需要做如下分析和说明。

(1)“物流是否构成企业核心竞争力”一般可以从几个方面来判断：物流是否高度影响了企业的业务流程？它们是否需要相对先进的技术？采用该技术是否能使公司在行业中处于领先地位？这些技术在短期内是否能被其他企业模仿？如果以上问题都能够得到肯定的回答，那么就可以断定物流在企业战略中处于重要地位，能够形成企业核心竞争力。

(2) 由于物流是一个系统，是包装、运输、仓储、配送、装卸搬运、流通加工、物流信息技术等多功能的集合，企业物流各功能子系统的重要性和相对能力水平是不平衡的，因此还要对各功能进行分析。

(3) 某项物流功能是否具有战略意义，关键要看它的可替代性。如果其替代性很弱，即这项物流功能只有很少物流公司甚至没有其他公司能够完成，那么企业应该集中资金重点发展这项功能，使其成为企业的核心竞争力；反之，如果其他物流公司也能完成这项物流功能或者这项物流功能对企业而言并非重要，那么就需要再考虑企业的物流能力以及物流成本来决定是自营还是外包物流了。

(4) 企业运作的资源条件和能力，是指企业现有的物流设施和设备以及顾客的服务水平。如果企业既具备物流运作的设施与设备，并且物流服务水平能够满足客户的需求，那么企业就应该选择自营物流；如果企业不具备物流运作的资源条件和能力，但是这项物流功能对企业又具有战略意义，那么就应该和3PL企业签订长期的合作协议，由供应商根据企业的实际情况定制个性化物流服务；反之，如果这项物流功能对企业战略不重要，那就采取租赁公共物流的方式，寻求物流成本最小化。

(5) 企业具备一定的物流服务能力，并不意味着企业一定要自营物流，还需要与3PL企业比较在满足一定的物流服务水平的前提下，谁的物流运作成本更低。只有在企业的相对成本较低的情况下，选择自营物流才更合理。否则，企业应该选择外包物流。

知识链接

老牌名企安治化工的企业物流决策

安治化工（NCH CHEMICAL）是1919年成立的全球性跨国企业，总部设于美国，于1981年进入中国，总部设在上海。到目前为止，销售服务已遍布全国各大城市。近几年迅速扩张，业务量以每年30%的速度增长，以至于原来的物流体系已经远远跟不上发展的需要，物流运作的瓶颈凸显出来。因此，优化价值链、提升企业物流运作水平成为安治化工的战略性选择。

原有物流系统运营模式存在的问题及其原因。

(1) 物流活动自营比重大，分散了企业核心业务的精力。从生产厂转运至各办事处及办事处直接发往客户的货物都是由自备车辆完成的，因而车辆空返率极高。各办事处为了完成各自的收、发货等服务职能，皆配备有18～20名工作人员，在当地自建或租赁仓库。大量的自备运力和仓储增大了企业物流费用。

(2) 运输费用没有得到有效控制。由于管理缺乏力度，各办事处有独立的运输成本核算方法，一味地追求及时送货，因此不能做到批量送货，形成没有必要的迂回和浪费。由于部分员工乘送货之机办私事也影响了工作效率，增加了运输费用。

(3) 存在负利润物流。各办事处的销售量各不相同，大的业务量上千万，小的业务量只有几十万。而各办事处物流费用却相差无几，以至于有的办事处物流费用大于其销售收入，形成负利润物流。

(4) 顾客服务的满意度低。由于办事处过于分散，顾客订单满足率非常低，造成客户流失率升高。因为当同样的库存满足同样的市场需求的时候，库存越集中其满足度越高。

(5) 为了提高客户满意度，整个系统库存过高。随着销售额的扩大，各地仓库的要货量也在上升，为了防止大面积缺货，并维持各个仓库的安全库存，从而保证客户满意度，各办事处向总部订货的数量更被放大，这就导致了“牛鞭效应”，分公司仓库的库存额大幅度增加，因此也就要求租用更大的仓库。

上述问题的存在，分散了企业的精力，增加了物流费用，降低了生产利润率，严重阻碍了公司的发展。因此，该公司重新进行物流系统规划，考虑是否将物流业务外包出去，于是从以下三个方面来考量。

(1) 当物流子功能具有战略重要性，对企业的重要程度大时，一般采取物流自营；当物流子功能不具有战略重要性，对企业的重要程度不大时，一般考虑外包，使用第三方物流。针对自身的弱点，寻找合适的合作伙伴，提升竞争力。

(2) 物流子功能不具有战略重要性，对企业构筑核心竞争力的作用不大，且企业缺乏开展此项物流业务的设施、资金、人力，也没有相关运作经验，运作水平比较低时，就应该选择此项物流功能完全外包，这将有助于企业培养自身的竞争优势，提高客户服务水平。

(3) 当物流子功能具有战略重要性，对企业构筑核心竞争力的作用很大，且企业具有开展此项物流业务的实施、资金、人力，而且具有成熟的物流运作经验，能够实现成本领先时，就应该自营物流。

通过分析，物流子系统对企业发展具有战略重要性，而企业既缺少物流运作经验，又没有物流运作的硬件设施，因此企业就应该物流外包，寻找强有力的合作伙伴，通过建立战略联盟的伙伴关系来共担风险，共享收益。因此针对物流工作中存在的问题，2006 年开始公司决定将运输和部分仓储外包于宅急送。实践证明，宅急送在资源管理、生产保证、优化成本方面发挥了重要的作用，宅急送作为第三方物流合作伙伴，通过高水平服务，降低了物流成本，满足了安治化工的发展需要。

二、选择 3PL 企业流程

一般来说，物流需求方决定选择外包物流服务后，可按下列步骤选择合适的 3PL 企业。

（一） 组建跨职能决策团队

选择 3PL 企业主要是由企业的物流部门来承担，但是其决策小组除了物流部门的人员外，还应该包括企业其他部门的人员，如设计部、生产部、市场部、销售部、信息部、财务部等，因为这些部门往往是物流服务的“内部顾客”，物流服务的内容、质量等都需要满足这些部门的需求。除此之外，公司的一位副总及以上级别的高管往往也会参与到决策的团队中来。

（二） 设定物流外包目标

团队一经成立，就需要设定物流外包的目标，如提升物流运作整体水平还是降低物流运作成本。物流外包目标的设定是选择 3PL 企业的指南，并为后面 3PL 企业的绩效考评提供依据。

（三） 确定物流需求

决策团队分别对企业的“内部顾客”和“外部顾客”进行调查，以了解当前物流服务存在的优势和劣势，进一步明确企业的物流需求，力求全面完整、主次明确，并有一定的前瞻性。

（四） 制订 3PL 企业的选择评价指标体系

3PL 企业的选择评价指标体系应该和企业物流外包的目标和物流需求相一致。无论是以提升物流运作水平还是降低物流成本为目标，一般来说，服务质量、服务能力、成本、可靠性等方面都是必要的评价标准。结合实践中大多数企业选择 3PL 企业的评价标准，整理出了如下 3PL 企业选择评价指标体系，如表 11－1 所示。

表 11－1　　3PL 企业选择评价指标体系

序号	评价要素	相关指标
1	质量	①损失和破损频率；②订单履行准确率；③准时交货率；④缺货频率；⑤库存周转率；⑥质量管理体系
2	能力	①业内声誉；②拥有的资产；③业务范围；④成本控制能力；⑤地理位置；⑥物流网络覆盖率；⑦设备先进水平；⑧类似经验
3	服务	①响应订单时间；②运作灵活性；③紧急情况处理能力；④系统纠错处理时间；⑤客户服务系统
4	信息技术	①信息技术兼容性；②实时数据传递；③数据安全和准确性；④数据可用性
5	财务	①服务价格；②损失和破损成本承担；③付款周期；④支付的灵活性；⑤财政稳定性；⑥物流金融政策

该指标体系有两个层级，第一层级包括质量、能力、财务、服务和信息技术 5 项指

标；第二层级是第一层级下属的子指标，共计 29 项。实践中，企业根据自身的外包物流目标和物流需求，可以全部或部分选取其中的指标进行应用。另外，这个指标体系既可以作为选择 3PL 企业的指标体系，也可以作为 3PL 企业的绩效评价体系。

知识链接

常用的 3PL 企业物流服务水平和质量的评价指标

1. 准时交货率 J

$$J=\text{按照约定时间到货单数}/\text{总的发货单数}\times 100\%$$

2. 发货准确率 R

$$R=1-\text{在一周期内发错货物的单数}/\text{同一时段的发货总单数}$$

3. 订单履行准确率 Z

$$Z=\text{准确履行订单量}/\text{订单总数}$$

4. 缺货频率 Q

$$Q=\text{缺货次数}/\text{用户要求次数}$$

5. 订单响应时间 T

$$T=\text{用户发出订单开始到用户收到订单商品的时间间隔}$$

6. 库存周转率

$$\text{库存周转率（次）}=\text{销售成本}\div[\text{（期初存货}+\text{期末存货）}/2]$$

$$\text{库存周转率（天）}=360\div\text{库存周转率（次）}$$

（五） 列出 3PL 企业候选名单

企业在长期的经营实践中应该逐渐完善企业供应商数据库，既包含企业原材料、能源物资等所需的有形商品的供应商，还包括企业可寻求外部合作的各项服务的供应商，如 3PL 企业名录。除此之外，通过参加行业展会（如国际物流节）、行业会议（如中国物流与采购联合会的年会）、同行企业推荐、广告、物流行业网站、互联网查询等方式，选择和储备 5～10 家有资质、有能力，尤其是与企业有相似的业务方向并能提供所必需的地理覆盖范围内服务的候选 3PL 企业。

（六） 候选者 3PL 企业征询

决策团队向候选 3PL 企业发出征询函，了解对方有无兴趣进行合作。征询函中应包含企业外包物流的具体内容和质量要求，同时要求候选 3PL 企业在限定的时间内向企业回函，提供该公司基本信息和主要物流资源和能力证明。

（七） 决定招标或其他选择方式

根据回函企业的数量和反馈的信息，企业一般采取招标的方式来选择 3PL 企业。招标可分为公开招标和邀请招标。在模块三“第三方物流企业商务管理”中对于第三方物流项目招标和投标有详细讲解。

采用招标方式选择，具有公开、公平和公正性，往往能够帮助企业选择到最合适的3PL企业，尤其适合外包物流需求复杂的项目。但招标法手续繁杂，所需时间较长，当外包需求比较急迫或者回函企业数量较少时，可以采用协商比较法来选择3PL企业。

（八） 现场调研考察

对于关系重大的外包物流项目，比如标的金额大、物流技术难度高、一体化运作要求高、对企业战略有重要影响的物流项目，经过招标，可以把候选3PL企业的数量缩小到3家左右。接着，企业需要聘请专家组建考察团队，实地走访通过招标选拔出来的几家3PL企业，参观其物流设施设备、走访作业现场，了解企业的管理能力。在调研考察时也要有相应的考评指标，并进行一对一的比较。

（九） 最终选择3PL企业

根据企业制定的选择3PL企业的评价标准，反复对比候选企业的资质、能力、价格，最后选择出最佳的3PL企业。特别需要注意的是，选择物流服务供应商不能像选择标准商品的供货商那样以报价最低者为佳。因为企业和3PL企业的合同一经签订，其合作关系将持续相当长一段时间，尤其是对于一体化运作项目、涉及物流功能和物流管理的外包项目，双方的合作可能持续数年之久，因此，应该选择无论是战略发展方向还是企业文化、服务能力和服务水平与企业都高度一致的、财务稳定的3PL企业。

补充阅读

美国企业选择3PL企业流行的“目标说明书选择法”

对于3PL企业的选择，美国企业比较流行的方法是目标说明书选择法。运用这种方法的企业首先要设定好自己的RFP（Request for Proposal，目标说明书），然后辅之以详细的调查和评价，最终确定3PL企业的选择。一般程序如下：

（1）企业聘请物流专家。专家将评估企业物流业务存在的问题，帮助企业确定物流服务目标。

（2）收集信息。

（3）协助企业制作RFP和RFI。RFP一般为两种形式，一是向3PL企业提供企业详细的外包物流项目及内容，包括服务质量要求、工作细节；二是开放灵活式的RFP，企业只是用一般型条款简单描述物流需求，要求3PL企业提供方案。RFI（Request for Information）用以收集3PL企业的基础信息和资源条件、服务能力等信息，要求3PL企业按照格式内容填写。

（4）企业寄RFI给3PL企业。

（5）3PL企业回复企业的RFI。

（6）企业根据RFI对3PL企业进行初次评审，缩小选择范围。

（7）向感兴趣的3PL企业发出RFP。

(8) 3PL 企业成立小组评估该 RFP。该小组将重点研究该 RFP 是否与本公司的发展战略与发展方向相符，本公司是否有足够的实力来完成该项目。这个评估过程称为 MOR（Major Opportunity Review)。

(9) 3PL 企业经评估决定投标后，成立多功能小组来开发该项目。各功能小组各司其职，通力协作，在此期间 3PL 企业还可以与企业接触，参观企业现场，了解操作流程和物流需求，以获取更多的信息。

(10) 3PL 企业多功能小组制作出 RFP/RFQ 回函，并向企业发回回函。

(11) 企业确定最后的合作伙伴。企业仔细审阅 3PL 企业的回函后，从中选出 3～4 家企业重点考察，深入了解其物流设施设备、业务流程、管理状况和公司员工状况，并填写标准化的调查表格，最后汇总所有资料信息，利用分析工具做出最后的选择。

三、3PL 企业的选择方法

物流服务需求企业选择 3PL 企业的方法很多，对于简单的基础物流功能外包业务，可以采取直观判断法，听取并采纳有经验的企业内部人员的意见，或者直接比较和企业有过合作关系的 3PL 企业，或者通过同行推荐等，从中选择相对优秀的 3PL 企业；也可以采取招标法，通过规范的招投标流程，选拔出能够胜任较复杂、难度较大的物流项目的 3PL 企业；对于外包需求较为紧迫，可供选择的 3PL 企业较少的项目，还可以通过协商谈判法来决定。除此之外，3PL 企业的选择还可以采取其他一些方法。

（一） 人工神经网络算法

人工神经网络（Artificial Neural Network，ANN)，是 20 世纪 80 年代以来人工智能领域兴起的研究热点。它以数学模型模拟人脑的某些智能行为，如知觉、灵感和形象思维等，是基于模仿大脑神经网络结构和功能建立的一种信息处理系统，能够实现仿真、预测以及模糊控制等功能，是处理非线性系统的有力工具。

最近十多年来，人工神经网络的研究工作不断深入，已经取得了很大的进展，在智能机器人、自动控制、预测估计、生物、医学、经济等领域已成功地解决了许多现代计算机难以解决的实际问题，表现出了良好的智能特性。

将 ANN 应用于供应链管理环境下合作伙伴的综合评价选择，旨在建立更加接近于人类思维模式的定性与定量相结合的综合评价选择模型。通过对给定样本模式的学习，获取评价专家的知识、经验、主观判断以及对目标重要性的倾向，当对合作伙伴做出综合评价时，该方法可以再现评价专家的经验、知识和直觉思维，从而实现定性分析和定量分析的有效结合，也可以较好地保证合作伙伴综合评价结果的客观性。

（二） 层次分析法

3PL 企业选择是一个包含定性因素和定量因素的多层次评价决策问题。层次分析法是对复杂问题做出决策的一种简单实用的方法，适用于那些难以完全用定量进行分析的复杂问题决策。层次分析法（AHP 方法）首先把问题层次化，然后根据问题的性质和需要达到的总目标将问题分解为若干个组合因素，并按照因素间的相互关联影响以及隶属关系，分组形成递阶层次结构；再通过两两比较的方式确定层次中诸因素的相对重要性，然后综合人的经验判断来决定诸因素相对重要性的顺序和权重。整个分析过程的逻辑结构如图 11－2 所示。

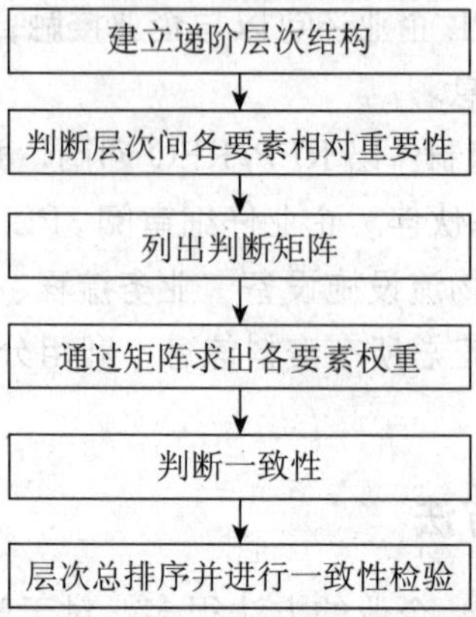

图 11－2　层次分析法选择的逻辑结构

3PL 企业选择的关键要素一般包括价格、质量、顾客服务等，这些要素可以用一系列指标衡量，如反映 3PL 企业运作质量的运输残损率、安全记录合格率、运输更换包装率、单证正确率等；反映顾客服务水平高低的订单提前期、及时发货率、运输准时到达率、及时签收率、仓储缺损率以及及时回单率等。当企业的运输能力、仓库库容量为已知的约束条件时，3PL 企业选择决策的层次结构如图 11－3 所示。

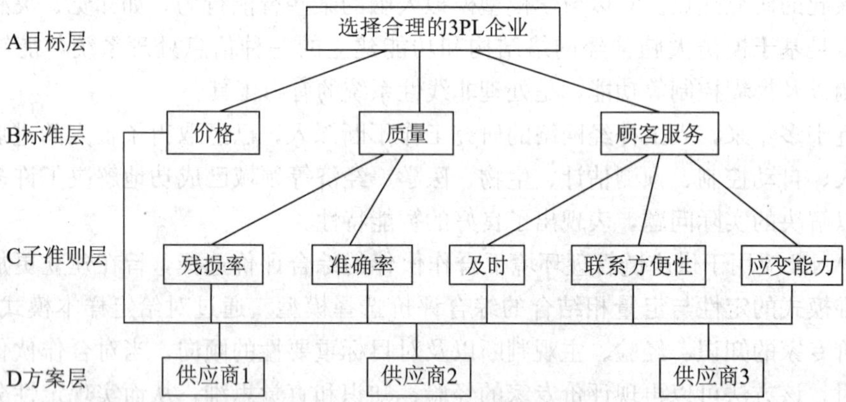

图 11－3　3PL 企业选择决策结构

接下来，根据 Sattty 的九分位法，建立两两判断矩阵，在对判断矩阵分别排序并在进行一致性检验的基础上，求得每个供应商的组合权重。

在用 AHP 方法求出每个供应商的组合权重之后，以此作为目标函数的系数构建线性规划模型，用 *TVP* 代表愿意支付给 3PL 企业的总采购金额，模型如下：

$$\max TVP = \sum_{i=1}^{n} R_i k_i$$

$$\text{s.t.}\begin{cases} X_i \leqslant V_i \\ \sum_{i=1}^{n} V_i \geqslant D \\ \sum_{i=1}^{n} X_i \geqslant D \\ \sum_{i=1}^{n} X_i Q_i \geqslant QD \\ X_i \geqslant 0 (i=1, 2, \cdots, n) \end{cases}$$

式中：R_i——3PL 企业的最终组合权重（由 AHP 求得）；

X_i——第 i 个 3PL 企业的采购量；

V_i——第 i 个 3PL 企业的服务能力；

D——采购总量；

Q_i——第 i 个 3PL 企业的残损率；

Q——可接受的最大残损率。

第四节　第三方物流企业对承运商集成

大多数 3PL 企业拥有强大的物流策划、物流整合等方面的能力，而具体的运输操作并非自己的强项，同时从资产配置来说，过重的资产配置在运输车辆上会给企业带来较大的运营风险。因此，3PL 企业在物流项目的实施过程中，除了直接承担部分运输业务外，还在物流服务市场中采购其他功能型物流企业的运输服务，即把部分运输业务外包给承运商，以满足客户的所有运输需求。这样，3PL 企业在构建物流服务供应链时就面临着承运商的选择问题。那么，3PL 企业如何科学地挑选到最适宜的承运商呢？

3PL 企业选择承运商的具体步骤可归纳为以下几步。

一、承运商的样本选择

（一）承运商样本选择考虑的主要因素

首先，要确定运输业务发生的主要地理范围，从而优先选择一些本地或对该区域运输比较熟悉的承运商。例如如果运输业务主要发生在川渝地区，承运商选择的范围一般就锁定在川渝范围内。其次，要确定运输物品的属性、运输批量、重量体积特征、运送的频次等信息，这样可以决定是选择整车运输还是零担运输，是普通货物运输还是危险品运输等，从而可以选择最适宜的货运承运商。

（二）承运商样本的准备

1. 圈定承运商数量

初次圈定的承运商的数量一般为 10～15 个。初选承运商可以到本地大型的货运基地（如成都市新都或青白江物流中心）去寻找，也可以通过本地的黄页，或者《中国物流企业名录》的运输分类中，初选出大致符合自己运输需求的承运商。

2. 联系承运商

根据前一步骤初选出的承运商及可提供的承运商电话，联系承运商。通过电话或网络联系，初步了解承运商的运输类型、主要业务范围、运输资源，进一步确定是否是自己需要的承运商。

3. 确定洽谈时间

一般来说，3PL企业主动去寻找承运商，给承运商带来业务，绝大多数承运商都会积极响应。因此，初次联系之后，就可以安排时间双方见面进一步洽谈相关事宜。

二、与备选承运商洽谈及资料整理

（一）与承运商进行洽谈

（1）双方交换公司的介绍资料、名片，介绍公司的主营业务、业务规模、客户类型、组织结构以及发展趋势等。

（2）3PL企业介绍本公司需要的资源，提出自己需要的车型、吨位、车况要求、数量以及运输的主要范围。

（3）承运商介绍自己拥有的资源，如拥有和可自由调配的车型、吨位、数量以及运输网络的覆盖范围。

（4）询问承运商有关运输报价、运费支付等方面的具体问题。3PL企业可以进一步询问承运商的其他运输设施设备，如停车场、维修站、集装箱堆场、车辆是否安装GPS等。承运商可提供一些可公开的运输报价，以供3PL企业参考。

（5）3PL企业请承运商填写问卷表，如表11-2所示。

表11-2　承运商问卷调查

<table>
<tr><td colspan="5">A. 公司基本信息</td></tr>
<tr><td colspan="3">公司名称：</td><td colspan="2">总部地址：</td></tr>
<tr><td colspan="3">电话：</td><td colspan="2">传真：</td></tr>
<tr><td colspan="3">E—mail 地址：</td><td colspan="2">公司性质：</td></tr>
<tr><td colspan="3">注册资金：</td><td colspan="2">上年销售额（元）：</td></tr>
<tr><td colspan="3">年销售额增长率：</td><td colspan="2"></td></tr>
<tr><td colspan="5">B. 业务和客户</td></tr>
<tr><td>主营业务范围</td><td colspan="4"></td></tr>
<tr><td>主要客户</td><td colspan="4"></td></tr>
<tr><td colspan="5">C. 人员数量</td></tr>
<tr><td>司机</td><td>职能部门人员</td><td>管理人员</td><td>其他操作人员</td><td>合计</td></tr>
<tr><td></td><td></td><td></td><td></td><td></td></tr>
</table>

续　表

D. 车辆情况						
名称/车型	数量	吨位	拖车尺寸（m）	外形	平均车龄	年维修费用
E. 维修中心						
城市名称						
人员数量						
F. 经过的主要路线和城市						
路线						
城市						
G. 获得订单的方式						
电话	传真	E—mail	其他			

（二）资料整理及承运商评价

（1）3PL企业将问卷调查结果录入电脑。问卷表作为承运商的第一手资料，可供以后查询、评判和进一步调研使用。

（2）电话询问不详信息。当问卷表上的填写信息不够详细、有遗漏或者有异议时，和承运商通过电话进一步沟通、确定。

（3）对承运商进行评价、打分。根据下文所列的承运商选择的主要指标以及评价标准，对承运商进行打分，并做出最后的选择。

三、选择承运商的主要指标和评价方法

（一）选择承运商的主要指标（KPI）

承运商的选择可以归纳为以下7个指标，每个指标以及所占分值参考表11-3。

表11-3　　承运商KPI指标及所占分值参考

KPI指标	具体内容
承运商的基本信息（10分）	规模（3分）、收入（2分）、信誉（3分）、财务状况（2分）
管理水平（15分）	质量管理（4分）、司机素质（4分）、司机的培训（4分）、司机考核（3分）
信息监控能力（15分）	运输管理软件（3分）、GPS（3分）、在途跟踪（3分）、事故处理机制（3分）、管理人员素质（3分）

续 表

KPI 指标	具体内容
车辆情况（20 分）	车型（7 分）、吨位（7 分）、数量（6 分）
运输网络覆盖（10 分）	运输主要发生地（4 分）、外地（3 分）、停车场（3 分）
费率（20 分）	—
同行业的经验（10 分）	运输同类货物经验（10 分）

（二） 选择承运商的评价方法

（1）假设有 n 个人员参与承运商评选，他们的权重为 N_i（$i=1, 2, \cdots, n$），$\sum N_i=1$；

（2）设 KPI 指标为 m 个，它们的值分别为 P_j（$j=1, 2, \cdots, m$）；

（3）n 个人给 m 个 KPI 指标打分，分值为 P_{ji}（$j=1, 2, \cdots, m$；$i=1, 2, \cdots, n$）；

（4）得出每个人的 KPI 指标的分值为 $P_j=\sum N_i P_{ji}$；

（5）承运商的总分为 $P=\sum P_j$。

通过上述方法选择出 3 家左右的承运商，对于重要项目或者希望长期合作的承运商，还需要对他们进行实地考察，甚至走访他们服务的主要客户，收集客户评价信息。同时要求承运商根据 3PL 企业的运输要求，提交详细的运输方案和计划书，进行权衡比较后，再做出最终的选择。

案例分析

飞利浦对物流供应商的选择

作为一个选择第三方、第四方物流服务的公司，飞利浦在挑选 3PL 企业时最关心的是成本和所得到的服务——性价比、3PL 企业的 IT 能力和网络覆盖能力。对于第四方物流商，飞利浦看重的是实力、技术领先度，能保证解决方案可以提高工作效率，帮助完成飞利浦设计的方案，实现和供应商的对接。

从运输商直接承运到完全引入“第三者”——3PL 企业，飞利浦消费电子（下文简称飞利浦）经历了 10 多年，而“第三者”和飞利浦只缠绵了 2 年，飞利浦又迫不及待地引入了“第四者”——第四方物流公司。当然，这些“第三者”和“第四者”都不是取而代之，他们充当的是在飞利浦和“第二者”“第三者”之间的交流平台。通过引入“第四者”，飞利浦精简了自己的流程和队伍——将飞利浦非核心业务外包的策略进行到底。

（一）飞利浦难题

2000 年飞利浦在中国有 40 多家物流供应商，其中有一些相对专业的 3PL 企业，有些只是车队。而飞利浦供应链和 IT 总监张俊回忆，当时市场上有品牌的 3PL 企业不会超过 20 家。当时还没有 EDI（电子数据交换）。40 多个供应商，所有的东西靠“人海战术”——传真、打电话。张俊的部门队伍也很庞大，接近 60 多个人。18 台传真机超负荷运转，处理着几百个品种、上百万张的单据。

2001 年开始，飞利浦和物流供应商之间进行了电子数据交换（EDI），并对物流供应商进行淘汰和精简。当时，飞利浦约有 15 家物流供应商在飞利浦和近千家经销商之间运作物流业务，而 2002 年这个数字变成了 5 家。IT 能力比较弱的物流公司退出了飞利浦的供应商行列。

通过 EDI，飞利浦从接单中心接受客户的订单，然后在 ERP 系统中处理之后传输数据到 3PL 企业，3PL 企业利用内部的仓储、运输等系统，对社会车队进行调度、运筹。然后将回单回传到飞利浦，进而反馈到飞利浦的 ERP 系统中，体现销售和库存的变化。

2000 年时有一家国内知名的 3PL 企业和飞利浦合作了一段时间，飞利浦给了这个供应商很大的区域和份额。但是由于成本上无法承受，第二年这家 3PL 企业要求飞利浦涨价，而涨价的幅度超过了飞利浦可以承受的程度，双方只好分手。而由于其间双方一起搭建了 EDI，分手给飞利浦带来的刺激很大。之前投入的 IT 成本，包括时间和金钱，由于这家 3PL 企业的退出而打了水漂。而对方也投入了很多 IT 成本，根本没有赚到钱。双方损失惨重。

飞利浦能否在今后业务开展中避免这样的风险就成了必须考虑和解决的关键问题。

刚开始所能想到的是，将来选择 3PL 企业时，“一定要慎重一点”，不要以成本为唯一考量点，要保证 3PL 企业有合理的利润，能够赚到钱。但是，这种想法对于飞利浦来说有很多局限。3PL 企业赚不赚钱有很多自身因素，包括管理成本能不能控制得好，能不能在市场上拿到比较有竞争力的价格等。这些是飞利浦无法控制的。当时，所有的供应商都在跟飞利浦通过 EDI 交换数据信息，飞利浦接到客户订单之后，还要对货物进行分拣，确定货物是从哪个仓库装卸、走哪条线路、哪个供应商负责发运。而 EDI 数据回来之后，还要确定这些单据是从哪个供应商那里来的。而飞利浦一直思考的是，能不能每单货一个文件就可以解决，避免烦琐的分拣工作。2001 年下半年、2002 上半年飞利浦开始寻找解决之道。他们需要的实际上是一个平台，飞利浦只要把数据扔给它，这个平台就会和各家物流供应商进行数据处理，并进行统一反馈，无须逐个进行。

（二）飞利浦物流阶段：引入第四方

华夏媒体与飞利浦的缘分始于华夏帮助飞利浦做计划系统。系统实施期间，张俊和华夏老总林亮几番交流，启发了林亮建立平台的想法。林亮迅速搭建新的业务架构并很快开发出各种系统，搭建了 NET—X 平台。X 意味着无限和不确定。基本思路是充当制造企业和物流企业之间的商流和信息流平台。

（三）飞利浦为什么不自建平台

这主要是因为飞利浦的主要竞争能力是在产品技术、设计和市场营销等方面，IT 和供应链不是飞利浦的主要竞争力，飞利浦的一贯策略是——尽可能将非核心业务外包。

假如要飞利浦自己去建立平台，飞利浦要招募很多IT人员，自己买服务器，分享这个平台，要一班做实施的队伍跟物流供应商打交道——显然这不符合飞利浦的策略。也有3PL企业上门找飞利浦，希望建立这个平台，让飞利浦在上面运行。但是张俊认为，3PL企业平台的作用非常有限。通常客户希望平台有公正性或者独立性，为所有的客户和物流供应商来服务。举例来说，如果这个平台为远成物流拥有，宝供就会拒绝它的数据从远成物流信息平台走，因为双方是竞争对手，数据在上面走能知道运输量和运输目的地，无法保证商业机密。

作为第四方物流平台，华夏媒体要向飞利浦收费。华夏媒体的收费模式是：对于大企业，月租+单据收费；对于中小企业，包月收费。相比这部分额外增加的成本，第四方物流节约了几方面成本：降低跟供应商之间的风险和成本；如前所述的物流供应商，因为飞利浦的合作要求比较严格，做不下去了，跟飞利浦中止合作，前期做的IT开发等投入就没用了，而这个投入还非常大。有了平台后，飞利浦只要维护一个标准，把数据放到平台上去，就不需要重复投入了。对供应商也是这样，不会因为飞利浦系统升级等原因而变化，还能维持原来的系统。都是用平台完成数据的耦合、匹配。通过这种方式可以提高3PL企业的运作效率，进而提高飞利浦的效率。比如3PL企业远成集团，假如有50个主要的客户，50个其客户都要跟远成集团签EDI，IT部门人数也需要随着业务的增长不断膨胀。这种情况下，也许人们会问远成集团到底是做物流的还是做IT的？简单地说，就是通过统一平台来节约成本，形成规模效应，厂商和3PL企业都不用因为供应商或客户的增加而增加IT投入。此外，原来飞利浦的IT人员和供应链管理人员，是按照供应商划分来进行数据维护的。因为有了这样的平台，数据传输现在只要跟平台维护就行了，人力成本大大节省了。原来飞利浦需要维护四套EDI，虽然不用给供应商交钱，但是要维护四套EDI，了解对方的流程和系统，也需要人员的投入。飞利浦现在的平台基本是由华夏开发的，按照项目进行平衡，第一次投入非常少。

2007年1月1日，飞利浦的SAP系统正式运行，作为信息技术总监的张俊和他的同事庆幸的是，系统只要和平台对接即可，无须和各个3PL企业对接，没有影响项目的实施。供应链管理部门的18台传真机只剩下了2台用于处理应急事务，现在飞利浦已经见不到任何和3PL企业之间来往的货单。而以往每个月底飞利浦都要由2～3位员工花上3天时间和3PL企业对账、结账，现在经由平台直接拿到业务文件，半小时即可解决。在采访中，张俊始终强调，电视机行业竞争残酷，成本观念非常重要。而在系列变革中，飞利浦每年的物流成本一直在下降。前几年降幅达到10%，这两年由于行业的原因仍然每年下降5%。

(四) 飞利浦物流成熟：管理第三方和第四方

然而，毕竟华夏是一个年轻的公司，系统能否承受得了国际巨头飞利浦巨量的业务流？飞利浦在系统调研时就和华夏谈过，希望对方用国际标准，华夏用的是国际上两大标准之一的ROSETTANET，本身飞利浦就是这套标准成员组织之一，在技术上风险较小。此外，虽然飞利浦通过这个平台运作，但是仍然保留了一套流程，万一平台出事，依靠自身仍能度过一段时间难关（虽然在效率上有所下降）。至于数据运行的安全性，

3PL企业本身不是IT的公司，IT只是他们的一项服务。在安全上，跟华夏媒体这样的IT公司有差别。飞利浦引进平台的时候做了很多评测，包括对于服务器、防火墙的设计等细节问题。对信息提供保密的能力、对技术上提供支持的能力是这个平台能够生存下去的一些必要条件，这些都和这个公司能够继续成长并发展有关系，第四方物流反而比客户更关心这些指标。作为一个选择第三方、第四方物流服务的公司，飞利浦在挑选3PL企业时最关心的是成本和所得到的服务———性价比；飞利浦非常看重3PL企业的IT能力，尤其是3PL企业的网络覆盖能力。飞利浦还特别看重3PL企业的业务中心。通常，只有重量级客户才能够得到更多的关注。飞利浦希望自己占到供应商收入的10%以上。飞利浦的供应链倾向只用2～3家3PL企业，正因为是2～3家，所以与飞利浦合作的3PL企业的业务量相当大，而这种情况下，飞利浦有权利要求供应商专注飞利浦，愿意和飞利浦一起投入和发展。回单准时率、回单出错率、货物损坏率等在外面用得比较多的指标是飞利浦考核3PL企业的通常指标。飞利浦考核供应商一共有15条标准。每个权重不一样，平时最关注准时到达率——因为客户把钱给飞利浦，非常希望货物准时到达。另外只有快速把货送到客户手里，库存维持相当低的水平才能正常周转。飞利浦目前的到达率是98.5%以上。除了这些关键指标（KPI），飞利浦自己还有一套供应商管理系统，每个月对自己的供应商根据指标打分，列出排行榜。根据这些排行，一年或者一个季度，与供应商谈哪些做得好，哪些不满意。对于第四方物流商，飞利浦看重的是实力、技术领先度，能保证解决方案可以提高工作效率，帮助完成飞利浦设计的方案，实现和供应商的对接。跟新进来的3PL企业进行连接，以前飞利浦要花2～3个月，通过EDI方式对接，现在在华夏平台的支持下，可以在一个星期内完成全部对接，而且不用付任何钱。以后有新的供应商进来，飞利浦不用在EDI上有任何投入。

对于飞利浦来说，这一个星期要做的事情就是增加用户数。华夏这种公司变相在其中起了催化的作用，加快了对接的速度，对飞利浦来说成本是零。飞利浦在这个平台上按交易付钱，原来飞利浦的IT人员很沮丧的是又要换供应商了，前面的努力付之东流，现在3PL企业一旦退出不做，这个钱就用不着支付了。

日常工作中，飞利浦对平台重点考核的是系统不能工作的频率。系统不能工作、不能传输数据的次数必须低于0.02%以下，除非是因国家的光缆、光纤施工等不可抗力出现的问题。在数据安全方面，飞利浦还要求华夏配置备份服务器，提供双重安全保障。此外，如果平台数据出现问题，第四方物流的响应时间也很关键，比如一级的问题两小时解决（如数据不能传输）；2级的问题24小时解决。此外有条严格的规定，只要飞利浦的业务在做，华夏24小时都要为飞利浦服务，甚至晚上和春节都要有人值班。

案例讨论：

1. 飞利浦是如何选择第三方物流供应商的?

2. 从物流虚拟资源协同集成角度谈谈飞利浦为什么要引入第四方物流？又是如何引入的?

基础练习

一、判断题

1. 第三方物流资源整合主要在虚拟库存管理、资源集成方面对第三方物流运作发生作用。（ ）

2. 当企业的某项物流服务具有战略重要性，但是企业自身的资源和条件有限，难以满足企业的需要，企业就应该外包物流。（ ）

3. 3PL 企业一旦和物流需求方签订了合同，3PL 企业就需要利用自身的资源和条件，独立地为物流需求方提供物流服务。（ ）

二、选择题

1. 以下哪些方法有助于企业发现潜在的供应商？（ ）

A. 浏览专业的招投标网站　　B. 参加国内外行业展会

C. 查找行业协会名录　　D. 同行推荐

2. 企业在进行物流模式是自营还是外包的决策时，必须考虑的关键因素有（ ）。

A. 物流是否构成了企业的核心竞争力

B. 企业自身具备的物流服务资源和能力

C. 企业物流运作的复杂程度

D. 企业的物流运作成本

3. 下列选项哪些不属于 3PL 企业虚拟资源集成运作策略（ ）。

A. 突破规模瓶颈　　B. 信息资源的有效整合

C. 建立物流战略联盟　　D. 发展第五方物流

4. 由于受到自身资源和条件的限制，3PL 企业在物流项目的实施过程中，也有可能把部分物流功能外包，如寻找承运商进行合作。在寻找承运商时，要考虑的主要因素有（ ）。

A. 承运商的物流网络　　B. 承运商的物流设施设备

C. 承运商的财务稳定性　　D. 货物的属性、批量大小

三、思考题

1. 简述第三方物流虚拟资源协同集成运作途径。

2. 简述第三方物流供应商选择的流程。

3. 简述 3PL 企业选择承运商的具体步骤。

知识应用

请用“第三方物流虚拟资源集成”相关知识，对本书模块一“物流聚焦”中的“解决企业现实问题”案例进行第三方物流承运商选择设计，并给出设计分析方案。

模块十二　第三方物流增值服务新空间

学习目标

知识目标

1. 了解供应链管理环境下的第三方物流增值服务贡献。
2. 掌握物流银行的模式类型、融通仓的服务内容及运作模式。
3. 深刻理解跨境电子商务的国际物流模式新趋势。
4. 认识了解国内外物流金融创新趋势。

能力目标

1. 培养良好的职业素养，树立学生跨界思维理念。
2. 强化学生知识迁移能力、物流创新能力。

物流聚焦

菜鸟物流：电商物流新模式

2013年5月28日马云宣布耗资3000亿元打造中国智能骨干网（CSN）菜鸟网络平台，实现全国任何一个地区24小时送达的服务，彻底颠覆现有电商物流模式。阿里巴巴内部将其定义为“地网”，是指在线上交易过后，协助实现线下落地的一切运营服务的平台。“智能”是指实现高效、协同、可视、数据化的物流供应链运营，“骨干”是指掌握骨干物流运输。下面以菜鸟网络平台的物流业务为例，详细探索电商物流新模式。

1.24小时快递配送网络

为实现24小时快递配送网络，菜鸟网络平台给出的其自认为最简单经济的办法，就是减少中间节点并缩短距离。申通快递董事长陈德军列举的未来菜鸟平台的一个例子：“义乌的商家在网上卖商品，东北顾客有需求，下单后就直接从沈阳的仓库发货，24小时配送到位”。菜鸟网络平台物流模式与传统模式的对比如图12-1所示。

2. 建立电商仓和干线资源整合

菜鸟物流需要的不再是一个散点，而是整个网络，未来菜鸟物流的物流网络建设将会以淘宝交易大数据为基础。因此未来的菜鸟将以核心物流节点为基础，渗透二、三级物流节点，形成一张立体的地网。根据阿里巴巴每产生一个订单，将形成一个物流计划，根据物流计划的密集程度定义出菜鸟的物流园区格局。根据淘宝交易，结合我国实际地理区域情况，未来北京、武汉、成都、杭州、广州可能会成为菜鸟网络平台的核心物流节点。沈阳、西安、济南等城市会成为二级物流节点，并逐渐渗透到其他二、三级

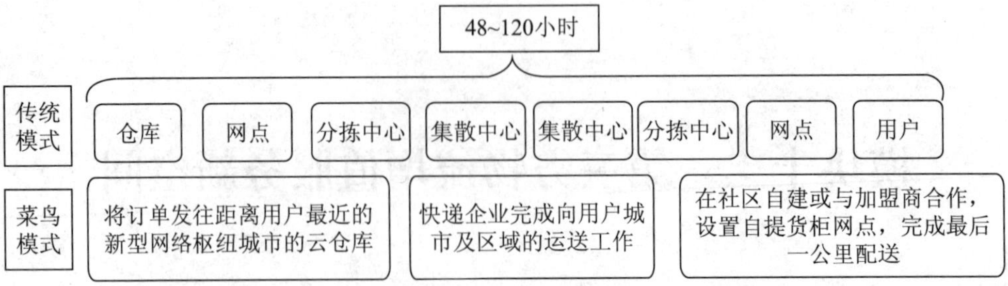

图 12-1　菜鸟网络平台物流模式与传统模式的对比

物流节点。菜鸟物流目前同时启动的拿地建仓项目已包括北京、天津、广州、武汉、金华、海宁等十多个城市，也印证了这一点。金华的金义都市新区，则有望成为阿里物流的第一个创业基地。

菜鸟在每个核心物流节点建造的仓储中心也不再是传统仓库，而是高度细分和信息化的云仓库，又叫"电商仓"。电商仓是集合信息与技术、专注快递发货服务的高度自动化仓配中心。电商仓的核心优势体现通过仓配一体化和干线区域配送模式提高配送效率、降低配送成本。仓配一体化：传统电商模式，货物在网点打包完成后，需要经过第三方物流的分拣中心或配送中心进行分拣作业，再到集散中心完成发货。电商仓集仓储、分拣、转运中心为一体，且高度信息化，在配货包装时即完成货物的分拣作业，实现仓配一体化，从电商仓到消费终端或提货站等分散网点则更适合采用传统的配送模式，从本质上说降低了平均配送的距离，减少了派件的成本。

3. 可视化平台

供应链可视化：菜鸟网络平台未来应当是能够提供全供应链可视化服务的综合性供应链服务平台。快递寄件人和收件人以及监管、运营机构在任何时候任何地点都能够查询到自己收、寄的邮件和包裹在什么地方，包裹的物流状态、物流人员的信息以及准确的送达时间等。以末端配送可视化为例，末端配送的可视化是提升客户服务体验的重要环节，菜鸟收购高德地图，其中的一个重要价值就是将所有服务于菜鸟体系的快递员可视化地展现在地图上。现阶段的可视化工作主要是在内场工作的条码扫描，用户通过物流公司官方网站能够查询到包裹所处的物流节点，但一般存在几个小时的滞后性，且外场工作的可视化水平较低。菜鸟收购高德地图后，未来全国所有服务于菜鸟体系的快递员的位置和信息将实时更新。消费者和卖家都可以随时可视化地看到自己的包裹动态，并能预测到达时间。末端可视化便于企业做大数据地图和本地生活的服务接入，实现企业的精准营销。

4. 金融数据服务

从目前来说，菜鸟平台的战略价值在于对末端物流的全面控制，从而完成阿里的整个战略布局。打造菜鸟平台并不只是为拓展物流业务，马云对物流的定义是淘宝交易过后的服务支撑。随着阿里帝国的壮大，商流、资金流逐渐掌握，末端的物流问题成为制约其高速发展的关键问题。菜鸟平台战略价值正是为了解决这一难题。

2014 年 10 月，蚂蚁金融服务集团正式成立。阿里金融亦称阿里小贷，为小微金融服务集团（筹）下的微贷事业部，主要为个人创业者和小微企业提供小额信贷等业务，由阿里金融发展而成，旗下业务包括支付宝、支付宝钱包、招财宝、余额宝、蚂蚁小贷和网商银行。蚂蚁金融服务所有业务都将围绕小微企业和个人消费者展开，未来重点发展业务包括移动、农村与国际化金融业务。蚂蚁金服创造了一条金融产业链：通过阿里小贷提供贷款业务，通过支付宝提供支付结算业务，通过资产证券化实现融资，此外还涉及担保、保险、基金等。蚂蚁金融首先建立云计算、大数据和信用体系等底层平台，然后开放底层平台与商家合作，发展支付、理财、融资、保险等金融业务。蚂蚁金融属于互联网金融，与传统金融互为区分又相互补充。金融机构具有甄别风险定价的能力，长期积累的信誉，处理复杂交易的能力。互联网金融通过互联网渠道可以获得更多的客户，利用互联网长尾客户普惠金融服务。截至 2014 年，蚂蚁金融累计为超过 70 万家小微企业解决融资需求，累计投放贷款额度超过 1900 亿元。

远期来看，阿里巴巴旗下淘宝、金融服务、物流都是为了整合数据，未来市场将从 IT（互联网时代）向 DT（数据时代）转变。互联网时代是以自己为中心，将信息共享、整合，目的是为了让企业主更好地进行商业决策和管理。马云认为数据时代是让用户和员工更强大，主要有三项原则：以自我为中心转变为以他人为中心；完全透明；用户体验友好（未来消费者需要的不仅是“服务”，而是“体验”）。淘宝的目的在于获得所有零售的数据和制造业的数据，阿里小微金融服务的目的在于建立信用体系，物流的目的在于完整的数据整合。通过物流实现数据整合，未来依靠大数据，阿里巴巴将比用户自己更了解用户。

请思考：菜鸟网络物流模式与传统网络模式有什么差异？菜鸟物流是如何创造新的利润源泉的？要解决这些问题需要对第三方物流增值服务空间进行理论研究与实践探讨。

随着世界经济一体化、国际化的冲击，第三方物流对物流业的贡献越来越卓著。学术界、企业界和政府均在对如何提高第三方物流服务发挥更大效益问题上进行重点研究与实践探索。为了能让 3PL 企业效益倍增、国际竞争力加强，必须关注 3PL 企业未来发展方向，即第三方物流新的增值服务问题。本章将从第三方物流增值服务受环境影响角度切入研究：供应链对第三方物流增值服务贡献影响、金融对第三方物流的跨界融合影响、电子商务对第三方物流的新趋势影响。

第一节　供应链管理环境下的第三方物流

在当今世界经济全球化的大环境下，供应链管理思想和管理模式日益成为企业增强核心竞争力的重要方法和途径，国际上一些著名企业如沃尔玛、戴尔、惠普等企业，都将供应链管理思想作为提高市场竞争力的重要手段。如何充分利用第三方物流优势提高企业核心竞争力、优化企业供应链管理，是业界未来关注的重点方向。

一、融入供应链世界、拓展第三方物流业务新空间

第三方物流是客户的战略同盟者、战略投资人，同时也是风险承担者。第三方物流

支持供应链运作，应当从客户角度规划设计供应链商流、物流、信息流、资金流流程，体现客户价值增值功能、体现供应链管理价值增值过程，因此，基于供应链管理的第三方物流服务是以供应链为依托，以3PL企业作为核心，以物流业务贯穿整个供应链为载体，依靠现代化信息手段和高质量的运输和仓储等作业能力，通过信息流和物流，将供应商、制造商、分销商、零售商，直到最终用户连成一个整体，最终实现物流企业和货主企业“双赢”战略的一种管理模式。

它与传统的管理模式相比，除了要实现建立在现代电子信息技术基础上的一体化、信息化的管理，还要能提供多功能、全方位的战略管理和“一站式”的增值功能管理，同时又必须以最终用户为中心。第三方物流参与到供应链的管理中并成为供应链的组织者时，各供应链节点可以直接与第三方物流进行信息交换，这使得供应链上的成员企业能把主要时间和精力放在自己的核心业务上，提高企业供应管理和运作的效率以及服务质量，并保证最终用户能够获得质优价廉的产品。

二、基于供应链管理的第三方物流服务贡献再认识

供应链管理的本质是一种基于流程的集成化管理，供应链是由供应商、制造商、分销商、零售商客户组成的网链结构，链中的各环节是不能彼此分割的环环相扣的有机整体。作为物流的专业化形式的第三方物流，贯穿整个供应链，连接供应链中的各个节点企业，是企业间相互合作的纽带。因此，基于供应链管理的第三方物流服务对于促进双方的价值增值、提高供应链整体运作水平和效率、实现双方的业务优化和创新都有着举足轻重的作用。

（一） 有利于降低整个供应链的物流成本

由于3PL企业用户多，物流量大，拥有专业化经营的优势，可以集中整合社会上各类闲散的物流资源，通过规模经营把供应链上各个企业的物流业务集零为整，获取供应链的整体规模效益，从而减少了供应链节点企业自办物流需要投入的大量投资和员工薪酬的支出，变客户的固定费用为可变费用，降低企业的风险。同时，3PL企业可通过与客户企业共享信息资源，实现联合调运，打破各个供应商、各个客户群之间的界限，可以大大提高运输效率并减少运输费用等，从而可以降低整个供应链运营物流的成本。

（二） 有利于提高供应链节点企业的竞争力

随着外部市场环境的变化，企业的生产经营活动已变得越来越复杂，企业内部的物流系统有可能无法满足其所有的物流服务需求，而3PL企业在供应链管理过程中的服务范围是广泛的，可以简单到只是帮助客户安排一批货物的运输，也可以复杂到设计、实施和运作一个供应链的整个分销和物流系统，与整个供应链完全集成在一起，为企业策划、协调和实施供应链策略，通过提供物流增值信息服务来帮助客户更好地管理其核心业务，并通过专业化的物流服务来降低物流费用，从而使企业能集中资源和精力用于设计、开发、制造产品等核心业务上，更好地发挥企业的优势，增强核心竞争力。

（三） 有利于实现供应链的信息集成

由于第三方物流建立在信息技术基础之上的，3PL企业一般都会进行大量的信息技术投入，因此与合适的3PL公司合作可以使得供应链上的企业以最低的投入充分享用先进的信息技术，通过移动通信和电子数据交换（EDI），及时有效地进行货物和车辆追踪，实现对供应链全程的一体化管理，从而提高供应链管理效率，实现供应链信息集成。

（四） 有利于提高供应链企业的资本运作效率

随着外部市场环境的变化，企业所面临的将是客户需求和购买行为的全新变化，企业之间的竞争将更加激烈。引入第三方物流后使企业能够贯彻准时（JIT）和有效的客户响应（ECR）要求，加快订单处理，缩短从订货到交货的时间，提高顾客的满意度。同时还可以通过集中进货、集中库存、集中分拣配货及加工，将多批次、小批量的产品定时、定点、定路线地送到用户手中，减少环节，降低库存，有效地防止资金占压，从而提高供应链企业的资金运作效率和经济效益，保证企业为顾客提供稳定、可靠的高水平服务，树立双方的品牌形象。

（五） 有利于供应链上的企业开拓新市场

随着供应链全球化的发展，成功的3PL公司也将走向全球化，拓展国外业务显得越来越重要，因为它们的客户正在持续开发国外市场的销售和采购渠道。目前许多3PL公司，尤其是经营跨国业务的3PL企业在国内外都有良好的运输和分销网络，希望拓展国际市场或其他地区市场以寻求发展，可以借助这个网络进入新的市场，而不用再投入大量的资本，实现3PL企业和供应链上企业“多赢”的局面。

三、基于供应链管理的第三方物流服务新途径

为了充分发挥供应链管理下的第三方物流服务应有的作用，企业应从以下几方面采取措施，加快发展第三方物流。

（一） 加强供应链上企业间的合作，促进供应链的一体化

我国3PL企业规模小、管理经验不足、融资能力弱，为了适应国际市场竞争，减少不确定性，关键仍然在于供应链上企业间的合作。一方面，要进行内部的整合，优化内部资源配置，培养核心竞争力；另一方面，通过资本集中（兼并或联合）的形式实现横向一体化来减少竞争对手、降低成本，促进企业快速成长。例如在供应链企业中实施供应商库存管理（VMI）、联合库存管理、多级库存优化与控制等方法，打破传统的各自为政的库存管理模式，代之以系统的、集成的管理思想进行库存管理，减少整个供应链内的仓库总数量，降低库存水平；通过构筑新型供应链模式，尽量减少供应链的层，通过对供应链内部及外部的物流资源、能力、技术和信息进行整合，提供一整套供应链一体化的解决方案，通过该方案的设计和实施，以及对供应链各个环节的协调和运作来实现供应链内部及与之交叉的供应链外部的整合和优化，使客户的供应链价值和效率达到最大化，从而实现对供应链管理的全面优化，推动供应链一体化的进程，如采用戴尔公

司直接面向用户的直销模式，夏普公司就是成功利用第三方物流实现供应链一体化管理的典范。

（二） 重构物流流程，强调供应链过程管理

第三方物流发展的一般过程是由简单的运输、仓储服务向网络性、系统性物流服务方向发展，需要按供应链管理要求对企业流程进行重新设计。企业流程重新设计（Business Process Reengineering，BPR）是指对作业流程进行根本性的重新思考、彻底翻新，以便在现今衡量的关键因素上，诸如成本、品质、服务和速度等方面获得显著的改善。第三方物流经营者必须要有强烈的改善、创新愿望，学习技术知识，加深对生产工艺理解，无论是网络或系统物流服务者，一定要改变传统的供应链中的各个成员不愿与合作者分享自己信息的弊端。缺乏准确的信息，意味着供应链网络必须保持大量的存货以应付快速的市场变化，也无法将永久性的库存场地和安全库存量减少或减至最少，这样就难以改变目前物流成本居高不下的现状。3PL 企业要想达到为客户提供运输、仓储保管、配送、包装、装卸搬运和流通加工等全方位、一站式的服务，必须按业务流程进行组织设置，并围绕流程实现集中相关方面人员及活动，强调以供应链管理过程为基本线索，这样才能真正实现第三方物流供应链的有效管理。

（三） 以电子信息技术的综合应用为核心，注重综合集成管理

物流信息技术是在物流各个作业环节应用的信息技术。首先，第三方物流的高效运作需要物流管理者在任何时候都能及时地得到它所需要的合适信息，而这需要信息技术的支持。借助信息技术，结合计算机、信息网络和数据库等的综合应用，整合企业业务流程，实现物流企业和客户的资源共享、分工的集成化管理，建立一种“效率式交易”的管理与生产模式。利用电子商务管理并优化整个供应链体系，使供应链上客户、零售商、分销商、生产商、各级原材料供应商、物流公司和各个相关业务合作伙伴在信息共享的基础上进行协同工作，在最短的时间了解客户需求变化信息，并尽早对客户的需求变化进行快速反应，避免需求信息逐层传递造成的信息延迟和信息偏差累计效应导致的库存浪费，改变由原来独自搜集需求信息为合作伙伴之间共享需求信息。其次，第三方物流战略与 SCM 思想的共性是将关注焦点从某一物流职能扩展到跨职能、跨行业的物流流程，以信息技术和组织调整作为整个流程变化的推动器，努力追求物流管理流程绩效获得巨大改善。所以，组织内或组织间工作流程或各种流程的分析与重新设计应该要适应物流管理要求，最有效的形式之一是工作团队或物流链管理流程专门小组。第三方物流流程管理过程应当集 TQM、价值链、并行工程等手段之大成，理顺物流管理组织结构的工作关系、组织行为的人际关系，提倡工作丰富化。最后，3PL 企业的信息化建设目标应是广泛运用计算机技术以及通信技术提高企业自身的运输效率和服务能力，增强核心竞争力，针对整个企业的供应链综合管理，实施企业级的信息系统建设。这样才能跨越部门的界限，实现各个部门的数据和信息的互联互通，并在此基础上，实现信息的集中查询和发布，才能在市场竞争中将企业做大做强。

（四） 重视顾客需求，强化增值服务

第三方物流供应链管理的实质就是在客户满意的前提下，在权衡服务与成本的基础

上，向客户提供高效、迅速的物流服务。因此，我国物流企业在提供基本物流服务的同时，要根据市场需求，不断细分市场，拓展业务范围，以客户增效为己任，发展增值物流服务，广泛开展加工、配送、货代等业务，甚至还提供包括物流策略和流程解决方案、搭建信息平台等服务，用专业化服务满足个性化需求，提高服务质量，以服务求效益。另外，企业要注重通过提供全方位服务的方式，与大客户加强业务联系，增强相互依赖性，发展战略同盟关系。

（五）重视物流人才培养，实施人才战略

企业的竞争归根结底是人才的竞争。要使第三方物流的供应链管理发挥它应有的作用，必须实施人才战略，加强物流企业与高等院校、科研院所的合作，使理论研究和实际应用相结合，加快物流专业技术人才和管理人才的培养，造就一大批熟悉物流运作规律并有开拓精神的人才队伍；另外要加强与政府有关部门的沟通、协调和配合，建立专门的“物流人才库”。同时，物流企业还要重视所有员工的物流知识和业务培训，提高企业人才队伍的整体素质。

（六）努力创新

我国现有的3PL企业多数是从国有仓储、运输企业转型而来的，留下许多计划经济的影子，不能适应国际市场竞争。因此，基于供应链管理的第三方物流战略的核心是创新精神，逐渐增长的第三方物流服务正逐步提供超越传统运输和仓储服务范畴，在体制上与传统的部门主义截然不同，将不同行业的生产经营活动联成无缝的供应链管理；意识上强调用户导向，形成协同运作体系；组织上保持团队精神，追求供应链管理系统整体最优；服务方式上改变传统模式，具备多样化、可变性以满足用户特殊需要；经营行为向协同合作努力，利益实现多方共赢。第三方物流是一个发展中的概念，其服务内容与水平在不断提高和完善，第三方物流经营者不断提高自己的资源整合能力，创新管理模式，适应市场发展需求。埃森哲公司研究发现，企业物流业务外包有三个不同的层次，每个层次都比上个层次更加有深度和广度：第一个层次是传统的物流业务外包。企业与一家物流服务供应商签订合同，由其提供单一的、明确界定的物流服务。例如把仓储外包给专业的仓储公司、把运输外包给专业运输公司、委托专门结算机构代结货运账单、委托海关经纪人代为通关、委托进出口代理商准备进出口文件。第二个层次是第三方物流。企业与一家物流提供商签订合同，由其提供整合的解决方案，包括两种或更多的物流服务，并且给予其一定的决策权。如由货运代理决定运输公司、运输管理、进货管理、整合的仓储和运输管理。第三个层次是供应链环境下的第三方物流。在利用所有的第二层次服务的基础上，获得增值的创新服务，如供应链网络结构设计、全球采购计划、IT功能的强化和管理、商品退货和维修、持续的供应链改善等。

第三方物流由于能够有效地为用户降低物流成本、提高服务水平，在西方发达国家已经得到了企业的广泛认可，并已成为物流业务外包的主要服务提供者，3PL企业的发展要更多地融入供应链企业，为其增值服务发展提供更多的业务空间，增强3PL企业的核心竞争力。

四、基于供应链管理的第三方物流增值服务案例——摩托罗拉与叶水福合作联姻

摩托罗拉的供应物流业务外包给新加坡叶水福物流公司来进行。新加坡叶水福物流公司是一家知名的物流企业，在新加坡有50多年的物流运作经验，其核心能力在于强大的货物仓储管理能力，该公司在新加坡拥有一支50多人的IT开发团队，专门从事材料管理系统的软件开发工作。摩托罗拉与新加坡叶水福物流公司有多年的合作关系，在全球范围内有许多合作。双方的IT系统已经实现无缝对接，能确保摩托罗拉的信息安全。摩托罗拉为解决供应物流问题，与叶水福物流公司签订了合作合同，合同期为2003—2008年，将亚洲的供应物流业务外包给后者来运作。为此，叶水福物流公司在天津为摩托罗拉专门建设了物流中心作为摩托罗拉的亚洲原材料物流中心，负责摩托罗拉亚洲所有原材料和部件的仓储、配送业务。该物流中心于1999年开始建设，2003年竣工并正式投入使用。物流中心的温度控制在18～25℃，湿度在70%以下，完全根据电子产品的特点来建设。该中心现为摩托罗拉管理着2000多种材料和配件，货物一共6万多箱。叶水福物流公司为摩托罗拉提供原材料的库存管理服务和亚洲范围内12小时原材料配送服务。叶水福物流公司参与摩托罗拉供应链企业运作流程如图12-2所示。

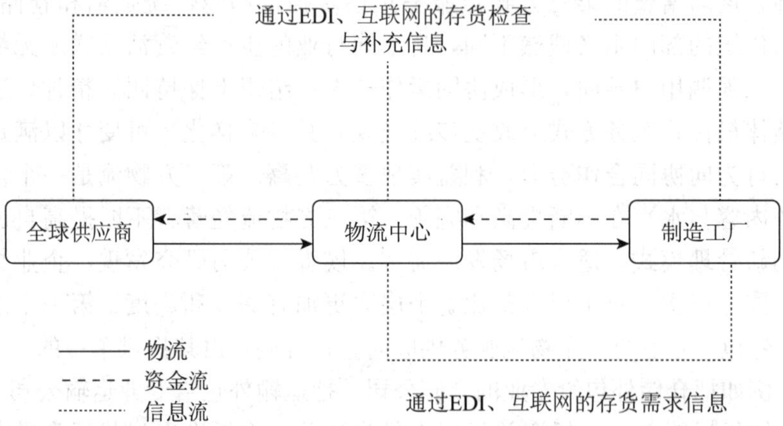

图12-2　参与供应链企业运营

叶水福物流中心存放的原材料不属于摩托罗拉所有，归供应商所有，需要摩托罗拉向供应商发出订单，才能发送到物流中心；摩托罗拉向物流中心发出要料计划，物流中心才能把摩托罗拉所需原材料配送到生产工厂。原材料库存占用供应商的资金，原材料从物流中心转移到工厂后所有权转移，物流中心的仓储费用由摩托罗拉负担。

（一）摩托罗拉的物流服务商叶水福物流创造的增值服务

（1）对库存物品的入库、出库、移动和盘点等操作进行全面的控制和管理，从级别、类型、批次、单件等不同角度来管理库存物品的数量、库存成本和资金占用情况。

（2）为供应商提供实时的库存查询，如供应商所有配件的当日、当月以及一年的出入库明细、出入库合计和货物周转率。管理者可及时了解和控制库存业务各方面的准确情况和数据。

（3）为供应商制定科学的库存风险储备量，使库内货物总在风险储备上线、下线之间，不影响摩托罗拉生产。

（4）对各种数据进行统计、生成各类报表，为决策者提供依据。

（5）供需双方的桥梁，物流中心起到将供应商与摩托罗拉联系到一起的一个桥梁作用。及时反映双方的供需要求，缓解供需矛盾，减少不良资产的产生。

（6）信息共享，及时将摩托罗拉的需求信息反馈到供应商，反映供应商的要求，充分利用网络优势，真正达到信息共享。

（二）叶水福物流公司为摩托罗拉提供的具体服务

（1）完善的仓储服务。

（2）库存预警服务。

（3）配调拨服务。

（4）流通加工服务。

（5）信息服务。

（6）供应商资料管理，供应商综合能力分析服务。

（7）提供准确、及时的配送服务。

（8）统一规范的单据传递服务。

（9）提供长途运输服务。

（三）摩托罗拉将供应物流业务外包给叶水福物流公司的益处

有利于提高供应链企业的资本运作效率：把原材料库存挪到3PL企业来做，减少了摩托罗拉在库房、机械设备、人力、运力方面的再投资；把除生产以外的企业附属工作委托3PL企业去做，有效利用企业资金，加快企业资金周转速度，减少企业不必要的投资。

有利于提高供应链节点企业的竞争力：简化产前准备，加快生产速度。物流业务外包有利于摩托罗拉将主要资源与注意力集中在其主要业务上，而使企业能集中资源和精力用于设计、开发、制造产品等核心业务上，更好地发挥摩托罗拉的优势和核心竞争力，增强市场竞争力。

第二节　第三方物流金融服务

一、金融对物流发展的支持

（一）现代金融对物流的发展作用

回首物流业近几年来的发展，成绩斐然，其中一个重要的原因是物流业与金融业之间初步建立起一种能为双方理解并便于沟通的较为融洽的关系和运作体制。但随着物流业的发展及金融体制改革的不断创新，双方还需要在更高层次上以一种更新的理念构建更顺畅的合作关系和更高效的运行体制，以此取得良好的互动效果。金融对物流的监督机制与激励机制相辅相成，金融体系在要求企业完善内部核算机制的同时，应激励物流业不断创新企业内部运行机制，通过减少库存和物资占压等手段，加速企业资金周转，降低资金成本，从而提高企业的资金财务管理水平，增强市场竞争力，这些作用表现在以下方面。

1. 现代金融的发展对物流的保障作用

现代物流既是即时性的物流，是配送快、货流畅通的物流，是以对企业做到“零库存”、对消费者或需货方做到“零距离”的物流；又是时效性较强、个性化需求较强的物流。要实现这种快捷、方便、灵活的物流，离开金融资金的服务是不可能实现的。如果没有金融资本市场的聚集，现代物流体系就不可能建立；如果没有金融工具的运用，现代物流结算就不可能实现；如果没有金融渠道的畅通，现代物流渠道就会被堵塞；如果没有金融安全的保证，现代物流的即时性就会被延缓。只有金融市场高效分配资金资源，才能为物流基础设施提供更多资金来源；只有金融渠道的畅通无阻，才能保障物流过程中产供销的进一步循环；只有金融网络安全，才能使需求者既能网上订货，也能网上结算，现代化的工具才能被广泛应用于物流的整个流程之间。

2. 现代金融对物流的支持作用

现代金融对物流的支持作用表现在资金支持、结算支持、个性化服务支持等方面。

（1）从宏观上看，由于物流是从生产者到最终市场一体化的物流，包括供货、生产与加工、仓储、装卸、配送及最终送至需求方手中的整个过程。因此，物流对全国范围内的基础设施投入要求极高。单个企业组建的物流基础投入难以形成规模经济，必然需要政府财政资金的大力支持。

（2）从微观上看，金融对物流的支持主要体现在结算手段和服务方面。现代物流是朝着满足不同批量、不同规格、不同地区的需求的方向发展的。当顾客的需求来自全国范围乃至世界范围时，金融的相应服务也就随之延伸到全国乃至世界范围。如果没有金融结算及资金划转等服务措施的配套，物流企业的成本就会扩大，更多中小企业就会对物流望而止步，更多大型物流企业会对订单较小、运送距离较远、要求较多的产品失去兴趣，物流的灵活性、多样化、个性化的发展优势就会丧失。而对于客户而言，如果采取网上订单却不得不离线支付，这种物流就是失败的物流。

3. 现代金融对物流的监督作用

良好高效的金融市场应该是成本低廉、资金透明度高、管理规范、运行稳健的市场。要实现资金的高效运作，必须实现资金“安全”。为了保证资金安全，银行必须加大对金融资金运作的监管，防范企业风险，监督企业加强内部核算，科学合理地组织资金资源的分配与使用。这种监督体现在物流的筹资过程中，企业应有效利用货币市场和资本市场筹集资本，合理安排资金组织货源和生产；在经营管理过程中，应加强内部核算，突出成本与效率关系，降低物流材料耗费及库存配送物资占压时间；在销售环节中，应加快资金回笼，减少销售资金占压款或应收账款，实现“零”资金运营的科学营销。这里必须指出的是，金融对物流的监督机制是与其激励机制相辅相成的，金融体系在要求企业完善内部核算机制的同时，也激励物流业不断创新企业内部运行机制，通过减少库存和物资占压等手段，加速企业资金周转，降低占压资金成本，从而提高企业的资金财务管理水平，增强市场竞争力。

（二） 金融创新推动现代物流的发展

与传统金融相比，现代金融最重要的特征就是金融创新。所谓金融创新就是指随着国际经济变化的需要而对各种金融要素进行的重新组合，是以实现金融业利润的最大化为目的而进行的各项变革。金融创新对社会经济生活的各个方面都将产生巨大的影响，对物流业的进一步发展也有极大的推动作用。主要表现在以下几点。

(1) 金融业务的创新进一步推动物流业朝着多样化、综合化、个性化方向发展。近年来，金融业不断在存款、贷款、结算等方式上创新，使得客户在同一个账户下可以很灵活地调度资金，也使得企业运用资金更加便利。金融业务可以根据企业的需要，为企业提供“量身定做”的各项新型业务，从而推动现代物流业在“以人为本”“以客户为中心”的思想下，最大限度地满足客户的各种需求。

(2) 金融工具的不断创新，极大地推动了物流业的现代化进程。现代金融工具借助银行网络不断创新各种结算方式与凭证，由银行结算的POS信用卡，互联网结算提供的电子货币和网络通信，使得信息沟通更加便利。金融结算现代化，为企业之间商品流通减少了中间环节，进而降低了成本，使企业开发的产品与顾客需求更加一致。

(3) 金融制度及管理模式的创新，推动了物流业管理模式的创新。在WTO体系下，中国的金融业将会朝着更加开放、更加规范化的方向发展，金融主体将会走向多元化，金融服务意识进一步加强、金融机构之间竞争更加激烈，与此同时，央行对金融的管理也更加科学化、规范化。因此，金融体制必将发生深刻的变革，这种变革又必将带来更加适应竞争与发展的新型金融管理模式。这种新型的金融体制和管理模式必然会为物流业的发展创造更加良好的服务环境，提供更加新型的服务技术，开辟更加多样化的服务渠道，物流业选择资金的空间也就更加广阔。届时物流业与金融的合作就会更加便利与融洽。

二、物流对金融创新的影响

物流对金融创新的推动作用主要表现在物流企业的发展壮大对资本市场的促进作用，以及物流业务的发展对银行结算和票据市场的促进作用。物流企业的发展壮大为资本市场提供了资金需求。物流发展对资本市场的促进作用主要是物流的发展对债券市场、证券市场以及银行信贷的推动作用。这与其他行业的发展对于资本市场的推动作用类似，因此，本章主要分析物流发展所带动的资金流、信息流的发展对金融创新的推动作用，主要包括对金融工具创新、金融制度的创新以及金融监管的创新。

（一） 金融创新的内涵

所谓金融创新是指金融业各种要素的重新组合，具体是指金融机构和金融管理当局出于对微观利益和宏观利益的考虑，对于机构设置、业务品种、金融工具及制度安排所进行的金融业创造性变革和开发活动。该定义包括：金融创新的主体是金融机构和金融管理当局，金融创新的根本目的是盈利和提高金融业宏观效率，金融创新的本质是金融要素的重新组合，金融创新的表现形式是金融工具、金融制度创新、金融监管的创新和金融组织等方面的创新。

金融创新的主要特点包括新型化、电子化、多样化、持续化等，其中，所谓新型化是指进入20世纪80年代以来，通过金融创新推出了一系列新的金融工具、金融业务以及交易种类，开辟了新的金融市场，组织了新的金融机构，使得金融业的面貌焕然一新。

（二） 物流发展推动金融工具创新

物流发展要求资金流的协调发展，由此推动了网络银行以及电子化结算手段的发展，它是金融电子化最新发展的产物，作为网络上的虚拟银行，用户可以不受时空限制享受全天候的网上金融服务。首先，网络银行改变了传统银行经营理念；其次，网络银行改变了传统银行的营销方式和经营战略，它能够充分利用网络与客户进行沟通，来满足每个客户不同的金融和财务需求；最后，网络银行使银行的竞争格局发生变化，网络银行的全球化服务使金融市场全球开放，银行业的竞争不再是传统的同业竞争、国内竞争、服务质量和价格竞争，而是形成了金融业与非金融业、国内与国外、网上银行与网下银行等多元竞争格局。

（三） 物流发展推动金融制度创新

由物流发展推动的网络金融使得银行业、证券业、信托业和保险业等金融服务业务综合化发展的趋势也在不断加强，传统金融服务领域的界限逐渐趋于模糊，证券、银行、保险三者之间的业务出现相互渗透的趋势。所谓金融制度的创新指的是关于资金融通的体系或系统的创新，主要包括作为宏观调控的中央银行制度和作为基础结构的微观组织安排等方面的创新，具体体现就是制度的融合化趋势，银行业、证券业、保险业开始向全能型经营方向发展，国内银行、保险和证券公司之间开展了一系列业务交叉和合作。许多业内人士坦言，合作是中国金融业由分业转向混业必须补上的一课。

（四） 物流发展推动金融监管创新

随着物流业的发展，对高效、准确、安全的“资金流”产生了巨大需求，促进了金融创新。金融创新又加大了金融业的风险与动荡，势必推动金融监管的创新。金融监管与金融创新是一个互动的过程，它们的动态变化使得金融制度得以调整和变革。金融管制虽然在一定程度上稳定了金融秩序，促进了经济的持续健康发展，但随着经济形势的发展和金融环境的变迁，传统的金融管制体制面临多方面的挑战，例如，电子货币和网络银行业务的开展对中国金融监管的内容和方法提出了挑战。网络银行以其方便、快捷、超时空等特点，通过计算机网络，可以在瞬间将巨额资金从地球的一端传到另一端，大量资金突发性的转移无疑会加剧金融市场的波动，网络快速传递的特性会使波动迅速蔓延，而网络银行的整个交易过程几乎全部可以在网上完成，金融交易的“虚拟化”使银行业务失去了时间和地域的限制，交易对象变得难以明确，过程更加不透明。

（五） 物流发展推动金融组织创新

物流在实现即时、高效的多供应链服务的同时，伴随乃至渗透着“资金流”。“资金流”与高效物流的匹配需求，促进了对传统的金融机构组织结构的创新。对金融机构组织结构创新的研究包括对产权结构和外部组织结构的分析，前者与金融机构的决策、动力和行为方式息息相关，后者与金融机构的合理配置、金融体系的运行成本、效率息息相关，而网络经济的发展也使得金融服务领域在组织结构上呈现出两大发展趋势：一是传统的金融服务领域出现大规模的并购浪潮，通过并购不仅可以扩大规模，增强竞争优势，而且可以低成本地实现向混业经营的演变。金融业并购的一大特点是强强合作、混业联合，目的都是为了适应网络经济时代的要求，最大限度地降低交易成本，提高规模经济效益。二是非金融企业借助网络技术利用成本优势向金融服务领域渗透，高新技术网络公司利用成熟的网络技术和低廉的费用优势广泛吸收客户开展金融服务，触角已涉及银行、证券、保险等金融领域。其初始规模虽然较小，但凭借网络利器仍在与传统金融企业争夺市场份额。目前，国外已经出现了传统金融企业与新兴技术网络公司广泛合作、协同发展的趋势，金融企业与非金融企业共同向社会提供高水平、低成本的金融服务的时代已经来临。

三、物流银行——中小企业的新型融资方式

（一） 物流银行的含义

“物流银行”是指以市场畅销、价格波动幅度小、处于正常贸易流转状态而且符合要求的产品抵押作为授信条件，运用3PL企业的物流信息管理系统，将银行的资金流与企业的物流进行结合，向公司提供融资、结算等服务于一体的银行综合服务业务。该业务通过银行、生产企业以及多家经销商的资金流、物流、信息流的互补，突破了传统的地域限制，使厂家、经销商、下游用户和银行之间的资金流、物流与信息流在封闭流程中运作，迅速提高销售效率，降低经营成本，达到多方共赢的目的。

物流银行对于中小企业的意义在于，打破了固定资产抵押贷款的传统思维，可以引用物流（动产）质押解决中小企业的融资难问题。

（二） 物流银行的模式

目前，第三方物流银行的主要业务模式有质押模式和担保模式。

1. 质押模式

质押模式主要是指生产企业把商品储存在物流企业仓库中，3PL企业再向银行开具仓单，银行根据仓单向生产企业提供一定比例的贷款，3PL企业代为监管商品。这种模式也被称为“仓单质押”。目前仓单质押是物流银行的主要运作模式，如图12－3所示。

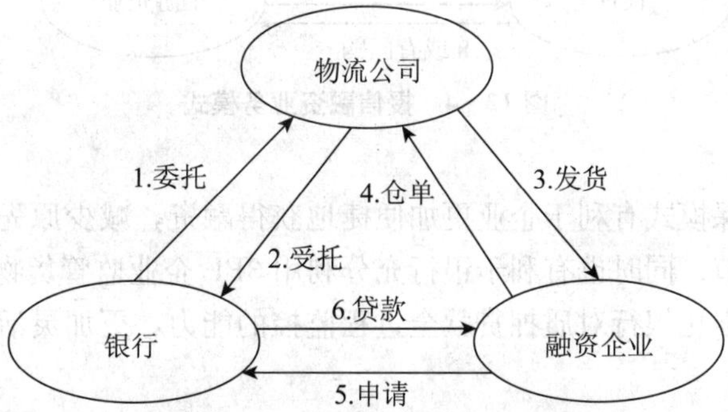

图12－3　仓单质押融资业务模式

仓单质押的客户对象主要以中小型贸易类企业为主，商品要求是适宜质押的库存商品、该项业务面向销售环节，以存货质押作为条件进行短期授信为企业融资。仓单质押融资以交易货物本身为抵押，融资过程中交易货物的货权将首先转移给贷款银行，随着货物的出售和贷款的偿还，交易货物的货权和实物还将转移到最终买家，因此，在仓单质押融资业务中，抵押货物的管理与控制十分重要。由于银行本身不具备对实物商品的专业管理能力，这种监管一般由专业物流公司负责。3PL 企业通过向银行签发仓单确认货物的所有权属于银行，同时承诺它保证抵押货物的完好与安全，并严格按银行的指令行事。为加强这种保证，融资银行需要与借款人及 3PL 企业签订抵押物管理协议，委托 3PL 企业对货物进行监管。

在中小企业的生产经营活动中，原材料采购与产成品销售普遍存在批量性和季节性特征，这类物资的存货往往占用了大量资金。物流银行借助其良好的仓储、配送和商贸条件，吸引辐射区域内的中小企业，作为其第三方仓储中心，并帮助那些企业以存放于物流银行的动产获得金融机构的质押贷款额度。物流银行不仅为金融机构提供了可信赖的质物监管，还帮助质押贷款主体很好地解决质物价值评估、拍卖等难题，并有效融入中小企业产销链当中，提供良好的第三方物流服务。

2. **担保模式**

担保模式主要是指银行根据 3PL 企业的规模、经营业绩、信用程度等，把贷款额度直接授权给 3PL 企业，再由 3PL 企业根据客户的需求和条件进行质押贷款和最终结算。3PL 企业向银行按企业信用担保管理的有关规定和要求提供信用担保，并直接利用这些信贷额度向相关企业提供灵活的质押贷款业务。银行则基本上不参与质押贷款项目的具体运作，这种方式也被称为“授信融资”，如图 12－4 所示。

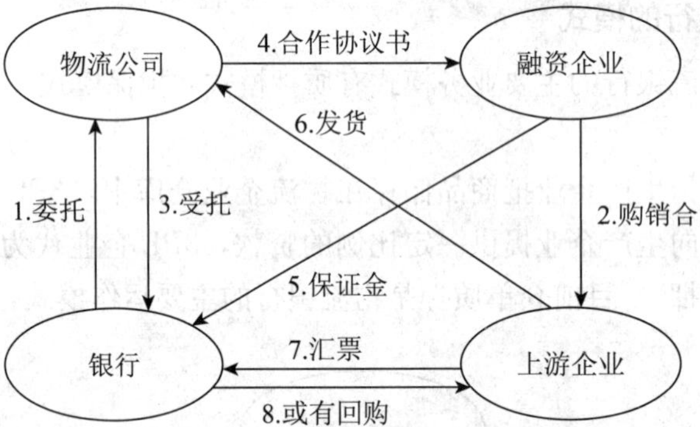

图 12－4　授信融资业务模式

统一授信的担保模式有利于企业更加便捷地获得融资，减少原先向银行申请质押贷款时的多个申请环节；同时也有利于银行充分利用 3PL 企业监管货物的管理经验，通过 3PL 企业的担保，强化银行对质押贷款全过程监控的能力，更加灵活地开展质押贷款服务，降低贷款风险。

（三）开设物流银行业务对中小企业的现实意义

传统的企业向银行贷款，往往都是以固定资产作为抵押，但是对于可供抵押的固定资产非常少的中小企业来说，从银行直接贷款就成为一件难事。物流银行业务的出现打破了用固定资产抵押发放贷款的传统思维，采用了以处于物流状态的物资（动产）作为质押物，来解决中小企业的融资难问题。只要符合质押品标准的原材料或者产成品都可做质押，甚至连整个运输过程都可以质押，这样一来，物流银行使企业能够把动产都盘活出来，原有拿来购买原材料的钱，经生产卖出去后才能变成现金，但现在原材料买来后通过银行融资，在仓库内就能立刻变成现金。

此外，对于中小企业来说，由于还没有与金融机构建立良好的关系，所以银行记录中对于它们的信用等级无法评估，但是3PL企业通过库存管理和配送管理，可以掌握库存的变动和充分的客户信息，在融资活动中占据特殊的地位。而且3PL企业对库存商品的规格、质量、原价和净值、销售区域、承销商等情况都非常了解，由3PL企业作为担保方进行操作，省去了银行审查中小企业的信用等级的烦琐手续，由此可见，物流银行业务是一种既简便可控性又好的融资模式，它将有效地缓解长期以来困扰中小企业抵押融资难的问题，增加资金的流转率，对中小企业的发展壮大起到很好的推动作用，同时，也减少银行审批的复杂环节，为商业银行带来更大的市场和利润回报。2004年6月广东发展银行在佛山分行率先试点开办这一业务，随后又在广州、杭州等全国10个城市试点推广。结果表明物流银行业务成为了受中小企业欢迎的一项有效的理财工具。在开展此项业务最初的半年内，广东发展银行已向20多家企业提供了该项服务，业务总金额超过40亿元。2005年广东发展银行通过中国远洋物流有限公司、中国外运股份有限公司和中国物资储运总公司等物流企业，与一汽贸易总公司、诺基亚中国投资有限公司、北京全国棉花交易市场有限责任公司和郑州宇通客车股份有限公司等企业进行全面物流银行业务合作，支持了200多家中小经销商和10000名终端用户，并带来存款20多亿元。2005年12月，中国建设银行股份有限公司与中国物资储运总公司举行《银企合作协议》签字仪式，双方携手在物流金融领域进行合作，共谋发展，2008年6月五矿物流集团与华夏银行签订了20亿元的《物流合作协议》。

目前，“物流银行”这个新出现的金融业务已被绝大多数中小商贸流通企业所采用。它的最大特点是既可解决中小企业融资难问题，使企业争取更多的流动资金周转，达到实现经营规模扩大和发展，提高经济效益的目的，又能比传统的融资降低一倍甚至更多的成本。

四、融通仓——物流金融的创新模式

（一）融通仓的定义

融通仓是一种物流和金融的集成式创新服务。融通仓这个词最早由罗齐和朱道立在2000年提出。随着实践和理论的不断深入，作者对其内涵又进行了相应的拓展，并于2004年11月在“2004年中国物流创新大会”上被评选为中国物流的十大创新模式之一。顾名思义，“融”指金融，“通”指物资的流通，“仓”指物流的仓储，是指融、通、仓三者的集成，统一管理和综合协调。因此，融通仓是一种把物流、信息流和资金流综合管理的创新，其内容包括物流服务、金融服务、中介服务和风险管理服务，以及这些服务间的组合与互动。融通仓的核心思想是在各种“流”的整合和互补互动关系中寻找机会，其目的是为了提升顾客服务质量、提高经营效率、减少运营资木、拓宽服务内容、减少风险、优化资源使用、协调多方行为、提升供应链整体绩效和增加整个供应链竞争力等。

（二） 融通仓的发展历程

1999 年中国储运公司与银行合作，开始向客户提供简单的质押融资业务。2000 年复旦大学朱道立教授主持广东顺德物流基地项目时首次提出了“融通仓”的概念，并组织人员开始相关理论的研究。2001 年 TCL 应用融通仓思想开拓手机市场，通过向全国销售商提供大部分运营资金，成功地在短期内取得全国手机销量第一的业绩。同年，UPS 完成对美国第一国际银行（First International Bank）的并购，开始提供融通仓式的服务。除传统包裹和企业物流业务外，UPS 推出了包括代开信用证、兑付票据、代理海关业务、提供货款融资等服务。2003 年 UPS 的金融物流集成服务成功地解决了沃尔玛（Walmart）和东南亚供应商之间的物流和付款拖欠太久的问题。2004 年诺基亚（NOKIA）在广州使用类似 TCL 的融通仓模式抢占手机市场份额，敦豪航空货运公司（DHL）在上海为客户提供物流和关税融资服务，中国储运集团提供仓单质押贷款业务，规模超过 40 亿元。由此可见，融通仓服务的实践发展很快，而理论研究相对滞后。

（三） 融通仓产生的原因

融资和风险管理问题是融通仓产生的根本原因。

1. 融资问题

国内银行主要接受固定资产抵押贷款，因为固定资产的不可移动性使之作为抵押物，易于监管。但是很多企业（特别是中小型企业）可用作抵押的固定资产有限，所以融资规模较小，不能满足企业发展和运营的资金需求。然而，企业的流动资产如存货、权利单证（如仓单、应付和应收款项单据凭证等）往往占企业总资产的较大比例。由于流动资产的监管困难，金融机构往往不愿意开展基于动产的贷款业务。融通仓则通过对流动资产的有效监管来帮助银行和企业解决“企业想借借不到，银行想贷又怕贷”的困境：物流服务代理银行监管流动资产，金融服务则为企业提供融资及其他配套服务。

2. 风险管理问题

金融机构贷款存在信用风险，企业有还不起贷款的可能性。融通仓对流动资产的有效监管可以降低基于动产融资贷款项目的风险。另外，由于未来的不确定性，原材料、部件、半成品和产成品的价格会波动，数量会变化，从而引发很多供应链风险。融通仓不仅可以通过监管服务来降低银行的贷款风险，而且可以运用银行业近几十年发展起来的成熟的风险管理理论和方法（如金融衍生工具、期货和期权等）帮助企业降低供应链风险，进一步提高供应链整体效率。

3. 其他原因

当前商业环境中还存在着需要融通仓服务的其他因素，包括：①中国信用体制的相对不健全；②进出口贸易增长引发大量融资和风险控制需求；③部分企业运营资金不足；④物流企业市场拓展的需求；⑤物流和资金流的统一管理可以提高企业利润空间；⑥供应链竞争的需要等。

（四） 融通仓的服务内容

1. 核心服务

融通仓是物流、金融、中介和风险管理服务的集成。其中物流和金融是核心，两者之间既相互联系又相互促进。金融靠物流对实物的监管来控制风险，而物流需要金融提供的资金来保障各个环节的最优配置。融通仓的物流服务包括运输、配送、仓储、加工、包装、装卸和信息服务等，金融服务包括融资、资产的评估、监管和处理、应付/应收账款和现金管理、商业票据（如信用证）和银行授信转贷等。

2. 附加服务

融通仓还包括中介和风险管理等附加服务，为客户提供增值和配套服务。中介服务内容包括海关业务代理、税金代理、进出口代理、货运代理、账单和支付款管理、融通仓业务咨询等。风险管理业务包括客户信用风险评估和管理、资金兑现管理、系统风险分析、期权与期货交易、风险管理咨询等。融通仓提供商可以根据自身能力和市场的需要选择合适的集成式服务（可以是核心服务、附加服务或两者的任意组合），为客户提供高质量的定制服务。

（五） 融通仓的职能

融通仓通过物流和融资、资金结算、风险管理等职能来加强供应链管理。

1. 物流和融资职能

该职能贯穿企业物流的整个过程，包括采购、生产、加工、仓储、运输、装卸、配送和售后服务等。一旦某个环节出现资金缺口，融通仓可协助解决融资问题，而当融资风险出现时，其物流职能则通过对实物的监管来减少资金提供者的损失。

2. 资金结算职能

融通仓服务发生后必然会产生大量的结算和支付需求。通过融通仓的商贸交易，除传统的买卖双方外，还涉及3PL企业、银行、中介公司等，结算和支付比较复杂。资金结算功能提供专业的结算和支付解决方案，直接或间接地提供诸如金融结算、资金划拨等配套的附加值服务。

3. 风险管理职能

在融通仓商贸交易中，各种各样的风险几乎伴随着业务范围的每个流程：采购过程、运输过程、装卸搬运过程、仓储过程、流通加工过程、包装过程、配送过程和信息服务过程。风险管理职能包括一整套涵盖融通仓各个环节的风险管理解决方案，帮助融通仓参与者发现、防范、量化、控制和规避风险。

物流、资金流和信息流是现代商贸活动中的三个重要因素。物流和信息流的集成管理在过去10～20年中带来了管理的信息化和现代化。人们过去对物流和资金流的整合关注不多，但是现在越来越多的人发现，物流和金融的集成创新孕育着无限商机和可观的利润。融通仓服务职能的目的，就是用资金流盘活物流，或用物流拉动资金流。因此，参与的物流、生产、中介和金融等企业都可以通过融通仓模式实现多方共赢。

（六） 融通仓的运作模式

根据企业运营过程中的风险和资金缺口需求，融通仓可以有三种模式。

1. 基于动产管理的融通仓运作模式

基于动产管理的融通仓运作模式主要适用于纵向融通仓和星状融通仓，存在上述融资企业运营中“支付现金”至“卖出存货”的资金缺口期。融资模式体现为动产抵押和质押贷款（以供应链企业中的存货、仓单等动产作为质押物进行融资）。这种模式把“死”的物资或权利凭证向“活”的资产转换，加速“动产”的流通，创造更大的利润空间。具体应用的业务形式主要有“仓单质押”“动产抵押和质押”“保兑仓”等。

2. 基于资金管理的融通仓运作模式

基于资金管理的融通仓运作模式主要用于纵向融通仓和星状融通仓的结构中。主要业务形式表现为“应付账款管理”和“应收账款管理”，即使用应付或应收账款的单据凭证作为担保信物向金融机构申请贷款。其中“应付账款管理”适用企业运营周期的采购阶段，而“应收账款管理”适用融资企业“卖出存货”至“收到现金”的资金缺口期。

3. 基于风险管理的融通仓运作模式

基于风险管理的融通仓运作模式适用于企业运营周期的各个阶段，系统结构体现为横向融通仓服务。例如，在企业采购期，原材料价格波动或需求变化将会导致供应链风险。基于风险管理的融通仓运作模式则借助金融衍生工具（如期权、期货等）来管理风险，从而提高供应链绩效。

融通仓服务可以一定程度降低供应链风险，但是，融通仓服务本身又有其固有风险，如市场风险、商业环境风险、运营风险和信用风险等。有效风险管理是成功实施融通仓服务的关键。如图 12-5 所示，融通仓相关企业可以通过调整战略、战术、组织结构和风险控制机制，利用金融衍生工具和保险产品以及运营控制来有效管理融通仓相关风险。

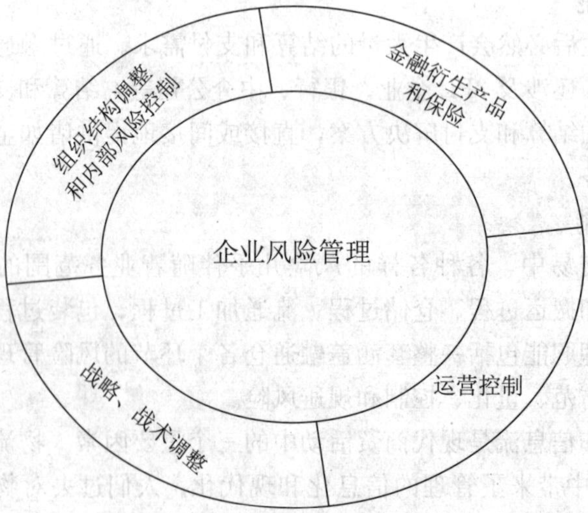

图 12-5 融通仓风险管理框架

五、国内外物流金融创新趋势

（一）国外物流金融创新趋势

1. 银行与物流仓储企业开展多种形式的合作

西方一些发达国家的银行很早就与物流仓储企业开展多种形式的合作来广泛进行存货质押融资业务，西方的物流与金融业务的整合创新中，银行和物流企业会综合考虑借款企业的时间情况选择合适的质押存货，制定合理的合约条款，并确定相应的贷款流程和监控方式。近几年，美国的花旗银行（Citibank，N. A.）、英国的渣打银行（Standard Chartered Bank）、法国巴黎银行（BNP Paribas）、荷兰万贝银行（Mees Pierson Bank）等金融机构纷纷与物流仓储企业合作，开展物流金融业务。例如渣打银行针对企业的不同需求，提供各种类型的供应链融资产品，如供应商融资、买方融资、结构性贸易融资等。特别是针对出口型企业，渣打银行还帮助企业提前收汇，借以避免长期应收账款带来的汇率波动风险。2001 年 5 月，UPS 公司（United Parcel Service）并购了美国第一国际银行（FIB）并将其改造成 UPS 专业金融部门，专门为中小企业提供信贷、贸易和金融等问题解决方案；又如，德国邮政银行（Post Bank）与同属于德国邮政集团的 DHL 互相补充、共同合作，为客户提供覆盖物流供应链的专业金融服务；还有些金融机构成立了专门的质押银行，例如 1999 年美国摩根斯坦利（Morgan Stanley）投资 3.5 亿美元给上市公司红木信托（Redwood Trust），用于开发物流金融业务；荷兰万贝银行（Mees Pierson Bank）主动涉足物流业，在全球各地拥有自己的仓储中心，并以发展物流金融而独树一帜。

2. 针对中小企业提供可接受的融资技术

国外银行提供融资技术主要包括存货融资技术和应收账款融资技术，一般有以下几种。

（1）存货抵押融资技术。企业的存货是一种处于不断流动状态的资产，以这部分资产作抵押，在技术处理上有一定的难度。自 20 世纪 90 年代以来，国外银行逐步摸索出了一整套比较成熟的方法，其中，一揽子存货留置权、公开仓储融资、就地仓储融资、信托收据融资和抵押单存货融资等方式最为常见。

①一揽子存货留置权（blanket investor lies）。在一揽子存货留置权的模式下，银行对借款人的所有存货都有留置权，但借款人可以自由地销售存货。从技术上说，这种方式对银行监管存货并不方便，当存货在较长的时间里逐渐减少时，存货的价值也逐渐下降，借款人如不及时补进存货，银行将面临贷款抵押品部分留置问题。由于存在上述问题，此种方法目前已较少采用。

②公开仓储融资（public warehouse finance）。公开仓储融资是国外 20 世纪五六十年代较为流行的一种存货抵押贷款融资方式。这种抵押融资要求借款人将存货存放于第三方的仓库中，由第三方代为管理，当借款人销售存货后，购货方需直接将购货款存入到借款人在银行的账户上，银行则用销货款来直接冲减贷款。购货方需在公开仓库的存货保管人确认后方可提货。公开仓储融资对企业来讲需要额外支付一笔保管费，另外，还可能需支付较多的存货运输费用。这种方式由于成本较高，而且历史上发生过较多公

开仓库管理人与借款人合伙欺诈银行的事件，因此，目前也已较少采用。

③就地仓储融资（field warehousing finance）。与公开仓储融资相比，就地仓储融资最大的优点是借款人不必支付费用较高的公开仓库管理费，而且存货使用也方便。此方法中，仓库建立在借款人的货栈中，为了对存货进行监督，银行根据协定雇用第三方（通常称为就地仓储公司）的代理人来管理存货。在就地仓储融资模式下，一般可接受的产品是不易损坏且在市场上可以销售的产品。对中小企业来说，就地仓储融资也有很多优点。存货融资的增长可以和企业销售增长联系起来，使可得到的资金具有一定的弹性，加之这种方式比公开仓储融资降低了成本，对中小企业更加适用。最重要的一点是，它使无固定资产作为抵押品的中小企业有了获得贷款的可能性。

④信托收据融资（trust receipt finance）。对中小零售企业来说，信托收据融资是一种有着很重要意义的融资方式。信托收据是一种承认借款人代贷款人持有商品的证书，它与银行对货物拥有“暂时的法律上的所有权”相联系。当借款企业由银行提供贷款并用贷款购买货物后，借款人向银行开出信托收据。信托收据规定：对于购入商品，银行与借款人是一种委托人和受托人之间的关系，商品由借款人为银行代为持有。借款人或将货物存入公开仓库，或就地保存但无须第三者提供货物保管。当货物销售后，借款人当天将销售收入转到贷款者账户。通常，信托收据融资通用的存货为容易辨认的货物，因此，这种融资方式适用于汽车销售经纪人、耐用消费品零售商和机器销售商。

⑤抵押单存货融资（collateral cerificate finance）。抵押单存货融资是一种国外银行近年来普遍开展的存货抵押贷款业务。抵押单是一个由第三方定期签发给贷款银行的文书。在这个文书上，第三方保证作为贷款抵押品的存货数量的存在。企业的存货通常处于流动状态，但企业一般都会保有一部分存货，存货抵押品管理真正烦琐的部分困难是对浮动部分的价值进行管理。独立的第三方能对企业的销售活动进行跟踪式的监管，专门从事存货融资的保障业务。第三方替代了银行工作人员对企业的监管，降低了银行的信贷业务成本，这对借款人和贷款人均有好处。存货抵押单的签发者除了充当第三者的角色外，还通过提供一系列的服务，使借款人和银行之间的贷款管理问题得以简化。此种融资方式的出现以及在国外发展较快的原因主要是它的灵活性，这种方式不需要对存货进行实物上的分离和拥有。

（2）应收账款融资技术。在国外，应收账款抵押融资是非常普遍的对中小企业提供流动资金的贷款方式。由于银行通常把应收账款看作是优于存货的抵押品，因此，相比较而言，应收账款抵押贷款常被看作是优于存货融资的一种贷款方式。应收账款抵押贷款是从贷款申请人（商品的经销人）与银行或其他金融机构签订有法律约束的协议开始的。其基本程序是：

①商品销售者把其所有的货物已经销售但没有收到货款的发票送到银行，接受银行的检查。

②银行对货物购买者的信用能力和付款能力进行评估，对不符合信用标准的企业的销售发票予以退回，拒收其为抵押品。

③银行与贷款申请人商谈一个抵押品账面价值的折扣率，通常，银行的折扣率在总

抵押账面价值的50%～75%。另外，银行在开始做新的应收账款抵押贷款时，由于对购货方的信用不甚了解，可能提出的折扣率会更低些，但当银行获得了经验后，便有可能适当提高折扣率。

④确定折扣率后，银行与贷款申请人可就信贷的利率进行谈判，有时银行在谈判中可能引入菜单式合同，如不同折扣率下，适用不同的贷款利率等。

⑤签订信贷合同，向应收账款抵押企业发放贷款。应收账款抵押借款合同通常规定，当购货方向借款者支付货款时，借款人要将货款直接划付给银行，由银行冲减贷款数额。

⑥银行进行应收款的管理。通常，银行并不通知购货企业其应收款已经作为抵押品，只有当银行看到应收款的账龄较长时才会采取措施。一般银行会在账龄超过1～2个月时，发出应收款催收通知单，提示应收款已被抵押并应及时支付。

⑦当应收款出现追索困难时，银行可能会将该笔应收款作为问题贷款向借款人追索，这是因为在应收款抵押贷款中，银行不仅对应收款有留置权，而且对借款人有追索权，如果购买商品的企业不付款的话，销售企业必须承担这个损失。

（二）国内物流金融创新趋势

物流金融业务在中国仍然处于起步阶段，相对于每年规模庞大的社会物流总值，市场开拓任务远未完成，即使对于最为简单的存货质押融资模式，仍然有1万亿元以上的市场规模。随着我国产业结构、贸易结构、企业结构的变化，物流金融的具体模式也会发生一些变化，如国际贸易赤字中的信用证结算方式正在逐步被赊销方式所取代，一些与之相适应的应收账款融资产品将不断出现。而随着我国大宗商品特别是原材料进口量的不断增长，基于进口商品及其加工过程的物流金融产品也会更加丰富。

在我国物流金融业务的实践中，围绕着银行、物流企业、融资企业三方主体，商业模式正在不断地发生演化。具体表现在，发放贷款方由单纯的商业银行向银行、担保机构、保险机构等联合体方向发展，物流企业由单纯的拥有仓库资产的企业向3PL企业、中介管理公司、特许连锁经营方向发展，融资企业则由流通企业向流通、生产企业等更广范畴发展。由于掌握着大量的历史和实时的物流信息，物流企业参与质押融资业务后，成为联结中小企业与金融机构的综合性服务平台，金融机构与物流企业的合作关系在不断加强和深化，有物流企业参与的中小企业融资担保及服务体系正在建立。

物流金融业务今后的发展方向是向更深入的供应链物流金融服务发展，主要发展趋势如下。

第一，从静态质押监管向动态质押监管发展。所谓静态质押监管是这批货质押后不再变动，一直到质押期结束才放货。事实上这种静态的情况是很少见的，因为很多企业都要不断进行原材料采购、出货，这就是不断提货的过程，是一种动态的变化。所以，物流金融中的监管需要不断适应动态需要。同时，物流企业用以存放和监管物品的仓库也从自有仓库向库外仓库发展。

第二，从流通型企业向生产型企业发展。物流金融的最初客户主要是流通型的贸易企业。现在有一些中型或者中型以上的生产型企业需要大量的资金发展业务，物流金融业务的生产型客户逐渐增加。

第三，从现货质押向买方信贷发展。物流金融的发展，出现了向更多参与者发展的趋势，实际上就是从第三方发展到第四方，贸易商、供应商、监管方、银行四方合作，也就是融通仓、保兑仓的形式。

第四，从单一环节向供应链全过程发展。由于有了供货者的参与，物流企业完全有可能监管从供货方发货起直到交给客户手上的全过程。

六、物流金融增值服务成功案例——远成蒙牛共创供应链金融生态圈

目前，中国经济步入新常态，增长放缓，急需产业结构调整及优化，在移动互联、大数据、云计算、物联网等新技术的驱动下，各种新模式、新业态层出不穷，产业跨界融合成为趋势。物流及供应链在产业链中的作用越来越重要，“真正的竞争不是企业与企业之间的竞争，而是供应链与供应链之间的竞争”，物流与供应链将成为企业新的竞争力。在这样的背景下，如何提升物流及供应链管理水平就是摆在企业面前新的课题。

（一）强强联合

蒙牛是中国领先乳制品供应商，连续 8 年位列世界乳业 20 强，截至目前，蒙牛在全国建立了 33 个生产基地 58 个工厂，2015 年蒙牛产能达 868 万吨，营业收入超 490 亿元。远成集团于 2012 年同蒙牛达成战略合作伙伴关系，双方旨在通过强强合作，利用远成在物流及供应链领域的专业经验，帮助蒙牛优化物流及供应链体系，打造精益物流，同时加速整合供应链上下游，打通物流、商流、资金流、信息流，助力蒙牛高速发展。双方具体合作的内容主要分为三个层面：基础物流、资源整合、供应链优化。

（1）基础物流。主要有物流运作标准化、多式联运、仓配一体化、分销直配、托盘化运输设计及试点等。

（2）资源整合。主要有建立公共物流信息平台，整合回程车辆资源、蒙牛自建仓社会化利用、物流园区的管理及经营等。

（3）供应链优化。主要有供应链金融产品的设计、深度分销支持、物联网技术在供应链物流体系中的应用等。

通过双方的战略合作，带给蒙牛集团积极效益。

（1）引进大型的第三方物流服务商的先进管理经验及资源，对内迅速建立起适应蒙牛集团长期战略发展的物流及供应链体系，以降低物流成本，优化流程、标准化管理，提升服务品质。

（2）物流及供应链网络优化、提高销量及竞争力。根据蒙牛集团的生产、市场及销售战略，优化全国的物流网络布局（仓库、车辆、网点等），优化订单流，加快响应时间，提高市场占有率。

（3）提高公司的知名度及品牌效应，双方的媒介平台互动，1+1>2 的效应。

（4）物流及供应链人才成长培养平台，助力蒙牛集团长期发展。

（5）创新服务方式。提升服务能级，建立融合物流、资金流、商流、信息流的产品及服务模式，逐渐获得并超过客户的期望值。

（二）营造生态圈

供应链金融是基于真实的交易背景开展的金融活动，实质是帮助链内成员盘活流

动资产。为供应链成员尤其是中小企业提供资金，通过整合信息、资金、物流等资源，达到提高资金使用效率，为各方创造价值和降低风险的目的。这种服务是穿插在交易过程中的，帮助核心企业提升整个产业链的效率，满足了核心企业产业转型升级的需要。

在以蒙牛为核心企业的产业链中，其下游的经销商的资金情况直接影响蒙牛产品的分销及市场占有率，随着规模的扩大，经销商的资金需求逐步扩大，但在迫切的资金需求下，中小企业却又往往很难通过正常融资渠道得到资金支持。主要原因是中小企业固定资产存量通常较少，往往缺乏银行认定的抵押资产；也很难争取到其他主体的商业性保证担保。因此，传统的授信技术和信贷评审技术对中小企业并不适用。远成集团同蒙牛形成战略合作后，根据蒙牛下游分销链条的实际情况，为了优化双方合作生态圈，远成为蒙牛提供了物流、供应链金融、深度分销一站式服务方案，有效优化了蒙牛分销供应链体系环境，促进了蒙牛的产品销售及市场占有率的提高。

为了应对快消品市场日趋激烈的竞争态势，蒙牛致力于优化现有大区分销体系，希望逐步打破多层次的分销模式，实现直达终端的销售管控，同时开发供应链金融产品，运用物流及交易数据双重的风控手段，对经销商实现资金支持，加快产成品销售，同时减少赊销的比例，提高流动资金周转率，以支撑销售规模的拓展。远成在完善蒙牛物流运管体系的基础上，协助蒙牛规范经销行为，实现渠道扁平和营销职能下沉，减少中间环节，提高市场反应速度和市场占有率，贴近终端、让利消费者最终形成提升销售业绩和蒙牛品牌竞争力的生态圈，并良性运行。经过双方初步探讨，决定先在蒙牛华东区域进行试点，由远成为蒙牛提供物流、供应链金融、深度分销一站式服务。如图 12 - 6 所示。

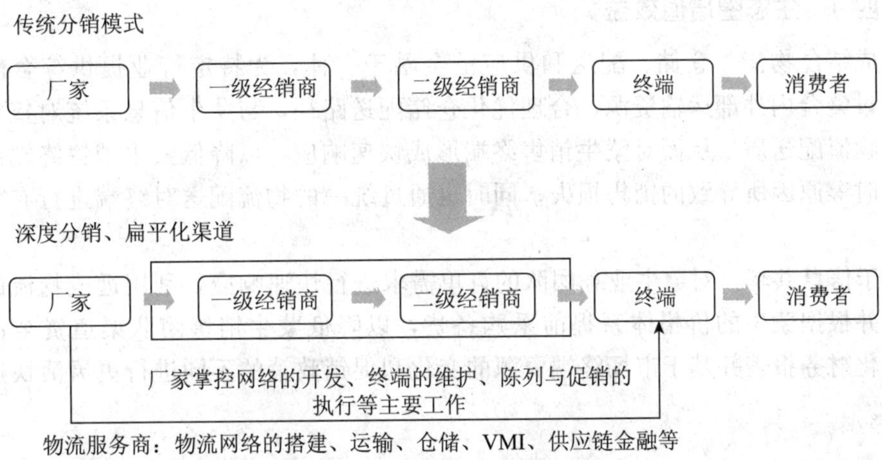

图 12 - 6　远成蒙牛合作生态圈

（三）生态圈平台

借助远成的物流运作优势和供应链金融优势，为蒙牛区域经销商提供物流服务和融资服务，通过优化物流仓储配送周期、延迟账期等有效方式以促进蒙牛销售团队的市场开拓和对终端渠道的价格管控；同时，对于蒙牛而言，通过与远成物流的合作可以让蒙牛集团专注于产品研发、市场营销等核心业务；利用双方各自的资源进行优势互补，形成蒙牛与远成的互惠共赢。运作模式如图 12－7 所示。

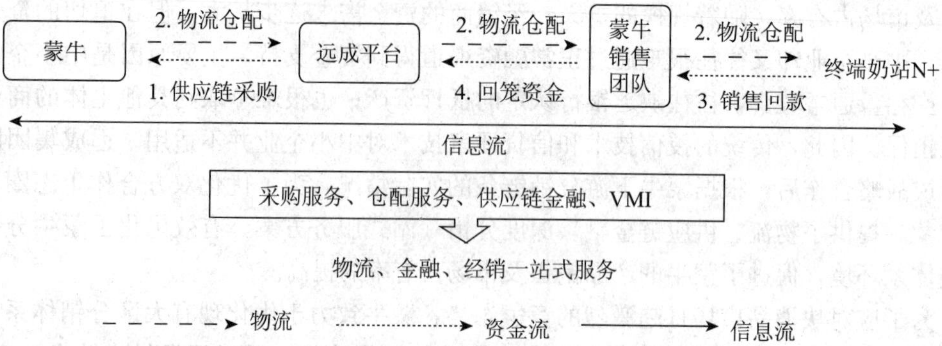

图 12－7　远成蒙牛合作平台

远成按照蒙牛的销售计划按周期进行统一采购，并负责产成品的统一运输、仓储及配送。经销商根据市场销售情况向蒙牛及远成发出订货信息，订货后经销商可以不一次性要求运输及付款，而只提供一定比例金额的货款，由远成提供余下货款的供应链金融服务，同时货物抵押给远成，放在远成的仓库中进行监管。经销商可以小批量、多批次地进行提货，每次提货前付清余下货款，由远成按照指定的地点配送到终端奶站、门店、客户。

（四） 生态圈增值效益

远成结合物流、仓储、配送和供应链金融于一体，为特定行业提供综合解决方案。通过整合内外部运输资源，合理优化仓储配送路径，与蒙牛信息系统对接等方式来提高物流配送质量从而对蒙牛销售终端形成快速响应，以降低蒙牛销售终端由于送货不及时等原因所导致的销售损失；同时也通过统一的物流配送对终端进行有效的价格管控。

基于信息共享，对蒙牛业务团队的订单需求进行快速响应，利用远成物流的资金优势，并根据蒙牛的价格体系提前采购备货，以降低蒙牛销售团队渠道资金占用压力，优化财务报表并基于市场终端资源的变化和促销政策的不同进行更灵活快速的响应配置。

第三节　电商物流服务模式创新

电子商务物流主要指第三方物流在电子商务和现代科学技术条件下的运作和管理，电子商务物流服务的模式创新是在电子商务环境下，通过现代科学技术的运用，研究与应用新的服务流程，实现物流的高效化和低成本化，促进电子商务和现代物流产业的融合发展、转型升级。

一、电子商务物流概述

（一） 电子商务物流的概念

电子商务物流就是在电子商务环境下，依靠计算机技术、互联网技术以及信息技术等所进行的物流活动。

（二） 电子商务物流的特征

电子商务的发展，对物流配送提出了更高的要求，从原材料的采购供应到产成品的销售运输以及最终顾客的配送服务，都需要一个完善的物流体系来支撑整个电子商务流程的交易活动，做到及时准确的物流服务、简捷快速的配送流程、尽可能低的成本费用和良好的顾客服务。为了适应电子商务快速发展的需要，电子商务物流系统必须具有以下特征：物流运作方式信息化和网络化，物流作业流程标准化和自动化，物流的快速反应能力和智能化，物流动态调配能力个性化和柔性化，物流的经营形态社会化和全球化。

1. 物流信息化

在电子商务时代，要提供最佳的物流服务，物流系统必须要有良好的信息处理和信息传输系统。计算机的普遍应用提供了更多的需求和库存信息，提高了信息管理水平。电子数据交换技术与国际互联网的应用，使物流效率的提高更多地依赖于信息化管理技术，物流的信息化使对商品流动的管理更加方便、准确和迅速，从而保证了商品与生产要素在全球范围内以空前的速度流动。

物流信息化既是电子商务的必然要求，也是物流现代化的基础。没有信息化，任何先进的技术设备都不可能应用于物流领域。物流信息化具体表现为物流信息的商品化、物流信息收集的数据库化和代码化、物流信息处理的电子化和计算机化、物流信息传递的标准化和实时化、物流信息存储的数字化等。在物流信息化过程中，将涉及许多信息技术的应用。因此，条码技术、数据库技术、电子订货系统、电子数据交换、快速反应及有效的客户响应、企业资源计划等技术与观念在我国现代物流发展中将会得到广泛的应用。

2. 物流网络化

物流网络化已经成为电子商务环境下物流活动不可阻挡的趋势和重要特征之一，同时，互联网的发展及网络技术的普及也为物流网络化提供了良好的外部环境。物流网络化包括两层含义：一是物流配送系统的计算机通信网络，借助电子订货系统和电子数据交换技术，自动实现配送中心与供应商和下游顾客之间的通信联系；二是组织的网络化，即利用内联网（Intranet）采取外包的形式组织生产，再由统一的物流配送中心将商品迅速发给用户，这一过程离不开高效的物流网络的支持。

3. 物流自动化

验货作业是配送作业过程的一个重要环节，验货的目的在于：首先，与送货运输单位分清责任；其次，分清供需双方的责任。验货作业是一项细致复杂的工作，一定要仔细核对才能准确无误。验货作业有两种核对方法，即“三核对”和“全核对”。“三核对”是指条码核对、数量核对、包装及品项核对。对托盘货物，“三核对”的做法通常采用边收边验的方法；“全核对”的方法通常适用于小件或少量物品的验收工作，要求按单对货，核对物品的所有项目。无论采用哪一种方法，验收作业都必须经过条码标识、数量、质量、包装四个方面的验收。

4. 物流智能化

由于物流作业中大量的运筹和决策（如库存水平的确定、运输路径的选择、自动分拣机的运行等）都需要借助大量的专业知识才能解决，物流智能化已成为电子商务物流发展的一个新趋势。同时，物流智能化作为自动化、信息化的一种高层次应用，还存在着一些技术难题，它的实现离不开专家系统、机器人等相关技术的支持。

5. 物流柔性化

柔性化本来是在生产领域为了实现“以顾客为中心”的理念而提出的，但要真正做到柔性化生产，即能真正地根据消费者的需求变化来灵活调节生产工艺，没有配套的柔性化物流系统是不能达到目的的。柔性化物流是配合生产领域中的柔性制造而提出的一种新型物流模式。物流柔性化对配送中心的要求就是根据多品种、小批量、多批次、短周期的全新消费需求，灵活有效地组织和实施物流作业。

二、电子商务环境下的快递业务模式

电子商务的繁荣，带动了快递业的发展和兴盛，同时，又为电子商务的快速发展提供了支撑。电子商务环境下快递业务模式如下。

1. 电商企业主导模式

电商企业主导模式就是由电商企业构建快递配送体系，形成本企业服务的快递服务。由于我国现阶段电商和快递的发展并不匹配，快递服务很难满足电商的需求，还常常引起顾客投诉或者差评。为了尽量避免快递影响电子商务企业的顾客满意度，电商企业纷纷“跨界”，自建物流配送体系开展快递业务，目前已经成为电商企业的盈利增长点，成为电商企业“跨界”发展的成功典范。

2. 快递企业主导模式

快递企业主导模式是快递企业参与电商行业并实现快递配送的模式。目前，快递市场比较散乱，行业标准不健全，快递企业服务质量良莠不齐，同质化现象严重，竞争激烈。尤其是电商企业开始涉足物流行业后，使得快递业的竞争不断加剧。面对不容乐观的竞争市场和巨大的来自电子商务的商机，许多快递企业也开始涉足电商行业，寻求新的机遇。

3. 第三方企业主导模式

第三方企业主导模式是指众多的 3PL 企业整合配送资源，为更多的制造商、电商及快递企业提供一个发展的平台，实现平台资源的共享。通过信息化、数据化平台的资源共享来达到最大的信息利用率，从而在快速行业形成一整套开放、透明、合理的社会化仓储设施网络。

4. 多方合作模式

多方合作模式是电商企业、快递企业、第三方企业以及超市、便利店的零售商合作，在网点提供快递网订自取服务。超市、便利店代收发快件不仅可以实现物流配送的标准化和集中化，免去快递员参差不齐的配送服务产生的矛盾，为电商企业和快递企业提高顾客满意度，还可以降低送货的物流成本和时间成本，提高快递效率。同时提高了顾客的自由度，他们可灵活安排取货时间，减少快递入户带来的安全隐患，也为便利店带来一定的额外收益。

三、跨境电商环境下国际物流发展的新趋势

网络经济为代表的电子商务的出现，促进了国际贸易的发展，加速了跨境电商的繁荣，国际物流在整个商务活动中占有举足轻重的地位，并逐步出现发展新趋势。

（一） 物流全球化背景下的跨境电商

由于新经济、网络经济为代表的电子商务的出现，促进了国际贸易的发展，加速了全球经济的一体化，更多的物流企业开始拓展国际物流，以电子商务与物流、金融融合发展为显著特点的新型全球贸易方式——跨境电商正高速迅猛发展。新技术以及金融、运输等行业管制的逐渐解除，促进了物流国际化的发展，物流活动的全球化日益加深。至 2016 年跨境电商在我国进出口贸易中的比重将达到 18.9%，交易规模实现 6.5 万亿元。跨境电商已成为当前驱动我国外贸增长的新动力，国家和地方政府出台了一系列针对跨境电商的服务配套政策；同时，由于跨境电商具有中间环节少、消费便利、促进销售等优势，是企业提升国际市场竞争力的有效途径。在跨境电商环境下，只有从专业化国际物流服务入手，才能从根本上解决跨境电子商务中存在的物流问题。一是为适应小批量、多频次、周转快等新特点的国际物流需求，3PL 企业必须改变传统的大订单、大批量、规模化的运营管理模式，对其国际物流系统中的运输、仓储、配送等环节进行优化调整。二是为适应跨境电商物流需求市场细分，3PL 企业需要运用现代物流信息技术，增强国际物流服务响应能力，降低国际物流成本，提升国际物流智能监控与协调管理水平，提升客户服务水平。只有不断完善跨境电商环境下的国际物流模式，关注国际物流服务成本、质量、效率和服务响应能力，才能更好地促进我国跨境电商的发展。

（二） 国际物流活动的发展演变

随着国际贸易和跨国经营的发展，国际物流必须适应国际贸易结构和流通方式的变化，向合理化方向发展。国际物流活动的发展通常经历以下几个阶段。

第一阶段——20 世纪 50 年代末至 80 年代初。这一阶段物流设施和物流技术得到了极大的发展，建立了配送中心，广泛运用电子计算机进行管理，出现了立体无人仓库，一些国家建立了本国的物流标准化体系等。物流系统的改善促进了国际贸易的发展，物流活动已经超出了一国范围，但物流国际化的趋势还没有得到人们的重视。

第二阶段——20 世纪 80 年代初至 90 年代初。随着经济技术的发展和国际经济往来的日益扩大，物流国际化趋势开始成为世界性的共同问题。英国密歇根州立大学教授波索克斯认为，进入 80 年代，美国经济已经失去了兴旺发展的势头，陷入长期倒退的危机之中。因此，必须强调改善国际性物流管理，降低产品成本，并且要改善服务，扩大销售，在激烈的国际竞争中取胜。与此同时，日本正处于成熟的经济发展期，以贸易立

国，要实现与其对外贸易相适应的物流国际化，并采取了建立物流信息网络，加强物流全面质量管理等一系列措施，提高物流国际化的效率。这一阶段物流国际化的趋势局限在美、日和欧洲一些发达国家。

第三阶段——20世纪90年代初至今。这一阶段国际物流的概念和重要性已为各国政府和外贸部门所普遍接受。贸易伙伴遍布全球，必然要求物流国际化，即物流设施国际化、物流技术国际化、物流服务国际化、货物运输国际化、包装国际化和流通加工国际化等。世界各国广泛开展国际物流理论和实践的大胆探索。人们已经形成共识：只有广泛开展国际物流合作，才能促进世界经济繁荣，物流无国界。

（三）跨境电商环境下国际物流的创新发展

在跨境电商环境下，国际物流快速发展，呈现出新的趋势。

1. 国际物流与跨境电商协同发展

国际物流需要与跨境电子商务通过技术共享、有形资源共享、战略协调、垂直整合、同供应商谈判与联合力量等方式实现协同发展，借助跨境电商的快速发展推动自身成长，尤其在网络技术、硬件资源、战略合作、供应链整合等方面。比如，移动技术的发展与移动网络的普及，会对跨境电子商务与国际物流产生影响，国际物流要适应跨境移动电子商务发展趋势的需求，支持与提供移动化物流服务。通过供应链整合，国际物流与跨境电子商务可以从供应源头合作与开发，尤其在仓储、包装、运输路线优化等方面，电子商务与物流需要通力合作，在满足电子商务需求的同时，要有利于缩短物流时间、降低物流成本、减少货损等，进而实现国际物流与跨境电商的协同发展。

2. 推动国际物流网络协同

国际物流的运作流程一般包括境内物流、出境清关、目的国清关与商检、目的国物流和配送等，可进一步细化为接单、收货、仓储、分类、编码、理货、分拣、转运、包装、贴标、装卸等，还会涉及支付、报关、纳税、售后服务、退换货物流等流程，这会涉及多个国家、多个物流企业，其复杂性远超国内物流。从影响物流网络协同效应的供应链复杂性、企业战略、企业流程、沟通机制、协同意愿等因素来看，需要强化国际物流网络的协同。尤其是多国间、物流节点的多企业间、跨境配合的多个物流企业间，需要导入协同意识，加强沟通，通过商品的分类、包装、运输方式、运输路线与配合等多角度、多节点，推动国际物流网络的协同。

3. 多种物流模式共用，凸显聚合效应

国际物流包括国内物流、跨境物流与目的国物流，涉及出境海关、入境海关与商检，其物流链条更长、物流时间更久、物流距离更远、物流方式更复杂。跨境电子商务面向全球市场，交易双方涉及很多国家，各国的物流水平参差不齐、差异较大，加上交易商品种类众多，对物流的要求差异较大。与国内电子商务不同，跨境电商很难以单一物流模式来实现。伴随跨境电子商务的发展，多种物流模式共用的国际物流解决方案应用面更广。多种物流模式共用，多采用国际物流专线＋海外仓、集货物流＋保税区物流、国际邮政＋国际快递＋国际物流专线＋海外仓等模式。针对不同国家不同商品等，采用适合的多种物流模式配合实现国际物流，才能够有效凸显各种物流模式的聚合效应。

4. 物流外包模式的转型升级

即便个别跨境电子商务企业通过自建物流体系开展国际物流，但在一些国家还是要借助第三方物流开展物流与配送。鉴于跨境电子商务与国际物流的复杂性，诸多跨境电商纷纷将跨境物流业务外包，采用第三方物流模式。尤其是伴随跨境电子商务与国际物流的发展，这种物流外包模式逐渐升级，第四方物流逐步涌现，并呈增长态势。作为整合跨境物流供应链解决方案的第四方物流模式，在国际物流中能够整合海内外数据和基础设施平台，不再局限于优化物流运输路线、配送和库存等单个功能的改进，而是为顾客提供差异化、集约化的跨境供应链解决方案，实现物流、商流、资金流、信息流和清关与商检的整合，提升国际物流链条的增值服务能力。

5. 加强与本土物流企业合作，实现国际物流本地化运作

在国际物流实践中，需要加强与本土物流公司的合作，开展物流本地化运作。“海外仓”就是典型的国际物流本地化运作模式。通过本地化及与本土流企业的合作，既能够缩短目的国物流与配送时间，降低物流成本，发挥本地化品牌优势，减少物流与配送过程中的沟通障碍等，还能够有效解决“最后一公里”配送的难题。

四、跨境电商物流增值服务案例——跨境电商物流专家出口易

出口易物流是广州市贝法易商贸有限公司（简称贝法易）旗下，以全球仓储为核心，整合全球物流网络系统，为跨境电商卖家提供海外仓储、国际专线、国际快递、国际小包、海运空运等物流服务以及本地化售前售后服务，解决订单管理、金融融资等难题，打造最值得信赖的跨境电商全程物流解决方案提供商。

截至2015年年底，出口易已在英国、美国、德国、澳大利亚、俄罗斯、加拿大6大主流外贸市场设置海外自营仓储物流中心；在香港、广州、深圳、上海等国内8个城市设有处理中心；自主开通中英、中美、中德、中俄等多条国际专线服务。服务覆盖全球，是易贝（eBay）、贝宝（Paypal）、亚马逊（Amazon）、Wish①、Bellabuy②与速卖通重点推荐的物流服务供应商。

出口易的跨境物流服务主要包含以下几方面。

1. 海外仓储

出口易拥有超过十年自营海外仓的经验，为客户提供仓储与配送服务，配送范围可覆盖北美、欧洲、澳洲全境，不受任何重量和体积限制、不受旺季航路不畅的影响。不仅能够帮助中国卖家实现海外本土化销售，降低物流运营成本，还能进行实时的库存管理与检测，缩短到货时间，提高买家满意度。

卖家根据对市场的预测进行备货，然后将这些货物交给出口易。出口易则通过海运、空运或者快递的方式将卖家的货物运送到出口易在英国、美国或者澳大利亚的仓库。当海外买家在客户的网站、eBay网店或者其他渠道购物后，卖家可以在出口易物流管理系统下单，填写需要配送的商品、买家的联系信息和选择本地配送方式，然后出口易根据卖家的订单要求对卖家存储在出口易海外仓库的商品进行海外本地配送，送达海

①② 均为跨境电商平台。

外买家手中。

2. 国际专线

国际专线服务是出口易基于强大的渠道整合能力，自主开发的自有物流服务方式，首创专线的概念，头程使用空运运输，可控性强，极大地缩短了整体派送的时间，具有“国际小包业务服务”不可比拟的优势，可以提高买家满意度。出口易凭借多年的物流服务经验，一流的关务团队以及优秀的客服团队，为跨境电商卖家积极处理各种异常事件，提供高效快速的清关服务，对客户的产品负责，保证物流时效。

3. 国际快递

出口易国际快递，整合了邮政特快专递服务（EMS)、FedEx、DHL、TNT（国存快递公司）等各大商业快递的优势资源，为快递电商卖家提供多元化、个性化的快递服务，时效快又有保证，全程可上网跟踪，安全稳定。

4. 国际邮政包裹

出口易国际小包，汇集了中国邮政及外国邮政的优势资源，提供中邮邮政、香港邮政、荷兰邮政和新加坡邮政等一系列国际邮政小包业务服务，属于邮政航空小包范畴，是一项经济实惠的国际快件服务。

5. 海运空运

出口易空运海运服务是出口易与大型货运公司合作开发的物流服务，既可以作为海外仓储头程使用，也可提供传统货运服务。作为海外仓储的头程货运方式，出口易空运与海运可节省全程物流总成本的30%～60%，并且可以减少旺季航路不畅的影响。空运5kg起收，定期班机，加速商品周转；海运散货或整柜均可，成本低廉，配合海外仓储配送，为确保稳定的货源提供了最经济的发送方式。

总之，为了能让第三方物流效益倍增、国际竞争力增强，3PL企业必须要大力借助供应链、现代金融和营销技术，并与之有机融合，才能创造出更多的第三方物流增值服务发展的新领域，为用户提供更多的物流增值服务的新产品，提高客户的满意度和忠诚度。

案例分析

远成物流的创新服务

远成集团创建于1988年，注册资本3.28亿元，经过近三十年的拼搏，在物流领域积淀了深厚的业务基础与丰富的运营经验，现已发展成为多层次、广覆盖、独具特色的大型现代综合型物流企业集团，业务体系涵盖合同物流、快运快递、冷链物流、供应链金融、物流园区等领域，形成了集物流、商流、资金流、信息流服务功能于一体的综合物流服务体系。

随着制造业升级、商贸业模式变革，产业物流的服务特点也产生了新的变化。制造企业采购及分销模式上正在进行变革，市场越来越细分，客户群体快速往下游扩充，需要物流能够在供应链的各个节点上达到最优，并实现快速响应，因此，需要物流服务商具有整个供应链操控的能力，这就要求专业化、网络化的3PL企业对整个供应链进行整合，提供商流、物流、资金流一体化服务。物流服务商同生产厂商的合作从“被动接受”变为“主动参与”，从“简单”变为“复杂”。物流服务商跟生产厂商结成更紧密的关系，同时生产厂商也更依赖物流服务商，希望物流服务商能够为他们“出谋划策”，改善服务水平，提高灵敏度，更贴近消费者。

远成物流结合客户的需求，通过服务及技术的创新进行整个供应链的服务集成、整合优化，例如推出供应链一体化服务、信息的全程可视、物流金融、物流电商平台等，使得管理更具效率、服务品质更高，成本最优。

下面介绍三个远成集团创新物流服务模式。

一、“集采＋分销＋微仓直配”供应链一体化模式

生产企业的物流及供应链主要分为采购、生产、销售三个阶段，目前企业在物流及供应链运作过程中存在一些问题，比如：采购端资金占用量大，库存占用及管理成本高；多段式管理，整体运作未能标准化；仓、运、配呈现分割状态，集成化程度低，难以实现全链条资源有效整合；由于反馈传导时间长，末端库存及总库存均偏高；营销渠道层级多，营销末端配送网络不能支撑渠道的发展等，这些问题已影响了消费品企业规模增长，成为发展瓶颈。

远成针对客户的痛点及难点，为客户提供基于供应链全环节的从第一公里（first－mile）到“最后一公里”（last－mile）服务模式，协助客户打造柔性的精益物流及供应链平台（见图12－8）。

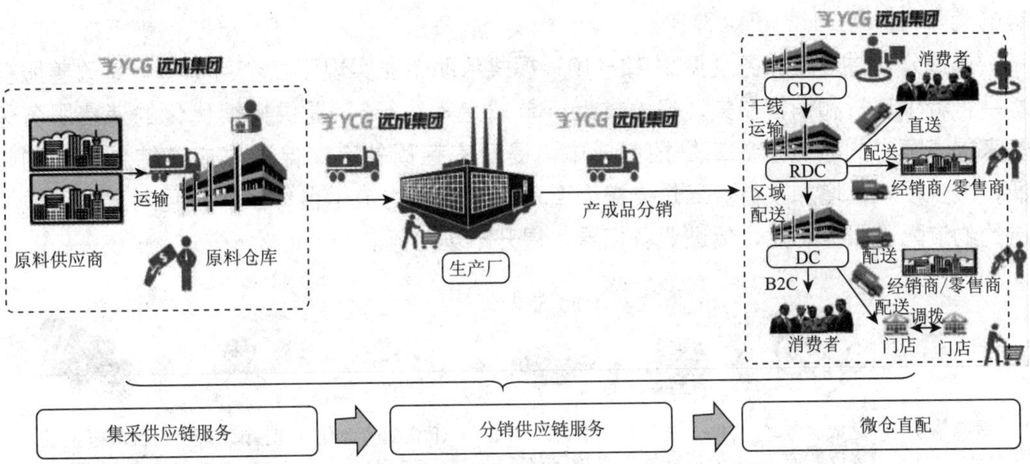

图12－8　远成“集采＋分销＋微仓直配”供应链一体化服务模式

1. 集采供应链服务

远成集采供应链服务，包含了采购＋物流＋融资＋商务于一体的服务模式，帮助企业跨越中间环节，使得采购环节“一对多”简化为“一对一”，降低了采购成本；帮助企业阳光采购，避免了采购过程中因各种问题带来的成本失控；降低了原材料库存及资金占用（见图12－9）。

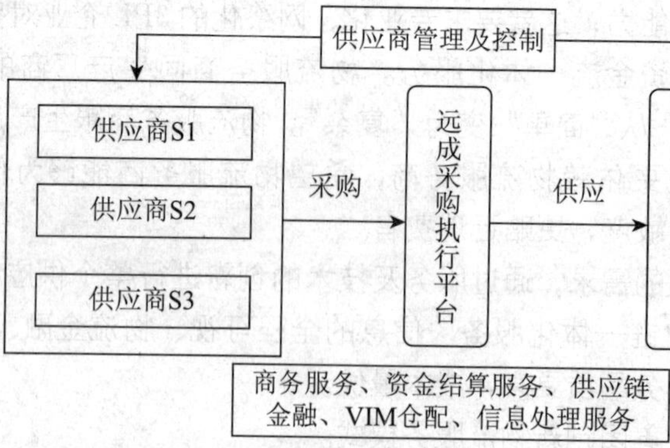

图 12-9　远成集采及供应链金融服务

2. 分销供应链服务

分销供应链涉及的环节较多，包括：渠道的管理、物流网络的搭建、运输、仓储、配送、订单流转等，而且每一个环节都不是孤立存在的，环环相扣。特别是目前消费品行业线上线下融合，多渠道管理的复杂要求，需要专业的物流及供应链服务商帮助企业共同管理及优化分销供应链。

远成从消费品产业的特点及客户需求入手，提供分销供应链整体解决方案，搭建物流网络，优化订单流，帮助其变革渠道。通过整合内外部运输资源，实现“干仓配”一体化运作；帮助客户建设全程可视化的物流追溯系统；共同构建管理分销渠道来支持客户降低分销物流成本，提高响应速度，增加分销供应链柔性来增强消费品生产企业供应链的竞争力。

远成分销供应链服务（见图 12-10）模式帮助企业实现了三个目标：一是改善服务水平，减少缺货和销售损失，努力靠近订单“完美执行”，提供持续优化的消费服务体验来提高客户的忠诚度。二是控制成本，提升库存周转率，促进供应链综合成本的降低，减少投入，增加收益。三是支撑渠道深耕，搭建物流平台体系，强化对三、四线城市的物流配送服务功能，促进业务拓展，提升市场份额。

图 12-10　远成分销供应链服务

3. 微仓直配

远成微仓直配是依托远成快运的终端门店及配送网络，通过合同物流“干仓配”与快运"最后一公里"相结合，为品牌客户、经销商提供的集全国的网络及集中化调配管理、零售 O2O 体验，线上线下增值服务、终端配送及"最后一公里"、网点分销、终端门店开放渠道于一体的服务平台。

微仓直配是适应消费品行业发展的趋势，针对企业终端分销及配送的难点，利用远成全国的物流网络，协助企业客户下沉渠道，贴近消费者；帮助企业客户实现分销渠道的变革，进行客户订单的快速响应；同时，提供增值服务，开发门店功能，如实现网点分销、展示、宣传、推广等功能（见图 12－11）。

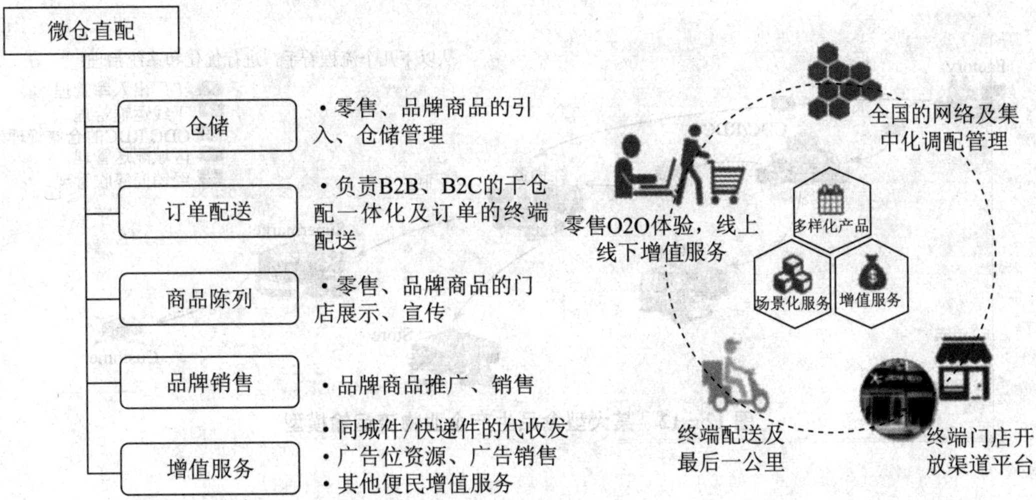

图 12－11　远成微仓直配

二、远成物流协同大型企业建立全程可追溯和可视化的物联网系统

随着大型生产企业规模的不断发展，物流配送中心的数量不断增加、出入库频率的增加，仓库管理作业也已十分复杂和多样化，传统的人工仓库作业模式和数据采集方式已难以满足物流管理的快速、准确要求，而且传统的由经销商管理市场及负责终端物流运作的模式已成为限制其进一步发展的因素。

以上问题的产生，很大程度是由于缺乏监控手段，数据不连贯，以至于过程可控性不强，要解决上述问题，就要做到过程的可追溯、可视化。

远成集团为某大型生产企业制定出分销供应链体系的可追溯、可视化物联网方案的效果体现在以下两方面。

1. 全程追溯、全程跟踪

通过全程追溯重现整个过程，将过程直接展示在你的面前。

（1）引入二维码及射频技术，用信息技术覆盖产品、检验、仓储、运输、销售各个环节，做到一旦发现问题，就能够根据跟踪准确圈定召回范围，避免召回范围的扩大，减少对社会的不良影响。同时，通过过程管理的方法加强对物流环节的控制，减少因物流操作等原因所导致的产品破损、交货延迟等情况的发生。

（2）加强对终端物流配送环节的控制，减少串货、修改日期等行为的发生，最终与客户形成一种互相依赖和持续信任的关系。

(3) 形成完整的分销供应链数据信息，掌握并分析终端的销量、库存、订单等情况，反过来指导市场策略，减少库存，加大销量。

2. 形成完整的分销供应链数据信息

在竞争日益激烈的今天，面对大量的个性化需求与订单，怎样能使供应链更加智慧？怎样才能做出准确的客户需求预测？这些是企业经常遇到的现实问题。

通过物联网全程数据的精准收集，形成完整的分销供应链数据信息，掌握并分析终端的销量、库存和订单等情况。

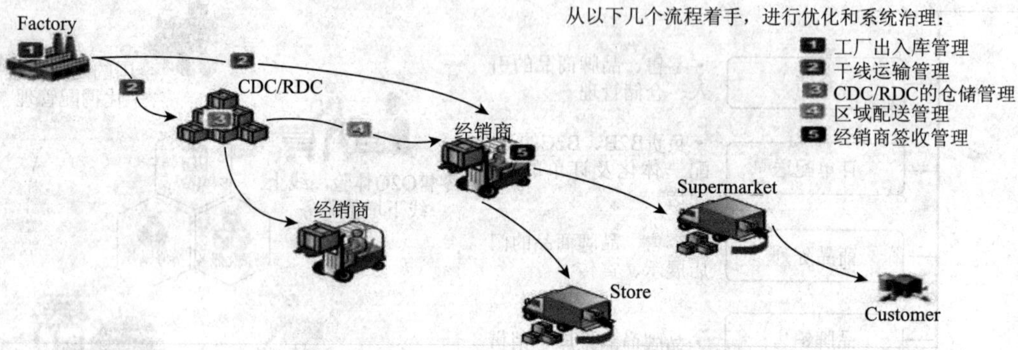

图 12-12　某大型食品生产企业物流运输模型

三、远成集团白酒行业物流金融服务方案

远成集团白酒行业物流金融服务方案是联合银行深入白酒行业的购、产、销环节，以白酒核心企业及其产业链上下游供销企业为服务对象，采用白酒核心制造商回购、原酒及成品酒抵质押、应收账款质押等多种担保方式，银行委托远成集团提供运输、仓储、保险和融资监管等物流金融服务，为广大白酒经销商提供的针对性金融服务方案。

产品适用客户范围：上游企业包括粮食供应商、包装材料供应商、原酒及酒精供应商；核心企业包括知名白酒生产商、销售商；下游企业包括各级白酒销售商。

远成集团白酒行业物流金融服务方案具有三个特点：

1. 准入门槛“低”

突破传统抵押担保授信方式，大大降低对产业链中小客户的准入要求；出账方式“活”：提供现金、票据、保函、信用证等多种方式满足企业结算需要。

2. 担保选择“多”

可选择核心企业担保、存货融资、应收账款融资、不动产抵质押、联保互保等十多种担保方式。

3. 服务效率“高”

远成物流和银行通过物流＋金融创新，保证提供高效、便捷的物流金融服务。

全程物流监管融资模式：有融资需求的经销商向银行提出申请，并同意将与核心酒厂签订合同项下的酒作为融资的质押品，在核心酒厂配合下，远成物流在酒厂内核实质押品数量等信息后，银行向核心酒厂支付订货款。然后交由远成物流负责提货、运输和仓储，也即远成物流从提货开始就实际控制货物并负责全程运输和到达经销商所在城市的仓库内进行监管。

远成在酒厂提货后将签收的提单清单交由银行办理质押手续，到达目的地远成监管仓库后，远成给银行出具实际到货仓单对应质押融资项下质押品。经销商提货时，需要向银行打入保证金，银行根据打入金额，将对应赎货信息书面通知远成，远成将货物出库给经销商。

案例讨论：

1. 远成集团在第三方物流的哪些业务领域进行了创新？
2. 远成物流的供应链一体化模式业务有哪些特色？

基础练习

思考题

1. 供应链给第三方物流增值服务带来了哪些贡献？
2. 什么是融通仓的服务？融通仓的运作模式是怎样的？
3. 跨境电商的国际物流模式新趋势是什么？
4. 国内外物流金融创新趋势是怎样的？物流银行的模式有哪些类型？
5. 电子商务环境下的快递业务模式有哪些？

知识应用

请用“第三方物流增值服务新空间”相关知识，对本书模块一“物流聚焦”中的“解决企业现实问题”案例进行3PL企业增值服务创新设计。

参考文献

[1] 骆温平，谷中华．第三方物流教程［M］．上海：复旦大学出版社，2012.
[2] 王之泰．新编现代物流学［M］．北京：首都经济贸易大学出版社，2005.
[3] 叶怀珍．现代物流学［M］．北京：高等教育出版社，2006.
[4] 刘北林．供应链与第三方物流策划［M］．北京：中国物资出版社，2006.
[5] 宋杨．第三方物流模式与运作［M］．北京：中国物资出版社，2006.
[6] 斯蒂芬·P. 罗宾斯．管理学［M］．北京：中国人民大学出版社，2004.
[7] 钱芝网，孙海涛．第三方物流运营实务［M］．北京：电子工业出版社，2011.
[8] 陈雅萍，朱国俊．第三方物流［M］．北京：清华大学出版社，2013.
[9] 林慧丹．第三方物流［M］．3 版．上海：上海财经大学出版社，2010.
[10] 董向红．第三方物流［M］．长沙：湖南师范大学出版社，2012.
[11] 骆建文．采购与供应管理［M］．北京：机械工业出版社，2016.
[12] 董千里．高级物流学［M］．北京：人民交通出版社，1999.
[13] 邵举平，董邵华．物流管理信息系统［M］．北京：清华大学出版社，北京交通大学出版社，2005.
[14] 程国华，张庆华，王转，等．物流信息系统规划［M］．北京：中国物资出版社，2004.
[15] 牛东来．现代物流信息系统［M］．北京：清华大学出版社，2002.
[16] 斯太尔，雷诺兹．信息系统原理［M］．北京：机械工业出版社，2001.
[17] 陈景艳．决策支持系统［M］．成都：西南交通大学出版社，1995.
[18] 丁栋虹．管理咨询［M］．成都：清华大学出版社，2011.
[19] 海峰，邵校．物流运营管理［M］．北京：中国物资出版社，2012.
[20] 华蕊，马常红．物流服务学［M］．北京：中国物资出版社，2006.
[21] 赵宁，王天春．物流企业客户服务［M］．北京：中国物资出版社，2007.
[22] 焦树彬，陈运涛．质量管理学［M］．武汉：武汉大学出版社，2010.
[23] 廖素娟．第三方物流服务管理方略［M］．北京：中国物资出版社，2009.
[24] 丁立言，张铎．物流企业管理［M］．北京：清华大学出版社，2003.
[25] 丁立言，张铎．物流管理［M］．北京：清华大学出版社，2003.
[26] 周晓哗，柴伟莉．第三方物流［M］．北京：电子工业出版社，2010.
[27] 霍红．第三方物流企业经营与管理［M］．北京：中国物资出版社，2008.
[28] 迈克尔·巴斯克．向联邦快递学客户服务［M］．北京：高等教育出版社，2005.
[29] 田红英，黄远新．第三方物流管理［M］．2 版．成都：四川大学出版

社，2015.

[30] 田红英，黄远新．3PL企业虚拟资源协同集成优化研究［M］．成都：西南交通大学出版社，2013.

[31] 黄远新．物流运输管理［M］．成都：四川大学出版社，2006.

[32] 黄远新．国际物流实务［M］．成都：西南交通大学出版社，2007.

[33] 田红英，黄远新．仓储管理实务［M］．成都：西南交通大学出版社，2007.

[34] 张永强．物流管理概论［M］．北京：电子工业出版社，2006.

[35] 蒋长兵．现代物流学导论［M］．北京：中国物资出版社，2006.

[36] 刘凌．第三方物流的发展现状及对策研究［J］．中国高新技术企业，2009（2）．

[37] 俞迎新．我国第三方物流发展现状及趋势［J］．物流科技，2005（6）．

[38] 支海宇，张寒．第三方物流企业发展的现状与前景［J］．中国市场，2015（7）．

[39] 张建．我国第三方物流服务业现状分析及对策研究［J］．经济视角，2016（1）．

[40] 罗齐，朱道立．第三方物流服务创新：融通仓及其运作模式初探［J］．中国流通经济，2002（2）．

[41] 陈祥锋，朱道立．现代物流金融服务创新——金融物流［J］．物流技术，2005（3）．

[42] 陈祥锋，石代伦，朱道立．融通仓与物流金融服务创新［J］．科技导报，2005（9）．

[43] 宰予东．现代金融与物流业的协同发展［J］．金融理论与实践，2004（6）．

[44] 桂霖．论物流发展的金融支持与金融创新［J］．上海金融，2006（2）．

[45] 王福清，易静薇，王栋．金融创新对现代物流业的支撑作用研究［J］．物流科技，2009（8）．

[46] 彭永芳，董莉．物流银行破解中小企业融资难［J］．科学与管理，2005（2）．

[47] 孙美和，钱缘．物流银行——中小企业融资新途径［J］．物流科技，2007（4）．

[48] 张凯．基于融通仓的物流金融服务创新研究［D］．西安：长安大学，2008.

[49] 郑鑫，蔡晓云．融通仓及其运作模式分析——中小企业融资方式再创新［J］．科技创业月刊，2006（1）．

[50] 张远．物流金融的发展方向——存货质押融资的国内理论综述［J］．时代金融，2012（2）．

[51] 李毅学，汪寿阳，冯耕中．一个新的学科方向——物流金融的实践发展与理论综述［J］．系统工程理论与实践，2010（1）．

[52] 钱琳．ISO 9001质量管理体系在直属海事管理机构应用研究［D］．济南：山东师范大学，2015.

[53] 田红英，黄远新．基于SCOR模型的物流企业营运与管理评价指标体系研究

[J]．经济体制改革，2010（4）．

[54] 公维洁．《物流企业分类与评估指标》国家标准实施 [J]．铁道货运，2005（7）：6－11.

[55] 张晓美．企业质量认证运行机制研究 [D]．沈阳：沈阳航空航天大学，2011.

[56] 张真继．第三方物流企业信息化模型体系的研究 [J]．物流技术，2006（3）．

[57] 罗霞．物流 E 平台运作模式的探讨 [J]．交通运输工程与信息学报，2003（2）．

[58] 魏际刚．发达国家现代物流发展的特点、经验及启示 [J]．中国流通经济，2006（10）．

[59] 戴定一．以标准引导物流企业健康发展——关于《物流企业分类与评估指标》国家标准的编制与实施 [J]．中国物流与采购，2005（13）：14－16.